SIDDHARTHA HIGHWAY

Für
Champ, Bo, Bui, Mon
und Krishna

INHALT

Vorwort

500 Meter Indien

Gibt es im Buddhismus einen Gott?
Gott sei Dank: Nein!
Aod_Chumpon, Fotograf

Mein Leben hatte grade einen guten Lauf. Eine nebulöse Krankheit lag hinter mir. Ja, ich kam davon! Und das entgegen so mancher Prognose. Und worauf die allerwenigsten gesetzt hatten: Mein Langzeitprojekt, die Übertragungen der Songs von Leonard Cohen ins Deutsche, realisierte sich endlich ›in der wirklichen Wirklichkeit‹. Meine Texte fanden Lied für Lied das Gefallen des Meisters, er gab sein finales Einverständnis. Und nun steckte ich mit einer höchst bunten Schar von deutschen Sängern und Sängerinnen (junge Hasen und alte Wilde, stadtbekannt und weltberühmt) mitten in der Hochphase der Produktion des Albums *Poem – Leonard Cohen in deutscher Sprache* –, als mich zwei Einladungen ereilten, von denen ich sofort wusste, dass ich sie nicht ablehnen konnte.

Die eine kam aus Thailand, in einem hübsch geletterten Brief wurde mir mitgeteilt: »Khun Misha, Sie dürfen dabei sein, zusammen mit 99 Thai-Mönchen 1.250 Kilometer durch das Mutterland des Buddhismus zu laufen! Zur Ehre des Königs, für den inneren Frieden und die Harmonie der Welt!«

Diese Einladung war an sich schon beeindruckend, doch dass ich der einzige Ausländer war, der sie erhielt, unterstrich ihre Exklusivität. Und sie wurde vom Königs-Tempel *Wat Nakprok* ausgesprochen. Das war zwar nicht der von mir eigentlich schon lange erwartete Goldene Königs-Orden von HRH himself an mein Jackett geheftet, doch ich fühlte mich geehrt. Gleichzeitig spürte ich die Bürde der Ehre und die der sportlichen Herausforderung: Ein Fußmarsch durch Indien. Dass es am Ende mehr Kilometer als angegeben und 220 statt 99 Mönche werden sollten, das wusste ich noch nicht, und es hätte keinen Unterschied gemacht: Es war ein ehrenvolles Angebot, mein Karma ins Positive zu lenken.

Nun sollte ich vielleicht erwähnen, dass ich in einem der vielen Leben, die ich zu leben habe, die schöne Berufsbezeichnung ›Südostasienwissenschaftler‹ habe. In der Tat bin ich einer der in unseren Breiten eher seltenen ausgewiesenen Historiker für Moderne Sozialgeschichte Thailands; unter anderem unterrichte ich Thai in Sprache und Schrift. Insofern kam der Brief nicht aus dem leeren Himmel, vielmehr fand er den Weg zu mir über einen befreundeten Mönch, oder besser: Ex-Mönch – denn in Thailand ist es mit dem Mönchsein so wie mit der Liebe: Man geht ins Kloster und schwört dabei ›Für immer!‹ Doch niemand nimmt es übel, wenn ›Für immer‹ nicht ewig dauert; dann legt der Mönch die schöne, safranfarbene Robe ab, lässt sich die Haare wachsen und wird wieder Bauer, Bürger oder Ehemann.

Die andere Geschichte war eine Einladung zur Hochzeit meines Neffen, des Sohnes meines Bruders. Das war insofern sensationell, als dass ich seit mehr als drei Jahrzehnten, genaugenommen seit der Hochzeit meines Bruders, auf keine seiner Familienfeiern mehr eingeladen war: Meine Schwägerin mag mich nicht besonders. Ohnehin gelte ich als das ›schwarze Schaf‹ der Familie: Ich habe es nie zu materiellem Reichtum gebracht.

Mein Neffe hingegen ist ein junger, erfolgreicher Ingenieur, er verdient schon mehr Geld als mein Bruder, und der ist immerhin Arzt. Auf seiner Hochzeitsfeier zog mich mein Neffe ins Vertrauen: Im Auftrag von Mitsubishi-Hitachi hatte er ein Kohlekraftwerk in Chennai, Indien, gebaut. Er wohnte dort in der Stadt in einem Fünfsternehotel, hatte Bodyguards und einen persönlichen Chauffeur, mit dem er verpflichtet war, jeden Tag zur Arbeit zu fahren, obwohl die Baustelle nur 500 Meter vom Hotel entfernt war.

Einmal aber, da wäre er so verwegen gewesen, alle auszutricksen. Da sei er die 500 Meter zum Arbeitsplatz gelaufen, und zwar: ganz alleine! Doch was er da und dort zu sehen bekam, das hätte ihn derart erschüttert, dass er gleich für die Rückfahrt wieder den Wagen mit Chauffeur orderte. So blieben seine 500 Meter Indien zu Fuß durch Chennai ein einmaliges Erlebnis für ihn, doch auch das ärgste Abenteuer seines Lebens. Bisher.

Wie hätte ich ihm da erzählen können, dass ich vorhatte, mehr als das Dreitausendfache – nämlich 1.500 Kilometer durch Indien zu wandern? Ich wollte meinen Neffen nicht kränken, schon gar nicht auf seiner Hochzeitsfeier. Ebenso wenig hatte ich Lust, die Mutmaßung seiner Mutter, ihr Schwager – also ich – wäre aller Wahrscheinlichkeit nach völlig verrückt, zu bestätigen.

Doch was ich noch nicht wusste: Mein mildes Lächeln über meinen Neffen war völlig unangebracht. 500 Meter Indien … hmm, nun ja, jetzt aus der Rückschau muss ich es eingestehen: *500 Meter Indien*, ja, das müsste im Grunde reichen, um einen jungen Menschen aus Europas Wohlstandsmitte ganz entzückend in den Wahnsinn zu treiben. Wenn er aber überlebt und im Sinne der Katharsis Reinigung erfährt, sollte die Mauer seines Denkens eingerissen sein, auf dass er die Welt mit neuen Augen sähe.

Mein Neffe jedoch, und da wird er nicht alleine sein, zog seine Mauer wieder hoch und verortet den Wahnsinn irgendwo da draußen jenseits der vom Elend abgeschirmten Fünfsternehotels, in welchen er auch bevorzugt Urlaub macht. Zugute ist ihm zu halten, dass er den Zufall, auf welcher Seite der Verwirrtheit der Welt er hineingeboren wurde, nicht religiös verbrämt, sondern sein Glück schlicht Glück nennt und es dabei belässt.

Wieso aber reagiert der Eine so und der Andere ganz anders? Und das zu gleicher Zeit am gleichen Ort unter absolut gleichen Bedingungen? Wieso begreift den elterlichen Wohlstand der Eine mit dem Stolz eines Gewinners als sein Recht, der Andere mit der Scheu eines Suchenden als seine Pflicht? Wieso reagiert der Eine mit Abwehr, der Andere mit Neugier auf diese Welt da draußen? Wieso fürchtet der Eine das Fremde, während es den Anderen in die Fremde zieht? Was ist los mit diesem Anderen? Was fehlt ihm? Was treibt ihn? Und warum hört er so komische Lieder? Wieso sucht er einen *tieferen Sinn* in den Songs, in den Büchern, den Filmen, in den Farben der Bilder oder gar im Gesang der Nachtigall, wo der Eine bloß *gute Unterhaltung* empfindet?

Dieser und anderen Fragen wollte ich nachgehen. Denn es scheint, als ziehe sich ein unsichtbarer Riss durch die Familien, nicht nur der meiner Generation. Und dieser Riss ist nicht neu. Viele Söhne der Geschichte haben es getan, so einige Töchter auch: Sie begriffen den Wohlstand als Chance und als Bürde wie auch als Verpflichtung, sich aufzumachen hinunter ins Tal zu den Ufern des Flusses, um die Wahrheit zu suchen, getrieben von der Hoffnung, dass es sie gäbe … die Wahrheit.

Vorbereitung – Wohin die Reise geht

»Kalkutta? Fassen Sie bloß nichts an!« Das war der gute Rat des Arztes vom Tropeninstitut. Er wusste genau, worüber er sprach, und er empfahl eine Vielzahl von Impfungen, vorneweg: Tollwut!

Meine besonnene Ärztin, die mich einst, zwei Jahre war es erst her, durch jene Krankheit begleitete, und mich nun auf Herz und Nieren prüfte, gab mir, wohl wissend, dass sie mir die Reise eh nicht ausreden hätte können, den klugen Rat: »Achten Sie auf das Wasser, das Sie trinken! Das Wasser ist das Wichtigste!«

Und die Sportsfreunde machten mir Mut auf ihre ganz eigene Art: »30 Kilometer am Tag, und das zwei Monate lang? Und geschlafen wird auf Feldern? Du in deinem Alter? Das schaffst du nie! Doch du kannst ja jederzeit abbrechen, schau doch mal, wie weit du kommst.«

Sie hatten ja nicht ganz unrecht, ich war schon auf der dunklen Seite der 50, und als Extremsportler bin ich in keinem meiner Leben in Erscheinung getreten; nun, die Donau-Fahrradtour, von der Quelle bis Budapest, auf die konnte ich verweisen, immerhin.

Etwas beruhigend wirkte der Blick auf die Landkarte, die Mönche wollten das Stammland Buddhas durchlaufen. Die heiligen Stätte für buddhistische Pilger – *Lumbini* (Geburt), *Bodhgaya* (Erleuchtung), *Saranath* (Verkündung), *Kushinara* (Tod) – liegen alle im flachen Land, im weitgefassten Ganges-Tal. Eine Bergtour würde es also nicht werden.

Doch der erste Treffpunkt hieß Kalkutta, von da aus ging es durch die Wälder Jharkhands nach Bihar, wo selbst die coolsten Traveller-Autoren nie hingingen und dringend davon abraten, es zu tun, denn dort lebten noch mörderische Räuberbanden, und marodierende maoistische Kampfverbände lieferten sich Gefechte mit dem Militär. Diese Informationen wiederum ließen die Wettquoten auf die Wahrscheinlichkeit meines Überlebens drastisch sinken.

Ich googelte weiter nach mehr Information über das Wesentliche der Region. Ich wollte wissen, wohin die Reise geht, so weit wie möglich. Ich überlegte gar kurz, ob ich mich sprachlich vorbereite, etwas lesen und sprechen zu können, das wäre bestimmt hilfreich. Die Thai-Schrift gehört zu den Indischen Schriftsystemen, von daher sollte ... nun gut, ich brach den hübschen Gedanken ab, nachdem ich las: In Indien werden 122 Sprachen, die sich in 544 Dialekte erfassen lassen, gesprochen, und es gibt mehr als ein Dutzend verschiedene Schriften. Das lehre ich ja selbst: Ohne guten Lehrer lernt das niemand auf die Schnelle.

Ja, Indien ... Indien ist groß, es hat 1,2 Milliarden Einwohner, das sind fast drei Mal so viele wie in der ganzen EU. Von den 36 Bundesstaaten und Unions-Territorien werden wir grade mal vier durchwandern: West-Bengalen, Jharkhand, Bihar und Uttar Pradesh. Jeder Teilstaat (mit Ausnahme Jharkhands) hat weit mehr

Einwohner als Deutschland, Uttar Pradesh gar zweieinhalb Mal so viel. Bihar ist das Land mit der größten Bevölkerungsdichte und der höchsten Armutsquote Indiens, also noch ärger dran als Kalkutta.

Und wie steht's denn mit der Religion im Mutterland des Buddhismus? Nun, die meisten Inder auch in dieser Region sind Hindus, circa 80 Prozent, zum Islam bekennen sich knapp 15 Prozent. Christen gibt es etwas mehr, Sikhs etwas weniger als zwei Prozent. Das sind schon 99 Prozent. Hat sich da jemand verrechnet? Wo bleiben die Buddhisten? Gute Frage! In ganz Indien liegt der Anteil der Buddhisten bei knapp 0,8 Prozent. Das sind prozentual gesehen genauso viele wie in Deutschland, wenn es auch real zehn Millionen Menschen sind. Doch grade in Bihar, dem ehemaligen Königreich Magadha, der Heimat Siddharthas sowie des späteren Kaisers Ashoka, der den Buddhismus zur Staatsreligion erklärte, sind heute die Buddhisten mit 0,1 Prozent so gut wie nicht wahrzunehmen. Da haben wohl die wütenden Brahmanen im frühen Mittelalter ganze Vernichtungsarbeit geleistet.

Ja, Indien … Indien ist alt. Und Indien ist groß. Wenn jemand also erzählt, er sei in Indien gewesen, dann sollte man fragen:

»Ach ja, wo denn?«

Denn Indien ist so groß, dass jede Region sich gänzlich anders zeigt. Und Indien hat so viele Menschen, dass das, was auf die einen zutrifft, für die anderen keinerlei Gültigkeit besitzen muss.

Obendrein ist die Frage, wie denn der Erzähler gereist ist, nicht unwichtig, um seine Beobachtung einschätzen zu können.

Also ich, ich lief zu Fuß mit den Mönchen; dazu brauchte ich noch einen großen und einen kleinen Rucksack, ein leichtes Zelt und einen Tropenschlafsack; beim Einkauf in einem Traveller-Fachgeschäft entdeckte ich ein für mich völlig neuartiges Gerät für die Wasseraufbereitung, das ich sofort kaufte; es wirkt und es sieht aus wie ein Zauberstab; es arbeitet mit UV-Strahlen.

Dann galt es, sich frühzeitig um die Visa zu kümmern, die Bearbeitungszeit dauert manchmal Monate.

»Wieso Visa?«, fragte mich Champ, mein Kontaktmann zu den Mönchen, »ich denke, der Singular heißt Visum.«

»Ja, das ist richtig, doch brauchen wir zwei: Ein Multiple-Entry-Visum für Indien und eins für Nepal, denn Lumbini, Buddhas Geburtsort, liegt nun mal in Nepal.«

»Also das glaube ich nicht, denn die Mönche sagen, Buddha ist in Indien geboren, wir brauchen nur ein Visum für das Land.«

»Hm, ich schätze mal, das ist keine Frage des Glaubens, sondern des Globus. Rede doch mal mit den Mönchen und zeige ihnen eine Landkarte.«

»Ich wusste ja, das wird schwierig mit dir. Weißt du denn nicht: Mit den Mönchen redet man nicht, die reden mit einem!?!«

Schwierig mit mir? So wie es aussah, wartete die Reise mit recht erheblichen Herausforderungen auf mich: die sportliche; die gesundheitliche; die psychische, die Indien immer bedeutet; und die geistige: unterwegs mit über 200 Mönchen – und sie alle sind Thai. Da kam schon was zusammen.

Und dann wollte ich noch meinen ganz persönlichen, als auch den allgemeinen Fragen des Daseins, nachgehen. Und ein privates Motto hatte ich im Vorfeld auch:

Die Mönche schauen nach innen, ich schaue mich um.

1

Siddhartha – Prinz und Rebell

Da ist ein Riss, ein Riss in jedem Ding:
So kommt das Licht herein.
Leonard Cohen, Hymne.

Es war in einer Vollmondnacht im Monat Mai vor über 2.500 Jahren in einem kleinen Reich im Norden Indiens in der Stadt Kapilavath: Der König lief aufgeregt durch seinen Palast. Heut Nacht sollte ihm endlich sein lang gehegter, inniger Wunsch erfüllt werden: Er würde seinen Sohn sehen. Und so geschah es: Seine 40-jährige Frau Maya brachte in jener Nacht, heiligen Nacht, draußen unter einem Baum bei dem Dorf Lumbini, einen Jungen zur Welt. Sie nannten ihn Siddhartha, der ›Erfüllte Wunsch‹. Dem Vater war so einiges geweissagt worden, und viele Wundergeschichten ranken sich um die Geburt seines Sohnes, doch als Maya, seine Frau, sieben Tage nach der Geburt starb, war dem König die Lust an Wundern vergangen. Er befahl, dass Siddhartha fern aller Sorgen gehalten werden solle und den Palast nicht mehr verlassen dürfe.

Folglich wuchs Siddhartha als ein reiches Kind, wohlbehütet in großem Luxus, doch abgeschottet von der Außenwelt auf. Er war sehr wissbegierig und gelehrig, schien aber ein wenig verhaltensauffällig zu sein, wohl auch deshalb wurde er schon mit 16 Jahren verheiratet. Ebenso sollte er mit so manchem sinnenfrohen Fest mit Musik und vielen Tänzerinnen aus seinem grüblerischen Anderssein gerissen werden. Doch der junge Prinz machte sich nichts aus Frau und Tänzerinnen, er schlich sich lieber mit seinem Freund und Diener, Chana, und seinem Lieblingspferd, Kathanka, nachts hinaus aus dem Palast.

Diese heimlichen Ausflüge bei Nacht führten ihn zu den Menschen in die Stadt. Das, was Siddhartha dort zu sehen bekam, war für ihn eine andere, eine ihm bisher verborgen gebliebene, völlig neue Welt. Zum ersten Mal begegneten ihm Krankheit, Alter und Tod. Und er sah, unter welchen Bedingungen das Volk lebte und arbeitete. Im Schweiße ihres Angesichts schufteten sie und mussten trotzdem in Armut vegetieren; und er hörte, wie die, die sich dünkten, etwas Besseres zu sein, weil sie viel Hab und Gut besaßen, die alten Geister-, Götter- und Gruselgeschichten benutzten, um den Menschen zu erklären, dass ihr Platz im Leben, der ihnen durch Geburt zufiel, des Himmels unveränderbarer Wille sei.

Siddhartha aber glaubte nicht an Märchen. Lüge und Unrecht empörten ihn gleichermaßen. Dies ›Da draußen jenseits der Mauern‹ erschien ihm als die ›wirkliche Wirklichkeit‹, und sie erschütterte sein Weltbild nachhaltig. Der väterliche Palast war ihm fortan nichts als ein goldener Käfig, doch ein Leben in Lüge wollte er nicht führen, Siddhartha wurde ein rebellischer Prinz mit radikaler Sinnesrichtung. Er wollte sich befreien und den Dingen auf den Grund gehen. Und alles, was ihn daran hindern würde, würde er verlassen müssen.

Siddhartha hatte sich jedoch Zeit gelassen, es fiel ihm nicht leicht, all seinen angenehmen Luxus, den Palast seines Vaters, seine drei eigenen Villen – für jede Jahreszeit eine –, aufzugeben. Doch ein zunehmendes Unbehagen überfiel ihn. Er war fast 30 Jahre alt, es wurde Zeit, sich auf die Suche nach der Wahrheit zu begeben. Seine Entscheidung reifte, als seine Frau ihm ein Kind gebar. Die Geburt seines Sohnes band ihn an Haus und Hof, er nannte ihn Rahula: ›Fessel‹. Was sollte er seinen Sohn lehren, wenn er selbst die Antwort noch nicht kannte? Alles in allem schien ihm Rahula ein weiteres Hindernis zu sein, all die Zusammenhänge der Wirklichkeit zu erkennen.

Und endlich, eines Nachts, brach er auf: Begleitet von Chana, seinem Diener, ritt Siddhartha auf dem Rücken Kathankas für immer aus Kapilavath fort. Während Chana sich am Schweif des Pferdes festhielt, so erzählte man es sich später, hätten gute Geister

Kathanka durch die Lüfte getragen, auf dass niemand durch das Getrappel der Hufe geweckt werden würde.

An den Ufern des kleinen Grenzflusses hielten sie inne, wieder war es eine klare Vollmondnacht, Siddhartha schnitt sich den Bart und die langen Haare ab, tauschte seine reich bestickten Gewänder mit denen eines Bettlers, dann schickte er Freund und Pferd zurück in den Palast, wo übrigens Kathanka, sein Pferd, kurz darauf voller Sehnsucht nach ihm in großer Trauer starb.

Siddhartha aber ging in die Wälder. Die Begegnung mit einem Wandermönch, in einer dieser lang zurückliegenden Nächte, war ihm stets in guter Erinnerung geblieben. Siddhartha schloss sich den Aussteigern seiner Zeit, den Asketen, an. Er wurde nun selbst ein Wandermönch. Und er wusste, er war nicht der erste und würde nicht der letzte sein, der erhoffte, durch Verzicht und Selbstkasteiung, irgendwo unter Bäumen in Meditation versunken, zur Wahrheit zu gelangen.

So beginnt eine der ganz großen Geschichten der Menschheit, die vor mehr als 2.500 Jahren in Indien spielt: Die Geschichte von Buddhas Erwachen. Wenn wir nun einmal kurz innehalten und die Bilder, die uns dazu kommen, vor dem inneren Auge laufen lassen – wie das damals dort wohl ausgesehen hatte: die Stadt, der Palast, der Fluss, die Wälder …

Man möchte ins romantische Schwärmen geraten!

2

Berlin, Abflug am Freitag, den 30. Januar

Es hat geschneit. Wie schön! Und so steht's geschrieben: Beim Rausgehen nimm die weiße Tür, immer.

3

Delhi – Es ist Indien!

Indira-Gandhi-Flughafen. 1.30 Uhr nachts, merkwürdige Zeit, irgendwo anzukommen. Auch in Delhi fährt die Metro nicht mehr. Schweizer Finanzexpertin getroffen, das Taxi geteilt. Werden nun durch eine schlierige Nebelbrühe ins nächtliche Delhi kutschiert. Kühe liegen auf der Fahrbahn, kleine Feuer brennen auf dem Trottoir. Unsere gebuchten Hotels in der Arakashan Road liegen zwar in der gleichen Straße, doch drei Häuser und zwei Kategorien auseinander.

Meins heißt ›Hotel Krishna‹. Es ist nicht sonderlich schön. Das Zimmer eher modern und geräumig, fern einer gemütlich verruchten Kaschemme. Keine Ahnung, warum ich das Verwegene erwartet habe, das Straßenbild sah so aus, und die Nähe des Bahnhofs ließ einiges vermuten. Doch ich bemühte mich, mir im Vorfeld keine Vorstellung zu machen. Das Hotel wählte ich wegen seines Namens: Krishna ist mein indischer Lieblingsgott, in ihm ist die Güte angelegt, er ist der achte Avatar von Vishnu, der Gegenspieler von Shiva. Ich mag die indische Götterwelt, sie ist ein metaphorisches Fantasia-Spiel. Eine Menge Drogen, das eine oder andere Pilzgericht und ein bisschen Kifferwahn mögen den Geschichtenerzählern zauberhafte Inspiration beim Erfinden oder Weiterspinnen des Gehörten gewesen sein. Ach, wenn doch all die heldenhaften Götter wüssten, wer sie einst erdacht hatte – und all die Helden der Literaten Götter werden könnten!

Ich falle in einen Adventure-Film-Traum: Ein kleiner, dicker Junge spielt Fantasie-Computerspiele. Sein Avatar ist ein wunderhübscher, schlanker, ewig junger Held mit langen flatternden Haaren. Und der schöne Held denkt, er sei Herr seines Schicksals, bis er nach einem siegreichen Kampf gegen ein Ungeheuer einen Zaubertrank findet, der ihn plötzlich hinaus aus dem Monitor hinein in die andere Welt schauen lässt. Der Avatar ist entsetzt über das, was er dort sieht. Und dass er von einem kleinen, dicken, hässlichen Gott geführt wird, der offensichtlich nicht ganz ausgebacken ist, das scheint dem Avatar ein zynischer Witz zu sein. Der Avatar gerät über die Hässlichkeit seines Gottes wie über die der Welt da draußen in Verzweiflung. Er will nicht mehr kämpfen, nicht die Prinzessin befreien, auch keine Abenteuer mehr bestehen, er ist enttäuscht und müde. Doch eines Tages steht er auf, wild entschlossen, diesem hässlichen Gott einmal gehörig die Meinung zu sagen. Das Wunder geschieht: Dieser hässliche Gott, der kleine, dicke Junge, ist genauso erstaunt, und er hört hin! Sie beschließen gemeinsam ein Trainingsprogramm, sodass ›der hässliche Gott‹ sich langsam, sehr langsam dem schön entworfenen Avatar anzugleichen scheint.

Benommen wach ich auf, natürlich fühlte ich mich als der Avatar im Traum. Doch als ich ins Bad schlurfe, erwische ich mich, wie ich den Kerl im Spiegel anknurre: »Was willst du, du hässlicher Gott? Eine Angleichung vornehmen?« Eine Dusche bewirkt Wunder, sie ist ein kleiner Schritt in diese Richtung.

Ich laufe zum Bahnhof, die Luft ist der gleiche schmierige Schleier der letzten Nacht, bloß der Stoff des Schleiers ist gröber, und er kratzt sofort. Die Straße müffelt, die Menschen muffeln, alle wirken angestrengt. ›Freundliche Blicke‹ würde ich das nicht nennen, und der Ton der mir zugeworfenen Satzbrocken: »Hey, wo gehst du? Willst du Tuk-Tuk? Taxi? Rasur? Bahn-Ticket? Lady? Neues Jackett? Was willst du?« ist nicht einladend, sondern fordernd, leicht aggressiv. Dazwischen stumme Blicke mit ausgestreckter Hand.

Nein, ich möchte nichts, ich möchte meine 500 Meter Indien laufen. Zu laufen, nicht stehen zu bleiben, das scheint der Trick zu sein. Einer alten Frau gebe ich zehn Rupien als gute Tat und Wegezoll. Schon stehe ich vor dem Bahnhofsgelände der New Delhi Railway Station, das Gebäude ist optisch eine Enttäuschung, eine hässliche Betonfassade.

Stehen bleiben und verweilen und unstet in die Gegend schauen stellt sich schnell als Fehler heraus. Unter dem großen Bogen des Eingangstors zum Bahnhofsvorplatz springt ein untersetzter Mann auf mich zu, versperrt mir den Weg, fragt, wo ich denn hin wolle.

»Na, zum Bahnhof!«, erwidere ich.

Der Mann wiegt seinen Kopf bedeutungsschwer hin und her, dabei schaut er mich mitleidig an, als hätte ich ziemlich dummes Zeug geredet. Dann fragt er mich mit einem Schnalzen seiner Zunge, ob er mein Ticket sehen dürfe.

»Nein, ich fahre erst am Montagmorgen nach Kalkutta …« Ich weiß nicht genau, wieso ich ihm überhaupt Auskunft gebe, vielleicht weil zwei Uniformierte hinter ihm stehen und er einen offiziellen Eindruck macht.

Das Gesicht des Mannes erhellt sich, er nimmt meine Hand, schüttelt sie, lässt nicht mehr los, fragt, wo ich herkomme und an welchem Wochentag ich geboren sei, »Ah, Sunday Germany! Very Good!« Nun gratuliert er mir, ich muss wirklich ein Glückskind unter der Sonne sein, dass ich ihn hier getroffen habe, denn es hätte ja auch anders kommen können, und überhaupt, er müsse mich warnen, die Stadt sei voller Betrüger, niemanden sei zu trauen, schon gar nicht hier am Bahnhof! Doch dass ich ein Gewinner sei, das sei ihm sofort klar gewesen, als er mich sah.

»Sunday Germany!«, wiederholt er, als sei das schon die magische Formel allen Glücks. Und das Glück reißt nicht ab, denn sein Schwager, also der Mann seiner kleinen Schwester, der hat dort drüben auf der anderen Straßenseite sein Office, und ich, also »Sunday Germany!« – wiederholt schnalzt er mit der Zunge –, würde den letzten Platz im besten Waggon und zu einem unschlagbaren Preis bekommen, denn, das sollte ich wissen, für Nicht-Inder sei es sehr schwierig, überhaupt ein Ticket für die Indian Railway zu ergattern, doch für »Sunday Germany!« … dabei zerrt er mich an der Hand, die er die ganze Zeit fest umklammerte, und schiebt mich nun mit der anderen Hand auf meinem Rücken, wo mein Rucksack sitzt, zur Straße hin.

»Stopp!« Ich mache eine schnelle Drehung, befreie mich von dem Mann und reiße die Arme hoch zum Wai (die asiatische Geste der Respektsbekundung). »Sorry«, ich versuche es mit Freundlichkeit und der Wahrheit, »ich habe längst ein Ticket. Ich brauche Ihre Hilfe nicht. Ich möchte mir nur den Bahnhof anschauen.«

»Bitte was? Habt ihr das gehört!«, ruft der Mann empört in die umstehende Runde. »Er hat längst ein Ticket, und er möchte sich nur den Bahnhof anschauen!«

Sofort bin ich umringt von einem Pulk von Männern, einige tragen Uniform, sie sehen jedoch nicht so aus, als wären sie zu meiner Sicherheit da.

»Wo haben Sie das denn gekauft?«

»Cleartrip, Computer!«

»Ha, Cleartrip!« Der Mann versucht es wieder mit seiner bedauernden Tonart der ersten Ansprache. Die Beistehenden wiegen die Köpfe, und als seien sie sein Chor, erschallt ein mehrstimmiges, doch furchtbar trauriges »Cleartrip!«

»Das wird nichts! Da müssen Sie ja erst zum Cleartrip-Office, das macht aber erst am Montag wieder auf. So kommen Sie nie nach Kalkutta, es sein denn, Sie kaufen …«

»Schnell! Das ist ein Betrüger!« Jemand rät mir zur Flucht, zerrt an meinem Arm. »Schnell!« Sein Tuk-Tuk stände bereit, er würde mich zur einzigen wirklichen Ticketverkaufsstelle für Ausländer fahren, die sei aber ein gutes Stück entfernt.

»Bitte? Was? Ich ein Betrüger?« Der Mann vom Office des Schwagers ist empört. »Er schuldet mir 50 Rupien!« Er zeigt auf mich. »Ich gab all die guten Informationen und Warnungen, doch Sunday Germany will mich nicht bezahlen!«

Die Runde, in welcher nun wenigstens auch drei Polizisten stehen, rollt mit den Augen und schlenkert den Kopf seitwärts, was wohl Zustimmung bedeutet. Alle sind gespannt, wie ich nun reagiere.

»Bitte, nein! Stopp! Aus dem Weg!« Ich verliere meine Freundlichkeit. Wären sie ein Rudel wilder Hunde, die hier über mich herfielen, ich würde wohl zu Steinen greifen und …

›Okay, es ist Indien!‹, sage ich zu mir selbst, ›500 Meter, und du verlierst schon die Contenance und bekommst Gewaltfantasien. Eijei, du musst noch viel üben!‹ Schnurstracks laufe ich in den Vorhof hinein und würdige sie keines Blickes mehr.

»Was ist nun mit meinen 30 Rupien?!«, ruft mir der Untersetzte hinterher, ja, die schulde ich ihm, immerhin hätte er viel Zeit in mich investiert. Ansonsten bleibe ich unbehelligt.

Nun gut, einer aus der Runde, der mir zur Flucht riet, läuft plötzlich neben mir, hält die Hand auf und fragt zahnlos:

»Tenty Lupies?«

»Hör uff!«, sage ich und muss dabei leicht lachen.

Er lacht auch und dreht bei.

Gute Vibration, das ist ansonsten nicht unbedingt das Markenzeichen dieser Stadt. Und der Bahnhof bleibt auch im Inneren nichtssagend. Ich bin jedoch entschieden, die Tage in Delhi touristisch zu nutzen. Auf der anderen Seite, jenseits der Überführung, scheint der Haupteingang zu sein, jedenfalls steht dort das Heer der Taxi-Tuk-Tuks.

Ich erkläre einem Fahrer, dass ich zum Red Fort, einem Sightseeing-Highlight, möchte. Der Fahrer verlangt 100 Rupien, das sind 1,30 Euro, wahrscheinlich gut und gerne das Doppelte, wenn nicht das Dreifache des Üblichen, doch ich habe keine Lust, diese Summe herunterzuhandeln, und sage: »Okay!«

Ich bin in Bangkok Motorrad gefahren, das Motto dort hieß: ›Die, die überleben wollen‹. Was ich sagen will: Ich bin nicht feige im Straßenverkehr, und ich kenne Irrsinn. Doch Delhi toppt alles auf der nach unten offenen Wahnsinnsskala. Dass Delhi im Jahr 2014 die höchste Feinstaubbelastung aller Städte weltweit hatte, habe ich gelesen. Als ein Grund wird die Zweitakter-Dichte angenommen. Doch dass sie alle, und nicht nur die Zweitakter, mit einer ungeheuren Rücksichtslosigkeit fahren und dabei unablässig schlecht gelaunt schimpfen ohne einen Hauch von Humor, das stand nicht in der Statistik. Eine aggressive Spannung liegt wie ein hoch aufgeladenes elektromagnetisches Feld über dem wild fließenden Straßenverkehr. Und es scheint, dass sie sich wie eine Überspannung funkelnder Blitze ab und an im Rahmen einer kleinen Schlägerei entladen muss.

Mein Fahrer jedenfalls springt plötzlich von seinem Sitz und zerrt einen anderen Rikscha-Fahrer aus dem Cockpit und drischt auf ihn ein. Ich kann nicht sagen warum. Ich habe keinen Crash gehört oder gespürt. Das will aber nichts heißen, da der Straßenbelag ein permanenter Stoßdämpferbelastungstest ist und der Lärmpegel der Stadt neben dem Motorenlärm – das ist eben nicht nur das Geknatter x-tausender Zweitakter – durch ein ständiges Dauergehupe überlagert wird.

Überhaupt: Hupen! Wer nicht vom Hupen erzählt, war nicht in Indien! Das Hupen scheint jede Verkehrsregel zu ersetzen. Ob nun blinken, abbiegen, über eine Kreuzung fahren, alles wird durch ein Hupen angezeigt. Die Ampel ist rot: Hupen! Die Ampel wird grün: Hupen! Menschen möchten über die Straße gehen: Aggressiv hupen! Ebenso wird dem Vordermann durch Dauer-Hupen signalisiert: Ich bin da, ich bin gleich hinter dir, immer noch da! Hupen! Hupen als Existenzbeweis! Wer Indien nicht kennt, dem ist das nicht vorstellbar, auch nicht dem fantasiebegabten, erfahrenen Italien-Urlauber. Selbst wenn man mittendrin steckt, mag man es nicht glauben, denn es bewirkt nichts, außer einer kakofonischen Sinfonie des Irrsinns. Indien halt.

Einzig zu loben ist die Präzision, mit der sie auf einen halben Zentimeter genau an den anderen Fahrzeugen vorbeifuhrwerken ohne groß zu schrammen. Doch Crashs in Delhi gehören zum Tagesprogramm, sie sind ungezählt; gezählt sind die Toten: 2.000 Unfalltote im Jahr 2014 nur in Delhi; zum Vergleich: in Berlin waren es im gleichen Zeitraum 50 Tote.

Die kurze Schlägerei brachte kein erkennbares Ergebnis, jedoch auch keine Toten, nicht einmal ernsthaft Verletzte. Als die Blechlawine etwas in Bewegung kommt, springen beide Fahrer wieder an ihre Lenker und setzen die Fahrt laut schimpfend fort, ohne jeden Unterschied, bevor es Hiebe setzte.

Nein, die Fahrt war kein Spaß; nicht gerührt, sondern geschüttelt steige ich aus und reiche dem Mann einen 100-Rupien-Schein.

»Zwei Hunderter!«, sagt er mit bösem Gesicht.

»Wie bitte?« Ich frage, vielleicht habe ich mich verhört.

»200! Denn die Straße war sehr voll!«

Es ist nicht meine Art, mit Taxifahrern über den Preis zu diskutieren. Ja, ich mag diese Leute nicht, die sich immer und überall von den Taxifahrern betrogen fühlen. Doch das hier, das ist so dreist … und die wirklich üble Laune des Fahrers hatte sich auf mich übertragen, dass ich ernsthaft baff dastehe und schon wieder Gewaltfantasien bekomme. Mit einem grob gesprochenen »Nein! No way!« klatsche ich dem Mann den Schein auf seine Fahrerbank und gehe.

Seine netten Flüche, mit denen er mich eindeckt, könnten meine Tageslosung werden, wenn ich sie denn verstehen würde. Ohnehin, und das merke ich erst jetzt, hat der Kerl mich einen knappen Kilometer vor dem eigentlichen Eingang zum Roten Fort abgesetzt. Nun, ich bin ja hier zum Laufen.

Am Fort angekommen, stelle ich mich in die Besucherschlange am Tickethäuschen, die Schlange ist wirklich lang, das Fort also gut besucht. Plötzlich erschallt ein scharf gerufenes: »You!«

Instinktiv blicke ich mich mit den anderen um und schaue in das Gesicht eines Weiß-Uniformierten. Mit dem stechend scharfen Blick einer Speikobra fixiert er meine Augen.

»You!«, erschallt es wieder, er meint wohl wirklich mich. Und nun kommt er auf mich zu und packt mich, zieht mich aus der Schlange und führt mich ab, als sei ich der lang gesuchte Kassenräuber, den er nun zur Gegenüberstellung zur Ticket-Bude bringt.

Die umstehenden Leute schert das nicht. Der Uniformierte zischt: »One Ticket Tourist!«

Die Eintrittskarten-Verkäuferin schiebt mir ein Touristen-Ticket grußlos herüber. Nun darf ich mich gleich in die Warteschlange am Eingang einreihen. Meine Vorzugsbehandlung schert noch immer keinen, doch hätte der Uniformierte mir den rassistischen Unfug, dass ich den Touristen-Preis, also das Zehnfache, zu zahlen habe, nicht irgendwie netter nahebringen können?

Das Red Fort ist riesig, nicht besonders schön, nicht allzu sehr beeindruckend, ein Großmogulbau aus dem 17. Jahrhundert. Am imposantesten ist der Eingangsbereich. Doch durch die von Persern, Afghanen und Briten geplünderte und immer wieder als Garnison genutzte Anlage zu traben ist nicht sonderlich erbaulich. Dieses UNESCO-Kulturerbe ist die meistbesuchte Sehenswürdigkeit Delhis. Das scheint zu stimmen. Menschen schieben sich in dichten Strömen auf den schmalen Wegen zwischen den Grünflächen.

Mir wird es zu viel, auch will mein Ärger nicht verfliegen. Dass ich überhaupt in Delhi bin, verdanke ich der Terminverschiebung des Treffens mit den Mönchen. Als ich mein Ticket buchte, hieß es, wir wandern am 2. Februar von Kalkutta los. Das hätte gepasst. Später bekam ich die Nachricht: Kommen erst in der Nacht vom 3. zum 4. Februar. Ich entschied mich also für ein Wochenende in Delhi.

Nun sitz ich hier auf einem Stein am Brunnen und schlage ein Bein über das andere, der Ellenbogen dient als Stütze, so schmiege ich Kinn und Wange in meine Hand und denke eindringlich nach. Tja, wie man es auch macht, ich habe keinen klugen Rat für mich. Soll ich mein Schicksal laut beklagen? Die Ungastlichkeit dieser Stadt ist schwer erträglich wie der Stress, den zu viele Menschen und der bombastische Lärmpegel verursachen, außerdem … ach, ich mag mich nicht, wenn ich maule. Wahrscheinlich bin ich ein verwöhntes Glückskind des Schicksals, oder es ist eben so: Wer zu oft nach Thailand flog, der ist verloren für den Rest dieses Planeten;

ein jeder andere Ort erscheint allein aufgrund der Unfreundlichkeit der Einheimischen verglichen mit dem feenartigen Wesen der Thai unerträglich zu sein. Nun, mein neuer Sehnsuchtsort wird Delhi sicher nicht.

Mein Blick schweift in die Ferne. Doch hier am Brunnen lärmt lauthals eine Gruppe indischer Studenten, die meine müßigen Gedanken ablenken. Es sind ziemlich gedrungene Jungs mit scheelem Blick, sie stellen sich auf zum üblich dümmlichen Foto mit dem Peace-Zeichen – für diese Generation ist es wohl eher das entpolitisierte, völlig sinnentleerte Foto-Smile-Zeichen. Furchtbar! Doch der eine, der das Foto schießt, der ist sehr hübsch. Mein Blick bleibt an ihm haften, Schönheit ist immer fesselnd, es tut gut, ihm einfach zuzuschauen. Zuerst fallen mir seine wachen Augen auf, dann sein sinnlicher Mund und die fein gezeichnete Nase. Und doch steckt ein angenehm frecher Witz in seinem Gesicht.

Das Foto ist geschossen, nun steht die Gruppe mir im Bild. Der Hübsche, dessen Schönheit ich noch immer bewundere – seine schlanke, feingliedrige Figur mit schmaler Hüfte, geschnitzt wie eine androgyne Götterplastik, sticht besonders in diesem Pulk Behäbiger hervor –, gibt einem der Kommilitonen die Kamera. Die Studenten – ihre zu dunkelblauen, langen Hosen einheitlich getragenen hellblauen Hemden lassen vermuten, dass sie das sind – ziehen weiter. Doch was ist das? Der Schöne lässt die Gruppe laufen und setzt sich auf den Brunnenstein. In etwa zwei Metern Abstand zu mir sitzt er da. Warum? Ich schaue verstohlen zu ihm. Dann wieder weg. Ich schaue wieder hin, er hockt noch immer da. Warum bloß? Beim dritten Blickkontakt – ich erweise mich in diesen Momenten der Bewunderung seit all den Tausend Jahren als viel zu schüchterner Teenager – ergreift er die Initiative:

»Where do you come from? Wo kommst du her?«

»Germany!«

»Ah, Germany!« Er rückt zu mir heran.

»Darf ich etwas fragen?«, fragt er in exzellentem Englisch.

»Na klar, frag nur zu!«, sage ich in der Erwartung, dass nun die mir geläufigen asiatischen Standard-Fragen nach meinem Beruf, Verdienst, Ehefrau, Kindern und vielleicht auch nach meinem Namen kommen. Möglicherweise aber, sein konspiratives Näherrücken legt es nahe, würde er mir etwas verkaufen wollen, Drogen, wirklich echte Edelsteine oder sein wunderschönes Fleisch und Blut.

»War Hitler ein Guter?«, fragt er.

»Bitte wer??«

»War Adolf Hitler ein Guter?«

Ich hätte es wissen müssen! Vor 35 Jahren – bei meiner ersten Indien-Reise nach Mumbai, das noch Bombay hieß, und von da aus mit dem Boot nach Goa, aah! – erschallte auf die Antwort ›Germany‹ nach der Woher-Frage wie ein Reflex immer und überall der indische Dreiklang:

›Oh, Germany! Beckenbauer, Mercedes, Hitler … gut!‹

Doch das ist lange her. Beckenbauer kennt keiner mehr. Mercedes ist nicht mehr der Fixstern der Autoindustrie, und dass Hitler ein Guter war, das wird mittlerweile immerhin infrage gestellt. Die Nähe dieses schönen Gesichts lässt mich meine Empörung zurückhalten.

»Indien hat viele Probleme«, sagt er mit heruntergeschlagenen Augenlidern. Mein Zögern mit der Antwort ließ ihn wohl vermuten, dass er für seine Frage eine Erklärung nachschieben müsse. Mich faszinieren seine langen Wimpern.

»Ja, es sieht danach aus!«

»Meinst du, ein Hitler könnte Indien helfen?«

»Wieso glaubst du, Hitler wäre der Richtige, weißt du nicht, dass er Kriege und Völkermorde initiierte und …«

»Ja, er war wohl kein Guter, aber er hat das Land geeint und Deutschland stark gemacht!«

»Faschismus ist nur für die Dummen interessant, die nicht selber denken, sondern gehorchen wollen. Du siehst doch aber sehr intelligent aus. Für kluge Geister macht Hitler nirgendwo Sinn!«, sage ich bestimmt. »Wie kommst du überhaupt auf so einen Gedanken?«

»Wir sind ein schwaches Volk, wir wehren uns nicht. Meinst du, das liegt daran, dass wir Vegetarier sind?« Er spricht mit sanfter Stimme, seine Augen glänzen, er sieht aus wie der junge Krishnamurti, selbst das Haar trägt er wie jener in seiner Jugendzeit: Mittelscheitel und halblang.

»Oh wow, was für eine These!«, sage ich vergnügt, mir beginnt die Unterhaltung Spaß zu machen. »Doch dann ist Hitler für deine Theorien eh gestorben, Hitler war Vegetarier!«

»Was? Wirklich?«

»Ja, so steht's geschrieben!«

Herrlich ist es anzusehen, wie des jungen Krishnamurtis Bild ›Hitler als Retter Indiens‹ in dunklen Flammen aufgeht. Hitler ein Faschist, Krieger, Völkermörder … nun ja, verzeihliche Charakter-Fehler …, dass Hitler aber Vegetarier war …, das ist das Ende, das ist Hitlers Untergang als Retter Indiens. Die Asche einer unbedachten Fantasie verweht im Wind.

»Mensch, sei doch nicht traurig«, versuche ich zu trösten, »ihr habt doch jemanden, den die ganze Welt als großen indischen Führer bewundert.«

»So? Wen denn?«

»Mahatma Gandhi!«

»Ach so deeen.« Seine Lippen kräuseln sich.

»Bitte? Ist Gandhi kein Nationalheld?«

»Für einige schon, aber er hat ja auch Indiens Größe verspielt.«

»Eijei, Krishna, äh, sag mal, wie heißt du überhaupt?«, frage ich.

»Du kennst ja meinen Namen schon!«

»Wie jetzt? Du heißt wirklich Krishna?«, frage ich ungläubig.

»Ja, meine Freunde nennen mich so«, sagt Krishna, als sei sein Name selbstverständlich und ersichtlich. Schimmert seine dunkle Haut nicht ein wenig in Blau? »Vielleicht sollte ich kein Politiker werden. Vielleicht sollte ich lieber dem Pfad der Religion folgen. Was meinst du, willst du dir die Stadt ansehen? Wir haben hier sehr viele Tempel sehr vieler Religionen. Wo möchtest du zuerst hin? Ich denke, wir laufen hinüber zur größten Moschee Indiens, der Juma-Masjid-Moschee, sie ist nur einen Steinwurf vom Red Fort entfernt. Aber nicht, dass du denkst, ich sei Muslim, nein, ich bin, wie mein Name sagt …«

Schon steht er und reicht mir seine Hand. Ich fasse sie, obwohl ich die Begegnung unfassbar finde. Eben erst saß ich noch auf diesem Stein, mein Schicksal beklagend, und nun laufe ich mit einem jungen Studenten, der aussieht wie Krishnamurti und so heißt wie mein Lieblingsgott … ich stolpere über meinen eigenen Gedanken, nun vielleicht …, also die indischen Götter, die hätten es drauf, und Krishna trieb schon immer gerne Schabernack. Ich werde die Begegnung auf jeden Fall, wie immer sie ausgeht, als das erste Wunder meiner Pilgerfahrt notieren.

»… und den mir mein Vater gab, von Geburt her Hindu. Wir haben hier natürlich auch den größten Hindu-Tempel, der heißt *Akshardham*, da können wir ja vielleicht morgen hingehen, er ist sehr neu, erst zehn Jahre alt. Weißt du, ich meditiere zurzeit und überlege, ob ich nicht lieber Buddhist werde, ich habe gehört, dass Buddhisten alles essen dürfen, auch Fleisch, stimmt das? Also, ich würde gerne mal Fleisch essen, was denkst du?«

Ich fühle so stark, dass ich wenig denke; ich bin überwältigt, ich staune. Über mich, das Leben, die Begegnung. Es ist immer noch dieselbe Stadt, derselbe Lärm, dieselbe muffige Luft, und alle miesepetrigen Gestalten sind auch noch da, und doch ist alles anders. Krishna führt mich an der Hand durch Delhi. Als sei das schon immer so gewesen, seit 5.000 Jahren. Wieso aber muss ich immer wieder 5.000 Jahre darauf warten, dass es passiert?

»Was denkst du?«

»Äh, bitte? Ach so, ja gut, was magst du essen?«

»Nein, ich fragte, ob du Guru Nanak kennst?«

»Oh, da habe ich was verpasst. Guru Nanak? Nein, nicht persönlich.«

»Er ist der Lehrmeister der Sikh aus dem 15. Jahrhundert. Ich mag die Sikh. Ihre Religion verehrt einen gestaltlosen Schöpfergott, weder Mann noch Frau, weißt du, wie sein Name ist?«

»Nein!«

»Die Wahrheit! Einfach nur: Die Wahrheit. Gut, nicht? Und jeder ist willkommen in ihren Tempeln. Der Gurudwara Sis Ganj Sahib ist gar nicht weit von hier, magst du ihn sehen?«

»Ja!«

Die Moschee haben wir hinter uns gelassen, ja, sie ist groß. Wir als Ungläubige dürfen sowieso nur in den Vorhof, wo wir gleich umringt und zur Religion befragt wurden. Nun laufen wir schon durch die engen Gassen des Chandni Chowk Bazars. Es liegt alles dicht beisammen im Viertel Old Delhi. Aus Krishna sprudeln in einem Atem viel Wissen und noch einmal so viele Fragen. Ich komme kaum hinterher, all die Antworten zu geben, soweit ich sie denn weiß und Krishna sie denn wirklich wissen will.

»Die Mogule haben die Gurus der Sikh verfolgt und hingerichtet, weißt du warum?«

»Nun, Mogule sind Muslime, sie müssen das wohl tun.«

»Ja, es gibt viele Probleme mit den Muslimen, doch die Sikh wurden verfolgt, weil sie die Frauen als gleichberechtigt betrachten, irre, nicht?«

»Wer jetzt, die Sikh oder die Muslime?«

»Die Muslime.«

»Ja.«

»Wir sind da!«

»Wo?«

»Am Gurudwara, so heißen die Tempel der Sikh.«

Für mich sind es Traumbilder, so erhoffte ich es immer, so passiert es grade. Es gibt Begegnungen, die sind so überraschend, weil sie sind, wie es sein sollte, so nah, als würden wir uns lange kennen.

Dabei ist es vielleicht eine Stunde her, dass wir auf dem Stein am Brunnen saßen, und nun hocken wir hier Seite an Seite zusammen auf den Knien auf einem Teppich im Gurudwara, dem Tempel der Sikh. Vorne unter dem Baldachin rezitiert ein Priester Gebete, so nehme ich es an. Der Raum ist hell und klar, nicht mystisch verschnörkelt, eher unprätentiös, wenig sentimental. Dafür bekommen wir am Ausgang eine klebrige Paste in die Hand gedrückt, die wir als Segen zu essen haben. Sie schmeckt etwas zu süß, zu sämig, doch ich wage es nicht, den Segen fallen zu lassen.

Während ich mir den Großteil der Paste, die zwischen meinen Fingern klebt, am Waschbecken auf der Straße abwasche, schaue ich Krishna zu, wie er sich die Hände abschleckt. Das Bild erinnert mich an die Geschichte, die gerne in indischen Comics dargestellt ist: Krishna, noch Kind und unentdeckter Gott, wurde ertappt, wie er grade von den Speisen naschte, die auf einem schön gedeckten Altar standen, der Vishnu, einem der Großen Drei im Hinduismus, geweiht war. Als Krishna gescholten wurde, sagte er nur: »Ich darf das!« Anstatt nun eine Tracht Prügel zu bekommen, wie es die Mutter wollte, die schon die Hand erhoben hatte, wurde der Knabe von einem Priester, der der Mutter Einhalt gebot, zur Sache befragt, wieso er denn tat, was er tat. Wieder antwortete Krishna keck und selbstbewusst: »Na, weil ich das darf!« Darauf befand der Priester: »Von diesem Altar darf nur Vishnu essen, wenn der Knabe es nun aber darf, dann …« So war es, und so kam es: Von Stund an war Krishna als achter Avatar Vishnus erkannt. Religion kann manchmal so praktisch sein.

Als wir uns unsere Schuhe im Schuhaufbewahrungsraum wieder anziehen, kommt ein alter Mann auf uns zu, redet etwas Bedeutendes, nimmt unsere Hände und legt sie ineinander, nickt, spricht noch etwas, das sich wie ein Segen anhört, und geht wieder. Krishna nimmt es hin wie selbstverständlich. Ich möchte nicht fragen, der Moment braucht keine Erklärung. Es ist Indien!

»Gehen wir essen?«, fragt Krishna.

»Ja, gerne! Und? Willst du?«, frage ich bedeutend.

»Ja«, sagt Krishna. »Ich werde heute Fleisch essen, hier gibt es im Viertel eine gute muslimische Hühnerbraterei.«

Im Karim's, im ersten Stock, sitzen wir eine halbe Stunde später. Krishna erzählt, dass er aus Jaipur in Rajasthan, wo sein Vater Batik-Hemden herstelle, käme. Er, Krishna, habe als einziger Sohn das große Privileg, ein Businessstudium in Delhi absolvieren zu dürfen, er teile mit einem Kommilitonen das Zimmer, der in einer Endzeit-Sekte aktiv sei. Doch sein eigentliches Problem sei seine einzige, zwei Jahre ältere Schwester, sie habe sich ihm anvertraut: Sie möchte nicht den von den Eltern ausgesuchten Mann, mit dem sie seit ihrem zwölften Lebensjahr verlobt ist, heiraten. Sie hat einen anderen Freund, den sie liebt. Was soll er ihr raten?

»Der Liebe folgen!«, ist meine vorschnelle Antwort.

»Ja, doch weißt du, was dann folgt?« Krishna redet mit beherrschtem Gesicht. »Die Familie des geprellten Verlobten müsste meine Schwester und ihren Freund töten, bestenfalls wären sie ihr Leben lang Ausgestoßene auf der Flucht. Meines Vaters Geschäft würde abgebrannt werden, und meine Familie würde in Jaipur nie wieder geschäftlich Fuß fassen können, sie alle, selbst meine Tanten und Onkel, würden gemieden werden wie Aussätzige. Nennt man das soziale Kontrolle?«

»Übertreibst du nicht etwas?«, frage ich.

»Nein, meine Schwester ist völlig verzweifelt, sie überlegt, sich gemeinsam mit ihrem Freund umzubringen.«

»Das ist das romantische Konzept.«

»Es ist hier Realität! Was soll ich ihr raten?«

»Vielleicht solltest du mit deinem Vater reden?«

»Das habe ich schon überlegt, doch selbst wenn er es verstehen könnte, könnte er es nicht ändern ohne Verlust der Existenz. Wie soll Veränderung kommen?«

»Das fragst du mich?«, frage ich, »Krishna, du bist doch ein Gott seit 5.000 Jahren! Deine Aufgabe war es, die göttliche

Ordnung auf der Erde wiederherzustellen. Schätze, das ist dir nicht gelungen.«

Eigenartig lustlos sticht Krishna mit der Gabel auf sein Huhn ein, viel davon gegessen hat er nicht.

»Sorry, 'tschuldige«, sage ich aufmunternd, »ich wollte dich weder tadeln, noch dir den Appetit verderben, doch ich befürchte, ganz friedlich wird es keine Veränderung geben. Wenn diese Liebe aber die Wahrheit ist, dann würde ich es wagen. Du kannst deiner Schwester mit einem alten biblischen Trick helfen: Bringe blutige Kleider von ihr nach Haus und sage, der Tiger habe sie gerissen. So kann niemand ihr oder deinem Vater und eurer Familie böse sein. Und nur du kennst die andere Wahrheit.«

»Wir haben doch keine Tiger mehr in Jaipur …«

»Hm, ja dann, Krishna«, ich überlege. »Mir scheint, dass Fleisch doch nicht so ganz deine Sache ist. Allzu besonders schmackhaft ist das Huhn hier wirklich nicht.«

»Ach, du meinst, dass nur Fleischesser fähig sind zu kämpfen?« Krishna scheint ernsthaft verzweifelt.

»Nein, ich meine, Freiheit ist immer ein Kampf, und im Gegensatz zu ihr gibt das soziale Gefüge angenehmen Halt, ebendiesen Hauch von Geborgenheit, solange man nicht auf Ideen kommt. Doch wehe, wenn …, dann sieht man in den über die Jahrhunderte zu leerer Form erstarrten Traditionen nichts als ein Gefängnis.« Ich atme lang aus und schiebe mein Huhn auch beiseite. »Brich aus! Das sagt sich schnell. Doch wie? Das kann ich dir nicht sagen, du kennst die hiesigen Gefängnismauern besser als ich. Und wohin? In die Freiheit! Ja! Doch sie ist nicht das Glück, sie ist eher so etwas wie die unbedingte Wahrheit. Sie ist nicht einfach auszuhalten. Und nicht immer schön.«

»Lass uns gehen!«, sagt Krishna.

Wir laufen durch die Gassen, durch die Menschenmassen, sie interessieren uns nicht, wir sind im Gleichklang unserer Schritte und in Gedanken, im ewigen Dialog, es ist wunderbar. Mal bleibt

Krishna stehen, schaut empört wegen irgendetwas, was ich sagte, dann nimmt er mich an die Hand, zieht mich mit sich, dann gehen wir wieder Seite an Seite, den Blick nur auf uns selbst gerichtet. Kein Hupen und kein Schreien kann uns aus unserer Glocke reißen, so stehen wir vor meinem Hotel schon bald eine halbe Stunde.

Und mittlerweile scheint Krishna meine Gedanken lesen zu können, denn plötzlich sagt er:

»Nein, keinen Drink, keine Umarmung! Und die Nacht muss ich nach Hause! Doch ich komme morgen wieder.« Er senkt den Blick und fügt ein leises »Wenn du magst« hinzu.

»Ja«, sage ich, und schon ist er fort in die Nacht.

Sonntagmorgen, war das Gestern ein Traum der alten Götter? Wenn es so war, dann träume ich schon wieder denselben Traum: Punkt zehn Uhr steht Krishna, wahrlich schön wie ein bunter Cosmic-Comic-Gott, vor der Tür. Schon gehen wir wieder die Straßen entlang, vertieft in unserem Austausch der Gedanken.

Nebenher, ganz beiläufig, schauen wir auf Akshardham, den monumentalen Hindu-Tempel, erbaut 2005. Wir lassen ihn links liegen.

Beeindruckender erlebe ich den Lotusblüten-Tempel, den Sakralbau der Bahai, den wir nach über zwei Stunden Laufen und Reden erreichen – vielleicht haben wir zwischendrin auch ein Tuk-Tuk genommen, wer mag das wissen.

»Wow, die Bahai haben's drauf!« Ich staune. »Die wissen, was Religion ausmacht: gute Poesie und ein Schuss Größenwahn!«

»Was weißt du über die Bahai eigentlich?«, fragt Krishna, »ich sehe nur oft im Vorbeifahren ihren wunderbaren Tempel, er sieht so wirklich aus, so wie eine riesige von den Göttern gegebene Lotusblüte.«

»Baha'u'llah, der Religionsstifter der Bahai, sieht den Tempel eher als Sinnbild des Verschmelzens aller Religionen im vereinenden Symbol der Lotusblumenblüte. Für ihn waren alle Götter zusammen das Heilige Eins. Sich selbst sah er als den Verheißenen, den prophezeiten Herrn der Heerscharen, den zehnten Avatar aller Hindu-Götter sowie auch gleich als den Maitreya des Buddhismus und selbstverständlich als Wiederkunft Christi in der Herrlichkeit des Vaters sowie als die große Verkündung des Islams.«

»Bescheiden klingt das nicht«, bemerkt Krishna.

»Nein, er gab sich ganz hin«, fahre ich fort, »er war ein persischer Haschischraucher des 19. Jahrhunderts, ein Suchender, ein wahnsinnig Liebender, ein völlig durchgeknallt Verzweifelter. Ein wenig wie du und ich, oder nicht?« Krishna schaut mich unbeeindruckt an. »Nun, er schrieb das Buch ›Die Sieben Täler‹, dort findet er zum Schluss zur gleichen Erkenntnis wie Buddha: Am Ende geht es nur um das Erlöschen. Doch sollte zwischen Geburt und dem Erlöschen die Güte im Geist der Liebe und Verbundenheit unter den Menschen herrschen. Klar, dass er von den herrschenden Osmanen auf eine Burg weggesperrt wurde und nie wieder die Freiheit erlangte.«

»So ungewöhnlich ist die Idee gar nicht, in Indien gibt es viele, die sehen Buddha und Jesus in der Tradition von Gott Krishna stehen als neunten und zehnten Avatar von Vishnu, der die Güte verkörpert!«

»Krishna, Buddha, Jesus! Eine Reihe! Nicht schlecht, der Gedanke! Komm, lass uns das Dutzend vollmachen!«

»Wie meinst du das?«

»Ach, nur so«, sage ich, ich muss nicht alles erklären, »doch was mich an Baha'u'llah irritiert, ist, dass er die Liebe als zweites Tal nach dem ›Suchen‹ verortet. Das sechste, welches man erst im fortgeschrittenen Alter erreicht, ist – nach den Tälern ›Erkenntnis‹, ›Einheit‹, ›Genügen‹ – das Tal des Staunens. Schätze, durch dieses Tal wandere ich grade.«

»Ja, du siehst auch ganz schön alt aus, bestimmt bist du über die 40, oder?«

»Oh, danke für die Wechseldusche, ja, ich bin alt, und noch viel älter …«

»Eins musst du noch sehen«, sagt Krishna, schon nimmt er wieder meine Hand, »den Qutub-Komplex!«

»Was ist das?«

»Das Gelände der ältesten Moschee Indiens.«

»Hm, noch eine Moschee, muss das sein?«, frage ich wenig begeistert.

»Nein, um die Moschee geht es dabei gar nicht, vielmehr war das Gelände uraltes Tempelterrain. Die Mameluckenherrscher haben im 13. Jahrhundert hier, dort und überall einen jeden Hindu- oder Buddha-Tempel zerstört und geschliffen, aus den Steinen bauten sie dann ihre Moschee. Doch etwas konnten sie nicht zerstören, und das steht da noch immer: die Ashoka-Säule!«

»Die Ashoka-Säule?«

»Aber du wirst doch Ashoka kennen! Du willst doch durch Buddhas Heimat wandern. Alles, was wir über Buddha wissen, geht auf Kaiser Ashoka, unseren großen König, den besten, den Indien je hatte, zurück.« Krishnas Augen leuchten. »Ashoka hat im 3. Jahrhundert vor eurer Zeitrechnung, das war 300 Jahre nach Buddhas Tod, Indien im Namen des Buddhismus geeint und groß gemacht.«

Ich nicke, ich wollte Krishna nicht unterbrechen, doch nun falle ich ihm ins Wort:

»Ja, alles richtig, kann man so sehen, aber es gab doch nicht nur eine Ashoka-Säule, sondern überall auf dem Subkontinent, in eurem schönen und großen Indien, ließ Ashoka Stelen mit königlichen Edikten errichten. Sie sind bis hin nach Afghanistan zu finden.«

»Ja, aber diese eine ist etwas Besonderes: Sie ist aus Eisen, und sie rostet nicht, und das seit über 2.000 Jahren.«

»Das wäre in der Tat ein Wunder!«

»Es ist ein Wunder!« Krishna besteht darauf.

Das Gelände liegt außerhalb der Innenstadt, so komme ich in den sehr zweifelhaften Genuss, mit der Delhi-Metro zu fahren. Allein hätte ich keine Chance, das komplizierte System, wie man sich einen Fahrschein kauft, durch die Absperrungen kommt und den richtigen Bahnsteig findet, zu begreifen. Erklärungstafeln, so sie denn etwas erklären, gibt es nur in Hindi. Krishna holt die Tickets. Ich stehe inmitten der drängelnden und quengelnden Menschenmasse, denke mit Mitleid an die Touristen in Berlin, für die es auch eine erhebliche Herausforderung darstellt, sich den rechten Fahrschein zu kaufen und diesen dann korrekt abzustempeln. Doch die weitverzweigten Katakomben der Delhi-Metro sind ein guter Ort, das Gruseln zu lernen. Gerade, als mich der Strom geifernder Münder mit schwitzender Stirn mit sich ins Nirgendwo reißen möchte, erscheint Krishna, packt meinen Arm und zerrt mich aus dem Knäuel der treibenden Leiber:

»Hier entlang!«

Am himmlischen Markt, das heißt *saket market*, steigen wir aus. Und vom Himmel hoch ist der Smog herabgestiegen und legt sich wie ein schmieriger Film über Asphalt, Pflanzen, Mensch und Tier. Durch diese Suppe tigern wir zur einstigen Tempelstadt.

Am Eingang bittet mich Krishna das erste Mal um Geld, es ist für den Eintritt, ich gebe es gern. Mit den Tickets in der Hand zurück, sagt er:

»Sag jetzt kein Wort!«

Erst als wir den Kartenabreißer 20 Meter hinter uns gelassen haben, sagt Krishna:

»Du siehst heute ziemlich indisch aus, so habe ich für zwei Inder bezahlt, das spart viel Geld.«

»Oh, Danke für das Kompliment«, erwidere ich spontan, dann überlege ich, ob es eins war.

Das Qutub-Minarett ist ein herrlich schiefer Turm und durchaus schön anzusehen: errichtet aus rotem Sandstein, ein frühes Meisterwerk islamischer Baukunst, 800 Jahre alt und bis heute eins der höchsten Minarette.

Die Ashoka-Säule sieht aus wie ein schlichtes Eisenrohr, könnte Industriekunst des letzten Jahrhunderts sein, doch diese Säule ist jahrtausendealt und massiv, am oberen Ende schmückt sie ein mehrfach gegliedertes Kapitell, auf dem einst eine schmiedeeiserne Figur zur Ehre Vishnus stand, dem die Säule gewidmet ist, wie es eine Inschrift belegt, was nun auch Krishna mit einem Lächeln, das einem schelmischen Gott würdig ist, einräumt.

»Das wollte ich dir ja noch sagen, die Ashoka-Säule heißt nur so, sie ist aber wahrscheinlich keine seiner Stelen, es gibt über dieses 15 Meter lange Stück Eisen über 100 wissenschaftliche Abhandlungen und mehrere Dutzend Bücher. Das Wunder ist, dass sie nicht rostet. Und nun muss man sagen: ›das Wunder war‹.«

»Bitte? Wieso ›war‹?«

»Schau da, sie beginnt zu rosten!«

Die Menge verwirrender Informationen flimmert wie die Sonne im Abendsmog über das staubige Terrain, während ich mir den Rost auf der nie rostenden Ashoka-Säule, die keine Säule von Ashoka ist, anschaue. Ein wahrlich indisches Wunder.

»Viele sehen darin ein Zeichen«, fährt Krishna fort, »für das Ende unseres Zeitalters, die Menschheit wird vergehen. Andere sagen, das hat der Delhi-Smog verursacht.«

»Also, darin sehe ich keinen Widerspruch«, sage ich.

»Lass uns zurückfahren zu deinem Hotel, im kleinen Restaurant direkt gegenüber im vierten Stock machen sie ein gutes Blumenkohl-Sambhara!«, sagt Krishna plötzlich.

Ihm fiel wohl zur gleichen Zeit wie mir auf, dass wir heute noch gar nichts gegessen haben, oder er kann wirklich Gedanken lesen. Wahrscheinlich Letzteres, denn nach dem Essen, als wir vor der großen Glastür zum Hotel stehen, greift Krishna in seine Tasche, holt ein kleines Lederportemonnaie heraus, fummelt in der Kleinmünztasche und hält mir lächelnd eine SIM entgegen:

»Hier nimm, setze sie in dein Handy ein, so kannst du mich anrufen, wenn du unterwegs auf deinem langen Marsch Hilfe brauchen solltest!«

»Krishna! Danke, doch das kann ich nicht annehmen!«, sage ich zutiefst gerührt.

»Doch, kannst du! Du darfst mir, wenn du wieder zurück nach Delhi kommst, die Auslagen bezahlen.«

»Und wenn ich nicht wiederkomme?«

»Dann bin ich stolz, meinem Freund eine SIM geschenkt zu haben.«

»Äh …«, ich will zu etwas Bedeutsamem ansetzen, doch Krishna fällt mir ins Wort:

»Nein, keinen Dank, keine Umarmung! Und die Nacht muss ich nach Hause! Doch ich komme morgen wieder«, sagt Krishna seinen Text, doch diesmal schaut er mir in die Augen und fügt ein leises »wenn du magst, bringe ich dich zum Bahnhof« hinzu.

»Ja, ich mag dich sehr«, sage ich und blicke tief in das ewig Geheimnisvolle seiner strahlenden dunklen Augen. Ich glaube, einen samtenen Glanz zu bemerken, das Licht einer Sonne, die sich ganz kurz durch eine Wolkenöffnung zeigt. Und schon ist er fort in die Nacht.

Montagmorgen, und wieder steht Krishna wie der Gott mit Flöte auf einem Bein vor der Glastür des Hotels, nur um mich die 500 Meter zum Bahnhof zu begleiten. Wir nehmen ein Tuk-Tuk, das vor dem Hotel steht. Weder möchte ich mein Gepäck zum Bahnhof schleppen, noch möchte ich, dass Krishna mich in Verlegenheit bringt, sich als Taschenträger anzubieten.

Am Bahnhof angekommen, fordert der Taxifahrer wieder sehr unfreundlich das Doppelte des abgemachten Preises. ›Deal ist Deal‹ scheint in Delhi nicht zu gelten. Für mich ist es keine Frage des Geldes, sondern des Charakters. Ich finde das unanständig! Es ist diskriminierend, es passiert aufgrund der Farbe meiner Haut, es ist widerwärtiger Rassismus.

Auf dem Bahnsteig beruhige ich mich etwas. Der Kalkutta-Howrah-Express ist abfahrbereit, mein Name steht groß mit

Altersangabe auf der Außenseite des Abteils: Cleartrip, der etwas komplizierte indische Online-Buchungsservice, hielt also sein Versprechen, nun kann ich ihn reinen Gewissens empfehlen.

Zum Abschied schenkt Krishna mir eine Tüte Gujarati Snacks und eine innige Umarmung mitten auf dem Bahnsteig. Ich werde das später als zweites und als drittes Wunder der Reise eintragen. Die Umarmung wie auch die Tüte Snacks. Sie sollte sich als wahre Wundertüte erweisen. Ein Geschenk Krishnas eben.

Das Erste-Klasse-Ticket Delhi–Kalkutta, das sind immerhin 1.500 Kilometer Strecke, hat mich 59 Euro gekostet, dafür kann man es nehmen, dachte ich mir. Es ist ein 2-Personen-Abteil mit einem eigenen Waggon-Kellner, welcher alle zwei Stunden ein kleines Menü mit Tee serviert, was im Preis enthalten ist.

Mein Mitreisender, ein bulliger Geschäftsmann im feinen Tuch, stellt sich mir mit einem festen Händedruck und feistem Grinsen vor: »Mr. Achari, Big Boss.«

Seine Goldkettchen um Hals und Handgelenke klimpern aufgeregt, ansonsten kommen wir nicht groß ins Gespräch, denn ein junger Mann, der Big Boss ehrerbietig grüßt, kommt ins Abteil. Kaum sitzt er neben mir, verabschiedet sich Big Boss mit schelmischem Augenrollen: »Große Geschäfte!«

Der junge Mann mit feinem Gesicht stellt sich gar nicht weiter vor, sondern nutzt die Abwesenheit seines Chefs und kommt gleich zur Sache: »Big Boss bittet Sie, mit mir, seinem Assistenten, das Abteil zu tauschen. Es ist auch erster Klasse, gleich zwei Abteile weiter, doch bei der Buchung …«

»Verstehe schon, kein Problem …«, sage ich lächelnd.

4

Kalkutta – Kalis Schrei

Das Schnarchen und Husten des neuen Abteilnachbarn, mit dem ich ansonsten keine weitere Konversation anfing, was ihm und mir sehr recht schien, ließ mich die Nacht kaum schlafen. Beim ersten Sonnenstrahl stehe ich auf und laufe den schmalen Gang entlang zum Ende des Waggons. Dort gibt es ein offen hängendes Waschbecken und einen verriegelbaren Abtritt auf der kleinen Plattform, die die Wagen miteinander verbindet. Ich brenne darauf, eine Tür nach draußen zu öffnen, um mich endlich wieder auf die Stufen zu hocken, auf dass der Morgenwind meinen Kopf und Geist erfrische. Ah ja, wie ich das liebe, diese vorbeifliegenden Wiesen und Felder! Es ist grünes, flaches, weites Land.

Und die Menschen in den Dörfern, vor den Häusern, dicht an den Gleisen, sie alle sind auch schon auf den Beinen; ich rase mitten durch ihre Morgentoilette. Sie starren zu mir herüber, putzen dabei andächtig weiter ihre Zähne, sie winken nicht, sie grüßen nicht –, nun gut, so mancher zeigt zum Gruß mir seinen blanken Arsch, doch nicht aus Daffke, sondern aus Notdurft, mit einem *Mir-doch-scheißegal-Gefühl-wer-da-jetzt-wieder-guckt* scheißen Mann und Frau, Oma und Kind mir quasi vor die Füße. So habe ich das noch nicht gesehen. Instinktiv ziehe ich die Beine hoch.

Ein Zug rauscht vorbei, verdunkelt kurz die Szenerie, mir spritzt die Zahnpasta des Zähne putzenden Mannes vom Gegenzug über die Hose. ›Es ist ja nur Zahnpasta‹, denke ich, als mir keine Sekunde später ein anderer entgeistert »Good Morning, Sir« zuruft, während er ungerührt weiter aus der offenen Tür pieselt.

»Good Morning, India!«, rufe ich und wiege dabei schon wie ein Einheimischer rätselhaft den Kopf, weiß es selbst nicht, bin ich be- oder entgeistert.

In Kalkutta angekommen, holt niemand mich ab. Darauf war ich vorbereitet, doch überkommt mich kurz ein Trauerschub, und komisch: Mein Gepäck ist heute Morgen aus irgendeinem mir unerklärlichen Grund befremdend schwer.

»Ach, Krishna, Krishna«, sage ich laut, als wenn er noch an meiner Seite wäre, »die Tage mit dir waren schön, ich hätte mich dran gewöhnen können.«

»Namaste«, erwidert es.

Erschrocken drehe ich mich um. Doch nicht Krishna, sondern der Assistent, mit dem ich gestern Abend das Abteil getauscht hatte, sprach mit sanfter Stimme, neben ihm steht Big Boss, stolz mit leicht süffisantem Siegerlächeln um die vollen Lippen.

»Sie haben uns sehr geholfen«, sagt Big Boss in seinem breiten Englisch, dabei wackelt er mit dem Kopf und rollt mit aufgerissenen Augen wie ein Bollywood-Star, der in kleinen Gesten dem Eingeweihten ganze Geschichten erzählen kann, meist die des Triumphs der vergangenen Nacht.

Mit einem »Dankeschön!« überreicht er mir seine Karte. »Sollte Ihr Weg Sie wieder nach Delhi führen, rufen Sie mich an, Sie sind jederzeit mein Gast!«

Es klingt glaubhaft, jedenfalls überzeugender als mein müdes »Klar, mache ich!«. Schon schiebt er seinen Assistenten zum anderen Ende des Bahnsteigs. Bestimmt wäre er nicht überrascht, wenn ich eines Tages tatsächlich bei ihm anriefe.

Ich bin wieder allein. Doch die Trauer ist verflogen. Ich buckel mir den Bundeswehr-Rucksack auf den Rücken und nehme meine Tasche in die Hand. Im Innenhof des Bahnhofs herrschen angenehme Kühle und überschaubare Betriebsamkeit, niemand belästigt mich, vielleicht bin ich kurzzeitig unsichtbar. Dies kleine Wunder nutze ich, mir den ältesten Bahnhof Indiens – Howrah Railway Station, immerhin über 150 Jahre alt – in Ruhe anzuschauen. Der Bau wurde vor 110 Jahren von Grund auf renoviert, im Inneren wurde sehr bewusst die Atmosphäre eines riesigen Burghofes geschaffen: Schutz gebend und an den Rändern merkantiles Treiben. Auch ist die rote Außenfassade wie eine alte Ritterburg gehalten, verspielt mit vielen Türmen. Zum Staunen einladend und für Reisende ein würdiger Treff- und Knotenpunkt der Hauptstadt Britisch-Indiens, was Kalkutta einstmals war. Ich könnte hier verweilen, doch ich will zum Flughafen.

Die letzte Mail der Mönche sagte, heute Nacht kämen sie an. Ich könne doch bestimmt im Flughafen ein Plätzchen finden, wo ich in Ruhe den Tag verbringen und warten könne. Also betrete ich durch ein rotes Backsteintor das »Schwarze Tor«, das ist die eigentliche Bedeutung der Stadt und ihr ursprünglicher Name: Kali-kata. Es lässt sich auch als ›Tor der Göttin Kali‹ übersetzen, da ›Kali‹ und ›schwarz‹ zu einem Begriff verschmolzen: Schwarz ist eben die Schwarze Göttin Kali. Die Briten machten Calcutta /caelcatta/ daraus; wir übernahmen das, nur sprechen wir ein U wie /u/ aus. Ich bleibe bei der deutschen Schreib- und Sprechweise, weil sich für mich in diesem Klang ›Kalkutta‹ so viel Geschichte und Geschichten wiegen. Warum das neue Indien nun Kolkata schreibt anstatt Kalikata bleibt für mich ein indisches Geheimnis, eins der eher kleinen zu vernachlässigenden im Vergleich zu den vielen großen Geheimnissen Indiens, wie zum Beispiel das, warum nun grade an dem Taxistand, zu dem ich gehe, neben der geordneten Reihe Wartender ein Kollege mit heruntergelassener Hose hockt und vor sein Auto kackt.

Es ist Indien! Ich würdige die Irritation, lasse mir aber nichts anmerken. An dem Karten-Häuschen kaufe ich ein Prepaid-Ticket für umgerechnet keine fünf Euro für die 16 Kilometer zum Flughafen. Dass diese Fahrt an die zwei Stunden dauern würde, ahne ich noch nicht. Doch mit dem ersten Abbiegen sind sie sofort da, jene Geschichten, die ich hörte, die man mir beschwörend erzählte; diese vielen Berichte, die von Menschen mit groß aufgerissenen Augen wie letzte Mahnungen vorgetragen wurden: Kalkutta, das ist der Vorort der Hölle, geh da bloß nicht hin, und wenn, dann nur, wenn du unbedingt musst …

Sie sind alle vergeblich, diese Darstellungen, denn das, was sich dort vor meinem heruntergekurbelten Taxifenster abspielt, macht mir sofort klar, es ist nicht zu beschreiben, und niemand wird es glauben, so wie ich es selbst nicht glauben konnte und es jetzt nicht wahrhaben will: Das da ist nicht der Vorort der Hölle, nein, das da ist die Hölle! Wir fahren mitten durch sie durch. Natürlich übertreibe auch ich, die Hölle ist ein Ort mit vielen Zimmern, ich sehe ja nur eins. Wie zum Schutz halte ich meine Kamera in das Elend, so erlebe ich es nur als Film. Das scheint mir erträglicher. Ich sitze im Wagen, und mir vergehen die Sinne.

Die Luft ist böse Brühe, die Geräuschkulisse dröhnt in der Tat wie das schreckliche Brüllen Kalis. Und ginge es nach ihrem Willen, würde dieses Brüllen die ganze Welt erfüllen. Kali ist eine bedeutende Göttin des Todes und der Zerstörung, sie ist die Verkörperung des Zornes, und Kalkutta ist ihre Stadt. *What's puzzling you, it is the nature of her game! Uh uuh!* Was also verwirrt dich bloß, so ist nun mal ihr Spiel.

Alte Männer sitzen still im Dreck, ein Junge läuft vorbei so groß wie der Sack voll Irgendwas, den er auf seinem Rücken trägt. Eine Kuh scheißt mitten auf den Weg, ein Hund wühlt als Erster in dem Mist, bis ein Mädchen kommt, das dem Hund die Beute streitig macht, die Beute ist der Mist der Kuh. Eine Mutter säugt ein Baby an ihrer blanken Mager-Brust, drei Kids schauen hungrig zu. Und die Alte neben ihr hockt mittendrin, sie hat die Augen auf, doch ihr Blick ist lang schon zu. Jungs in Lumpen suchen was, irgendetwas aus all dem Müll und der Schlamm formt ihre Schuh. Ein anderer steht völlig nackt am Baum und schaut erstaunt in die Welt. Eine Kleine wird grad abgeduscht mit der Pumpe auf der Straße, ein Alter scheißt daneben ohne Scham in aller Ruh. Frauen hocken oben auf den Mauern einer Bauruine, für sie scheint sie die feste Burg. Ein Mann trägt schwer an seiner Last, ein anderer hat zwei Eimer, aus denen verkauft er was. Was, das seh ich nicht, wir fahren weiter Schritt für Schritt durch das Jenseits jeden Paradieses.

Das, was schwerlich zu begreifen ist: Die Straßen sind voll von Autos, Mopeds, Bussen, Lkws! Es ist keine andere Welt, alle Dinge gibt es hier auch. Nur zeigen sie sich in dem ungeheuren Dreck, den sie verursachen. Und in dem sozialen Unrecht, das die Moderne schuf. Da laufen Ratten über den Platz, ein Hund frisst ein lange totes Tier, dort sind Plastikplanen, straßenlang, sie sind Obdach für Familien, Kinder spielen und stolpern über die Alte, die da bettelnd hockt, ich frage mich: bei wem? Ein Gerippe, das noch atmet, liegt neben einer Säule aus Beton, dort unter einer Brücke, es ist genug! Staunen, Schweigen, das stumme Schreien ist da draußen, uh uuh! Ich weiß, es ist nicht zu beschreiben, jeder Versuch muss scheitern, scheitern wie das Leben in dieser Stadt. Natürlich hatte ich gewusst, da kommt was auf mich zu. Es ist egal, was immer ich berichte, welche Bilder ich zeige, Kalkutta ist nicht zu begreifen. Kalkutta ist. Es ist dort. Und dort leben Menschen, jedoch nicht in einem Buch.

Wir kommen langsam zum Flughafen, ich sehe Schilder, ich sehe ein Gebäude in der Ferne. Es ist ein Glaskasten-Palast, wie überall: kalt, glitzernd, Bauhaus-Ästhetik, fern jeder verspielten Wärme eines Bahnhofs.

Ich steige aus, mein Fahrer ist nett, ich gebe ihm 50 Rupien Trinkgeld, ich habe es nicht kleiner, er hilft mir beim Gepäck bis zur Bordsteinkante, weiter darf er nicht, er deutet auf die bewaffneten Uniformen. Sie kommen auf mich zu, mein Fahrer springt in seinen Wagen und fährt schon fort.

»Ticket!«, begrüßen mich die khakifarbenen Uniformen, eine Frau mit MP ist dabei, immerhin.

»No ticket!«, antworte ich ebenso knapp.

»Why you come airport?«, fragt sie weiter.

»Waiting for a friend!«, ist meine Antwort. Dass ich auf einen Freund warte, beeindruckt sie nicht im Geringsten.

»Why?« Dabei haut die Frau in Uniform auf meinen Bundeswehrrucksack.

Ich weiß nicht genau, welches Problem sie hat. Dass ich kein Flugticket habe, auf einen Freund warte, Gepäck dabeihabe, und dass das so hübsch ist wie ihre Uniform?

»No ticket, no inside!«, ist die Antwort auf mein Zögern.

Ich bin zu müde, noch zu beeindruckt von der Taxifahrt hierher, als dass ich diskutieren möchte. Die Frau in Uniform sieht auch nicht so aus, als wenn es irgendeinen Erfolg verspräche zu argumentieren. Ich sattle meinen Rucksack und gehe zu einer als Coffee-Bar ausgeschilderten Theke im überdachten Vorfeld des Flughafens, der auch noch zu allem Übel nach Chandra Bose, dem Anführer der der deutschen Waffen-SS unterstellten Indischen Legion, benannt ist.

Bei einem Kaffee sondiere ich die Lage: Der Flughafen ist komplett militärisch abgeriegelt, da kommt kein Sterblicher ohne Flugticket rein. Der Bau sticht in einem derartigen Kontrast zu dem, was ich bisher von Kalkutta gesehen habe, heraus, dass die einzige vernünftige Erklärung, die mir einfällt, die ist, dass dieses Lande-Areal Aliens gebaut haben müssen. Das wäre jedenfalls erträglich. Außerirdische, die sich die Menschen Untertan machten und diese bei lebendigem Leib ausnahmen und sie nun als unbrauchbar verhungern lassen, wobei ein Leben in der völlig verpesteten Alien-Abfall-Welt eh kaum mehr erträglich ist. Aliens waren das! Das wäre wahrlich eine menschliche Erklärung. Die Wahrheit aber, dass die Reichen Indiens wohl doch auch Menschen sind, erscheint mir zu grotesk. Wie können sie in ihrem abgeschirmten Luxus leben, in dem Bewusstsein, dass ihre Brüder und Schwestern da draußen durch den von ihnen produzierten Mist umkommen? Weil ihre Eltern ihnen eintrichtern, das alles entspräche den ewigen himmlischen Gesetzen, die Götter haben es so gewollt? Unsinn! Nicht alle reichen Menschenkinder sind so dumm und herzlos! Es müssen Aliens sein!

Sei es, dass die für die Aliens arbeitende Uniform meine subversiven Gedanken lesen kann, sei es, dass sie irgendeinen Narren an mir gefressen hat, sie steht wieder vor mir, noch bevor ich meinen Kaffee leeren konnte.

»Coffee finish, you go!«, stellt sie klar.

Hier ist kein guter Platz, sich aufzuhalten. Ich checke meine E-Mails, schon macht sich Krishnas SIM sehr nützlich, und lese, die Mönche werden sich noch einmal um 24 Stunden verspäten, ob ich denn schon einen Schlafplatz in der Flughafenhalle gefunden hätte, lassen sie fragen.

Nun denn, wofür sind Smartphones da? Zum Googeln! Ich erfahre, dass sich keine 500 Meter vom Flughafen entfernt das Ethno-Hotel befindet. Ich überlege zu laufen. Doch meine Hand winkt schon nach einem Taxi, nicht, dass mir die 500 Meter Indien nun auch schon zu viel wären …, auf nüchternen Magen mit Gepäck durch das Gewühl, das muss jedoch nicht sein. Und auf die Eskorte der Uniform, die mich immer noch missbilligend im Blick behält, habe ich auch keine Lust.

40 Euro kostet das Zimmer im Ethno-Hotel, ich muss es für zwei Nächte nehmen, da die Mönche erst in der Nacht des nächsten Tages ankommen. Es wird die teuerste und auch luxuriöseste Unterkunft meiner langen Reise. Und dass das in Kalkutta geschieht, das hat seinen bösen Witz. Das Zimmer wirkt auf mich wie eine Zuflucht, wie eine Insel. Ich akzeptiere meine klammheimliche Freude, dass das Unternehmen ›Schlafplatz im Flughafen‹ so martialisch scheiterte.

Auch meine nächsten Versuche, die Stadt Kalis zu erforschen, enden im Desaster. Mein ehrgeiziges Unternehmen, den Kalighat-Tempel aufzusuchen, breche ich nach einer halben Stunde ab. Die Straßen sind völlig verstopft, jeden Bus überhole ich mit meinen Schritten. Zu erkennen, welcher in welche Richtung fährt, bleibt mir ohnehin verwehrt, die Schrift ist ausschließlich indisch. Selbst die Taxifahrer winken kopfkreisend und traurigen Blickes ab.

»Zwei Stunden Minimum!«, sagt jemand.

Das ist kein Angebot, das ist eine Tagesexkursion, den Weg zurück muss ich auch bedenken. Es erscheint aussichtslos. Zu Fuß würde es nicht länger dauern, doch ob ich lebend ankäme, darauf würde ich – und wenn ich mich umgucke, wohl niemand hier – wetten. Dabei, und das ist kein Paradoxon, fühle ich mich in den Straßen der Stadt sicher, ich durchlaufe sie furchtlos. Nicht der Einzelne ist die Bedrohung, die Verhältnisse sind es.

Die Bilder sind die gleichen wie vom Morgen, das macht sie nicht erträglicher. In der Früh saß ich geschützt im Wagen, schaute alles wie im Film. Jetzt stehe ich mittendrin. Ich wate durch einen stinkenden Schlamm, ein Gemisch aus Abfall, Scheiße und Urin. Das ist keine Metapher! Das ist keine Übung! Es ist Realität. Der Schweiß tropft mir in die Augen, Atembeschwerden schaffen Beklemmungen. Die Luft ist nicht zu atmen, das sagte ich schon? Sie stinkt vom Himmel und vom Boden, und der ist alles andere als fest: Er wechselt zwischen staubig und schlammig, zwischen Steinplatte und tiefem Loch, zwischen Lehm und Pfützen, gefüllt mit noch und noch mal: gequirlter Scheiße mit den Bächen aus beißender Pisse. Müll liegt überall – überall! – in allen Verrottungsstadien gemischt mit faulenden Knochen verwesender Kadaver. Das ist der Gestank des Todes angereichert mit Benzin und den Abgasen der Verbrennungsmotoren. Das Wasser, jeder Fluss wie alle Seen sind verpestet, so wie all die Giftstoffe der ungefilterten Industrie-Anlagen in bösen Flocken aus den Wolken fallen.

»Aus den Wolken fallen, aus den Wolken fallen«, lalle ich völlig benebelt und benommen vor mich hin. Und da ist diese nicht nur die Ohren betäubende Kakofonie aus Motorenlärm, diesem ständigen Gehupe und einem aufbrausenden kosmischen Hintergrundrauschen, das sich im bewölkten Irrsinn der gefolterten Sinne, durch den hindurch man auf das eigentliche Elend der Menschen schaut, zu einem göttlichen Schrei vermischt: »Aufhören! Aufhören!«

Und das ist Kalis Schrei! Und hier in ihrer Stadt begreife ich, dass wir ihr vielleicht unrecht tun. Unserer Vorstellung zum Trotz ist

Kali offenbar nicht böse an sich; nun gut, sie streckt uns die Zunge raus, und sie trägt ein totes Kind als Ohrring; ja, auch nicht grade chic: ihr Rock aus abgeschlagenen Armen; nun ja, sie hält gerne Totenschädel und eine Schale voll Blut in ihren vielen Händen; na ja, die Sache mit den Menschenopfern, die sie zur Huldigung benötigt, das nahmen wir ihr übel, doch diese sind natürlich heute verboten, die Menschenopfer.

Menschenopfer sind verboten. Sind sie? Schauen sie sich doch mal um, junger Mann. Hören Sie das auch? Es ist Kalis Schreien. Achten Sie mal darauf, was sie, die erkannte Mutter der Erde (so realistisch verwoben mit der Wirklichkeit des Daseins sind die indischen Götter!), seit all den tausend Jahren schreit. Kali ist das Leid, das das ewig neue und ewig alte immer gleiche Spiel des Werdens und Vergehens von Shiva, dem Schöpfer und Zerstörer, schafft, einfach leid! »Aufhören, aufhören!« ist ihr Schrei, der durch den Kosmos hallt. Oh Kalkutta! Die ganze Stadt ist ein Menschenopfer.

Was war die Idee? Gab es einen Plan B, ein zweites Ziel des Tages? Wie hieß das? Ich lege einen weiteren 10-Rupien-Schein, habe mir extra viele zurechtgelegt, in die Hände einer weiteren Bettlerin – angestrengt vom Dasein, erst der Hunger, dann die Apathie, das Leben ist eine Plage mit jedem Atemzug, für eine Handvoll Reis –, damit sie einen Tag länger in Schmerzen zu atmen hat, denn auch das ist Leben: das Leid. Verschreckt von den Bildern des wiederkehrenden Albtraums, scheinen meine Gedanken wie eine wild gewordene Herde kurz vor der Stampede ausbrechen zu wollen. Wo ist mein Lasso, sie wieder in einen klaren Geist einzufangen? Ich versuche zu überlegen. Sollte es nicht besser heißen: Was ist mein Lasso? Atemübungen vielleicht.

»Das Mutter-Theresa-Haus!«, rufe ich aus, während ich in eine Jauchegrube stolpere. Meine Hose klebt und stinkt von all dem Mist. Vielleicht gut so, denn ich nehme das als letzten Fingerzeig Kalis, besser meinen Rückzug anzutreten. Das Mutter-Theresa-Haus wollte ich besuchen, weil ich irgendwann, irgendwo eine Reportage eines ehemaligen Journalisten las, der einst Mutter Theresa vor Ort in ihrer Krankenstation in Kalkutta interviewt hatte. Als er ihr die Gretchenfrage stellte: »Wie halten Sie es mit Gott?«, da soll Mutter Theresa geantwortet haben: »Ach, hören Sie mir auf mit Gott! Packen Sie mal lieber hier mit an!« Sie zeigte auf einen verletzten Menschen, der einen Verband benötigte. Den Journalisten habe das so tief beeindruckt, dass er in der Tat mit anpackte und seitdem geblieben sei. So las ich.

Anpacken und bleiben. Davor habe ich Respekt. Hätte mir das auch passieren können? Kaum. Ich weiß einfach zu viel über ihr katholisches Unternehmen. Trotzdem bleibt immer die Hoffnung, dass es gute Menschen geben möge. Mutter Theresa jedoch ist keine Heilige, sie ist eine päpstliche Pop-Ikone. Ihre Einstellung zu Armut und Elend war nicht wirklich allumfassend, eher ein bisschen merkwürdig und durchaus befremdend: Mutter Theresa suchte das Leid – nicht um es zu heilen oder das Leid im Diesseits zu lindern, sondern um die ›Seelen zu retten‹. Sie ergötzte sich regelrecht am Elend. Im Leid dieser Stadt erblicke sie das Antlitz Jesu, sagte sie. Nun, in Kalkutta das Bild eines gütigen Gottes gespiegelt zu sehen, das ist etwas, was ich wahrhaft obszön nenne. Dass der Spruch ›Mutter Theresa kommt dich holen!‹ in Kalkutta mehr Panik, Angst und Schrecken auslöst als die Göttin Kali, das verstehe ich. Es will mich trotzdem nicht beruhigen.

Ach, Siddhartha, mein Prinz aus alten Tagen, auch ich sehe Armut, Krankheit, Alter und Tod! Doch das hier, das ist nicht dein Indien vor zweieinhalbtausend Jahren. Oh, Siddhartha, ich möchte dich fragen, ob du, mein Prinz, wenn du das heutige Indien hättest sehen müssen, nicht doch lieber wieder zurück in deines Vaters Palast gekehrt wärest?

Ich jedenfalls breche ab, lege mich in das klimatisierte Zimmer des Ethno-Hotels und gebe mich den Fieberträumen hin. Nachts wache ich auf und google im Computer. Was ich lese, mag ich nicht glauben: Indien ist Platz drei in der Länderliste nach BIP (PPP)

Bruttoinlandsprodukt 2014. Indien ist also ein ultrareiches Land. Sieben indische Zehnfach-Milliardäre werden von Forbes unter den 50 Reichsten der Welt gelistet. Der monatliche Durchschnittslohn liegt knapp über 200 Euro, in Bihar weit unter 100 Euro. Das heißt, einige wenige haben alles, und dafür bereiten sie allen anderen die Hölle. Und diese Hölle ist nicht Armut. Armut, das ist etwas anderes. Armut, die kenne ich auch, sie ist definiert als Nicht-Besitz, als Nicht-Teilhaben an der modernen Welt, wie z. B. archaische Lebensweisen der Bergvölker Südostasiens; die Ferne zur modernen Welt – kein Strom, kein Telefon, kein Auto, kein Abgas, kein Müll – birgt die Gefahr, sie romantisch sehen zu wollen. Diese Armut hat nichts, aber auch gar nichts mit Kalkutta zu tun. Hier in Kalkutta zeigt sich die Moderne, verkommen zur Postmoderne, von ihrer dreckigsten Seite. Das Land wird beherrscht von einer außerirdisch reichen Elite, die sich aufführt wie eine fremde Spezies, die das Land, die Bodenschätze, die Produktionsmittel und die Menschen in Besitz nahm. Sie leben im abgeschirmten Hyperraum in verschwenderischem Luxus und fühlen sich als die vom Himmel Auserwählten. Die *Anderen* schuften in Massenfabriken für Niedrigstlöhne. Sie sind der Luft, des Wassers, der Natur beraubt und müssen in Höllenlärm sowie im Abfall der Produkte, die sie schaffen, vegetieren. Der indischen Elite ist religiös verbrämte Kaltherzigkeit, totale Korruption, Gier, völliges Versagen und der Unwillen, die Verhältnisse zu ändern, vorzuwerfen.

Die Kinder der Zukunft (so es sie denn gibt) werden über sie zu Gericht sitzen müssen, denn sie haben das Leben ad absurdum geführt. Und mir ist vollkommen klar, dass nicht die indische Elite allein auf der Anklagebank zu sitzen hat; vor ihnen in der ersten Reihe werden die eigentlichen Verantwortlichen Platz zu nehmen haben, und sie werden aus ›unseren‹ Reihen kommen: C&A, H&M, Nixdorf, Lenovo, dm-Drogeriemarkt, Union Carbide, Mitsubishi-Hitachi und so viele andere. Nirgendwo sonst werden die Zusammenhänge dieses globalisiert-vernetzten Wirtschaftssystems mit all dem ihm zugrunde liegenden Unrecht sowie dem von ihm verursachten Elend so anschaulich aufgeführt wie in Kalkutta. Vernichtung durch Lebensverhältnisse. Und wenn jemand sagt, das habe er nicht gewusst, so soll er durch Kalkutta geführt werden wie einst die Bewohner Dachaus und Bergen-Belsens durch die Lager nach dem Krieg. Hier aber zeigt sich der Krieg noch immer. Viele wissen das nicht, die meisten wollen es nicht wissen. Wir Europäer leben auf einer Insel der Glückseligen, unser Reichtum ist der anderen Elend. Kalkutta, das ist nicht Armut, Kalkutta ist geschaffenes, sprachlos machendes Elend! Es ist die Katastrophe der Menschheit. Und ihre Schande.

Empörung ist zu wenig, mein Entsetzen zeigt sich in Wut! Ich schaffe es kaum, sie zu besänftigen. Die Achtsamkeit aber lehrt uns, das Wesen der Welt wahrzunehmen, ohne an ihr zu verzweifeln. Es gilt, den erkannten Irrsinn auszuhalten, auf dass die Wut sich in Güte wandle. Vielleicht ist mein Lauf mit den Mönchen eine gute Übung in diese Richtung, möge sie gelingen!

5

Vollmond über Bengalen

Heute also, heute ist Vollmond. Heute sollen die Mönche nun wirklich kommen. Mittwoch heißt auf Thai /wanphut/, der Tag ist ›Buddha mit der Almosenschale‹ zugeordnet; und der Farbe Grün. Das macht Sinn und Hoffnung. Ich laufe um Mitternacht hinüber zum Flughafen. Etwas heruntergekommene, staubige Lastwagen stehen vor der glitzernden Eingangshalle, und junge Mönche in dunklen Roben halten Blumengirlanden bereit.

»Wo kommt ihr her, auf wen wartet ihr?« Ich spreche sie in Thai an, doch sie verstehen mich nicht. Auch Englisch hilft nicht weiter. Also warten wir gemeinsam.

Und siehe da, das schwere Glasportal öffnet sich, die Farbe Orange quillt aus der Halle, ergießt sich in den Vorplatz: Die Mönche kommen tatsächlich, spät, spätnachts, nach Mitternacht, doch nun sind sie da. Und die kleinen indischen Mönche im dunklen Rot bilden das Empfangskomitee: Jeden, der eine Robe trägt, begrüßen sie mit einer Blumengirlande.

Die Blumen sind längst aus, doch noch immer strömt es in Orange aus allen Toren.

»Na, ist das nicht sagenmäßig? Der Mond steht rund über Kalkutta, und hier sehen wir uns wieder!« Champ, der Fotograf, steht breit grinsend vor mir. »Hey, mein großer weißer Bruder, pack mal mit an! Die Kisten müssen alle auf die Lkws!«

»Hey Champ, mein Freund, schön, dich zu sehen, mein Herz steigt in die Lüfte wie ein Falke!« Lachend umarmen wir uns kurz, schon habe ich eine Kiste in der Hand, sie ist merkwürdig leicht.

»Was ist da drin?«

»Frag nicht, pack einfach an!«

Das ist also eine weitere Übung: Hinterfrage nicht alles, mach einfach! Für mich ein eher recht schwieriges Level, etwas für Könner oder wenigstens Fortgeschrittene II.

Während wir noch die Kisten, es sind ja eher Kartons, aufladen, formiert sich eine lange Schlange in Orange, langsam setzt sie sich in Bewegung und schlängelt sich den breiten Zufahrtsweg des Flughafens hinunter. Die Mönche ziehen schweigend in die Stadt. Wir schließen uns ihnen an, hinein in die Nacht. Ein fahles rotes Licht liegt über Bengalen. Der Vollmond scheint über Kalkutta. Autos hupen, Menschen bleiben stehen und staunen, was für ein Bild! Und ich, ich bin ein kleiner Pinselstrich des Bildes, das Kalkutta staunen lässt. Das finde ich gerecht, denn nur zwei Tage dieser Stadt brachten meinen Geist, der Staunen mag, in die Starre des Entsetzens.

Keine 20 Minuten später sehe ich ein mir bekanntes Neonlicht durch die schlierigen Nebel: Ethno-Hotel. Die Mönche laufen guten Marschschrittes schnurstracks durch Kalkuttas Nacht zu einem nördlich vom Flughafen gelegenen buddhistischen Tempel, und die sind selten in Kalkutta.

»Hey Champ, warte mal, hier ist mein Hotel, da sind meine Sachen«, sage ich, zurück auf das Ethno-Hotel deutend, welches schon farblich verschwommenen, wie ein unscharfes Bild einer Häuserfront, an der man in einem Zugabteil sitzend vorübergleitet, hinter uns liegt.

Champ wartet nicht, er stolpert über eine Steinplatte und schaut mich vorwurfsvoll an, als sei meine Ansprache Ursache für sein Stolpern. Vielleicht ist das so.

»Es ist jetzt 1.30 Uhr nachts«, setze ich erneut an, »wann ist Aufstehzeit, wann gehen wir los?«

»Um drei Uhr klingelt der Wecker, um vier in der Früh ist Abmarsch!«

»Bitte?«

»Nun, keine Panik! Heute jedoch nicht. Wir brauchen mindestens noch eine Stunde bis zum Tempel. Und dann werden die Mönche nach dem Nachtflug und dem Marsch durch die Stadt tagsüber ruhen und erst einmal all die Zelte ausprobieren. Also geht es erst am Freitag früh so richtig los. Wo ist überhaupt dein Gepäck?«

»Hm, nun ja, da sind wir grade dran vorbeigelaufen.«

»Wie das?«

»Na, das wollte ich ja erzählen, ich musste ein Hotel nehmen, das da hinten!« Wir waren bei dem Marschtempo tatsächlich schon 300 bis 400 Meter weiter.

»Dann bleib doch da die Nacht, wir können jetzt nicht auf dich warten. Nimm dir morgen ein Tuk-Tuk und komm in den Tempel, hier ist die Adresse!«

Er übergibt mir eine Visitenkarte.

»Oh, gut, so machen wir das!«, sage ich.

Im Grunde bin ich froh, dass ich diese Idee nicht selber aussprechen musste.

Der nächste Tag beginnt gut ausgeschlafen, ich packe meine Sachen, fahre Fahrstuhl in die Lounge, bereit – Frühstückszeit ist lang vorbei –, ohne weiteren Aufenthalt, mir ein Tuk-Tuk zum Tempel heranwinken zu lassen.

»Hey, schon gefrühstückt?« Champ grüßt grinsend aus dem Gastraum. »Ich dachte, ein letztes kleines Mahl, bevor es richtig losgeht, könnte nicht schaden, was meinst du? Außerdem würdest du den Tempel gar nicht finden, er liegt sehr versteckt hinter verwunschenen Pfaden.«

»Du meinst ›sich windende Pfade‹!«

»Nein, ich meine ›verwunschene Pfade‹, na, du wirst ja sehen!«

Champ lacht triumphierend, er liebt es, mit Sprache zu spielen, und die deutsche beherrscht er treffsicher wie kein zweiter Thai, den ich kenne.

»Kartoffel-Hähnchen-Vindaloo und einmal Eier-Kedgeree nach Kalkutta-Art, ach ja, und zweimal Tomaten-Kokos-Suppe als Vorspeise.«

Champ hat bestellt, und so sitzen wir da, im edlen Ethno-Hotel, und speisen wirklich fürstlich im klimatisierten schönen Ambiente mit Blick nach draußen. Das da draußen, das ist Kalkutta, weit weg, ganz weit weg von unserem Tisch. Solange man in dieser Stadt weilt, steht alles, was man tut, unter großem Zweifel. Unser groß und fein gedeckter Mittagstisch in Kalkutta ist verwirrend, und als sei eine Entschuldigung nötig, sei erwähnt: Es wurde wirklich unser letztes gutes Mahl an einem Tisch für sehr lange Zeit.

Das Tuk-Tuk bringt uns weit in den Norden der Stadt vor ein großes Tor. Es ist eigentlich bloß ein reich verzierter, großer Torbogen, durch den die Knatterkutsche problemlos durchfahren könnte, doch der Fahrer hält. Seine Geste – die Hand am Hals, als würde er sich köpfen – macht unmissverständlich klar, dass für ihn hier Schluss ist. Ein Tempel ist weit und breit nicht zu sehen.

Champ und ich steigen aus. Champ schultert meinen großen Rucksack, ich meinen kleinen. So laufen wir die rote, staubige Erde des breiten Weges unter großen Bäumen entlang. Plötzlich scheint der Weg zu enden, vor uns steht, eingebettet in das Rot der Erde, ein großer Baum mit knorrigem Wurzelgeflecht am Boden. Wenn ich mich doch nur besser mit den Bäumen auskennen würde! Doch dieser scheint mir ein Banyanbaum zu sein. Vishnu liebt den Baum, also auch Krishna, und ebenso: ich. Banyanbäume bilden manchmal kleine Wälder, und ihre weitverzweigten Luftwurzeln formen oft märchenhafte Hohlgänge. Am Fuße dieses Baums vor uns liegen kaputte Puppen, beim genauen Hinsehen erkenne ich eine intakte Kali-Figur umringt von arm- oder bein- oder kopflosen Kinderpuppen. Dann geht der Weg scharf links weiter. Bis zum nächsten Baum mit einem hübsch drapierten Kali-Massaker, danach scharf rechts, Baum auf Pfad mit Kali-Massaker, dann nochmals links, Kali am Baum, und wieder rechts, als würde der Pfad zickzack laufen, um einem Unheil zu entkommen. Dann stehen plötzlich nackte Kinder am Wegesrand, einer zeigt freudig seinen Pimmel und fängt an zu pieseln.

»Nicht stehen bleiben, weiterlaufen!«, raunt mir Champ, der meine kurze Irritation wahrnahm, zu. »Ich hab's dir ja gesagt«, fügt er mit starrem Blick, die Augen geradeaus, hinzu, »der Pfad ist verwunschen.«

Ich widerspreche nicht, ich staune nur, der Weg mutet wie ein zauberischer Hohlweg eines irren Märchens an, getaucht in ein bizarres Licht, dem Wanderer die Sinne zu verwirren. Schon läuft ein nackter Knabe neben mir, greift nach meiner Hand.

»Ich sagte doch, weiterlaufen! Nicht stehen bleiben, nichts anfassen!« Champ raunzt und verschärft das Schritttempo.

»Ich hab doch …«, das ›gar nichts gemacht‹, schenke ich mir, es ist ein Reflex auf Champs Kommandoton.

Auf einmal sind es drei, vier Kinder, die mich umzingeln. Champ, der vorneweg lief, bleibt stehen, und ganz plötzlich macht er einen Satz mit einem lauten »Buh!« in meine Richtung. Die Kinder stieben schreiend auseinander, verstecken sich hinter den Bäumen.

»Komm weiter! Nicht fragen! Es ist Indien!« Champs Ton ist ohne jede Ironie.

Endlich ein weiteres Tor mit großem Bogen: Der Eingang zum Tempel, wir sind da!

Im Innenhof, umringt von einer hohen Mauer, herrscht reges Treiben: Mönche proben mit viel Spaß den Zeltaufbau – es sind Wurfzelte aus altem US-Militärbestand –, andere waschen ihre Roben, manche schwatzen, einige stehen zusammen und rauchen, mehrere telefonieren mit ihren Handys, andere wieder liegen in der Sonne und dösen.

Zwei Trucks stehen als spitzes Dreieck geparkt; dazwischen, im geschützten Raum, kocht Wasser in einem großen Bottich, es gibt Instant-Kaffee. Ein guter Empfang, wie ich finde.

Der Tempel selbst ist ein schmuckloser Rohbau in mehreren Etagen. Auf den ungesicherten Balkonen sitzen Mönche, in den Fensterrahmen auch, eigentlich überall, wo sich ein Platz findet, hocken kleine Grüppchen kahl rasierter Männer in safranfarbenen Roben, manche haben auch nur ein rotes Tuch um die Hüfte.

»Sag mal, Champ, sind das wirklich nur 99 Mönche, mir scheinen das mehrere Hundertschaften zu sein.«

»Nun, dein Blick ist nicht getrübt. Es sind nach letzter Zählung 220 Mönche, deshalb musste der gecharterte Flieger die Strecke Bangkok-Kalkutta zweimal fliegen. Und deshalb kamen wir noch einmal einen Tag zu spät. Komm, wir suchen dir einen Platz im Schlafsaal, und dann stelle ich dich dem Abt vor, der für dich gebürgt hat.«

»Für mich gebürgt?«

»Ja, du läufst unter der Anmeldung des Waldtempels, von welchem der große Mönch der Abt ist. Vergiss nicht, dich dreimal zu verbeugen, mach den Wai bis hoch zur Stirn, und natürlich die Spende, die vergiss auch nicht.«

Vor dem großen Mönch aus dem Waldtempel von Kamphaeng Phet – er ist tatsächlich groß, nicht nur für einen Thai, und ganz schön dick ist er auch – knie ich nieder. In einer kleinen, vorbereiteten Dankesrede in Thai betone ich die große Ehre, die die Einladung für mich bedeutet.

Der Mönch schwitzt, unter einem dicht gewebten Moskitonetz hat er geschlafen und scheint noch immer ziemlich müde zu sein. Er reicht mir ein Tablett, auf das ich meine Spende legen kann, ein Umschlag mit 300 Euro. Ich bekomme den offiziellen Segen: Mit einer Rute besprengt er mich mit Wasser und heißt mich mit den Herzen aller willkommen in der Gemeinschaft.

Am Abend gibt es dann noch eine Unterweisung im großen Schlafsaal, der als Andachtsraum dient, vielleicht ist es auch umgekehrt. Ein kleiner schmaler Mönch redet in Vertretung des hohen Abtes von Wat Nakprok, der allgemein nur ›Der Erste‹ genannt wird. Warum der hohe Abt, der der Führer des ganzen Marsches sein wird, sich nicht zeigt und selber redet, habe ich nicht verstanden, ich wage es jetzt nicht zu fragen. Es ist ohnehin schwierig genug für mich, das Wesentliche der Ansprache zu verstehen:

»Wir werden jeden Tag um drei Uhr aufstehen, unsere Sachen packen, ordentlich still und leise. Die eingetüteten Zelte und eure Taschen legt vor den Trucks ab, sie werden von den indischen Fahrern und Helfern aufgeladen. An den Wagen stehen auch Kartons mit Wasserflaschen, nehmt euch eure Tagesration. Auch der große Bottich mit heißem Wasser steht bereit; wer Kaffee trinken möchte, darf das tun. Um Viertel vor vier treffen wir uns an der Straße zum Gebet. Punkt vier Uhr ist Abmarsch.

Wir laufen drei Etappen von jeweils zehn bis zwölf Kilometern, also 30 bis 36 Kilometer am Tag.

Die erste Etappe geht bis 7.30 Uhr. Dann machen wir bis acht Uhr eine halbe Stunde Pause.

Danach laufen wir bis 11.30 Uhr, wo wir uns alle an einem vorbereiteten Rastplatz zum Mittagessen treffen. Nach zwölf Uhr, das muss ich nicht weiter sagen, wird nichts mehr gegessen. Wir ruhen eine Stunde, um dann noch einmal bis 4.30 Uhr nachmittags zu laufen, bis wir einen guten Ort zum Übernachten gefunden haben.

Uns bleibt nur eine Stunde Zeit, die Zelte im Sonnenlicht aufzubauen, wir wollen auch das Feld, auf dem wir schlafen, im Hellen etwas sichern. Viele von euch waren noch nie so weit nördlich oder überhaupt außerhalb Thailands, hier im Norden wird es aber schon um 5.30 Uhr dunkel. Denkt daran!

Und denkt auch daran, nicht zu rauchen, keinen Alkohol oder Cola zu trinken, eure Handys wegzupacken und gesittet in Reihe zu gehen. Für die, die gar nicht mehr können, steht im Notfall die Ladefläche eines Trucks zur Verfügung; einer der Wagen fährt hinterdrein und sammelt euch auf, wenn das denn nötig wird.

Ach, noch eins, wir müssen auch eure Pässe einsammeln. Lumbini liegt in Nepal, wie wir nun festgestellt haben, dafür brauchen wir alle ein Visum.«

6

Vier Uhr früh: Wir brechen auf

Die Stunde ist da, die lang erwartete. Drei Uhr früh, mein Wecker klingelt. Aufstehen! Es macht mir gar nichts aus, ich freu mich auf die Dusche. Zu meiner Verwunderung herrscht kein Andrang. Als ich zurück in den Schlafsaal komme, haben fast alle schon gepackt. Mein Bundeswehrrucksack erweist sich nicht als sonderlich praktisch, da er auf den Lkw geladen wird, doch dafür noch einmal in einen Plastiksack gestaut werden muss. Für die Sachen, die ich unterwegs brauche – Wasser, Medizinbeutel, Handtuch, Taschenlampe, Hut, T-Shirt zum Wechseln, die Tüte Gujarati-Snacks, Fotokamera, mein Kindle zum Lesen in den Pausen und ein kleiner Blechnapf, den mir Champ mit den Worten »Hier, wirst du brauchen!« schenkte – habe ich einen Tagesrucksack. Dieser ist wirklich voll durchdacht. Er hat Schlaufen, kleine Taschen, Ösen, große Taschen, Seitentaschen, einen Magneten, Geheimfächer. Ich mag intelligent designte Dinge zum Gebrauch.

Es ist recht frisch in den Stunden vor Sonnenaufgang. Ich habe einen orangefarbenen Pullover angezogen und eine dazu farblich passende Wollmütze aufgesetzt. Wir treffen uns vor dem großen Tempel-Tor. Die Mönche stehen in langer Reihe, sie chanten das Morgengebet. Das ist keine stille Einkehr, sondern eine Beschwörung. Es ist ein melodischer Singsang, eine Rezitation, schnell und magisch; sie zieht mich augenblicklich in den Bann. Jedes Mal, wenn das Gebet auszuklingen scheint, fängt ein Mönch von vorne an, und alle stimmen ein, das geht nun bald eine viertel Stunde so. Nun aber kommt es zu einem Ende: ein langer letzter Ton –; in der Stille danach spüre ich den Ruck in der Riege, jetzt geht es los! Doch da fängt ein Mönch wieder zu chanten an, die Bewegung stoppt, und alle stimmen ein.

Thamwatchao, so heißt die kleine Zeremonie: Das Individuum erfährt Gemeinsamkeit, es darf das Heilige Eins, das im Chor der Stimmen spürbar wird, erleben. Und doch wird jedem Einzelnen Raum und alle nötige Zeit gegeben, immer wieder neu mit dem kleinen Gebet zu beginnen, bis auch er die rechte Konzentration erlangt hat und auf den Tagesmarsch eingestimmt ist. Man muss es erlebt haben! Das meint: nicht nur zuzuhören, sondern mit einzustimmen!

Ich möchte es lernen! Jetzt und sofort! Ich laufe vor, einen kompetenten Mönch um Unterweisung zu bitten. Doch Champ, er war einst selbst Mönch, hält mich zurück, ich solle warten. Wir, die *Dekwat*, die Mönchshelfer, gingen zum Schluss. Obwohl Champ darauf besteht, als Dekwat, was wörtlich übersetzt ›Tempelkind‹ heißt, wären wir doch etwas zu alt. Wir seien eher die *Karawaat*: Männer, die im Tempel helfen, um später selbst Mönch zu werden. Wie auch immer, wir bilden die Nachhut.

»Sprich die Mönche nicht während des Laufens an!« Champ weist mich ein. »Laufen heißt für sie in Meditation zu versinken.«

»Verstanden!«

»Und überhaupt, dein Outfit!« Champ tadelt. »Wie kommst du auf die Idee, einen orangefarbenen Pullover anzuziehen? Das finde ich nicht sehr gelungen. Orange ist für die Mönche, nicht für uns. Ein Karawaat trägt weiß! Oder ebendieses Travellerbeige, du hast doch genug Hemden in dieser Farbe!«

»Oh, das habe ich nicht gewusst!«

»Ja, du weißt vieles nicht!« Ich werde zurechtgewiesen.

»Es lässt sich heute nicht mehr ändern!«

»Nun los! Auf geht's!«

Es ist wie bei einem sich auflösenden Stau, erst Minuten später, nachdem der Erste loszog, kommen die am Ende in Bewegung. Nun knirscht die Kolonne auf dem roten Sandweg unter den stillen Bäumen des verwunschenen Pfads entlang, hin zum großen Tor, dann gleitet sie lautlos wie eine safranfarbene Riesenschlange durch die Straßen.

Ein erhabener, ein traumhafter Moment: Ich laufe mit den Mönchen! Nun beginnt er wirklich: der lange Marsch mit den Mönchen zu den heiligen Städten des Buddhismus in Indien und Nepal.

Es fühlt sich gut und leicht an, ich schwebe.

Das Lauftempo jedoch verlangt volle Konzentration: Achte auf deine Schritte, pass auf, wohin du trittst. Meine neuen Crossroad-Sportschuhe, extra für Untergründe verschiedenster Arten gemacht, machen sich gut auf Kies, auf Sand, auf Schlamm und Lehm, bestimmt auch auf Wiesen und Äckern und anderer Erde, auf purem Asphalt geben sie nicht ganz den erwarteten Halt. Doch das macht nichts, ich schwebe ja vor lauter Freude.

Übrigens: Mönche tragen keine Sportschuhe, wie ich sehe, die meisten laufen in billigen Flip-Flops, viele leisten sich die echten Birkenstock-Sandalen aus Deutschland, und nicht wenige laufen schlicht barfuß.

›Ich schau zum Mond und bin hellwach, meine Füße, die wollen gehen …‹, ich singe leise vor mich hin. Zum Mond aber hätte ich besser nicht geschaut, schon stolpere ich. Die Straße ist keine Ebene, sie ist ein Schlachtfeld. Und überhaupt: Um mich herum ist es alles andere als friedlich. Es ist Kalkutta um vier Uhr früh.

Die meisten Städte sind in der Nacht, kurz bevor alles erwacht, friedlich und schön – ganz egal, was immer passieren wird, wenn der Morgen graut. Doch Kalkutta schläft nicht, Kalkutta träumt nicht. Wovon sollte Kalkutta denn träumen? Von Wohlstand? Vom kleinen Glück, das jeder schaffen kann? Nein, wer hier lebt, sieht nicht so aus, als hätte er je einen Traum gehabt.

Entweder man gehört zu den *Heaven's few*, die den ungeheuren Luxus, den sie angehäuft haben, abriegeln und mit aller Gewalt zu sichern versuchen, dann braucht man nicht zu träumen, nur zu prassen. Man muss ihnen zugutehalten: Auch sie sind nicht gefragt worden, ob sie leben wollen oder lieber nicht. Ganz sicher ungefragt sind die im Elend Geborenen. Man ist da und begreift es gar nicht: Was soll das sein …, das Leben? Man schaut sich um, man kennt es nicht anders, da ist Hunger. Hunger haben heißt Leben wollen, wo du bist, bist du. Ach, so ist also der Ort. Schon ein seltsamer Platz. Und dort, in diesem Dreck da, da soll es also stattfinden, das Leben? Warum so viel Aufhebens darum machen? Es ist wie es ist. Schön ist weit weg. Es fühlt sich eher an wie der Zorn der Götter, wie Verdammnis. Und überhaupt: Ist es woanders denn besser? Und wo soll das sein: woanders?

Hier ist Kalkutta, die Dunstschleier der Nacht sind etwas erträglicher als die des Tages, doch es gibt keine Gnade der Dunkelheit. Im Flackern der Straßenlampen zeigt sich das Elend noch klarer. Und überall lodern große und kleine Feuer auf, wie funkelnde Sterne am fernen Himmel, nur, Kalkuttas Sterne riechen nach verbranntem Müll. Da liegen schlafende Kinder mit etwas Pappkarton bedeckt. Ratten laufen über sie hinweg. Dreck, Dreck, Dreck! Eine alte Frau hockt in Agonie. Schläft sie, oder wacht sie? Sie wird es selbst nicht wissen. Die schlafenden Schweine wohl auch nicht. Hunde streunen, Hunde kläffen. Kühe hocken da und gaffen. Ein hagerer Mann, fast nackt, nur ein Tuch gebunden um die Lenden, zerrt aus dem Müll eine stark versiffte Plane, spuckt Blut und deckt sich schicksalsergeben zu.

Ach, all die Bilder der letzen Tage. Weiter, weiter! Und wenn man denkt, das sei doch alles nicht zu toppen, dann kommt man an den Fluss, der Hugli heißt und der durch Kalkutta fließt, ein Seitenarm des Ganges. Über ihn ist eine eiserne Brücke gespannt, die Vivekananda-Brücke, eine imposante Stahlkonstruktion aus den 30er-Jahren. Sie ist über 800 Meter lang und etwas baufällig, deshalb hat man neben sie eine Spannbrücke für den Lkw-Verkehr gebaut, hier beginnt der Kalkutta-Delhi-National-Highway AH1, die meistbefahrene Verkehrsader Indiens. Doch über die alte Brücke fährt der Zugverkehr, und ein Fußgängerweg führt neben den Gleisen entlang. Da laufen wir.

Eine Dampflok – oh, wie schön, Dampfloks gibt es noch, jedenfalls in Indien! – mit ungezählten Kohlewaggons schiebt sich unter das Stahlgerüst. Die Brücke kommt bedenklich ins Schwingen, gleichzeitig erscheint ein roter Feuerball über der Stadt: Die Morgensonne schimmert durch den Dunst und spiegelt ihr mattes Licht im Fluss. Wir halten inne.

»Ah, schau, da unten rechts, direkt am Ufer, das ist der Dakshineshwar-Tempel, er ist einer der größten der Stadt, und er ist Kali gewidmet.« Champ hat das grade von einem Mönch erfahren.

›Wem sonst, wenn nicht Kali‹, denke ich und murmel still: ›Lass die Brücke einstürzen oder lass sie bebend bestehen, wie auch immer: Es ist ein erhabener Moment!‹ Ich atme schwer, während ich hinunter zum Fluss und zum Ufer schaue.

Wenn nur der Gestank nicht wäre. Er kommt mit dem Dampf der Lok und von der Kohle der Waggons, und er kommt aus dem Fluss. Doch noch etwas anderes, noch etwas viel Übleres als diese Fäule des Flusses, kriecht wie eine Nebelwolke über die Wasser des Hugli. Es kommt von der anderen Seite des Ufers. Wir werden es sehen, wir gehen direkt auf sie zu, auf die Quelle dieses elendig beißenden Gestanks.

Was ich sehe, als wir die Brücke verlassen, ist die Ausfallstraße Kalkuttas, der National-Highway: Er schiebt sich in einer lang gezogenen Kurve einen Hügel hoch. Auf ihm, an seiner linken Seite in Fahrtrichtung, schlängelt sich eine lange orange Schlange. Das sind wir. Wir, die Mönche und ihre Begleiter. Das Bild sieht faszinierend aus.

Drei Stunden ohne Pause sind wir unterwegs. Die ersten Mönche in der Schlange sind nicht mehr zu sehen, die Gruppe läuft weit auseinander. Ein scheinbar endlos langes, stetig voranmarschierendes Orange. Der frühe Morgen durch Kalkutta ließ die Sehnsucht nach einer Pause nicht aufkommen. Jetzt liegt uns die Stadt im Rücken, doch immer noch im Magen. Und der kleine Hügel geht plötzlich mächtig in die Beine, ich schaue mich Hilfe suchend nach Champ um.

»Meinst du, wir könnten uns mal kurz hinsetzen?«

»Meinst du hier?« Champ zielt mit seinem Finger erst auf die Autobahnleitplanke, dann hebt er den Arm langsam und zeigt in das Tal dahinter.

Und dann sehe ich es, es liegt im Nebel des Gegenlichts der aufgehenden Sonne. Da ist es also, wir haben es entdeckt, das Tal! Die Quelle des üblen Gestanks, der uns schon seit der Brücke, obwohl wir alle einen Mundschutz tragen, die Lungen verätzt: Das Mülltal, die Müllfelder, die Müllberge, die Müllebenen, die Mülllandschaft, die Müllmenschen, das Müllleben von Bally bei Kalkutta.

Wir bilden das Ende der Mönchsschlange, die Nachhut. Wir sollen darauf achten, dass niemand zurückbleibt. Die Mönche sind weit voraus, einfach daran vorbeigelaufen. Ich weiß es nicht, wie sie das gemacht haben: Einfach weiter im Laufschritt und dran vorbei, bloß nicht hinschauen! Was wir nicht sehen, das gibt es nicht. Alles nur Illusion. Vielleicht ist es wirklich so. Vielleicht dürfen Mönche das: nach innen schauen und sich bescheiden. Ich darf das nicht. Ich schaue mich um. ›Einfach wegsehen!‹ – diese Losung ist keine Lösung. Mag die Idee einem kalten, einem spirituellen oder bloß einem cleveren Herzen entsprungen sein, mir erschließt sie sich nicht. Habe ich recht? Nein! Niemand hat im Angesicht dieses Elends irgendein Recht. Wir alle haben unrecht!

Ich stoppe, ich halte an, die Lust am Rasten ist mir vergangen, ich bin wieder knallwach, doch bleich. Ich hole meine Kamera aus dem Rucksack. Ja, ich mache Fotos. Das Klicken ist wie das Rattern eines MGs, ich halte einfach drauf. Armutsporno? Nein, Belege! Auch für mich selbst, damit ich mich daran erinnere: Das hast du gesehen. Du kannst es nicht leugnen, da sind die Fotos, sie sind der Beweis!

Ich versuche nicht einmal, das, was sich mir da bietet, nun irgendwie ästhetisch einzufangen, das fände ich obszön. Doch es ist egal, alles ist obszön, denn der Anblick ist es, wirklich und wahrhaft obszön.

Müll von den Ufern des Flusses bis zu den Füßen der Hügel. Müll bis zum Horizont, Müll in der weiten Ebene, darin verloren:

Menschen. Menschen am Morgen im Müll. Menschen im Müll in der Landschaft, die Landschaft ist Müll. Oh, Caspar David Friedrich, steh auf und male das! Da ist keine Hoffnung, das ist das Prinzip Elend.

Und es ist Elend, es anzuschauen und zuzuschauen. Ganze Familienverbände – Oma, Opa, Vater, Mutter, Kind – leben dort, dort auf den Müllbergen, mit den Ratten dazwischen und den Schlangen und den Schweinen, die sie wohl halten. Und Adler und Pelikane kreisen in der Luft, wenn wir dieses neblige Abgasgemisch aus giftigem Rauch der tausend Feuer, die als Schwelbrand aus dem Müll aufsteigen, mal so nennen wollen. Oh, pardon, es ist schwierig, die Vögel aus der Entfernung auseinanderzuhalten, ich konnte sie nie gut unterscheiden, es sind weder Adler noch Pelikane, eher Krähen und eine Geierbande – viele Geier, groß wie Pelikane, in aggressiven Flugverbänden.

Wegzuschauen bleibt genauso obszön wie stehen zu bleiben. Ich bleibe stehen, weil mir die Schritte versagen. Was soll ich tun? Soll ich auf das Feld gehen? Und dann? ›Hallo!‹ sagen, ›Liebe Müllleute, wir sind heute zu Ihnen gekommen, um Ihnen mitzuteilen, dass …‹, ja was denn? Es gibt nichts, was wir ihnen mitzuteilen hätten.

Oder soll ich hinuntergehen und einigen auf die Schulter klopfen, mit einem aufmunternden: ›Wird schon! Wird schon!‹? Oder ich könnte die ewig tadelnde Mutter spielen: ›Selbst schuld! Selbst schuld!‹ Oder gleich aufs Ganze gehen, und den bösen Priester der Finsternis geben: ›Eure Götter haben recht. Das hier ist euer Platz, hier gehört ihr hin! Ihr seid die Letzen, die Paria, die Ausgestoßenen, die Unberührbaren. Das habt ihr nun von euren schlechten Taten in all den früheren Leben!‹

Ich komme ins blöde Grienen. Möglicherweise würde es diesem armen Bengel, elf, zwölf Jahre alt vielleicht, in abgewetzter, völlig eingedreckter, ehemals gelber kurzer Hose, der da grade etwas aus dem Müll zieht, eine gewisse Freude bereiten, wenn ich ihm sagte, dass er im früheren Leben ein Maharadscha war.

›Ein Maharadscha? Ich?‹

›Ja! Du! Du warst im früheren Leben ein Maharadscha, tja, nur leider ein sehr grausamer, ein ungerechter Tyrann, der nun zur Strafe hier auf der Müllhalde leben muss, in deiner Inkarnation. Vorher war er Wurm, Ratte, Schwein. Du bist sein vierter Avatar!‹

Vielleicht würde er lachen. Vielleicht würde er zur Mutter laufen und laut rufen:

›Mutter! Mutter, weißt du, was dieser Marsmensch mir grade mitteilte? Er sagt, er wüsste, wer ich früher war! Ein Maharadscha, ein grausamer!‹

»Was ist mit dir, musst du kotzen?« Champ stößt mich an. »Du siehst ja elend aus.«

»Champ, was sollen wir tun?«, stammel ich, froh, dass er mit mir zusammen einige Schritte hierher herunterlief.

Es dampft, es riecht, es quatscht, es matscht, wir stehen auf keinem festen Grund. Trotzdem sind wir immer noch viel zu weit weg, um mit irgendjemandem zu reden. Das Gelände ist riesig, ein großes Tal unendlicher Hölle.

»Meinst du, wir sollten noch näher ran, weiter hineingehen, um ihnen klar zu sagen, dass wir sie wahrgenommen haben und von ihnen erzählen werden?« Ich schaue zu Champ, er schaut in die Hölle. »Champ, meinst du, dass wir irgendetwas sagen können, was einen Funken Hoffnung birgt und ihnen irgendwie etwas Mut macht?«

Champ sagt gar nichts. Champ winkt einem kleinen Jungen zu, der sich den Fetzen Hose runtergezogen hat und in die Morgensonne Dünnschiss scheißt. Der Junge winkt zurück und lächelt.

»Oh, mein Gott!«, fährt es unwillkürlich aus meinem Mund, »dieses Lächeln …«

Ach, Shiva, Boom Shanka Shiva, es ist ja dein Spiel. Und grad noch dachte ich, im Angesicht dieses Irrsinns auch endlich das Brüllen Kalis, deiner Gegenspielerin, zu verstehen. Kali ist nicht böse. Die Verhältnisse sind es. Sie ist ihr Spiegelbild, und ihr Schrei geht so: ›Ich bin es leid, so leid, dieses Leid!‹ Kali ist die Göttin der im Elend Leidenden, sie bietet ihnen Befreiung an: Durch Akzeptanz des Grauens gibt es Erlösung, und das sogar vom Kreislauf der Wiedergeburten. Kommt und geht auf in Kalis Schrei und mit ihm im Nichts des ewigen Hintergrundrauschens des Universums! – Doch nun das: dieses Lächeln des Knaben. Kali lächelt nicht. Es muss etwas anderes sein.

Es macht mich hilflos. Hilflos lasse ich die Hilflosen zurück. Helpless, helpless, helpless, Baby can you hear me now? Vollkommene Hilflosigkeit, ich habe sie gesehen, und wenn ich das Lied je singen muss, werde ich an das Lächeln des Knaben denken, es wird ein Zaubertrank voll Süße sein. Lieblich wie das Lächeln eines indischen Gottes von morgen. Caspar, male das, du hattest doch recht!

Nun muss ich wieder darauf achten, nicht unter die Räder zu kommen, der Verkehr hat stark zugenommen, er brettert an uns und all dem anderen Elend gnadenlos mit wildem Hup-Alarm vorbei.

Hinter der nächsten Kurve warten die Mönche. Ein Inder steht dort bei ihnen mit einem großen, bunten Sack und verteilt süße Puffreis-Schnitten. Nichts ist mehr absurd genug, als dass ich es nicht glauben könnte, es ist Indien! Wir sind fast vier Stunden gelaufen, ohne nennenswerte Pause, ich nehme dankbar an, die Schnitte schmeckt köstlich.

»Schau mal«, sage ich zu Champ wie ein irr gewordener Maharadscha, »schau mal, was ich grade geschenkt bekommen habe!«

»Quatsch! Das hat dir keiner geschenkt, das ist die Ration zum Frühstück, die bekommt jeder, jeden Tag, was meinst du denn, was in den Kisten war?«

»Wie? Du meinst, das waren lauter Kartons voller Puffreis?«

»Ja, über 10.000 Rationen!«

»Champ!« Ich kralle mich fest in seinem Arm. »Champ, ihr habt in all den Kartons 10.000 Rationen Puffreisschnitten aus Thailand eingeflogen? Sag, dass das nicht wahr ist!«

»Doch, das ist wahr. Wieso regst du dich darüber auf?«

»Champ, weißt du denn nicht, wo wir grad …«

»Hey, ich ging mit dir runter in die Hölle und rauf auf die Halde, was willst du? Die Mönche brauchen ihren süßen Puffreis am Morgen. Nun, es ist …«

»Nein, das hat mit Indien nichts zu tun, das ist Thai-Wahn.« Ich beginne zu überlegen, in welchem Verhältnis die Faktoren einer Multiplikation ständen, wenn man den indischen Irrsinn mal Thai rechnen würde.

»Na gut, sagen wir: Es ist die Erde. Schon ein komischer Planet, findest du nicht?« Champs Ton ist versöhnlich.

»Ja, die Erde ist ein seltsamer Ort«, sage ich.

Es ist Zeit, sich etwas auszuruhen, wir lassen uns nieder auf einem vollgekackten Abhang, ein bisschen Gras wächst auch, des National Highways, dem wir bisher gefolgt sind. Begreiflicherweise wollen wir Kalkutta und seine Ausläufer des Elends auf schnellstem Weg hinter uns lassen. Ich mache die Augen zu, alles dreht sich, all die Bilder überlappen sich mit der Erschöpfung. Es ist acht Uhr früh, die Welt ist nicht in Ordnung.

»Hallo, aufwachen!«

Kaum habe ich die Augen zu, höre ich irre Stimmen.

»Hallo, aufwachen!« Als wenn mich jemand rütteln würde.

»Steig ins Wache auf!«

Hört sich an wie Thai, denke ich. Ich öffne ein Auge, in dem noch eine Träne ruht; wie durch eine Froschaugenlinse sehe ich eine verzerrte Gestalt, die sich über mich beugt, es ist Mon, ein Freund von Champ, auch Karawaat wie wir.

»Bitte! Lass mich einen Moment ruhen!«

»Es ist halb neun schon vorbei!«

»Oh, dann habe ich eine halbe Stunde geschlafen?«

»Ja, alle sind längst fort, ich habe auf dich gewartet.«

Ich schau mich um, in der Tat ist niemand von uns mehr hier, nur da hinten am Zaun pinkeln einige indische Trucker. Unser

Rastplatz unterscheidet sich nicht sonderlich von den Müllbergen, die, so hoffe ich kurz, nur mein Albtraum waren. Doch nun heißt es, sich wieder der Realität zu stellen.

»Bitte warte noch einen kleinen Moment!«, sage ich zu Mon.

Ich spüre großen Drang, auch erst einmal dorthin zum Zaun zu laufen, mich zu erleichtern. Dann pelle ich mich aus dem verschwitzten Pullover, mache mit guter, alter Latschenkiefertinktur etwas Morgentoilette und ziehe mir ein frisches T-Shirt an. Die Kühle der Nacht ist lange vorbei, die Morgensonne scheint den Ofen, in den sie uns schicken will, schon gut vorgewärmt zu haben. Die Wollmütze verstaue ich im Rucksack, dafür setze ich mir den faltbaren Traveller-Hut mit hohem Sonnenschutzfaktor auf, übrigens ein echter Stetson. Nun noch die Atemmaske angelegt, und es kann losgehen!

Mon macht währenddessen Dehnübungen an der Leitplanke. Einen halben Meter hinter ihm donnern mit schrillem Hupen Trucks, Busse, Minibusse, Pkws und Fahrzeuge der dritten Art vorbei. Die Dichte des Straßenverkehrs des National Highway hat noch einmal ordentlich zugelegt.

Mon ist ein drahtiger Bauer mittleren Alters, er kommt aus der Reisebene, dem Chaopraya-Becken, auch der Glutofen Thailands genannt. Er ist noch mehrlagig eingekleidet: langärmliges T-Shirt, kurzärmliges T-Shirt, offene Jacke, Schal, Wollmütze mit Mundschutz. Für ihn ist Indien kalt. Freundlich nickt er mir zu und sagt:

»Gehen!«

»Ja, gehen wir zusammen!«, antworte ich, und dann gehen wir.

Mon geht voran mit langen Schritten. Obwohl er einen halben Kopf kleiner ist als ich, muss ich mich sputen, seinen Schritt halten zu können. Ich versuche, wie ein Schattengeher in seine Fußstapfen zu treten, das macht Spaß, und es spart witzigerweise Energie. Natürlich muss das Bild, das wir abgeben, absurd sein. Doch in Indien scheint das Absurde normal. Niemand findet uns komisch. Mich beunruhigt etwas die Frage, wie lange wir noch unentdeckt auf der Autobahn laufen können, doch das interessiert in Indien anscheinend auch niemanden. Gehupt wird sowieso die ganze Zeit. Von unserer Truppe ist niemand zu sehen. Alles verliert sich im diesigen Horizont.

Mon ist ein guter Schrittmacher. Ich schaue auf mein Handy – es ist meine Uhr, mein Schritt- und Kilometerzähler, meine Musicbox, meine Poststation, und die Standort-App weiß immer, wo ich bin. In Durgapur! Die Stadt ist der Göttin Durga gewidmet. Alte Hippies und Heavy-Metal-Fans kennen Durga, sie ist die Göttin mit den ganz vielen Armen (die Angaben und Darstellungen variieren von acht bis 18), und sie reitet einen Tiger. Den scheinen wir auch zu reiten, er brüllt in mein rechtes Ohr in der Inkarnation des Lkw-Verkehrs. Durga aber hat alle Dämonen besiegt, aus all ihren Poren strahlt das Licht. Mir geht es genauso, die Schweißtropfen auf meiner Haut glänzen wie kleine Sonnen. Wir laufen seit der Pause beinah schon wieder eine Stunde. Ich staune nicht schlecht, mein Fit-Bit-Armband meldet: 17,6 Kilometer in 22.087 Schritten. Es ist mein erster Blick auf den Schrittmesser; am Morgen durch Kalkutta hatte ich andere Sorgen. Nun also noch 135 Schritte bis zur Schnapszahl. Die Information ist lächerlich, doch gibt sie mir einen spielerischen Energiekick. Hoch motiviert beobachte ich auf meinem Handy, wie sich die Schritte addieren. In Mons Schatten kann ich das tun; ich gab ihm die Verantwortung für den Weg und bekam das Geschenk, mir keine Gedanken machen zu müssen. Das entspannt! Es ist interessant, dass es funktioniert. Jemanden die Verantwortung zu übergeben, ist keine leichte Übung, doch nicht zu verwechseln mit der Übung für Könner: An nichts zu denken.

»Schau, die Freunde!«, ruft Mon, der das Tempo anzieht und auf den flimmernden Horizont deutet.

Jetzt sehe ich sie auch. An einer riesigen Autobahnabfahrt laufen orange Punkte quer über die Fahrbahn. Was immer ihre Absicht ist, es sieht aus der Entfernung ziemlich riskant aus. Als wir näher herankommen, wird klar, dass sie über die Autobahnbrücke wollen, die als hoher Bogen vor uns aufragt. Die Gerade über die Ausfahrt ist doppelt so lang wie die zum Mittelstreifen, insofern verstehe ich die Idee. Doch ebenso deutlich wird: Die Aktion ist nicht ziemlich riskant, sie ist lebensgefährlich.

Für Mönche gilt: Niemals rennen! Das Credo eines indischen Truckers heißt: Gebremst wird nicht! Das ist ein interessanter Interessenskonflikt. Ich mag kaum hinsehen. Mönche stehen in kleinen Gruppen von vier oder fünf Personen auf den verschiedenen Positionen der Fahrbahn, die Lkws brausen ungebremst vor, hinter und zwischen ihnen hindurch und vorbei, den Fanfaren-Klängen der Hupen freien Lauf lassend. So wie ich es sehe, ist unmittelbar mit den ersten Toten zu rechnen.

»Hallo Champ, was ist denn hier los?« Ich begrüße Champ, der mit einem riesigen Rucksack auf dem Rücken, seinem kleinen auf der Brust und einem Mönchssack mit Essensschale in der Hand auf seine Chance wartet, die andere Seite der Fahrbahn zu erreichen.

»Das siehst du doch!«, sagt Champ. Da hat er recht.

»Gibt es keinen anderen Weg? Zum Beispiel die Abfahrt?«

»Weiß ich nicht, interessiert mich jetzt nicht.« Champ ist sichtlich gestresst.

»Wie kommst du denn plötzlich zu so viel Gepäck?«, frage ich, weil das Bild mich dauert.

»Mönche!«, ruft Champ. »Lass mich jetzt!«

Champ läuft los, er darf ja rennen, er nutzt eine 30-Meter-Lücke im Verkehr, er schafft es. Doch da! Auf den letzten Metern rutscht ihm der Mönchssack aus der Hand, ein Lastwagen kommt auf ihn zugerast.

»Lass liegen!«, rufe ich aufgeregt. »Lass liegen!«

Champ hört mich sowieso nicht, das Perma-Gehupe verhindert jede Kommunikation jenseits der Zweimetergrenze. Meine Hände verkrampfen, ich drücke meine Augen zu, ich will das nicht sehen. Ich erwarte ein Bremsgeräusch sowie einen Aufprallknall.

Außer Hupen und Motorheulen höre ich nichts, auch schreit niemand auf. Ich öffne vorsichtig die Augen und sehe, wie ein Truck über den Mönchssack, der auf der Fahrbahn liegt, brettert, ohne ihn mit den Reifen zu berühren. Eine Sekunde später sehe ich Champ, der zurück auf die Fahrbahn läuft, den Sack mit unversehrter Schale aufnimmt und auf den Mittelstreifen hechtet, damit ihn der nächste Lkw, der auf ihn zielt, nicht erwischt. Champ hat Glück gehabt, er liegt auf der Wiese, als der Wagen das Bild frei gibt. Champ hat oft großes Glück. Die Aktion war eine Strapaze für meine Augen, Champs Schutzengel muss sie in den Wahnsinn getrieben haben. Oder aber er hat sich gerade seine Flügel verdient, die er sich nun schweißgebadet rauft.

»Los, jetzt wir!«, sagt Mon. Schon läuft er los. Ich zögere, Mon dreht sich nach mir um, das bringt ihn in Lebensgefahr in Form des schrill-bunt angemalten Trucks, der mit ebenso schrillem Gehupe auf ihn zurast.

»Lauf!«, rufe ich aus vollem Halse und mache wilde Ruderbewegungen mit den Armen. »Lauf! Nicht auf mich warten!«

Mon hat es geschafft. Ich atme erst einmal tief durch, dann schaue ich dem herandonnernden Verkehr ins Auge. Mir zeigt er sich klar: Das da, diese 1.000 Wagen, die da stinken und brüllen, sind das Böse; sie sind das ägyptische Heer, das uns verfolgt. Noch im Nachdonner des Gedankenblitzes, geschieht ein kleines Wunder: Dort, nach dem dritten Sechsachser, gibt es eine längere Lücke! Diese nutze ich und laufe ruhigen Schrittes hinüber. So muss sich Moses gefühlt haben, als er das Rote Meer durchquerte. Dennoch bin ich mir nicht sicher, ob ich das Ereignis ›Moses – das Teilen des indischen Autobahn-Heeres‹ als Wunder Nummer vier eintragen werde oder besser das ganze Manöver, da es keinerlei Tote gab. Ich entscheide mich, beides als wahre Wunder gelten zu lassen. Das macht nach meiner Rechnung immerhin schon eine Handvoll Wunder, und das während nur einer Woche Indien.

»Und nun?«, frage ich, mich zu Champ und Mon auf das verdorrte Gras des Mittelstreifens setzend.

Ich wage es nicht auszusprechen, dass wir die Fahrbahn gleich noch einmal überqueren müssen, um auf die linke Seite der Autobahnbrücke zu gelangen. Circa 300 Meter weiter ist die Mönchswanderung zurück zum linken Straßenrand schon wieder zu beobachten. Champ sieht mich das sehen.

»Und nu weiter!«, sagt Champ. »Keine Fragen!«

Champ sattelt sich den fremden, schweren Rucksack auf, Mon nimmt ihm den Mönchssack ab, ich nehme die Schale, die Mon mir wieder aus den Händen nimmt. Ihr Trageband ist gerissen, nun muss sie Mon mit einer Hand umarmen. Wir traben über den Mittelstreifen bis zur Mitte der Brücke und überqueren erneut das Straßenmeer mit allen Wundern Indiens, wie zum Beispiel Busse, bei denen oben auf dem Dach noch einmal so viele Passagiere sitzen wie innen drin. Und hinten dran klammern sich die ganz Verwegenen. Diesmal mischt sich in das Horn-Hupen ein schrilles Gejohle.

Als ich über das Geländer schaue, um zu sehen, was wir da eigentlich überqueren, kommen mir ernste Zweifel, ob die Führungsriege der Mönche den Überblick hat. Unter uns liegt eine schnöde Straße. Hinter der Kreuzung führt eine Auffahrt wieder auf den National Highway Kalkutta–Delhi AH1, wie es ein großes grünes Schild verkündet, und das gar in romanischen Lettern. Wir hätten also ohne große Gefahr unten herum über die Kreuzung gehen können und dann über die Auffahrt wieder hinauf auf die Autobahn, so wir das denn wollten. Ich denke ohnehin, so langsam hat die Autobahn ihre Schuldigkeit getan, die Stadtausläufer von Kalkutta liegen schon ein kleines Stück hinter uns. Von der Höhe der Brücke aus ist sehr weit in die Ebene West-Bengalens zu schauen, sie liegt vor uns ausgebreitet wie ein graugrüner Flickenteppich.

»Was schnaufst du so?«, fragt Champ, der so aussieht, als sei jede kritische Anmerkung eine weitere Last zu viel für ihn.

»Alles gut, alles fein!«, sage ich erschöpft. »Schau doch, da unten liegen die Wiesen und Felder von West-Bengalen. Ich freue mich darauf, über ihre Wege und Pfade zu wandern. Nur Mist! Jetzt hab ich die Schnapszahl verpasst.«

»Die Was?«, fragt Champ.

»Die 22.222-Schritt-Marke! Mein Armband sagt, wir sind seit heute Morgen 18 Kilometer gegangen.«

»Na, komm«, sagt Champ, sein Gesicht entspannt sich, »noch eine Stunde bis zum Mittag, das schaffen wir doch!«

Sein aufmunternder Ton tut gut. Es lässt sich nicht bestreiten: Zweifel zerren an der Kraft und Energie, welche jetzt in der achten Stunde nach dem Aufstehen ohne richtige Mahlzeit ohnehin auf dem niedrigsten Stand des Tages sind.

Die Konzentration auf die Schritte fällt zunehmend schwerer. Die steigende Hitze und der anschwellende Geräuschpegel bearbeiten verstärkt das Gemüt. Am Straßenrand stehen jetzt immer häufiger Inder, die wissen wollen, wo wir herkommen, wer wir sind und wohin wir gehen. Und merkwürdig: Da sind kleine safranfarbene Tupfer unter ihnen, die aussehen, als hätte unser Pinselstrich sie verloren. Beim genaueren Hinsehen erkenne ich, es sind tatsächlich versprengte Grüppchen der Mönche, die vor Erschöpfung Rast machen. Ich merke deutlich, wie auch meine Kraft schwindet. Ich beobachte ein interessantes Phänomen: Erst wird der Körper sauer, dann der Geist mit ihm. Insbesondere da es immer noch nicht nach der versprochenen Mittagspause aussieht. Die Kraft scheint gekoppelt an die innere Uhr, exakt nach Ablauf der Stunde schrillt unmissverständlich mein Alarm: Energie abgelaufen! Sofort hinsetzen! Eine Mahlzeit einnehmen! Pause zum Aufladen neuer Kraft nutzen! Ich lasse mich erschöpft auf einen Kilometerstein nieder.

›Varanasi 666 km‹, kann ich grad noch lesen.

»Varanasi? Wollen wir da nicht hin?«, frage ich Champ. »Sieht nach einer ziemlich teuflischen Strecke aus.«

Champ sagt gar nichts, seinem Gesicht ist abzulesen, dass auch er zu kämpfen hat.

»Wir sind schon 22 Kilometer, erst in aller Früh durch Kalkutta und dann ununterbrochen auf der Autobahn, gelaufen. Richtiges gegessen haben wir auch noch nicht. Es ist 11.30 Uhr durch. Ist das nicht ein bisschen viel für den ersten Tag?«, frage ich.

Champ gibt keine Antwort, doch er macht ein Foto von mir. Dann geht er grußlos vorüber, so als hätte er nur noch einmal dokumentieren wollen, wann ich wo verloren ging. Ich habe zum Fotografieren keine Kraft mehr, obwohl das Bild, wie die Mönche dahinten im Flirren der Mittagshitze entlangschleichen, eine Aufnahme wert wäre. Mehr Mönche als ich dachte liegen hinter uns. Einige von ihnen kommen auf mich zu, drücken mir kurz im Vorbeigehen den Oberarm und raunen: »Sadhu!«

Es mag meiner Erschöpfung geschuldet sein, Folge der einhergehenden Unterzuckerung, jedoch sehe ich die Gesichter der Mönche wie durch einen Tunnelblick, als seien sie Figuren eines alten Fellini-Films, gebannt auf Zelluloid als flimmernde Bilder in Schwarz-Weiß mit hellen Punkten an den Rändern: Alle haben ihre Haare, ihren Bart und ihre Augenbrauen abrasiert. Das soll sie der Weltlichkeit entziehen, als auch die Möglichkeit, Haare als Schmuck und Ausdruck einer Individualität zu nutzen, verhindern. Doch in meiner verstärkten Wahrnehmung sehe ich auch ohne all die Haare sehr viel Charakteristisches in ihren erschöpften Gesichtern. Da ist der zänkische Habicht; dort der ewig Frustrierte; eijei, der Nächste sieht leider wie ein böser Priester aus; doch da ein Glücklicher; hier der Gütige, so milde lächelnd, wie ich mir das immer vorstellte; den gemütlichen Dicken, den gibt es auch; der Verschmitzte ist ebenso dabei wie der Alte, er schaut wahrhaft wissend – ein Bild für Buddha. Der junge Mönch, ein Novize noch, wagt es nicht, meinen Oberarm zu drücken, doch nickt er freundlich, fast verzagt, als er vorübergeht.

Dort hinten, im Hitzedunst und Benzinnebel, humpelt ein kleiner, untersetzter Mönch, den man wohl vergessen hat. Ewigkeiten scheint er zu brauchen, sich bis zu meinem Meilenstein zu schleppen. Beinah hat er mich erreicht, ich will aufstehen, ihm zu helfen, da sehe ich, wie ein bunt bemalter Truck hinter ihm auf den unbefestigten Seitenrand rutscht und auf uns zurast. Mit letzter Kraft springe ich und ziehe den Mönch beiseite, der 8-Rad-Lkw rauscht Zentimeter an uns vorbei, die hoch aufgewirbelte Staubwolke aus Abgas und Dreck reißt mir den Hut vom Kopf und dem Mönch die Tasche von der Schulter. Der gute Mann steht da und lacht.

Mir fehlt die Kraft zum Lachen, selbst mein Humor hat mich verlassen. Ich mache einen hochergebenen Wai zum Mönch, immerhin gab er mir grad die Gelegenheit, ihm das Leben zu retten. Dafür darf er Dankbarkeit erwarten. Dankbar hebe ich seine Tasche auf und hole meinen Hut. Der Mönch packt meinen Oberarm, sagt sein »Sadhu!« und hält sich nun an meiner Schulter fest. So gehen wir wie Kriegsversehrte, so weit die Füße uns noch tragen wollen. Allzu weit wollen sie das nicht mehr, das sagen meine mir sehr deutlich. Just in dem Moment, als sie ihrer Forderung ›Lass dich in den Straßenstaub fallen – jetzt!‹ durch ein Stolpern Nachdruck verleihen, sehe ich Champ am Straßenrand winken. Er deutet auf einen kleinen Feldweg, es ist der Pfad zum Mittagslager, wir sind da! Geschafft! Das war fünf vor zwölf.

»Es ist fünf vor zwölf!«, sagt Champ, »führe den Mönch gleich zu den Töpfen, nach zwölf darf er nichts mehr zu sich nehmen.«

Zusammen mit dem Mönch stelle ich mich in die nicht allzu lange Reihe vor den großen Töpfen. Die indische Crew, die auch die Lkw fährt, hat gekocht. Huhn ist aus, Salat ist alle, doch es gibt noch einen Rest Gemüseeintopf. Mir ist das genug. Mit letzter Kraft nehme ich mir drei Schöpflöffel voll und lasse das gute Gemüse in meinen auf die Schnelle ausgewischten Blechnapf, der an meinem Rucksack baumelte, gleiten.

»Hey, du hast schon dein Essen?« Champ ist erstaunt.

»Ja klar! An eurer Stelle würde ich schnell zu den Töpfen gehen, es ist nicht mehr viel da.«

»Das gehört sich nicht!«, sagt Champ.

»Nun, sag das der Crew!«

»Nein, dass du dir schon Essen geholt hast, das gehört sich nicht! Es sind ja noch Mönche draußen!«

»Verstehe ich nicht, was hat das damit zu tun?«

»Ja, du verstehst vieles nicht. Ein Karawaat isst erst, wenn der letzte Mönch sich genommen hat.«

»Und wenn sich ein Mönch einen Nachschlag holt?«

»Dann haben wir zu warten!«

»Oh, ist das so?«, frage ich erschöpft.

»Ja, das ist so!«, stellt Champ fest.

»Na gut, ich werde darauf achten«, sage ich müde, doch füge ich larmoyant hinzu: »Obwohl: Ich darf das!«

»Wieso darfst du das, was soll das?« Champ möchte tadeln.

»Das verstehst *du* jetzt nicht, auch mal gut!« Ich setze mich auf eine Decke am Rand eines ehemaligen Teichs, der schon seit längerer Zeit zu einer sumpfig-modrigen Müllhalde verkam.

Noch immer trudeln Mönche von der Straße ein, Champ fragt einen, ob noch viele kämen. Als er beteuert, er wäre der letzte, stellen sich Champ und die anderen Karawaat in die Reihe zu den Töpfen. Etwas betrübt kommen sie zurück.

»Hm, viel gab's wirklich nicht mehr.«

Champ, Mon, Bui und Bo sind die Karawaat aus dem Waldtempel von Kamphaeng Phet, zu denen ich ehrenhalber gerechnet werde. Sie alle waren wenigstens schon einmal in ihrem Leben für drei Monate oder mehr als Mönch in einem Kloster. Mit den Regeln, Riten und Thai-Traditionen sind sie natürlich bestens vertraut. Ich besitze zwar ein solides Grundwissen über die Lehre Buddhas, doch mit den konkreten Abläufen in einem Thai-Tempel habe ich keine Erfahrung. Bui ist ein Sportler und von Hause aus reich, sehr reich (so wird er mir vorgestellt), Bo ist ein stiller Charakter mit feinen Gesichtszügen und sehr sanften Augen, er ist Farmer wie Mon und Champ. Sie alle sind in ihren 40ern, also gut zehn Jahre jünger als ich.

Jetzt lästern sie gemeinsam darüber, dass ich mir schon vor dem letzten Mönch mein Essen holte. Mit viel Spaß werden Witze über meinen Bauch gemacht; sie glauben wohl, ich verstände kein Thai, diese Spitzbuben. Sie übertreiben nicht nur maßlos, sondern haben natürlich völlig unrecht, ich habe keinen Bauch! Nun gut, vielleicht habe ich fünf, sechs Kilo zu viel auf den Hüften. Doch nach der langen Krankheit mit neunmonatiger Kortisonkur, die mich aussehen ließ wie ›*Monster is coming home*‹, nehme ich die Fragen der eigenen Ästhetik noch spielerischer als zuvor; obwohl der Lauf der Dinge, der natürliche Transformationsprozess allen Fleisches während des Alterns, nicht unbedingt einfacher ist, wenn man früher nicht nur jung war, sondern auch gut aussah. Doch, doch, das war ich mal: ein sehr hübsches Kind. ›Schön gewesen zu sein‹, das ist eine unterschätzte Herausforderung. Die betagte Greta Garbo soll auf die Frage, ›ob es denn in ihrem Alter ein Problem darstelle, morgens in den Spiegel zu schauen?‹, geantwortet haben: ›Nein, Schätzchen, gar nicht. Ich stehe erst mittags auf.‹

Wie auch immer, die tägliche Bewegung im sportlichen Hochleistungsbereich wird sicher guttun. Doch dass es für die Jungs hier gleich mit einer Fastenkur beginnen soll, das fällt ihnen schwer einzusehen. Ihre Kommentare über ihre leeren Schalen hören sich gar nicht mehr so spaßig an. Da fällt mir Krishnas große Tüte Gujarati Snack ein, die ich aus meinem Rucksack zaubere. Erst recht verhalten wird die Tüte geöffnet. Diese kleinen gerösteten Sticks aus Kartoffeln, Knoblauch und Gewürzen sind auch den Thai unbekannt. Doch nach dem ersten Kosten wird ordentlich zugegriffen. Als alle, dank Krishna, doch noch gesättigt sind, wird mir die nach wie vor ziemlich volle Tüte zurückgegeben. Nun schütteln Champ und Bui die Decke, auf der wir saßen. Dann strecken wir uns wie Tempelkinder alle in einer Reihe auf ihr aus, um eine Stunde Mittagsschlaf zu halten.

Das Laufen am Nachmittag geschieht in einer Art Trance. Nach der Stunde Schlaf bin ich einfach nicht wieder richtig aufgewacht.

Ist es die Müdigkeit oder reine Hingabe? Meine Füße laufen wie von selbst. Nicht ich, sondern *sie* sehen alle Untiefen, Steine und andere Hindernisse am Autobahnrand, der weiterhin unser Weg zu sein scheint. In diesem Zustand ist es mir egal. Mein Geist ist so nach innen gekehrt, dass ich das Hupen nicht mehr höre, den Staub nicht mehr schmecke und außer der Hitze der Luft, dem Asphalt unter meinen Schuhen und dem Vordermann, es ist Mon, nichts weiter wahrnehme. Vielleicht bin ich ein Delfin, Delfine können mit einer Hirnhälfte schlafen, während die andere wacht.

Auch diese Etappe zieht sich noch einmal fast vier Stunden hin, jedenfalls für uns, die wir nun diszipliniert am Ende der Schlange laufen, auf dass sich nicht wieder so viele safranfarbene Tupfer am Straßenrand verlieren. Der Jubel ist groß, als wir das Feld erblicken, auf dem schon viele Mönche ihre Zelte hinwarfen.

Es ist fünf Uhr nachmittags, seit 14 Stunden sind wir auf den Beinen, davon 13 *on the road;* für die Frühstücks- und Mittagspause sowie für die ›Kurz mal ausruhen‹-Stopps darf man gut und gerne alles zusammen drei Stunden abrechnen, gelaufen sind wir also zehn Stunden. 36 Kilometer haben wir geschafft. Das Maximal-Soll erfüllt. Bei 47.619 Schritten. Ein starkes Pensum für den ersten Tag.

Es bleibt kaum Kraft zum Zeltaufbau. Meins ist kein einfaches Wurfzelt – obwohl ich fasziniert davon war, dass es sie wirklich gibt: Zelte, die sich mit einem Wurf selbst aufbauen –, ich entschied mich für ein klimatisiertes Qualitätszelt. Den Erstaufbau in völliger Erschöpfung zu bewältigen geht nicht mit leichter Hand – ja, ich stelle mich etwas dumm an. Champ kommt, tadelt und übernimmt das Kommando. Als das solide Zweimannzelt steht, sagt Champ, es seien nicht genügend Wurfzelte vorhanden, weil doch so viele Mönche mehr mitkamen …

»Alles klar, Champ!«, sage ich. »Nimm deinen Platz im Zelt.«

Mit etwas Trinkwasser werden die Zähne geputzt und die abendliche Katzenwäsche gemacht. Ich habe einen Moskito-Schlafanzug sowie Moskitoschutzsocken, die etwas über die Hosenbeine gezogen werden; die Kombination erweist sich als bequem und zuverlässig.

Champ sitzt noch mit Bo, Bui und Mon vor den Zelten, sie haben Instant-Suppen und heißes Wasser vorne an den Trucks, quasi unser Versorgungszentrum, aufgetrieben. Ich bin derart geschafft, dass ich keinen Hunger mehr habe, sondern nur noch ins Zelt und in den Tropenschlafsack will. Sobald der Reißverschluss zugezogen ist, schließe ich die Augen und schlafe ein. Es ist 7.30 Uhr abends.

Irgendwann werde ich vom Drang der Gedärme geweckt. Ich überlege kurz, ob ich dem Druck standhalten kann, doch es hilft nicht, ich muss raus. Es ist 23.52 Uhr, alles schläft. Im fahlen Licht des Mondes stolpere ich über das Feld durch die kleinen Gassen der 200 Zelte hinunter zum Teich, im Schilf suche ich mir einen stillen Platz. Der Wind weht mit großer Frische über das Feld. Der Lärm der Autobahn schwappt herüber, und ich hocke da, schaue in den Mond, der fast noch voll ist, und entleere mich. Obwohl ich bestimmt ein ganz erbärmliches Bild abgäbe, wenn mich jetzt jemand beobachten würde, hat der Moment für mich doch etwas sehr Erhabenes:

›Hey, es geht auf Mitternacht zu, und du schaust hier beim Scheißen in den Mond, irgendwo am Rand eines Feldes in West-Bengalen, kein Mensch ist zu sehen, nur Hunde bellen. Wind weht über die Zelte, da schlafen mehr als 200 buddhistische Mönche aus Thailand, mit denen du unterwegs bist. So richtig uninteressant ist dein Leben nicht.‹

Sich den Augenblick, diesen Moment, in dem man sich gerade befindet, in etwas Größe zu vergegenwärtigen, hilft ungemein zu entspannen: Der Ballast der letzten Tage fällt ab, ich atme tief, fühle mich erleichtert. Zeilen eines Hermann-Hesse-Gedichts kommen mir in den Sinn:

›Alte Mönche schnarchen rauh wie Tiere,
Ich allein, Yü Wang, bin wach und friere.‹

Es ist wahr, ich beginne erheblich zu frösteln, es ist kalt. Zurück im Zelt will es nicht wärmer werden. Ich krame den orangefarbenen Pullover hervor, ziehe noch eine Hose über die Schlafhose, setze die Wollmütze auf. Es bleibt kalt. Die Kälte kommt von tief unten aus dem Boden, sie kriecht über das Feld und fährt dann langsam, aber stetig in die Glieder. So fühlt es sich an, lebendig gefressen zu werden. Die in Zacken gerippte Schaumstoff-Isomatte scheint dagegen ein sehr machtloses Schild.

7

Von Shingur nach Bardhaman

Oh, kalte Nacht! Auf die Kälte der indischen Nacht war ich nicht vorbereitet, mein Tropenschlafsack erweist sich als unzulänglich. Vor meinem Zelt höre ich Stimmen und Zähneklappern. Die unangenehme Kühle der späten Nacht lässt uns, Mönch wie Karawaat, nicht schlafen. Mit dem Klingeln, Schnattern, Rattern, Summen all der verschieden klingenden Wecker-Apps, die um drei Uhr früh über das Feld schallen, kommt die Erlösung. Das Aufstehen wird zur Freude, wer hätte das gedacht! Nach dem ersten Recken und Dehnen der Glieder fühlen sich die Knochen jedoch morsch wie alte Zweige an. Die Sachen sind klamm, die Schuhe feucht, der Wind weht kalt. Fröstelnd steh ich da und überlege, was vom letzten Tag noch anzuziehen sei. Das ist ein guter Moment, sich noch einmal ins Federbett zu werfen und zu hoffen, dass man an einem schönen Sonntagmorgen zu Hause in seinem beheizten Zimmer aufwache.

»Träum nicht!« Champ ruft. »Hast du schon Zähne geputzt?«

Champ hat recht. Zähne zusammenbeißen. Zähne putzen, großen Rucksack packen, kleinen Rucksack packen, Zelt zusammenlegen, Müll aufsammeln …, all das wird zur morgendlichen Routine.

»Hey, es reicht doch, wenn du unseren Müll …« Champ bricht seinen Satz ab und schaut sich um. Niemand sonst sammelt den Müll auf. »Okay, du hast recht! Gib mir mal 'ne Tüte, ich helfe. Doch das ganze Feld können wir allein nicht aufräumen.«

Nach fünf Minuten sagt Champ:

»Komm, gut gemacht, doch lass uns jetzt die Taschen zum Truck bringen, sonst müssen wir die den ganzen Tag schleppen!«

Es ist für mich schwer begreiflich, dass wir das Feld mit unserem Müll – genauer: mit dem Müll der Mönche – zurücklassen; doch etwas zu sagen, gar öffentlich Kritik zu üben, ist nicht denkbar, es würde als Affront aufgefasst werden, und es hätte keinen Effekt.

Ich halte inne, betrachte die indische Nacht: Nebelbänke leuchten geheimnisvoll im Mondlicht auf den Feldern, vorne im Schein kleiner flackernder Feuer stehen umhüllt von Rauch die Mönche, sie halten die Hände über das brennende Kleinholz, sich ein wenig zu wärmen. Unweit von ihnen steht hinter kochenden Kesseln der Chef der indischen Crew: magisches Bild gerahmt in Nebelschwaden und Wasserdampf. Dort an den Trucks arbeiten vier Inder mit roten Turbanen, vor ihnen 200 gefaltete Wurfzelte sowie noch einmal doppelt so viele bunt gestreifte Taschen der Mönche, Stück für Stück finden sie Platz auf einem der beiden reich verzierten Trucks.

Ich hole meine Tagesration an Wasserflaschen und schöpfe aus dem Bottich kochendes Wasser für meinen Instant-Morgen-Kaffee, der dort zuhauf in kleinen Tüten zur Verfügung steht. Neben dem Kaffee: ein großer Karton Paracetamol-Duo zum Zugreifen. Kein schlechtes Guten-Morgen-Buffet für so einen Marsch. Champ drängt zur Eile, die Mönche stehen schon am Straßenrand, bereit zur Thamwatchao-Zeremonie.

Das Chanten hat seine zauberische Wirkung. Wenn ich es bloß schon könnte, dann würde ich das Gebet jetzt noch einmal von vorn beginnen, auf dass alle warten müssten, bis auch ich richtig eingestimmt wäre. Doch wir sind schon in Bewegung.

Wir laufen durch die Nacht wieder auf der dunklen Seite des National Highways, am linken Straßenrand, den Verkehr im Nacken. Meine Taschenlampe zeichnet einen kleinen Kreis, der alle drei bis fünf Sekunden vom Lichtkegel eines Wagens überblendet wird. Vor mir sehe ich nur die Fläche um die Füße eines Mönches. Ich achte auf jede Unebenheit. Ich versuche, mich in den Laufrhythmus des Mönches fallen zu lassen. Die Übung heißt: Einfache Konzentration auf die Schritte des Vordermanns. Der Mönch trägt Socken in Birkenstock-Sandalen. Diese banale Beobachtung bringt mich aus dem Takt, der Asphalt ist löchrig. Links, rechts, links, rechts …, unsere Schlange hat ein gutes Tempo. Nun versuche ich, meinen Atem den Schritten anzupassen. Sechs Schritte ausatmen, sechs Schritte einatmen. Nun sieben ein, sieben aus. Eine schöne Übung. Nach einer halben Stunde komme ich auf 20 Schritte ein- und 20 Schritte ausatmen. Ein Urelement aller Meditation: Konzentriere dich auf den Atem!

Vielleicht ist ein Mantra noch besser als nur das Schritte-Zählen. Mir fällt das Om-mani-padme-hum ein, das Geburt-Paarung-Tod ausdrückt, der Wahrheitsdreiklang. Alles, was geboren ist, muss sterben. Om mani padme hum. Da Geburt und Tod Zäsuren des Daseins sind, auf die wir wenig Einfluss haben, sollten wir uns mehr um die Paarung kümmern. Om mani padme hum. Warum fällt uns das so schwer? Nun, ich bin geboren, schätze, noch nicht wirklich tot; meine Gedanken sind wilde Pferde, schwer zu halten, ich werde sie zähmen müssen. Om mani padme hum. Eine der Wahrheiten, die wir gerne ignorieren, oder an die wir einfach nicht denken: Nach Geburt und Tod ist der Atem eine der Wahrheiten des Daseins. Das Erste, was wir tun, noch vor dem Schreien, ist: Atmen! Om mani padme hum. Was lebt, das atmet. Und mit dem letzten Atemzug hauchen wir das Leben aus. Der Atem ist, solang das Leben ist. Das ist unstrittig. Doch gilt der verkürzte Rückschluss auch? Der Atem ist das Leben. Om mani padme hum. Brahma, dem höchsten Gott der Inder, geht es wie dem Atem, den er symbolisiert: Er wird so gut wie ignoriert. Kaum findet man ein Bild von ihm, nur ein einziger Tempel, irgendwo in Rajasthan, ist ihm, dem höchsten Gott, gewidmet. Doch er ist der Boss. Es tut gut, einfach mal auf ihn zu hören, auf den Atem. Om mani padme hum.

Ich atme, und ich laufe, nichts weiter. Da erscheint vor meinem inneren Auge Krishna, mein neunmalkluger Lieblingsgott:

»Brahma ist der Höchste, und Brahman ist das Ganze!«

»Ja, Krishna! Ich unterbreche dich nur ungern«, sage ich, »aber du siehst doch: Ich laufe, und ich atme! Und ich versuche, alle Aufmerksamkeit darauf zu konzentrieren, das ist nicht einfach! Die Gedanken kommen von alleine, so wie du.«

»Ich freue mich, dass du nun endlich atmen lernst. Ich erklärte es dir oft genug: Dein Fleisch und Blut ist wie meine Flöte, erst mein göttlicher Atem erweckt sie zum Leben.« Krishna spricht sanft, doch seine Flöte klingt seltsam schrill. Er spielt sie wie eine Fanfare. »Beobachte deinen Atem, und du beobachtest mich. Begreifen lernst du durch Erfahrung: Brahman ist das All und überall, ist in und außerhalb der Welt, es ist zugleich entfernt und tief in uns, zerteilt durchdringt die Wesen es und bleibt in Wahrheit ungeteilt.«

»Hey Krishna, das hast du sehr schön gesagt.« Ich finde, es ist an der Zeit, auch mal einen Gott zu loben. »Wahre Worte makelloser Poesie, würdig dem altindischen Gottes-Gesang.«

Krishna hält kurz inne, spielt einige Takte Flöte, dann sagt er: »Ich bin nicht alt, für einen Gott bin ich recht jung. Ich sehe doch auch immer noch gut aus, oder?«

»Krishna, mein süßer Gott«, George Harrison sprach ihn so an, ich darf das auch, er mag das. »Ja, du bist auf immer mein zärtlicher Freund, der ewig hübsche Hirte, und lieb bist du auch!«

»Ich bin nicht nur lieb, ich habe auch ein sehr kluges Buch geschrieben: die *Bhagavad Gita.*«

»Du? Du meinst: Es ist über dich geschrieben.«

»Nein, ich meine: Ich habe es geschrieben! Ich habe es diktiert, es ist mein Gesang!«

»Diktiert ist doch nicht geschrieben!«

»So? Und was hat Goethe gemacht? Er lief um einen Tisch herum, bis die Dielen sich im Kreis vertieften, und diktierte seinem Eckermann.«

»Wieso kennst du Goethe?«

»Was du weißt, weiß ich auch. Ich bin ein Gott, vergiss das nicht! Auch wenn du und ich wie Freunde reden. Apropos, wem diktierst du eigentlich?«

»Ich diktiere nicht, ich schreibe.«

»Oh, dann bist du also ein armer Mann?«

»Ja.«

»Das tut mir aber leid!«

»Dafür bist du ja berühmt.«

»Wofür?«

»Für dein Mitgefühl.«

»Ich bin das Mitgefühl!« Krishna flötet d-a-fis, einen D-Dur-Akkord. »Seit 5.000 Jahren predige ich Güte und Mitleid, und immer wieder und wieder lehre ich den Dreiklang des Mitgefühls: Sei lieb zu den Menschen, sei lieb zu den Tieren, und zu den Pflanzen – sei auch lieb!«

»Das ist aber lieb! Wenn es denn nur wahr würde.«

»Es ist wahr und immerdar! Das Mitgefühl kann niemals sterben! Nur was geboren wird, kann sterben. Ich wurde nicht geboren, ich bin ein Gott!«

»Vielleicht wurdest du aber geboren in der Sehnsucht eines alten indischen Dichters, der sich in einen Hirtenjungen verliebte. Was dann?«

»Selbst dann!« Krishna lacht in sich hinein. »Unsterblich ist, was nicht in Fleisch und Blut geboren!«

Krishna setzt erneut zum Flötenspiel an, diesmal kommt es mir zorneshimmlisch laut vor, es klingt wie eine grelle Autofanfare.

»Du hast schon mal besser geklungen«, sage ich.

»Und du schaffst es nicht ein Mal, dich fünf Minuten lang auf nichts als auf deinen Atem zu konzentrieren. Dabei: Dein Atem ist deine Seele, sie sind ein und dasselbe, Atman genannt. Du atmest zwar für dich allein, bist dadurch vereinzelt, und doch ist der Atem das, was du mit allen teilst, und so vernetzt Atman das Vereinzelte. Atman, der in allem ist, wird durch alle eins, das Heilige Eins, das Brahman! Es gibt kein Atman, keine Seele ohne Brahman, das Ganze. Eigentlich ganz einfach!«

»Das Einfache ist oft sehr schwierig zu begreifen, Krishna!«

»Ich gab euch die Lyrik, die Poesie und Musik, und tausend tiefe Zungenküsse noch dazu, um das Himmlische zu beschwören, damit ihr *Es* erfahren könnt und *Es* nie vergesst: Ihr seid alle eins! Hast du das denn nie gespürt?«

»Doch, doch, so manches Mal. Beim Liebesakt als auch bei einem guten Stück Musik.«

»Warum vergisst du dann jedes Mal so schnell?«

»Das fragst du mich? Herrje Krishna! Weil nichts von Dauer und die Welt ein böses Chaos ist. Schau dich doch mal um. Die reine Liebe, Tanz, Musik und Lebenslust! Herrje Krishna, was für ein Versprechen! Und du wolltest kommen in Menschengestalt und die Dinge in Ordnung bringen! Nennst du das hier Ordnung? Mal ehrlich, einer muss es dir ja mal sagen: Dein Gesang, also die Bhagavad Gita, das ist manchmal hübsch verschwurbelter Unsinn. Vielleicht sind es aber auch die viel zu vielen schlechten Übersetzungen. Jedenfalls hast du in deiner nächsten Inkarnation vieles klarer gedacht.«

Krishnas Farbe wechselt von Dunkel- zu Hellblau zu Pink und zurück, dazu erschallt eine Fünfklangfanfare direkt an meinem Ohr, als führe ein Truck mit schrill-bösem Horn Zentimeter an mir vorbei; für Minuten bin ich taub.

»Krishna, ist ja gut, reg dich nicht auf, mein zärtlicher Freund, mein ewig hübscher Hirtenjunge!« Ich höre mich nicht, vielleicht schreie ich es verzweifelt hinaus: »Ich habe an dich geglaubt wie an keinen anderen. Krishna, zu gern glaube ich dir noch!«

»Glaube mir bloß nicht!« Krishna spricht ganz sanft, als säßen wir allein in einem kleinen Raum fernab der Straße. »Vielleicht spiele ich deinen Sinnen nur einen Streich! Und vielleicht bin ich ja nur die Sehnsucht eines altindischen Dichters, finde es heraus! Beobachte deinen Atem! Es ist keine Frage des Glaubens, du kannst es jederzeit erleben: Werde dir deines Atems bewusst, und du wirst dir deiner Seele bewusst. Wirst du dir deiner Seele bewusst, wirst du dir deiner Liebe bewusst. Halt dich dran fest! Sie ist wie der Atem, den du etwas lenken kannst, der sich aber niemals beherrschen lässt. Niemand muss das glauben, denn es beweist sich selbst. Versucht es mal, ihr Narren und ihr Meister, durch das Anhalten der Luft, mit eurem Willen den Atem zu besiegen. Es kann euch nicht gelingen!« Krishna tiriliert auf seiner Flöte. »Vergesst es nicht: Es – Brahman, oder wie immer ihr Es nennt –, Es atmet euch, bis Es eurer überdrüssig ist.«

So wie es aussieht, scheint so einiges hier unserer überdrüssig zu sein: heranbrausende Monster-Trucks. Krishna haben sie wohl durch das irre Hupen, das mich immer wieder aus meinen meditativen Gedanken hochschrecken lässt, vertrieben. Vom National Highway Kalkutta–Delhi AH1 stand in der *Bhagavad Gita* nichts. Doch im Grunde tun mir die verschlafenen Fahrer leid. Sie hocken eingeklemmt in ihren überladenen, technisch maroden Lkws, haben irgendeinen billigen Speed eingepfiffen und brettern nichts ahnend durch die Nacht …, und dann sehen sie am Straßenrand plötzlich im Lichtkegel ihres Scheinwerferlichts – uns! Eine lange, riesengroße, safranfarbene Schlange, die mit kleinen Taschenlampen irrlichtert. Das muss sie irremachen, was sollen sie denken? ›Ein Untier oder eine Horde Gespenster in Orange spaziert dort auf der Autobahn. Eine sehr große Horde! Mist, die letzte Pille hätte ich nicht mehr nehmen sollen, ich bin von Sinnen. Muss ich wirklich schon Pause machen, oder sind das da Wahnsinnige? Oder haben sich am Ende doch die himmlischen Heerscharen versammelt? Ist es also so weit: Sie ziehen gen Varanasi. Vielleicht aber sind Aliens gelandet. Wie auch immer: besser draufhalten!‹

Ein indischer Trucker wird auf seinen Pisten schon viel erlebt und im Grunde alles gesehen haben, doch buddhistische Mönche gehören nicht zum Alltagsbild indischer Städte und Straßen. Logisch, dass der eine oder andere Wagenlenker sein Gespann verreißt. Hupen, Bremsen, Quietschen, Hupen. Das ist die Geräuschkulisse, in der wir versuchen, nichts zu tun, außer zu laufen und zu atmen.

Ich habe meine Atemübungen von Schritte-Zählen und Om-mani-padme-hum-Meditation auf ein knappes, sich alle zehn Sekunden wiederholendes Danke-Mantra umgestellt: Dankeschön, dass du uns nicht überfahren wirst; oh, Dankeschön, dass du uns nicht überfahren hast. Dabei kreise ich rhythmisch mit meiner Taschenlampe in der rechten Hand, auf dass die Geister den Truckern die Chance geben, mein Gebet zu erhören.

Zack! Knall! Bumm! Es hat gerappelt und gescheppert. Es ist nun also passiert. Ich bleibe sofort stehen und will sehen, was los ist; mit mir stoppen Champ und Bo ihren Lauf sowie einige wenige Mönche. Die anderen – wahre Meister der Meditation – lassen sich durch eine solche Kleinigkeit wie einen Unfall – was sollte der mit ihnen zu tun haben – nicht aus der Ruhe bringen, sie laufen seelenruhig weiter. Karma, Baby, Karma!

Ein Truck ist in den Mittelstreifen gekracht, er hat einen kleinen Baum umgerissen und sich dann in einem Strauch verfangen. Kein Blut zu sehen, kein weiterer Wagen drin verwickelt. So weit der erste Unfall-Check. Champ und ich gehen hin und schauen, ob zu helfen ist. Doch die wenigen Mönche, die bei uns standen, zogen weiter; sie meinten, der Fahrer sei vermutlich kurz mal eingenickt, so etwas passiert. Karma, Baby, Karma!

Die anderen Wagen brettern ungebremst mit einem kleinen Schlenker um den halb auf der Innenfahrbahn stehenden Lkw herum. Niemand hält.

Dem Fahrer des Unfalltrucks scheint nichts weiter passiert zu sein. Er klettert aus dem Führerhaus, zieht den Busch aus dem Kühler, setzt den Wagen in irgendeines Gottes Vertrauen zurück und fährt weiter. Unser Rufen ignorierte er. Entweder es war ihm peinlich, oder er hielt uns wirklich für Gespenster, die man besser einfach nicht beachtet.

Bo hat auf uns gewartet, schweigend ziehen wir weiter. In mir brodelt ein Vulkan. Die Frage, die ich mir stelle, lautet nicht, *ob es*, sondern *wann es* den ersten Toten geben wird.

Im beginnenden Morgengrauen sehe ich ein Schild: Shingur, West-Bengalen. Eine Stadt zeigt sich in dunklen Silhouetten, die Autobahn führt mitten hindurch. Dort hinten scheint ein kleines Licht, ein alter Mann mit einem jungen Gehilfen hat seinen Stand – eine Bretterbude, überspannt mit einer Plane – schon eröffnet. Es ist noch keine sechs Uhr früh.

»Lasst uns, bitte, da vorne einen Tee zusammen trinken.«

Champ und Bo sagen nichts, ich gehe zum Stand. Als ich sehe, dass sie auf mich warten, bestelle ich drei *Chai*, indischen Tee, bei dem Mann mit Bart und tiefen Falten. Der Gehilfe, keine 16, doch mit kleinem, altklugem Flaumschnäuzer, kommt hinzu. Der Alte hat mich längst verstanden, doch der Gehilfe, sein Sohn möglicherweise, will sich beweisen.

»Three, Trrrii, Tiin!« Mit langgerolltem R und hochgestreckter Dreifingerhand vor dem Gesicht des Vaters demonstriert der Junior sein Wissen, dass /three/ vom Sanskrit /trii/ kommt, wie auch das bengalische /tiin/ für drei. Zu mir gewandt sagt er:

»Twenty Rupie!«

Das Zählen haben die Inder der Welt beigebracht, warum nicht diesem Bengel das Rechnen? Wie will der Knabe bei drei Chai auf 20 kommen? Ich habe die andere Möglichkeit noch nicht gedacht, da sagt der Vater:

»Ponero!«

Ich weiß nicht, was das heißt, doch gebe ich ihm die schon gezückten zwei 10-Rupien-Scheine. Der Alte strahlt, gibt mir ein 5-Rupien-Stück zurück und sagt noch einmal:

»Ponero!«

Ponero heißt wohl auf Bengalisch 15, kombiniere ich, was sich später bestätigt. Was sich ganz unmittelbar bestätigt: Der Chai ist sehr gewöhnungsbedürftig, doch er ist heiß. Serviert wird er in Tonschalen. Chai, das ist indischer schwarzer Tee mit Milch, viel Zucker und einer regional variierenden Gewürzmischung; Kardamom und Zimt kann ich herausschmecken, Nelken und noch etwas anderes

Scharfes mag dabei sein. Schweigend halten wir die Schalen, wärmen die Hände und schlürfen den Chai.

»Wir begeben uns nicht nur in Gefahr, wir sind eine.« Wie ruhig fließende Lava, ohne Emotion, schwappt der Satz über meine Lippen. Eigentlich wollte ich schweigen, das gelang nicht. Deshalb schiebe ich zur beschwichtigenden Klarheit die Frage nach:

»Warum laufen wir auf der Autobahn?«

»Keine drei Tage!«, sagt Champ. »Keine drei Tage!«

Dabei zerschmettert er seine Tonschale auf dem Boden neben dem Stand. Dort liegt ein riesiger Haufen Tonscherben, offensichtlich kühlen hier viele ihr Mütchen nach dem heißen Tee, oder es ist Landessitte, die Schale nach Genuss zu zerschlagen. Bo zerwirft mit einem Lächeln seine Schale ebenfalls, wohl gedacht als Antwort auf die Frage in meinem zweifelnden Gesicht.

»Ich wusste, dass du das fragst.« Champ fährt fort. »Und mir war es klar, dass du es keine drei Tage schaffst, einfach nur mal mitzumachen, nichts zu sagen und nicht alles besser zu wissen, das ist dir nicht gegeben.«

»Ja, willst du das denn nicht wissen?«

»Nein.«

»Hm, na gut, aber ich darf das fragen?«

»Ja, frag doch.«

»Wen denn?«

»Mir egal, wen du willst.«

Bo schaute mich die ganze Zeit verständnisvoll an, ab und an hat er gar genickt, obwohl ich mit Champ deutsch spreche. Zu Champ gerichtet sagt er in Thai:

»Wenn er das wissen will, lass ihn doch fragen.«

»Lass ich doch«, sagt Champ.

Als er sich seinen Rucksack wieder aufsetzt, bemerke ich, dass Champ stark humpelt, er muss Schmerzen haben.

Shingur liegt im Dunkeln. Neben der Tee-Bude ist nur noch ein kleiner Kali-Tempel erleuchtet, ein alter Mann fegt dort den

Boden. Nach der Stadt begann die Dämmerung. Kurz darauf, als die ersten Sonnenstrahlen unseren Nacken streicheln und lange Schatten unserer selbst vor uns auf den Boden werfen, sehen wir einen Inder aus unserer Crew am Straßenrand, er ist ein junger, hübscher Kerl. Aus einem großen Leinensack verteilt er die erste Stärkung des Tages: den Frühstücks-Puffreis. Heute fällt mir die deftige Süße dieser Schnitte auf.

Und noch etwas anderes fällt mir auf: Diese kleine Straße, die umsäumt von Bäumen im Morgennebel neben der Autobahn träumt. Schon gestern nahm ich sie wahr, sie scheint die ganze Zeit parallel zum National Highway zu verlaufen. Es ist wohl der alte Weg. Die Straße ist so gut wie nicht befahren, mal tuckert dort ein Trecker, ab und zu erscheint ein Fahrradfahrer, jetzt rennt gerade eine kleine Schar von Schulmädchen in blau-weißen Kostümen die Allee entlang. Ich werde sie im Auge behalten.

Schon drängt Champ zum Weitermarsch. Etwas widerwillig rappel ich mich hoch und trotte hinterdrein. Es ist wohl so, dass auf einem Marsch wie diesem die sonderbarsten Charaktere, denen wir begegnen, wir selber sind. Ich schaue tief in mich und sehe das vorwitzige Schulkind. Bockig, allein und wissbegierig. Nie einer Antwort verlegen. Wenn der Lehrer sich irrte und keiner sich traute – ich stand auf. Neugierig und zweifelnd fragte ich nach, weil ich nach-dachte. Ich glaubte, der Lehrer würde mich loben. Doch die anderen waren klüger, denn sie wussten es besser: Lehrer lieben dich nicht, wenn du fragst, was sie nicht wissen. Und immer gab es da eine Bande, zu der ich gern dazugehört hätte. Doch wenn der Bandenchef zwar am weitesten pinkeln konnte, ansonsten aber nichts draufhatte, war ich schnell enttäuscht. Außerdem gilt, kein Boss und keine Bande mag dich, wenn du immer recht hast. Manchmal gab ich aus reiner Sehnsucht, auch geliebt werden zu wollen, die falsche Antwort; doch auch das schlug fehl: Ich hatte mich geirrt, es war die richtige.

Nun, dass ich mich hier auf diesem Marsch, dem Buddha-Walk, wiederfinde, dafür gibt es viele gute Gründe: Der Kern des Buddhismus ist dogmenfrei und empirisch, es gibt keine Gebote, kein »Du sollst!«, nur Angebote und Hinweise, ein »Du darfst!«. Vor allem: Siddhartha ging's wie mir, oder mir wie ihm, ich möchte nicht glauben, wo Wissen möglich ist. Und ich habe mir vorgenommen, mich in vielem zu üben, was mich an den Menschen in Thailand seit jeher fasziniert, Tugenden, die ich in der buddhistischen Weltsicht verankert sehe, etwas, was sie dich spüren lassen, als würde uraltes Wissen erfahrbar werden: ihre sanfte Geduld und ihr Mitgefühl, ihre Akzeptanz des Daseins und ihr unbedingter Wille zur Harmonie, der sich oft in Gleichmut und manchmal auch in Demut zeigt.

Doch der negative Pol der Demut ist Untertänigkeit. Den Thai ist auf wundersame Weise, ganz im Gegensatz zu Buddhas Forderung ›Mach dir dein eigenes Bild!‹, eine übersteigerte hierarchische Ausrichtung des Daseins – die wir in unseren Breiten nur vom Hörensagen der alten Zeiten kennen –, ins Fleisch und Blut geimpft: Der Lehrer hat immer recht, einer Uniform ist unbedingt Gehorsam zu leisten, und wenn ein Mönch dir etwas sagt, dann hat das eine Wucht wie vier Lehrer und drei Uniformen! Ein Widerwort? Denk nicht mal daran!

Bei den meisten hat das funktioniert. Von Champ aber weiß ich, dass er darunter litt. Nachdem er in Deutschland studierte, stand er mit der Starre des Thai-Systems auf Kriegsfuß. Ich weiß, dass er auf meiner Seite ist, wir haben den gleichen Blick auf die Welt. Doch zerrt an ihm der Grundkonflikt: Weiß ich, was ich weiß, und sehe ich die Dinge, wie sie sind, oder will ich in Frieden leben und mich fügen? Manchmal gar, da kokettiert er, aller Spannung überdrüssig, mit dem großen Versprechen des Soldatentums: Befreie dich vom eigenen Denken und folge einfach den Befehlen. Ah, wie angenehm! Dass er sich gleich am ersten Tag mit dieser Haltung, alles zu tragen, was man ihm aufbürdete, übernahm, das muss ihn maßlos ärgern. Er lässt es raus im groben Ton. Doch in einem hat Champ völlig recht: Ich bin für Hierarchien nicht geschaffen. Ich will nicht herrschen, doch genauso wenig mich beherrschen lassen. Ich kann es drehen und wenden, wie ich will, meine guten Vorsätze – einfach mitzumachen, keine Fragen zu haben und nicht alles besser zu wissen – stehen kurz davor, grandios zu scheitern.

Alle meine Zweifel bringen mich aus dem Tritt, ich habe die Konzentration verloren, das Atmen fällt schwer, die Autos, das Gehupe, der Gestank, die Hitze … vielleicht sollen sie eine Art geistiges Nagelbrett sein, eine Übung, all die Pfeile und Schleudern des wütenden Geschicks erdulden zu lernen. Für mich sind sie Plagen, sie zerren an meinen Nerven, sie sind Behinderung, keine Offenbarung.

In der Mittagspause lagern wir auf einem alten Viehhof. Alles ist voll Dreck. Ich setze mich etwas abseits auf eine leere Terrasse vor ein schon lange geschlossenes Geschäft. Der Kulisse entsprechend lehne ich mich an den morschen Rollladen und ziehe mir den Stetson ins Gesicht.

»Hast du keinen Hunger?«, ruft mir Champ zu. Er liegt in einem alten Stall unter zerfetztem Strohdach und lässt sich von Bui, dem Sport-Profi, seinen verstauchten Fuß behandeln.

»Keinen Appetit!«, rufe ich zurück. »Sagt mir, wenn die Mönche sich alle aufgetan haben.« Leise füge ich hinzu: »Wenn denn dann noch etwas übrig sein sollte.« Die Portionen, die sich die Mönche auftun, sind wirklich gigantisch.

»Ich habe das gehört!«, ruft Champ zu meiner Überraschung. Er weist mich zurecht. »Du musst bedenken, Mönche dürfen nur einmal am Tag essen!«

Champ hat natürlich recht. Mit beidem. Vielleicht bringt mich ein Viertelstündchen Schlaf aus meiner mäkelnden Haltung. Kaum habe ich das gedacht, nicke ich auch schon ein und träume.

Es muss ein Albtraum sein, denn ich sehe um die Terrasse herum einen wilden Haufen Bälger versammelt, sie quaken laut, und in ihrer Mitte … Halt! Stopp! Das möchte ich nicht träumen, nein! Ich versuche aufzuwachen und stelle mit Entsetzen fest, ich bin ja wach!

Nicht das! In der Mitte der Bälger hockt eine alte Hexe, sie hat aus einem Korb ihre Kobra herausgeholt und lässt sie zur Belustigung der Meute auf der Terrasse los in meine Richtung gleiten. Und jedes Mal, kurz bevor die Kobra mein Bein erreicht, packt die Alte die Schlange fest am Schwanz und zieht sie schnell zurück. Es ist Zeit für eine Panikattacke. Ich hasse Schlangen, und ich weiß genau, sie hassen mich ebenso. Im Prinzip bin ich schon tot.

»Krishna hilf mir, zertritt ihr den Kopf!«, rufe ich in meiner Not.

Krishna kann das, er hat das früher schon einmal gemacht. Doch nicht Krishna erscheint, sondern Champ. Die Kids öffnen ihm respektvoll ihren Halbkreis. Champ schreitet durch das Spalier, sieht die Kobra und packt das Biest hinterm Kopf:

»Keine Panik! Schau selbst!« Champ hält mir die Schlange entgegen. »Sie haben der Kobra das Maul zugenäht.«

»Champ, bitte!« Ich hyperventiliere, kurz vor Exitus. »Bitte! Tu das weg!«

Ich bewundere Champ, dass er sich die Kobra schnappte, wie all die Kinder hier seine Aktion mit einem anerkennenden Raunen begleiten, doch dass er das Biest wirklich zurück in der Alten Korb befördert und den Deckel zumacht, dafür liebe ich ihn. Die Alte blieb erstaunlich ruhig hocken, ließ alles geschehen, wie es geschah, doch nun hält sie Champ die offene Hand hin.

»Schick mal ein paar Rupien rüber!«, sagt Champ.

»Champ, nimm alles, was ich habe! Ich kann mich noch nicht bewegen. Das Geld ist in meiner Jackentasche!«

Champ gibt der Frau zehn Rupien und scheucht sie fort. Mich zieht er hoch und sagt:

»Komm! Nicht fragen! Es ist Indien! Du solltest aber etwas essen, wir haben dir eine Portion aufgehoben, es gibt *Tomjamgai*, die Hühnersuppe, die du so liebst!«

Benommen schaue ich mich um, der alte Viehhof hat sich mit Hunderten Menschen gefüllt, jung und alt, sie alle gehen herum, staunen und gaffen. Eine Szenerie wie bei einem Off-Theaterfest.

Die Reise beginnt

Das Qutub-Minarett, Neu-Delhi

Ein indisches Wunder: Die Ashoka-Säule

Red Fort, Neu-Delhi

Vivekananda-Brücke, Kalkutta

Kali: Beruf Göttin

Bally bei Kalkutta

Visnar, Chef der indischen Crew

Die Reisetaschen werden verladen

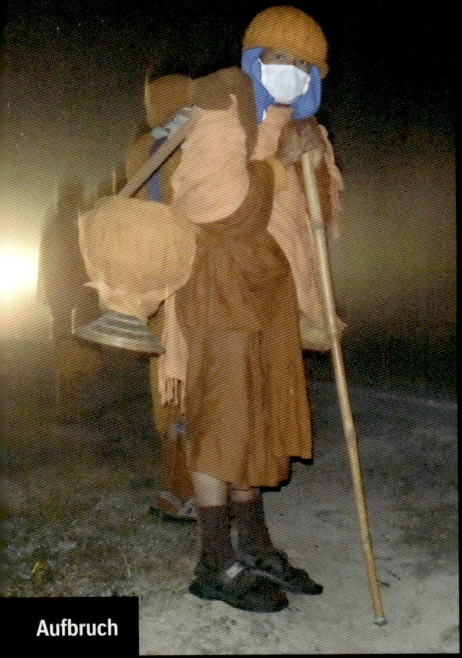

Aufbruch

Auf der Autobahn nachts um halb vier

Frühstück

MGS im Morgenlicht

Mönchswanderung

Kurze Verschnaufspause

Hausherrin mit Brennmaterial

Flusslandschaft

Highway AH1

Die Schritte des Mönchs

Die Mönchsschlange

Rast unter der Brücke

Novize beim Essen fassen

Was wird gegeben? ›Fremde Mönche aus fernen Ländern – kommen in unser Dorf.‹ Es ist offene Bühne, die Zuschauer gehen ganz dicht heran: ›Guck mal hier, Mönche beim Essen. Und schau mal da: Da schläft einer. Mama, was macht der Mönch, der da hinten am Strauch hockt? Das willst du nicht wirklich wissen, weiter! Guck mal da, da ist ja ein Weißer zwischen den Thai.‹

Die Kinder von der Terrassen-Vorstellung begleiten uns als tänzelnder Pulk, sie zupfen johlend an meiner Kleidung, als sei ich der Narr und Champ der Held. Wahrscheinlich ist das so.

Bui, Bo und Mon räumen mir auf der Decke, auf der sie sitzen, einen Platz frei, dankend hocke ich mich dazu. Champ reicht mir einen Topf voll Suppe, sie schmeckt köstlich. Eine Kuh gesellt sich zu uns und schaut mich durchdringend an. In Indien gilt: Die Kuh ist Vishnu, der Herr des Lebens, Krishna ist sein Avatar.

»Hey, schau mal, die Kuh, wie sie dich anschaut. Scheint so, sie liebt dich«, sagt Bo.

»Das ist aber ein Kuh-Junge«, sagt Bui.

»Das macht doch nichts!«, sagt Bo.

»Hey Krishna, wo warst du vorhin, als ich dich rief?«, sage ich.

Die Kuh schaut mich an, als wolle sie sagen: ›Wieso? Ich war doch da! Die ganze Zeit und immer.‹

Nach der Pause – Champ und Bo waren ein gutes Stück vorausgegangen – habe ich die Freunde in einer unachtsamen Minute aus dem Blick verloren. Eine gute Weile schon, so eineinhalb Stunden bin ich das Schlusslicht, das einsam hinterhertrottet. Der Marsch am Nachmittag fällt mir heute wirklich schwer. In all dem irren Lärmen, das mich von innen wie von außen erfüllt und umhüllt, höre ich plötzlich eine Stimme, die meinen Namen ruft. So etwas kann gefährlich sein. Ich sollte etwas trinken; dann weiterlaufen und so tun, als wenn nichts wäre. Doch da sehe ich Champ links auf einer Wiese winken. Neben ihm liegt ein Mönch im Gras, Bo hält dessen Kopf im Schoß. Mein erster Gedanke ist, der Mönch wird angefahren worden sein, hoffentlich kriegen wir ihn durch.

Bevor ich überhaupt etwas fragen kann, hebt Champ das Bein des Mönches und deutet auf die Fußsohle:

»Sie ist völlig aufgequollen, er lief barfuß.«

»Eijei«, sage ich, »das sieht nach Krankenwagen aus.«

»Nein, keinen Krankenwagen!«, sagt Champ.

Der Mönch schaut glasigen Blicks in die Ferne.

»Wie? Möchtest du hier notamputieren?«, frage ich.

»Rede keinen Unsinn, rück die Blasenpflaster raus!«

»Also, da können Blasenpflaster nicht mehr helfen«, sage ich, während ich die Blasenpflaster aus meiner Reise-Apotheke krame. »Aber, wenn das dein Wille ist, kannst du gerne den Mönch damit verarzten. Doch für ihn ist die Reise hier wohl beendet. Das Beste ist, ich halte den Wagen an, wenn er kommt. Wo ist der überhaupt?«

»Welcher Wagen?«

»Na, unser Truck, der, der hinterherfährt, um die Verletzten einzusammeln.«

»Ach der!« Champ grinst. »Da wirst du kein Glück haben, der fährt voraus.«

»Bitte?« Ich begreife es nicht sofort. »Wie will er denn dann die Zurückgebliebenen einsammeln?«

»Tja, wie?« Champ zuckt die Schultern. »Das weiß keiner.«

Champ bepflastert die Fußsohle des Mönchs mit fünf großen Blasenpflastern, dann verbindet er den Fuß, während Bo dem Mönch die Stirn tupft.

»Hast du ja noch was, was du fragen kannst!«

Wieder bin ich mir nicht sicher, ob Champ das ironisch meint, sein Ton lässt keine Deutung zu.

»Was machen wir nun mit dem armen Mann?«, frage ich.

Champ gibt keine Antwort. Bo schaut mich an, lächelt sanft, legt den Mönch behutsam in der Wiese ab und geht hinunter zur kleinen Straße. Dort hält er einen Trecker mit Anhänger an. Der indische Bauer, ein Mann mit Turban und Kerben im Gesicht, denkt wohl auch, der Mönch sei angefahren worden, jedenfalls ist er sofort zur Stelle, um zu helfen. Mit Champ zusammen hievt er den Mann auf den Anhänger, eine flache Holzpalette auf Rädern. Da Champ selbst etwas angeschlagen ist, wird beschlossen, dass er den Mönch begleiten soll. Sie werden ihn erst einmal zum Abendrastplatz bringen, der könne höchstens noch vier Kilometer entfernt sein, es ist jetzt halb fünf, dann werde man weitersehen.

Und wieder nahm ein Tag eine unvorhersehbare Wende. Ich stehe mit Bo allein auf der kleinen Straße, wir schauen dem Trecker mit Champ und dem Mönch auf der Pritsche nach, bis er hinter der nächsten Kurve verschwindet. Der Highway liegt nur 30 Meter zu unserer Rechten, doch schirmen ein grün bewachsener Zaun und eine Reihe Bäume den Lärm beträchtlich ab. Es ist herrlich! Keine Bestien, die ihr Roarrr-Gebrüll in meine Ohren dröhnen; kein Untier, das permanent von hinten mit einem Sprung nach meinem Leben trachtet. Entkommen! Ich bin ein weiteres Mal entkommen! Gerade als ich dachte, das ist das Ende des Wegs, finde ich mich wieder auf einer alten Bilderbuch-Allee.

»Wem Gott will rechte Gunst erweisen, den schickt er in die weite Welt.« Es singt aus mir heraus. Im Jubelton füge ich hinzu: »Ach, Joseph, ja, du hast ja so recht!«

Bo schaut mich zwischen belustigt und besorgt an, ich habe die letzten Sätze wohl tatsächlich laut hinausgejubelt.

»Keine Sorge!«, sage ich. »Der Unterschied zwischen mir und einem Verrückten ist: Ich bin nicht verrückt!«

Ich bin mir nicht sicher, ob Bo diesen hübschen Salvador-Dalí-Satz, von mir ins Thai übertragen, verstanden hat. Bo lächelt, kommt einen Schritt auf mich zu und umarmt mich; herrliche Energie fließt. Es ist erschütternd, wie schnell und wie einfach mein depressiver Trott des Tages sich in manische Jubel aufzulösen vermag. Eine Umarmung ist ein schöner Weg.

Und der Weg ist schön. Links der Allee liegen Felder, Bauern pflanzen Reis. Ich grüße sie, sie grüßen uns. So soll es sein! Mädchen fahren Fahrrad, sie kommen uns entgegen. Als ich grüße und

Bo ihnen zuwinkt, kichern sie, so ist das wohl überall. Ein Junge bleibt stehen, er fragt, woher wir kommen. Bo und ich, wir beide seien ihm fremd.

»Thailand and Germany«, sage ich.

»I see! Das sehe ich«, sagt der Junge.

Sein Gesicht jedoch verrät: Er hat noch nie von diesen Ländern gehört. Ich mache ein Foto von ihm, und eins von ihm und Bo, mit Feld und Büffeln im Hintergrund. Hinter der Biegung gibt es einen kleinen Fluss mit einer herrlich schönen, alten Steinbrücke, über die wir wie alte Wandergesellen schreiten, so habe ich mir das vorgestellt. Ah, hier singen Vögel in den Bäumen, wir können sie hören! Ist das nun schon das sechste Wunder? Nein, aber es ist wunderbar. So macht das Laufen Spaß.

Die Vögel fliegen hoch, ein Moped knattert heran, es hält. Der Turban und Bart tragende Fahrer stellt sich als Dorfschullehrer vor. Er will natürlich wissen, woher wir kommen, wohin wir gehen und warum.

»Ach, ihr gehört zu den Mönchen«, sagt er erstaunt. »Warum laufen sie auf der Autobahn, wo der Weg hier doch so viel besser ist? Und ihr müsst wissen, das ist die uralte Handelsstraße, Jahrtausende schon alt, und wer weiß, vielleicht lief euer Buddha selbst schon auf diesem Weg.«

Er lacht, als hätte er einen gewagten Witz gemacht. Ich steige in sein Lachen ein, bedanke mich und verspreche, den Mönchen von Buddhas alten Pfaden zu erzählen. Bo versteht kein Englisch, doch erfasst er die Situation, er nickt.

Als wir das Feld für die Nacht erreichen, ist es schon dunkel. Wir waren 15 Stunden auf den Beinen und haben 38 Kilometer in 49.212 Schritten zurückgelegt. Geschafft falle ich ins Zelt, das Champ aufbaute, während ich mich an einem kleinen Brunnen wusch.

»Ja, so wie heute auf dem kleinen Weg, ja so kann es gehen!«, sage ich laut vor dem Einschlafen wie eine Beschwörung, dass der

Highway-Walk nun Vergangenheit sei. Und zu Champ gewandt, sage ich: »Wir müssen es den Mönchen sagen, bitte!«

»Ich sage den Mönchen nichts, ich helfe ihnen«, sagt Champ. »Und nun gute Nacht, morgen ist wieder ein harter Tag!«

»Hm, wo ist überhaupt der Mönch, den du verarztest hast, wurde er ins Krankenhaus gebracht?«

»Nein, er wird morgen mit dem Gepäck auf einen Lkw verladen. Die Mönche sagen, die Pflaster wären gute Medizin, bestimmt kann er in drei, vier Tagen wieder gehen.«

»Und du? Wirst du da auch mitfahren?«

»Nein, ich bin hier, um zu laufen.«

»Dann lass uns auf Buddhas Pfaden laufen!«

Ich friere, eine Stunde bin ich schon wach, alles tut weh: Die Beine, der Rücken, die Knochen, die Muskeln und die Sehnen. Jede einzelne Faser macht sich durch Schmerzen bemerkbar, jetzt weiß ich, wo sie liegen. Und liegen zu bleiben, aufzugeben, die Mönche ohne mich weiterziehen zu lassen, wird ernste Option. Es ist die Kälte, die den Ausschlag für das Aufstehen gibt. Der reine Überlebenswille bringt mich in Bewegung. Die Glieder erhalten eine Abreibung mit Latschenkieferwasser, das die Morgendusche ersetzt und die Durchblutung in Gang bringt. Eine Extra-Portion nach Kampfer dampfendes Thai-Boxer-Öl massiere ich in die Beine und die Füße. Die Lauf-Socken rutschen nun auch besser über die Füße. Und in die vor Staub und Schweiß starrende Hose am dritten Tag zu steigen fällt leichter als am zweiten.

»*A-ra-hang sam-maa-sam-phut-thoo pha-ka-waa.*«

Aus dem Dunkel der Straße höre ich schon das Thamwatchao, es ist 3.45 Uhr, Zeit des Aufbruchs! Die erste Zeile kann ich mittlerweile lautmalerisch mitsingen; sie bedeute, so sagt man mir: Zuflucht in der Weisheit Buddhas nehmen. Genaues weiß ich nicht, es ist Pali, die sakrale, altindische Sprache der buddhistischen Lehre. Ich hoffe, dass nun bald die Gelegenheit kommt, das Gebet zu erlernen.

Obwohl ich mich bemühte, mir im Vorfeld keine Vorstellungen zu machen, malte meine Fantasie unwillkürlich bunte Bilder: Du wirst mit Mönchen laufen, sie werden dein Wissen über den Buddhismus vertiefen, sie werden mit dir philosophieren und dich unterweisen, und ein weiser, alter Abt, dessen Vertrauen du gewinnst, wird dich in nur ihm bekannte Geheimnisse einweihen. Es werden Tage des Zaubers und der Wunder sein, die du erleben darfst.

Das erkläre ich nun auch meinen Füßen, die sich heute, es ist der dritte Tag, seltsam bleiern dahinschleppen: Hey Füße, der Traum, den viele haben, hat sich für euch erfüllt! Ihr dürft auf geheimnisvollen Pfaden durch das magische Indien wandern!

Das größte Geheimnis des Pfades, auf dem wir wandern, ist jedoch: Wieso wandern wir ihn? Wieso laufen wir wieder auf der Autobahn? Es ist vier Uhr nachts, und es ist dunkel. Dieses Rätsel macht meinen Geist völlig kirre. Meine Füße sagen: Jetzt ist keine Zeit für deine Fragen. Es geht hier nicht um Philosophie, sondern ums Überleben. Pass mit auf, wohin wir laufen!

Meine Füße treffen ins Schwarze: Die frühmorgendliche Nacht-Etappe ist nicht die Zeit der Unterhaltung, jeder hat damit zu kämpfen, in der Spur zu bleiben, die Löcher im Asphalt zu sehen, nicht zu stolpern, nicht den Abhang runterzufallen, oder, was durchaus schlimmer wäre, auf die Fahrbahn zu stürzen.

Meine Füße machen ihren Job recht gut, doch mein Geist will sich nicht fügen. Er zeigt keinerlei Einsicht, wieso wir auf dem meistbefahrenen Highway Indiens laufen. Ruhige Akzeptanz ist ihm weder von innen noch von außen gegeben. Entgegen der alten Pfadfinderregel laufen wir in Fahrtrichtung. Jeder Wagen kommt aus dem Hinterhalt, der Motorlärm lässt die Nackenhaare stehen: Achtung Gefahr! Und der Dopplereffekt, das akustische Phänomen der Tonverschiebung, gepaart mit einer starken Prise Windzug, fühlt sich an, als bekäme man alle fünf Sekunden eine Backpfeife. Dazu ein schrilles Horn des Monstertrucks, losgetutet im Moment der gleichen Höhe meines rechten Ohres, ist wie eine böse Trefferserie – Kinnhaken, Magenhieb, Solarplexusschlag – eines ungleichen Boxkampfs. Mehrmals springe ich instinktiv zur Seite, Schwindel und Übelkeit stellen sich unwillkürlich ein, kurz: Der nächste Truck mit Monster-Horn wird mein Knock-out sein.

Doch bevor ich nun das Handtuch werfe, bin ich bereit für ein echtes Wagnis: Ich setze den Kopfhörer auf und höre mir *Paint it Black* von *Black Dahlia Murder* an. In einigen psycho-akustischen Selbstversuchen war es mir bisher nie gelungen, den alten Stones-Klassiker in dieser Speed-Death-Metal-Version durchgängig zu hören. Ich hatte das Experiment jedes Mal nach 15 Sekunden abbrechen müssen. Das erste Mal vor Staunen, dass es so etwas gibt, dann, weil ich Lachkrämpfe bekam, bei erneuten Versuchen ereilten mich jedoch Panik-Attacken. Seitdem wechsle ich den U-Bahn-Waggon, wenn ich dort ein Metal-Kid mit Kopfhörern sitzen sehe; besser einmal zu viel, als dass es ansonsten wieder heißt: falsche Zeit, falscher Ort.

Frühmorgens irgendwo in Indien unterwegs mit 200 Thai-Mönchen auf Buddhas Pfaden Black Dahlia Murder zu hören, das ist ein Ereignis in Raum und Zeit, das menschlicher Vernunft, der kunstgeschichtlichen Erfahrung sowie den Naturgesetzen widerspricht, insofern ein Wunder. Für mich wird es zum wahren Wunder, denn die dunkelgeröhrte im Grunde völlig absurde Version dieses Liedes wirkt durch die Adäquatheit der nicht minder absurden Situation, in der ich es höre, wie ein Gegengift auf meine Hirnströme. Mir scheint es, als hätte ich Mara und seine Armee (die inneren und die äußeren negativen Kräfte) durch irgendeine geheimnisvolle Kraft bezwungen. Es ist Katharsis, ich fühle mich wie durch ein Feuerbad gereinigt. Mir geht es besser, ich fange an, Theorien zu bilden: Vielleicht soll der Nachtmarsch auf dem Highway die Achtsamkeit trainieren. Oder es ist irgendein abseitiges Spiel mit der Todesgefahr, so wie bei dieser christlichen Sekte, die mit Giftschlangen betet und darin die ergebene Zuversicht in Gott gespiegelt sieht. Was dort Gottes undurchschaubarer Plan ist, wäre hier wohl: Karma, Baby, Karma!

Mein Karma ist es, dass ich ein Rätsel, über das ich stolpere, nicht ohne Versuch, es zu lösen, einfach ungeklärtes Rätsel sein lassen kann. Mein Geist ist rebellisch, die Genügsamkeit eines schweigenden Lamms bewundert er, doch kann er sie nicht leben. Er verlangt Einsicht. Immerhin habe ich nach nur drei Tagesmärschen meine mir eigene Natur erkannt, Buddha nannte die Selbsterkenntnis den Weg der Erleuchtung, ich möchte das etwas bescheidener ansetzen.

Nach der kurzen Frühstückspause mit der süßen Puffreisschnitte kommt Champ auf mich zu:

»Willst du den kleinen Weg heute wieder gehen?«

»Ja, das will ich, Champ! Das würde mir Spaß machen.« Ich schaue sehnsüchtig zur alten Straße, die dort 30 Meter neben uns einladend in den letzten sich auflösenden Morgennebeln liegt. Ich möchte mich aber nicht gleich wieder absondern, auch nicht etwas vermeintlich besser wissen, was sich mir eventuell in seinem tieferen Sinn zu einem späteren Zeitpunkt offenbart. Ich will es wissen, ich will versuchen zu begreifen. Deshalb fahre ich fort: »Vielleicht sollen wir diesen Weg aber deshalb nicht gehen, weil er Spaß machen könnte. Wie auch immer, ich will die Idee hinter dem Highway-Walk verstehen. Sie hat sich mir noch nicht gezeigt. Ich werde der Sache nachgehen, hoffe, das stört dich nicht.«

»Mach das, wie du meinst.« Champ nickt. »Heute ist die Stimmung jedoch seltsam gedrückt, alle sind mit den Malaisen ihres Körpers beschäftigt.«

Der Aufbruch nach der Frühstückspause ist ungeordnet, ohne Zeremonie; die ersten Mönche sind schon fort. Wer sich bereit fühlt, geht einfach los. Ich schließe mich Mon und Bui an, Champ und Bo wollen auf die Letzten warten.

Das Tempo unserer Schritte ist enorm, es verlangt alle Kraft und Konzentration, lässt keine Unterhaltung zu. Mein Geist ist in Aufruhr, treibt den Körper an. Ein trotziges Immer-Weiter, weiter auf der Autobahn, dieser hässlichen Geraden, die die Landschaft teilt, sie nicht beachtet, sie nicht wahrnehmen will, sie als wertlosen Restposten zerschneidet und sie so zur Beton-eigenen Schäbigkeit verkommen lässt. Schmucklose Garagenbauten drängen sich an den Highway wie kleine Geschwüre am zerschlissenen Panzer einer Riesenechse. Abfall, verrottender Dreck ist überall, überall. Da ist ein Fluss, da schwimmt Plastik oben auf –, da ist kein Fluss, sein Totenbett ist zugedeckt mit Plastikmüll, unten modert's dunkelgrün. So weit das Auge schaut: Kalkutta scheint allerorts. Landschaft ist ein Wort vergangener Zeiten. Ölflecken, Benzinlaken, kaputte Reifen, platt gefahrene Tiere sind die Zierde des Terrains. Endlos, endlos laufen wir dahin. Es ist absurdes Theater. Endspiel, der Mensch als Witz im Kosmos sitzt festgefahren in der Mülltonne. Ich spiele meinen Part. An der Highway-Mautstelle, die die Mönche grußlos passieren, kommt ein Kassierer aus seinem Kabuff, schaut verwundert, hilflos der langen Schlange hinterher, unschlüssig, vollkommen überfordert, seinen Sinnen zu trauen. Aus einem trotzigen Reflex heraus drücke ich ihm zehn Rupien in die Hand, das lässt ihn verwirrter als zuvor zurück.

Auf der langen Geraden sind die Tankstellen das Einzige, was in dieser Trostlosigkeit trotzig leuchtet. Als wären sie die wahren Tempel unserer Zeit. Sie gehören ›Indian Oil‹, dem größten Erdölunternehmen Indiens (in der Globalplayerliste unter den Top-Hundert). Ich nutze ihre Toiletten als Zuflucht. Entleerung ist Befreiung. Körperlich wie geistig. Geist und Materie bedingen einander. Auf dem Marsch diese wechselseitige Beeinflussung klar und verstärkt wahrzunehmen, ja, geradezu als weitere elementare Wahrheit erfahren zu dürfen, das ist kein Wunder, sondern ein Geschenk. Ich atme tief, ich bin erleichtert. Jetzt habe ich Durst.

»Am Anfang ist der Atem. Und mit dem ersten Atem schreit ihr schon vor Durst. Ihr müsst trinken!«

»Wer spricht?«

»Na ich!«

»Ach Krishna, du!«

»Ja, ich.« Krishna säuselt. »Ich bin die Süße allen Mondlichts und der Geschmack des Wassers. Ich bin der erste Tropfen, den ihr noch mit geschlossenen Augen aus der Brust der Mutter saugt. Zu Anfang ist die Milch ganz wässrig. Denn Wasser ist das Leben. Träger des Geistes. Schöpfer und Zerstörer. Die Quelle jeden Dinges und jeder Existenz. Mein Geschenk an euch. Vergiss das nicht!«

»Nein! Ich mein: Ja, ich vergess das nicht. Ich trinke jeden Tag drei Liter Wasser, eine Kanne Kaffee und manchmal auch noch die eine oder andere Schale Tee.«

»Und denkst du dann an mich?«

»Nun ja, ich denke an die indische Crew, die täglich 1.000 Halbliter-Flaschen Trinkwasser herankarrt.«

»Du darfst ruhig etwas dankbar sein!«

»Ja, bin ich doch.«

»Warum hast du dir dann auf der Tankstelle, diesem Palais des Bösen, eine Cola gekauft?«

»Erwischt! Wohl ein dummer Reflex oder ein Signal des Körpers. Ich habe Hunger. Es ist 11.11 Uhr, und ich habe keine Ahnung, wie weit es noch bis zum Mittag ist.«

»*Mii chíwít tônggaan gin khâo láe gin náam.*«

»Hey Krishna, du sprichst Thai? Das ist aber hübsch! /*mii chíwít*/ heißt wörtlich ›Leben haben‹, doch ist es auch das Synonym für ›atmen‹. Und /*gin*/ heißt alles, was wir über den Mund zu uns nehmen. Thai unterscheiden dabei nicht, ob die Nahrung fest oder flüssig ist. Was atmet muss essen und trinken. Wohl wahr. Das Leben zu haben und Reis und Wasser dazu, was braucht der Mensch mehr?«

»Mein Reden! Luft, Wasser und eine Schale Reis, das ist der Grundakkord des Daseins. Erweitert ihn mit Freude, Liebe, Kunst und Mitgefühl! Dafür seid ihr hier, besinne dich!«

»Ach Krishna, ja, ich bemühe mich. Wir laufen jedoch durch eine äußere Ödnis. Anstatt dass das Versprechen der Entwicklung, Wohlstand für alle, eingelöst wurde, wird den Menschen ihre eigentliche Basis des Menschseins – Luft, Wasser, Felder – genommen und zerstört. Und im Wechselspiel der Materie mit dem Geist wird die äußere zur inneren Ödnis. Das Leben in Indien hat etwas Unerträgliches. Bei den Menschen, die ich sehe, kann von Freude keine Rede sein, selbst ihr Lächeln entspringt eher der verlegenen Schicksalsergebenheit als einer Fröhlichkeit. Das Sein bestimmt das Bewusstsein. Marx hatte das von Buddha gelernt. Vielleicht sind aber beide durch empirische Beobachtung parallel zur gleichen Erkenntnis gelangt. Krishna, was sagst du? Bist du noch da?«

Keine Antwort. Nun denn, wenn das das Ziel der Übung war, dann möchte ich jetzt zum Meister, so es ihn denn gibt, gehen und sagen: »Ehrwürdiger Meister, ich habe die Übung, Laufen auf der Autobahn, nun endlich begriffen. Ich möchte lösen: Wir sollten am eigenen Leib die Bedingungen der Trostlosigkeit in trostloser Umgebung erfahren. War das das Rätsel?«

Und der Meister wird antworten: »War es das?«

Wer auch immer die Entscheidungen unser Marschroute trifft, die Wahl des Rastplatzes dieses Tages für die Mittagsspeisung ist ein konsequenter Höhepunkt. Vor einer riesigen Betonbrücke, an der sich Autobahn und Bahngleise treffen, sehe ich unsere Trucks stehen, am Straßenrand die großen Suppentöpfe, davor die Schlange der Mönche. Viele fanden schon Platz in dem zum Raum gewordenen Areal unter der Brückenkreuzung. Mönche sitzen auf Stroh und Beton, zwischen Abfall und Rinnsalen voller Fäkalien, als gäben wir ein Krippenspiel der Postmoderne. Eine Kuh gibt es auch, sonst wäre es nicht Indien. Was mich aber wirklich bewegt, trotz meiner der Erschöpfung geschuldeten Atemlosigkeit, ist das Bild der jungen Frau im abgerissenen, einst schmucken Sari, die sich hinter der Kuh, die neben den Mönchen steht und scheißt, bückt, den Fladen mit den Händen aufhebt, ihn etwas formt und dann an die Betonwand eines Brückenpfeilers klatscht, wo schon 50 oder 60 andere Fladen in strengem Muster, als sei es ein Vasarely-Poster, kleben. Drumherum die Mönche, sie bleiben unbewegt, als würden sie nicht sehen, was ich sehe, oder es nicht sehen wollen. Oder sie sehen es, und sie berührt es nicht.

Ich bin seit dem frühen Morgen voll konträrer Energie, ich mag mich nicht zu den Lämmern setzen, ich schaue mich um, und ich staune. Ein ganzes Dorf ist unter der Brücke angesiedelt. Die kleinen Hütten in verwinkelten Gassen sehen so aus, als seien sie schon länger hier als die Brücken. Bewohnt werden sie von scheuen Wesen, die froh zu sein scheinen, dass wir ihnen nichts tun. Sie rennen nicht weg, wenden sich aber selbstbestimmt ohne Eile mit einer Drehung von mir ab, bevor ich etwas sagen kann. Ich kann die Begegnung nicht verorten, doch respektieren. In den Gesang vieler Europäer, die das hohe Lied des indischen Leid-Ertragens bewundernd singen, mag ich nicht einstimmen. Niemand ist dazu geboren, Leid zu ertragen, nur dazu gezwungen.

Für die letzte Etappe des Tages mische ich mich unter die Mönche am Anfang der Schlange. Unruhe kommt auf, als wir Bardhaman erreichen; für indische Verhältnisse ist das eine Kleinstadt, sie hat ›nur‹ 330.000 Einwohner. Ob mit Absicht oder aus Versehen, an einer der vielen Autobahnabzweigungen erwischen wir die Abfahrt und durchqueren nun die erste Stadt seit Kalkutta. Wir zwängen uns durch die Straßen und die Märkte in den Häuserschluchten. Hier sind Menschen unterwegs, viele Menschen! Meine Sinne sind erregt von Farben, Gerüchen, Hupen, Musik und Stimmengewirr. Niemand aber beachtet uns, wir laufen einfach mitten hindurch.

Dort ein Tempeltor! Zu gern würde ich hineingehen, endlich etwas anderes sehen: ein Stück echtes Indien. Doch ein Mönch hat sich an meine Fersen geheftet und treibt mich an. Weiter! Weiter! Nicht verweilen, schnell durch die Stadt, nur nicht stehen bleiben, nichts ansehen! Sein panischer Blick sagt: ›Kontakt vermeiden, keine Berührung!‹ Hektischen Schrittes – schneller, schneller! – überqueren wir eine alte Stahlbrücke. Ich rutsche aus, falle beinah in den Fluss. Unten am Wasser waschen Frauen Wäsche, in aller Ruhe mitten in der Stadt. Der Mönch kann nicht begreifen, was es da zu sehen gibt. Er stößt mich an: Bitte weiter! Ruhe kehrt in sein Gesicht erst, als wir die Stadt verlassen und wieder hoch zum Highway laufen. Die Abendsonne blendet uns. Dann nach zehn Minuten, links am Rand der Autobahn, sehen wir das Lager für die Nacht. Heute bin ich der Erste von uns Karawaat.

Als ich schon mit dem Zeltaufbau kämpfe, kommt Champ, er humpelt stark.

»Und? Hast du deine Fragen gefragt?«, fragt er.

»Nein, es gab keine Gelegenheit.«

»Weißt du, wie viele Mönche wir heute verarzten mussten? Zwölf! Sie kommen morgen alle auf den Lkw. Ich auch.«

8

Durgapur – Schon wieder

Es ist einer dieser Morgen. Ich fühl mich fremd im eigenen Fleisch und Blut. Mit rebellischem Geist habe ich gestern meinen Körper weit über seine Kraft geschunden. Nun schlägt die Rebellion zurück, sie steckt mir in den Gliedern.

»Aufwachen!« Champ stößt mich an. »Es packen schon alle!«

»Lasst mich hier liegen, zieht alleine weiter!« Ich überlege ernsthaft, wie ich aus der Sache rauskomme. Vielleicht einen Bus nehmen, zurück nach Kalkutta, das sind circa 120 Kilometer.

»Was soll der Quatsch. Du kannst doch jetzt nicht schon aufgeben!« Champ öffnet das Zelt.

»Kann ich nicht? Na, dann!«, sage ich. Sind es Champs Worte oder der Gedanke an Kalkutta? »Bitte nur fünf Minuten noch!«

Irgendetwas, nein, eigentlich alles in mir behauptet, dass ich gestern von einem Truck überrollt worden wäre; besser ich mache einen Unfallerstcheck. Atmung: ja. Brustkorb: unversehrt. Beine: schmerzen. Füße: dran. Arme: vorhanden. Kopf: unklar. Unterleib: mächtiger Druck. Ich stehe auf.

Als ich grade drei Meter neben dem Zelt am Wiesenrand ins Dunkle pinkle, steht plötzlich Champ hinter mir: »Hier, trink mal einen Schluck Kaffee, habe ich dir besorgt. Äh, na, mach erst mal. Und ja! Einen Platz auf dem Lkw habe ich dir auch gesichert.«

Auf der Rampe ist es dunkel, die mit Plane abgedeckte Pritsche des Trucks ist völlig überfüllt. Ich stolpere über Beine, jemand wimmert, einer stöhnt. Es riecht nach Krankenhaus. So muss ein Kriegstransport Verwundeter gewesen sein. Oder Deportation. Einen Platz zum Sitzen gibt es nicht, also stehe ich. Champ geht in die Hocke, gibt mir Zeichen, ich solle dies auch tun, weil ich sonst über den Mönchen stände, das gehöre sich nicht. Im Grunde weiß ich es jetzt schon: Die Fahrt wird keine Erholung. Hocken wie ein Thai, das kann ich nicht lange, zum Festhalten gibt es nichts, zum Umfallen ist kein Platz: Mit jeder Erschütterung werde ich hin und her geschubst wie einer der Zentnersäcke Reis und Möhren, die hier auf der Pritsche wie in einem unübersichtlichen Gemüsegroßhandel lagern. Zur Rechten ist Champ mein Puffer, zur Linken ein alter Mönch. Mit jedem kleinen Stups habe ich eine Entschuldigung auf den Lippen. Der alte Mönch nickt müde.

So fahren wir durch die indische Nacht, verhaftet in einem alten Traum vom Reisen. Im offenen Heck baumeln die Beutel der Mönche mit den Almosenschalen. Abenteuerlich dicht rücken die anderen Trucks an uns heran. Plötzlich ein starkes Bremsen. Wir werden wild durcheinandergewirbelt. Bedrohlich rutscht der nächste Truck hinter uns mit lautem Hupen und Quietschen auf unseren Wagen zu. Kurz vor dem Aufprall kommen die Wagen zum Stehen. Champ und ich befreien uns aus dem Chaos von Armen, Beinen, Leibern. Über die Mönche hinweg klettern wir hinaus, nicht ohne ein ›*Möge der erhabene Mönch entschuldigen!*‹.

Wir laufen vor, wollen wissen, was passiert ist. Ein Unfall möglicherweise. Hoffentlich traf es niemanden von uns. Nach 30 stehenden Wagen, an denen wir vorbeieilen, sehen wir die Ursache für den Stau: Eine Kuh sitzt quer auf der Fahrbahn. Um sie herum steht ein Pulk aufgeregter Männer mit funkelnden Augen, wild gestikulierend schreien sie durcheinander. Es sieht aus, als hätten sie sich einen Fahrer, der, nach seinem Bart und Kleidung zu beurteilen, Moslem sein könnte, ausgeguckt, ihm böse Vorhaltungen zu machen. Doch die Kuh lebt, scheint unverletzt, sie hebt den Kopf und schaut in weite Ferne, als ginge sie das alles gar nichts an. Die Gruppe Hindus redet sich in Rage, es riecht ein wenig nach Lynchmob. Champ geht auf die Kuh zu. Bevor er etwas tun kann, dessen Ausgang nicht abzusehen ist, rufe ich laut:

»Hey Krishna, lass den Quatsch, steh auf und geh!«

Die Meute beachtet mich nicht, doch Champ kommt sie gefährlich nahe. Da dreht die Kuh plötzlich den Kopf und stiert mich an. Ich nicke und schaue ihr so eindringlich wie sie mir in die Augen.

»Ja, ich meine dich!«, sage ich mit konzentrierter Kraft.

Die Kuh, sie röhrt, ein Zittern durchfährt ihren Körper. Mit den Hinterbeinen zuerst erhebt sie sich, die Vorderbeine rutschen einmal weg, doch nun steht sie. Die Menge gibt ihr mit viel Geschrei den Weg frei. Krishna geht. Wir können weiter. Champ schaut mich befremdet an. Ich zucke die Schultern.

»Wir kennen uns von früher«, sage ich lakonisch.

Champ sagt nichts. Die Sonne schiebt sich über den Horizont, ein blasses Rot schimmert durch den Smog und hüllt die Inder, die Kuh und uns ins fahle Morgenlicht. Im gleichen Augenblick erscheinen am linken Straßenrand die Mönche, sie marschieren, ohne das Tempo ihrer Schritte zu verlangsamen, an der Szenerie vorbei. Die ersten sind schon 50 Meter weiter, doch ein Ende der Schlange ist nicht abzusehen. Der lange Treck von Männern in safranfarbenen Roben lässt den Aufruhr der jede Absurdität gewohnten indischen Trucker abrupt verstummen. Die Kuh ist vergessen, mit staunendem Kopfwiegen steigt ein jeder in seine Fahrerkabine, die Motoren starten. Champ kehrt zurück zu unserem Lkw, ich laufe lieber mit den Mönchen.

Als wirkliches Wunder möchte ich das eben Erlebte nicht werten, doch hat das surreale Schauspiel einen wundersam friedlichen Nachklang auf mein Gemüt. Mit frischer Kraft reihe ich mich in die Schlange ein.

Gegen Mittag falle ich etwas ab. Mönche ziehen an mir vorbei, drücken kurz meinen Oberarm und raunen ihren Segen:

»Sadhu!«

Ein Mönch mit sehr feinem Gesicht, sein Alter schätze ich auf Anfang 30, geht plötzlich neben mir, er hält bewusst mein Tempo, ab und an wirft er mir kurze Blicke mit sonnenhaftem Lächeln zu.

»*Attama* [ich für Mönche] Mahaviro [sein Name] freut sich, dass Farang uns begleitet. Wohnt Farang [der weiße Fremde] in Thailand?«, fragt er.

Seine offene, zartschwingende Freundlichkeit ist wohlig, sie bringt mich in Verlegenheit. Es ist nicht einfach für mich, ihn zu verstehen. Einerseits ist da die kakofonische Geräuschkulisse, andererseits ist der Sound seiner Aussprache mir fremd. Dann gehört es sich, stets mit zum Wai erhobenen Händen einem Mönch zu antworten. Und welche Worte darf ich zur Ansprache wählen? Meine Fragen der Etikette werden von dem Windzug eines 30 Zentimeter neben mir vorbeirasenden Lkw begleitet, der mich zwingt, meinen Hut festzuhalten.

»*Mâi pen rai! Mâi pen rai*!«, sagt der Mönch, was wörtlich übersetzt ›Nicht sein irgendetwas‹ heißt; allgemein bedeutet es in etwa ›Das macht nichts!‹. In Wirklichkeit aber kommt in diesem einen Satz die Grundstimmung der thailändischen Seele zum Ausdruck, die sich in ihrer vollen Farbe nicht übersetzen lässt. Hier will der Mönch mit diesem Satz mir signalisieren, dass er meinen Stress erkennt und ich mich einfach entspannen solle.

»Attama heißen Mahaviro«, sagt er jetzt und nimmt dabei sanft meine Hand in seine.

Wie soll ich sie nun zum Wai erheben?

»Phra [der erhabene Mönch] Mahaviro möge entschuldigen«, sage ich mit meiner freien Hand zum halben Wai erhoben, während ich nun also Hand in Hand mit einem Mönch auf der Autobahn entlanglaufe, »wie darf Farang den erhabenen Mönch anreden?«

»Mahaviro, einfach nur Mahaviro« sagt Mahaviro mit tief ins Herz gehendem Lächeln; dabei drückt er meine Hand, die er nicht wieder loslässt.

»Farang wohnt nicht in Thailand, Farang wohnt in Berlin, Deutschland. Es ist ganz meine Freude und mir eine große Ehre, mit den Mönchen gemeinsam laufen zu dürfen.« In diesem Moment ist das die volle Wahrheit, auch wenn das Absurde der Situation mir immer noch zugegen ist.

»Warum kann Farang Thai sprechen, wo hat er das gelernt?«

»An der Universität in Berlin.«

»Hat Farang eine Thai-Frau?«

»Nein, aber viele Freunde in Thailand.« Bei hohem Lauftempo so eine Konversation in Thai zu führen ist schwierig, doch ich will die Chance nun nutzen. »Pardon, darf Farang Mahaviro eine Frage stellen?«

»Ja!« Der Zusatz ging im Lärm der Straße verloren.

»Warum laufen wir auf der Autobahn?«

»Wie lautet die Frage?«

»Warum laufen wir auf der Autobahn und nicht auf diesem Weg dort unten?« Ich zeige auf die immer noch neben uns entlangführende kleine Straße zu unserer Linken. Ich vermeide bewusst, die Frage als Vorschlag zu formulieren.

Der Mönch Mahaviro schaut mich amüsiert an, als sei meine Frage aber so etwas von komisch, dann fragt er lachend:

»Warum willst du das wissen?«

»Ja, na nun«, stottere ich. Die vertrauliche Gegenfrage brachte mich kurz aus dem Tritt.

Mahaviro spürt meine Verwirrtheit, sie scheint ihn zu dauern, so fügt er von sich aus zu:

»Mahaviro folgt dem Ersten, dem *Djâo Awâat* [Abt]. Wir alle folgen dem Ersten. Es ist klug, den Weisen und Älteren zu folgen.« Noch einmal drückt er sanft meine Hand, dann lässt er sie los und mich zurück.

Am Nachmittag bin ich spät gestartet, doch voller Energie. Nun ziehe ich an vielen Mönchen vorbei. Ich senke dabei jedes Mal meinen Oberkörper leicht nach vorne, um sie nicht erhobenen Hauptes zu überholen und damit zu brüskieren. Sich klein zu machen, wenn man an einem Mönch vorbeigeht, ist ein Gebot der Höflichkeit und des Respekts in Thailand. Eigentlich und im

Geheimen halte ich nach dem Mönch Mahaviro Ausschau. Ich möchte ihn noch so viel mehr fragen.

An den rosafarbenen Flip-Flops, die er trägt, an seiner schlanken Figur und der eigenartigen Grazie seines Gangs erkenne ich Mahaviro von Weitem. Ich habe ihn eingeholt und grüße ihn mit einem perfekten Wai. Er ergreift sogleich wieder meine rechte Hand. Schweigend laufen wir in Zweierreihen. Nun bin ich in meinem Leben eher selten mit jemandem Hand in Hand in Zweierreihe gelaufen, beim genaueren Überlegen fällt mir nur meine frühe Schulzeit ein, doch da war es der deutsche Schulhof, nicht der indische Highway. Ganz irdisch verhaftet, denke ich: ›Warum macht jetzt keiner ein Foto?‹

Nach einer Weile wage ich mich vor:

»Phra Mahaviro, ich würde Euch gerne noch eine Frage stellen, darf ich?«

»Ja, bitte, kein Problem! Und wenn ich etwas weiß, so antworte ich gerne«, sagt Mahaviro.

»Wer ist das, dem wir folgen?«

»Ja, das ist eine gute Frage«, sagt Mahaviro sinnlich in die Ferne schauend, »das habe ich mich auch oft gefragt. Doch bei mir war es frühzeitig klar, ich hatte gar keine Wahl, meine Mutter gab mich ins Kloster, als ich noch ein kleiner Junge war. Seitdem folge ich *Dharma*, dem Pfad der Tugend.«

»Hm, verstehe, das ist doch sehr schön.« Ich beiße mir auf die Lippen. Welch wirklich hübsches Missverständnis! Nach zwei Dutzend Schritten setze ich noch einmal an: »Phra Mahaviro, wer ist eigentlich der erste Abt, dem wir hier folgen?«

»Aber warum willst du das wissen?«, fragt Mahaviro.

»Ja, warum?« Für einen Augenblick frage ich mich das selbst. Doch dann fasse ich mich wieder. »Ich würde ihn gern etwas fragen.«

»Ach so«, sagt Mahaviro. »Bedauerlicherweise weiß ich auch nicht, wer das ist. Ist das denn wichtig?«

»Pardon, Ihr wisst nicht, wer der Abt ist, dem wir hier alle folgen?«, frage ich erstaunt mit einem Anflug von Empörung. Doch wen habe ich denn zu schelten? Ich laufe ja selbst mit – und habe keine Ahnung, wer uns führt. Der Unterschied ist nur, den anderen macht das gar nichts aus, mir schon.

»Nein, ich weiß nur, was die anderen sagen, dass er ein hoher Abt vom *Wat Nakprok*, dem königlichen Tempel in Bangkok, sei. Ich kenne ihn aber nicht. Ich lebe nämlich in einem Tempel in Chiang Mai.«

»Ah, Chiang Mai! Ich liebe Chiang Mai, in welchem Tempel seid Ihr?« Meine plötzliche Euphorie ist nicht gespielt, eher eine Übersprungshandlung, meine negative Energie zu wandeln.

»Im *Wat Umong Suan Phutthatham*, er liegt etwas außerhalb des Stadtkerns von Chiang Mai am Fuß der Berge von Doi Suthep. Es ist ein alter Waldtempel.« Mahaviros Augen leuchten. »Wir sind etwas anders als viele der Tempel der Stadt. Wir leben in Abgeschiedenheit und Ruhe, im Einklang mit der Natur, so wie es uns *Ajahn* [Lehrer] Phutthathaat Phikku [Buddhadasa Bhikku] lehrte.«

»Ajahn Phutthathaat Phikku? Ihr habt ihn noch gekannt?«, frage ich erstaunt.

»Ja, ich war ein kleiner Junge, ein Dekwat in seinem Tempel in Surat, als er starb.« Der Mönch Mahaviro hält kurz inne. »Khun Farang kennt Ajahn Phutthathaat Phikku?«

»Ja, ich habe von ihm gehört, er ist sehr berühmt. Ich kenne gar einen seiner ebenso berühmten Schüler, Sulak Sivarak, den Wortführer der gewaltfreien Studenten- und Demokratiebewegung der 70er-Jahre in Thailand.«

»Oh, da weiß Farang mehr als Mahaviro. Am Ende ist Farang selbst ein Ajahn?«

»In gewisser Weise schon.«

»Attama Mahaviro ist nur ein einfacher Mönch. Hier ist das Reden sehr schwierig, ich werde aber Ajahn gerne helfen, Antwort auf seine Fragen zu finden.« Zu wissen, dass ich auch ein Ajahn bin, macht Mahaviro verlegen, er wechselt von der vertraulichen Ebene in die Respekt gebende, doch distanziertere. »Was möchte Ajahn denn fragen?«

»Warum laufen wir auf der Autobahn?«, sage ich.

»Ach so, das!«, sagt er läppisch. Mahaviro ist sichtlich enttäuscht, dass mein Interesse keiner transzendenten, sondern eher einer sehr irdischen Glaubensfrage gilt. »Also, wenn Ajahn das so sehr beschäftigt, dann frage ich das selbstverständlich für ihn.«

Mahaviro drückt einmal meine Hand, dann lässt er sie los und geht mit schnelleren Schritten voraus.

»Wie war dein Tag?«, fragt mich Champ, kurz vor dem Einschlafen.

»Na ja«, sage ich, »ich bin einen Schritt weiter.«

Am nächsten Tag, so gegen zehn Uhr während der Vormittagsetappe, treffe ich Mahaviro wieder. Er lief die ganze Zeit vorne bei den ersten 20 Mönchen mit, die ein Tempo an den Tag legen, das niemand sonst zu halten imstande ist. Als hätte er auf mich gewartet, hält er freudestrahlend inne, als er mich kommen sieht.

»Wegen der Gefahr!«, sagt er anstelle einer Begrüßung.

Ich schaue ihn fragend an.

»Wegen der Gefahr!«, wiederholt der Mönch Mahaviro. Mit dem Triumph eines Detektivs, der in einer höchst verzwickten Angelegenheit erfolgreich ermittelt hat, wiederholt er: »Der Ajahn wollte doch wissen, warum wir auf der Autobahn laufen. Die Antwort lautet: Wegen der Gefahr!«

»Wegen der Gefahr?«, wiederhole ich fassungslos.

Ich komme ins Straucheln. Nein schlimmer, ich verliere kurz die Fassung. Um meine Erregung mir nicht anmerken zu lassen, setze ich mich erst einmal auf einen Kilometerstein und lasse Mahaviro und die anderen Mönche ziehen. Ich atme tief aus, ich konnte auf diese Antwort nicht gelassen und vernünftig reagieren, was mich natürlich ärgert. Auch tut es mir leid für den sanften Mahaviro.

Er schaut sich noch einmal sehr verwundert nach mir um, er mag denken: ›Der fremde Ajahn ist ein sehr seltsames Wesen. Jetzt, da ich auf seine ihn derart bedrängende Frage eine klare Antwort bringen konnte, läuft er nicht mehr mit mir.‹

Doch auch ich staune nicht schlecht, denn vor uns liegt die Stadt Durgapur. So verkündet es ein großes, grünes Autobahnschild: ›Durgapur 4 KM‹. Durgapur? Ich dachte, das hätten wir kurz hinter Kalkutta durchlaufen. Würde es mich sehr wundern, wenn wir im Kreis gelaufen wären? Ich befürchte: Nein. Es wäre kein Wunder.

Ein irrer Lärm reißt mich aus meinen grüblerischen Gedanken. Ich schaue vor und sehe die Mönche vorne an einer Baustelle mitten auf der sich verengenden Fahrbahn der Autobahn laufen. *Wegen der Gefahr!* Als wollten alle vereinigten Fernfahrer Indiens diese Antwort lautstark verhöhnen, veranstalten die himmlisch bunt bemalten Trucks mit allen ihren höllisch schrillen Fanfaren das gewaltigste Hupkonzert, das ich bisher gehört habe und von dem ich hoffe, nie ein gewaltigeres hören zu müssen. Die armen Mönche werden wie die Lemminge einen Abhang hinunter in die Baugrube getrieben.

Wegen der Gefahr! Ich hätte mir keine absurdere Antwort ausdenken können. Vielleicht verstehe ich wieder alles falsch. Vielleicht laufen wir ja wirklich wegen der Gefahr auf der Autobahn. Vielleicht sucht der erste Mönch die Gefahr, vielleicht ist es eine transzendente Meditationsübung. Oder eine Form der perfiden Selektion. Die vielen Verletzten, die mittlerweile auf dem Lkw transportiert werden, sprechen dafür. Vielleicht aber folgen wir einem machtbesessenen Verrückten. Hier vor Durgapur drängt sich mir dieser Verdacht zum ersten Mal auf.

Ein grünes Schild in die andere Richtung sagt: ›Kolkata 176 KM‹. Das beruhigt mich etwas, im Kreis sind wir nicht gelaufen, es muss wohl mehr als ein Durgapur in Indien geben.

Dieses Durgapur ist eine vom Reißbrett aus in die Landschaft gestampfte graue Industriestadt. Der Delhi-Kalkutta-Highway AH1 zieht sich als lange kaputte Gerade durch den mit schwarzem Staub bedeckten Ort unheimlicher Tristesse. Zwei riesige Kühltürme, die aussehen, als gehörten sie zu einem Atomkraftwerk, überragen das Stadtbild. Traurige Hunde und apathische Menschen in farblosen Hemden schauen uns an. Kein Baum, kein Grün, nur dunkle Asche. Ich laufe hindurch, durch ein Leben voll Unerträglichkeit. Oh, Indien meiner Träume, wo bist du?

India is great steht in großen, weißen Lettern auf grüner Bretterwand, daneben ist die indische Flagge gemalt, verblasstes Safranorange-Weiß-Grün, in der Mitte das blaue Chakra, das Rad des Gesetzes, auch Dharma genannt. Das ist ein urbuddhistisches Symbol des rechten Lebenslaufs, eingeführt hat es Kaiser Ashoka. Denke ich an die Ausrottung der Buddhisten durch die Brahmanen – oh Rama, Rama, du hast blutige Hände – sowie an die englische Kolonialzeit, und mache ich mir bewusst, in welcher traurigen Umgebung ich dieses Graffito lese, dann weiß ich nicht, ob es ernst gemeint oder ein bitterer indischer Witz ist.

Hinter der grünen Bretterwand dampft der Fabrikschlot fette, weiße Wolken. Davor: Zwei hübsch eingedreckte Jungs, zwölf Jahre vielleicht, sie sind barfuß, tragen viel zu große Hemden, und ihre wohl frisch geschnittenen Haare glänzen vor zu viel Öl. Doch welche Andacht! Sie streicheln eine Kuh. Sie tun das nicht so, wie auch wir schon mal ganz gern unseren Lieblingshund streicheln, sondern sie streicheln das liegende Tier mit einer Hingabe, als gäbe es in ihrer Welt nur diese eine heilige Aufgabe: ›Streichle die Kuh, zärtlich und innig!‹ Und als sei es gleichsam ein religiöser Akt, fingert der mit dem himmelhellblauen Hemd aus einer kleinen, schmutzverklebten Plastiktüte einen Keks hervor, beißt einmal davon ab und hält den Rest des Kekses der Kuh vor das Maul. Die Kuh zeigt sich nicht interessiert.

Ich habe längst meine Kamera gezückt, sie klickt leise. Die Jungs lächeln. Und als würden sie mich in ihre Mysterienfeier einbinden wollen, kommt der mit der Tüte auf mich zu und reicht mir mit einer Verbeugung den für die heilige Kuh gedachten, angebissenen Keks. Überwältigt von der Geste, nehme ich an und beiße zaghaft in die süße Gabe, die so dunkel ist, als sei sie aus einem Teig von Tränen und dem schwarzen Staub der Stadt gebacken. Da streckt der andere, der mit dem Rotz um die Nase und dem überirdischen Lächeln, mir mit seinem dünnen Ärmchen eine verschmierte Plastikflasche voll Wasser entgegen.

Das ist mir des Zaubers zu viel, ich wage nicht zu trinken. Mit dem Keks in der einen und der Kamera in der anderen erhebe ich meine Hände zum Wai, halte inne und spreche einen Segen für diese Novizen der Gnade. Irgendetwas Erhabenes, finde ich, sei der Begegnung angemessen. Dann drehe ich mich um, gehe weiter. Die Jungs schauen mir lange nach, zaghaft heben sie ihre Hände zum Gruß. Noch Stunden habe ich dieses Bild im Kopf.

Ah, endlich Mittag! Diesmal auf einer Wiese mit einer alten, zerfallenen Hütte in ihrer Mitte, überragt von den dampfspeienden Kühltürmen Durgapurs. In diesem Ambiente bizarrer Romantik schleicht eine Jungenbande um unseren Rastplatz herum wie ein Rudel hungriger Dingos, das auf die Freigabe der Beute durch das Leittier wartet. Ein Wagemutiger aus dieser kleinen Bande hat sich vorgetraut. Stumm, mit riesengroßen Augen und einem Stück Pappe, zum kleinen Tablett geformt, stiert er unsere Töpfe an. Die Inder scheuchen ihn fort wie einen jungen Hund. Die Mönche stehen in der Schlange unbewegt. Aufgeladen von der Spannung des Tages gehe ich hin und schnappe mir den Bengel, der angstvoll wegrennen möchte. Ihn fest am Unterarm gepackt, schiebe ich ihn vor mir her, bis zu einem Platz in der Reihe ganz bewusst vor dem großen, dicken Mönch, der seit Tagen das Signal gebende Schlusslicht der Mönche gibt, dass nach ihm alle anderen an die Töpfe dürfen. Auf den Jungen deutend sage ich:

»Gebt erst ihm!«

Der Inder an den Töpfen schaut verängstigt zum Mönch. Es ist der Abt aus Kamphaeng Phet, der mir am ersten Abend den Segen gab. Er sieht das lodernde Feuer in meinen Augen. Milde lächelnd nickt er weise. Der Junge bekommt aufgetan und rennt schnell mit seiner Pappe voll Reis und Gemüse hinüber zu den anderen, die sich wild gurrend hinter ein Gebüsch verziehen, während ich dem Mönch meine Ehre mit einem Wai erweise.

Heute Mittag schlafe ich nicht, ich beobachte die Mönche, ich möchte gleich mit den ersten, die aufbrechen, losziehen. Auch will ich sehen, wer sie anführt. Punkt 13 Uhr – Champ, Bo und Bui haben noch nicht aufgegessen –, steht eine Truppe von circa 20 jungen, recht drahtigen Mönchen am Weg zum Highway und chantet. Es scheint loszugehen. Ich packe hastig meine Sachen in den kleinen Rucksack, sage:

»Tschuldigung, ich muss los.«

»Willst du nicht ein wenig schlafen?«, fragt Bo.

»Lass ihn laufen«, sagt Champ, »er ist immer auf Recherche.«

Mon kommt von einem kleinen oder großen Geschäft hinter den Büschen hervor und ruft:

»Warte, ich komme mit!«

Mon hat merkwürdigerweise als Einziger keinen Rucksack, nur einen kleinen Stoffbeutel, in dem neben der Wasserflasche nicht viel hineinpasst. Er schnappt sie sich und kommt vorgelaufen. Doch schon hat die Gruppe der ersten Mönche, die mich ihres martialischen Auftretens sowie ihres Marschgangs wegen unumgänglich an eine Kampfsporttruppe erinnert, einen gehörigen Vorsprung. Mon und ich hetzen hinterher. Mein Armband sagt, die Truppe läuft mit einem Spitzenwert von 7,2 km/h, jedoch immer deutlich über 6,3 km/h. Das ist äußerst sportlich, insbesondere da sie gehen und nicht etwa joggen, so wie ich jetzt. Mon hält mich zurück.

»Nicht rennen! Lass sie gehen. Das macht doch nichts.«

Lange zu joggen, das mag ich nicht; dieses Tempo lange zu gehen, das schaff ich nicht; also lassen wir die Mönchstruppe laufen. Wir fallen zurück. Währenddessen mache ich kleine Rechenübungen im Kopf. Wenn die Ersten 6,5 Kilometer in der

Stunde laufen und die Letzten 4,5 Kilometer, dann macht das pro Etappe bei angesetzten 3,5 Stunden Laufzeit schon einen Unterschied von sieben Kilometern. Eine Etappe umfasst nach meinen Aufzeichnungen zwischen zwölf und 15 Kilometer; das heißt, der Vorsprung der Ersten beläuft sich pro Tageszeitabschnitt reell auf vier bis fünf Kilometer. Und auf diese Länge wird unsere Schlange pro Etappe auseinandergezogen. In Zeit heißt das: Die Ersten kommen pro Etappe eine Stunde früher ans Ziel als die Letzten. Das deckt sich mit meinen Beobachtungen. Im Schnitt laufen wir 42 Kilometer am Tag. Mit ihren 6,5 km/h beträgt die reine Laufzeit der Ersten pro Tag 6,5 Stunden, aufgerundet. Die Letzten laufen mit circa 4,5 km/h für die gleiche Strecke drei Stunden länger, also 9,5 Stunden. Die Arbeit, physikalisch betrachtet, ist die gleiche. Die Ersten leisten in der Stunde zwar mehr, aber die Letzten leisten mehr Stunden. In Wahrheit ist die Laufzeit viel länger, weil neben den zwei offiziellen Pausen zahlreiche Stopps zum kurzem Durchatmen, zum Schuhzubinden, zum Teetrinken oder zum Einfach-mal-kurz-Ausruhen gemacht werden, ja, selbst rote Ampeln auf der Autobahn gibt es! Und dann sind da natürlich noch die Pinkelpausen.

Heute haben wir jedoch alle Durchschnittswerte durchbrochen, wir sind 48 Kilometer gelaufen. Es ist dunkel, als wir den Platz zum Übernachten erreichen.

In West-Bengalen nichts Neues, drei Uhr aufstehen, Sachen packen, Kaffee trinken, aufbrechen. Wir laufen nachts auf der Autobahn bis in den frühen Morgen hinein. Nach der Frühstückspause sehe ich den Mönch Mahaviro zehn Meter vor mir. Er lächelt sanft, doch etwas verlegen, als ich mich neben ihn geselle. Ein älterer Mönch mit strengem Gesicht läuft an seiner Seite. Eine Weile brauche ich, meine Schritte anzugleichen und meinen Atem in einen ruhigen Takt zu bringen. Dann nehme ich mir ein Herz und spreche ihn an:

»Entschuldigt, Phra Mahaviro, dass ich Euch noch einmal frage. Mich beschäftigt die Antwort ›*Wegen der Gefahr!*‹ noch immer. Ich verstehe sie nicht. Seht doch, gleich neben uns, da ist die alte Straße, auf der vielleicht schon der erhabene Buddha selbst wanderte. Warum wandern wir sie nicht?«

»Ajahn, warum wollt Ihr das alles wissen?«

Ich kann fühlen, wie unangenehm es Mahaviro ist, dass ich weiter in dieser Sache nachhake. Schon tut er mir ein wenig leid.

»Ich bin nur ein einfacher Mönch.« Mahaviro fährt fort. »Vielleicht fragt Ihr Phra Thanakorn, vielleicht kann er Euch helfen.«

Mahaviro macht einen Wai zum Mönch an seiner Seite, dann lässt er sich einige Schritte zurückfallen.

»Attama Thanakorn hat gehört, Ihr habt eine Frage?« Phra Thanakorn schaut mich streng an.

»Ja, danke schön, dass ich sie Euch stellen darf.« Ich bemühe mich, die Sache zu erklären, ohne Kritik in meinen Ton zu legen. Es gelingt nicht wirklich. »Wir laufen seit Kalkutta auf der Autobahn, obwohl ein kleiner Weg ohne großen Verkehr die ganze Zeit parallel zum Highway verläuft. Ich wollte gerne wissen: Warum laufen wir auf der Autobahn?«

Der Mönch Thanakorn nickt einmal in der Art eines unwirschen Lehrers, der eine dumme Frage wiederholt beantworten muss. Nach einer Weile grimmigen Schweigens sagt er:

»Wegen der Inder!«

»Wegen der Inder?«, frage ich nun vollends verwirrt.

»Ja, wir laufen auf der Autobahn wegen der Inder!« Sein Ton macht klar, dass er die Angelegenheit nun ein für alle Mal für geklärt hält und weitere Fragen unerwünscht seien.

Ich schüttle den Kopf, als habe mir jemand einen Kübel Eiswasser drüber gegossen. Es fällt mir schwer, nicht laut loszuprusten. Phra Thanakorn merkt, wie quälend unbefriedigt mich seine Antwort lässt, er zeigt sich in Mitleid und erklärt mir die Sache noch einmal ganz ruhig, wie einem begriffsstutzigen Kind:

»Weiß Er denn nicht, dass viele Inder Muslime sind? Jeder sollte aber wissen: Muslime sind sehr gefährlich.« Jetzt nickt er noch einmal und beschleunigt seine Schritte.

Mich reißt es aber, ich rücke noch einmal zu ihm auf und sage aus einem launigen Reflex heraus:

»Ah ja, verstehe. Muslime sind gefährlich. Doch wie steht es denn mit den Lkws? Werden die von Geisterhand gefahren? Oder sitzen da nicht auch Inder am Steuer? Und ist es nicht zu befürchten, dass einige von ihnen auch Muslime sind? Was dann?«

Phra Thanakorn gibt keine Antwort, mir aber durch einen kurzen Blick klar zu verstehen, dass er meine Art, Fragen zu stellen, äußerst befremdend findet. Er zieht das Tempo seiner Schritte an, für ihn ist die Unterhaltung beendet.

Ich gehe links raus, es kämpft in mir. Ich habe total versagt, die Prüfung ›*Bleib ruhig, wie absurd dir die Antwort auch immer erscheint*‹ habe ich völlig vergeigt. Einerseits tut es mir leid, unhöflich wollte ich nicht werden, andererseits pocht meine Empörung auf ihr Recht. Wie will ich so eine Antwort schweigend hinnehmen? Es ist absurd und ein Dilemma. Mit einem zynischen Trotz in mir stehe ich wieder auf und trotte, böse in mich hineingrinsend, hinterdrein. Ich muss aufpassen, jetzt nicht vollkommen irre Dinge zu tun.

Musik! Vielleicht ist da ein gutes Lied, das es noch einmal schafft, meine Spannung zu lösen. Ich drücke bei meinem Handy auf ›*Musik*‹ und dann auf ›*Zufällig alle*‹. Es startet mit der französischen Nationalhymne. Nein, nicht wirklich, es ist *All You Need is Love* von den Beatles. Das ist ein Wunder! Das von mir sofort anerkannte Buddha-Walk-Wunder Nummer sieben. Der Song ist es sowieso, ein Wunder. *Love Love Love … Love Love Love … Es gibt nichts, was du tun kannst, das nicht getan werden kann … Love is all you need.* Mit einem Schritt, von dem ich später lese, dass man ihn *Powerwalk* nennt, laufe ich an den Mönchen vorbei und grüße grienend. Ah, die nächste Nummer ist von Led Zeppelin, *Houses of the Holy* mit der schönen Zeile: *Let the music be your master.* Der stampfende Rhythmus spiegelt meine emotionale Lage wider, viel unmittelbarer und tiefer, als Worte es könnten. Wundersam wird mein Versuch, alles mit dem Verstand erfassen zu wollen, umgangen, jenseits des Denkens gibt es tiefere Gefühle, man muss sich nur einen Zugang verschaffen. Vielleicht können Mönche das durch Meditation, mein Master ist Musik. Ach, Musik, du alter, verträumter Meister. Und komisch: Da sind nur fantastische Lieder in meiner Musikbox.

Auch in der Mittagspause nehme ich den Kopfhörer nicht ab. Was natürlich bemerkt wird.

»Was ist mit dir?«, fragt Champ.

»Ich habe Antwort bekommen, ich kann aber noch nicht darüber reden. Ich muss das erst für mich ordnen.«

»War sie denn nicht in Ordnung?«, fragt Champ, nicht wirklich eine Antwort erwartend.

Ich hebe die Hände und wackle mit dem Kopf wie ein Inder.

Die Außenwelt mit Musik unter Kopfhörern wahrzunehmen hat etwas Verführerisches. Alles wird zum Film. Ich staune, welch malerischer Rastplatz das heute ist: abseits des Highways in einem schattigen Hain mit viel Laub auf dem Boden. Zwei zu Ruinen verfallene Häuser machen die Kulisse perfekt. Überall sitzen Mönche und essen oder stochern sich in den Zähnen. Trotz der gleichen safranfarbenen Roben scheint es ein sehr bunter Haufen zu sein. Nicht wenige haben Tattoos, in Thailand das Zeichen, dass sie früher einer Gang angehörten. Vielleicht haben sie Zuflucht in der Gemeinschaft genommen.

Und da sitzen die Freunde auf einer blauen Plane, ihre Münder bewegen sich, doch ich kann nicht hören, was sie sagen. Wenn sie Mundart reden, verstehe ich sowieso nicht einmal die Hälfte. Jeder hat seinen ganz eigenen Grund, hier dabei zu sein. Für Champ und

Bui steht die sportliche Herausforderung im Vordergrund, für Mon ist es religiöse Hingabe, bei Bo bin ich mir nicht sicher.

Dort an den Trucks hockt die indische Crew, sie schälen und schnippeln Gemüse, andere hacken Kräuter. Der große Kessel dampft über dem Propangasfeuer. Der Chef sitzt dahinter auf dem einzigen Plastikstuhl, der uns begleitet. Er ruft etwas dem Alten mit den vielen Linien im Gesicht zu; der nickt beflissen, rückt sich den weißen Turban zurecht und sammelt Müll auf.

Fremde finden heute nicht zu uns, nur streunende Hunde, einer humpelt. Er legt sich zu Mahaviro. Eine gute Wahl. Mahaviro spricht mit dem Hund, streichelt ihn. Jetzt untersucht er die Pfote, redet beruhigend auf das Tier ein. Ein anderer junger Mönch steht dabei und reicht einen Medizinbeutel. Der Hund hat ein Knickohr, was seinem traurigen Gesichtsausdruck – er hat so große, sich nach Nähe sehnende, treue Augen und eine schwarze Schnauze – einen Schuss trotzigen Witz verleiht. Die liebevolle Art, wie Mahaviro jetzt mit einer Pinzette einen großen Stachel aus der Pfote zieht, fasziniert mich. Das glatte, ins Rötlichbraune gehende beige Fell des Hundes sträubt sich kurz im Nacken, ansonsten lässt er die Prozedur still leidend über sich ergehen. Dankbar seufzt er einmal und legt seinen Kopf über Mahaviros Oberschenkel.

›*Only love can break your heart*‹, singt Neil Young. Dankbar seufze auch ich, froh, diesen Film sehen zu können, in dem ich gleichzeitig einen Part spielen darf, wenn es mir auch noch nicht klar ist, welcher das sein wird.

Am Nachmittag laufe ich weiter alleine irgendwo im ersten Drittel der langen Schlange mit. Irgendwann wird meine Musik leiser, dann verstummt sie abrupt. Die Batterie ist leer. Ich muss wieder zurück in die nackte Realität. Sie wartet mit einer weiteren Filmszene auf mich: Aus einer lang gezogenen Kurve kommend, sehe ich plötzlich alle Mönche am Boden hocken. Rechts von ihnen rauscht der Verkehr vorbei, zehn Meter links ist ein Zaun, der ein Fabrikgelände abgrenzt. Fünf Meter vor den ersten Mönchen hat sich ein Pulk von circa 30 Indern am Fabriktor versammelt. Sie versperren den Weg. Sie sehen aus, als würden sie Streikbrecher verprügeln wollen. Haben die Mönche also doch recht: Da sind sie, die gefährlichen Inder.

Es sind alles Männer, Arbeiter nehme ich an, mittendrin zwei Uniformierte. Große Aufregung herrscht. Lautes Diskutieren und wildes Gestikulieren. Jemand zeigt in unsere Richtung. Niemand aber spricht mit den Mönchen, die Mönche nicht mit irgendwem. Sie hocken da, unbewegt, stumm. Von ihnen spricht keiner englisch. Champ ist der einzige außer mir, der es kann. Champ ist jedoch weit zurückgeblieben. Das letzte Mal, als ich ihn sah, verarztete er mal wieder einen fußkranken Mönch. Ich gehe aufrecht durch die Menge der hockenden Roben, niemand sagt etwas, alle schauen mir nach.

»Hallo, Guten Tag«, sage ich, als ich die Gruppe der Inder erreicht habe.

Man macht mir Platz, weicht zurück, bis ich vor den Uniformierten stehe. Es sind Polizisten, jetzt sehe ich ihren Wagen am Rand des Highways.

»Hallo, Guten Tag«, wiederhole ich. »Was ist passiert? Kann ich helfen?«

Die Polizisten wiegen im Einklang ihre Köpfe, das sieht durchaus sehr komisch aus. Ihre Gesichter aber sagen, dass sie zu keinem Spaß aufgelegt sind.

»Wir stellen hier die Fragen«, stellt der Größere von ihnen klar; stämmig sind sie beide, sie tragen zu ihrer khakibraunen Uniform Schnäuzer und dunkelblaue Schirmmützen.

»Wo kommt ihr her?«, setzt der Kleinere nach.

»Also ich, ich komme aus Germany!«

Die Antwort hat ihre Wirkung; einerseits will sie nicht so recht zu dem Bild, 200 Männer in safranfarbenen Roben, passen, andererseits ruft allein der Klang ›Germany‹ indischen Uniformen unwillkürlich einen sonderbaren Respekt ab.

»Germany!«, raunt es als Echo durch die um uns herum stehenden Arbeiter.

»Ähm«, der Große räuspert sich, noch unsicher, ob er mich als Freund, Feind oder Gefangenen behandeln soll, »sind das Ihre Leute? Kommen die auch aus Germany?«

»Nein, das sind Mönche aus Thailand.«

»Ah, Thailäänd!« Der Wortführer wiegt zum Klang der lang gezogenen Silbe seinen Kopf bedeutungsvoll, überlegt, ob ›Thailäänd‹ nicht schon ein Vergehen an sich ist.

»Haben Sie eine Lizenz?«

»Eine was?«, nun bin ich es, der etwas irritiert dreinschaut.

»Eine Lizenz! Sie sind der Reiseführer!«, der Polizist nickt abrupt. Bedeutet das jetzt Frage oder Feststellung?

Wie auch immer, für ihn ist das abgemachte Sache. Ich bin ja schon froh, dass seine Assoziation auf Germany bloß ›Führer‹ ist, sonst hätte er mich glatt zum Reise-Hitler erklärt. Ich probiere es mit Nicken und sage:

»Nein, das bin ich nicht!«

»Wer sind Sie dann?«

»Ich bin nur Gast!«

»Gast von wem?«

»Gast der Mönche, Gast in Indien und Gast auf der Erde!«

»So kommen wir nicht weiter!« Der Kleinere, vielleicht doch der oft unterschätzte Chef, greift ein. »Was machen Sie hier?«

»Wir laufen auf Buddhas Pfaden.«

Sehr unwirsch, mit einem Fuß aufstampfend, fragt er:

»Warum macht ihr das auf der Autobahn?«

»Das würde ich auch gern wissen!«

Meine ehrliche Antwort regt ihn vollends auf. Seine kugelrunden Augen, die unstet hin und her pendeln, treten bedrohlich hervor; dann prustet er los:

»Wir, wir … wir werden euch alle verhaften!«

»You are my friend«, sage ich spontan. Wie ich den Mann verstehen kann! Ihn macht die Tatsache, dass wir auf der Autobahn laufen, nach fünf Minuten wild; ich habe das sieben Tage getragen. Ich packe seine Hand, ihn zu beglückwünschen. »Ja, endlich eine gute Idee! Ja bitte, bitte alle verhaften!«

Die Polizisten sind nun völlig durcheinander, der erste Wortführer schaut mich zweifelnd an, ob ich nicht einen Scherz mache; der andere, dem ich zu seiner guten Idee gratulierte, grunzt etwas verlegen und überlegt, ob die Idee nicht tatsächlich gut sei.

»Wie viele Personen seid ihr?«, fragt er.

»220 Mönche und ein Dutzend Helfer«, sage ich fröhlich.

Die Polizisten ziehen sich einige Meter zur Beratung zurück. Sie besprechen die Sache erregt.

Die Inder um uns herum hatten während der Verhandlung interessiert gelauscht. Ob irgendjemand der Unterhaltung folgen konnte, weiß ich nicht, doch nun scheinen ihre Gesichter voller Spannung, als fieberten sie wie bei einem guten, alten Krimi der Auflösung entgegen.

Endlich kommen die Polizisten zurück. Der Größere ergreift nun wieder das Wort, den Kopf hin und her wiegend, die Lippen leicht geschürzt, sagt er, während der andere unwillig dreinschaut:

»Bis zur Grenze nach Jharkhand, dem nächsten Bundesstaat, sind es noch vier Kilometer, danach ist das nicht mehr unsere Angelegenheit. Verstanden?«

»Nein!«, sage ich etwas enttäuscht.

Der Kleinere kriegt wieder große Augen, als schöpfe er doch noch Hoffnung auf seine Idee. Da bullert der Größere los:

»Macht euch auf den Weg und zieht schnell weiter!«

»Ach so«, sage ich schulterzuckend. Dem betrübten Kleineren gebe ich noch einmal die Hand: »Na ja, dann vielleicht beim nächsten Mal!«

»Ihr habt eine Stunde Zeit! Seid ihr dann noch hier, dann … dann …«, poltert der Größere mit einer Gereiztheit, die sich in Indien allzu gerne in Schlägen entlädt.

Doch ich bin schon umringt von einer Schar Inder, von denen ein jeder ein Selfie mit mir machen, meine Facebook-Adresse haben sowie mich mit dem Moped zur Grenze fahren möchte.

Als ich mich befreit habe, kehre ich zu den Mönchen zurück und teile das Ergebnis mit. Ich schaue in die Runde, ob sich der Abt vom Wat Nakprok zeigt. Ich kann ihn nicht erkennen. Die Mönche stehen in aller Ruhe auf; wer an mir vorübergeht, drückt kurz meinen Oberarm, raunt: »Sadhu!«

Was mich aber völlig verstört: Manche Mönche loben mich für mein tolles Verhandlungsgeschick.

Es ist vier Uhr nachmittags. Wir laufen weiter. In nicht einmal einer Stunde sind wir in Jharkhand. Eine riesige Zollstation auf dem Highway markiert die Grenze. Wagen werden kontrolliert, wir nicht.

9

500.000 Schritte Indien

Eine Woche bin ich nun mit den Mönchen unterwegs. Wir haben West-Bengalen verlassen. Ich habe meine Antwort bekommen. Sie traf mich mit Wucht, wie ein Schlag mit einem Stein: Schock, Schmerz, Abklingen, Wärmeflutung. Der Stein sinkt in tiefem See zu Boden. Das Wasser wird klar. Ich sehe: Die Mönche fürchten sich. Mein Ärger wird zu Mitgefühl. Mönche sind Menschen. Diese basale wie auch banale Erkenntnis bringt mein Gemüt wieder ins Lot. Ich sollte nicht zu enttäuscht und nicht zu überheblich sein. In Mönchen nur das Übermenschliche sehen zu wollen, das ist der Fehler. Viele sind einfache Bauernjungen. Für die meisten ist es die erste Auslandsreise ihres Lebens. Die Gemeinschaft ist ihre Zuflucht, sie bietet Schutz in dieser ungewohnten, respektlosen Fremde. Und die Hierarchie innerhalb der Sangha [Mönchsgemeinschaft] gibt ihnen den nötigen Halt in dieser haltlosen Welt – da draußen. Also folgen sie dem Abt – der herrschenden Macht, die sich nicht erklärt (weil sie das nicht muss).

Ich folge dem Abt nicht. Ich misstraue seiner gefühlskalten Führung. Außerdem fürchte ich Maschinen mehr als Menschen. Von nun an laufe ich auf der kleinen Straße. Meist schließen sich mir Bo und Champ an, manchmal zwei, drei Mönche, manchmal mehr; ab und zu laufe ich auch einfach allein, so bin ich im eigentlichen Sinne [Mönch kommt vom altgriechischen /monos/, heißt: allein] ein Wandermönch: einer, der allein geht.

Frühmorgens jedoch, in dieser Stockfinsternis vor Sonnenaufgang, da schleichen Viecher über den Weg, als auch Schatten-Gestalten unter den Bäumen am Straßenrand sitzen; und mit dem lauen Wind, der die Äste knarren und den Zaun sachte scheppern lässt, kommt ein leichter Grusel auf. Ein stilles Lächeln huscht über meine Lippen, besser, ich suche den Schutz der Gruppe. Bis zum Frühstück (der Puffreisschnitte) laufe ich, so absurd es auch immer ist, in der Mönchsschlange auf der Autobahn mit.

Mit Jharkhand haben wir nicht nur den jüngsten Bundesstaat Indiens – er wurde erst im Jahr 2000 aus der südlichen Region von Bihar gebildet – betreten, sondern ein wahrhaft heiliges Land der Menschheit. Jharkhand war einst Teil des sagenumwobenen Königreichs Magadha. Und hier – vor gut 2.500 Jahren, als die Natur noch üppig und die Wälder magisch waren, doch der Mensch sich schon über den Menschen erhoben hatte – suchten gegen die bestehende Ordnung Aufbegehrende in dem Grün der Berge und an den Ufern der Flüsse Zuflucht und Einkehr. Und unter manch Schatten spendendem Blätterdach eines großen Baumes kam der eine oder andere Wandermönch zur Erkenntnis. Einer von ihnen war Siddhartha Gautama, der spätere Buddha. Ein anderer, der bei uns weniger bekannte Mahavira, später Jaina, der Sieger, genannt. Sie lebten annähernd zur gleichen Zeit, sind sich wohl aber nie begegnet. Doch verbindet sie so viel: Beide waren Brahmanen-Söhne, beide verließen mit 30 Jahren Frau und Kind, beide wurden Asketen, beide kamen zu einer Erkenntnis, die ihre Bewunderer Erleuchtung nennen, beide werden seit ihrer Zeit als spirituelle Lehrer verehrt.

Jaina brach ebenfalls mit den brahmanischen Traditionen, doch so radikal wie Buddha wendete er sich nicht gegen den alten Adel. Niemand aber verkörpert die Gewaltlosigkeit so leidenschaftlich wie seine, Jainas, Schüler, die Anhänger des Jainismus. Mahatma Gandhi gehört zu ihnen.

»Woher weißt du so was?«, fragt mich Champ.

»Lesen, Champ, lesen!«, sage ich.

»Hey, und was ist das da?«

Wir stehen im Morgenlicht auf einer luftigen Anhöhe in dem auch heute noch in Reiseführern für seine Natur gelobten Land – es gilt als grün, hügelig und bewaldet; und wirklich, in der Ferne sehe ich einige Bäume auf Berghängen. Champ aber deutet auf eine kleine augenscheinliche Buddha-Figur. Sie prangt mit vielen Gleichen in verschiedener Größe hübsch im Spalier aufgereiht, neben schön geschnitzten Jaina-Wanderstäben, in einer der Holzbuden, deren Silhouetten uns schon von Weitem neugierig machten. Es sind Verkaufsstände. Das hatte ich nicht erwartet.

»Ey, schaut mal, ein Buddha mit Schwanz!«

Champ hat Mon, Bo und Bui herangewunken, sofort ist der Verkaufstisch auch von einigen Mönchen umringt. Alle gickern laut, offensichtlich amüsieren sie sich köstlich. Denn in der Tat tragen diese Figuren, die in ihrer Ästhetik, Form und Darstellung einer stehenden Buddha-Statue gleichen, alle sehr deutlich einen schönen Penis.

»So witzig es aussieht, so hört es sich an«, sage ich. »Das ist nicht Buddha, das ist, *Bahubali*!«

»Bahubali?«, fragt Champ. »Nie gehört!«

»Bahubali ist die Heiligenfigur der Jaina. Sie verkörpert *Ahimsa*, das Nicht-Töten, ihr oberstes Gebot. Ihre Mönche werden übrigens *Digambaras*, die Luftbekleideten, genannt. Sie laufen, wie ihr Name sagt, nackt durchs Leben.« Ich halte kurz inne, Bo, Mon und drei, vier Mönche schauen zu mir, als wenn sie gerne wissen würden, was ich erzähle. »Kannst du das mal übersetzen?«, frage ich Champ.

»Nein, kann ich nicht. Mach doch selbst!«, sagt Champ.

»Hm, das schaffe ich nicht.« Etwas enttäuscht fahre ich fort in Deutsch. »Selbstverständlich sind sie Veganer; alles Lebendige erkennen sie als beseelt, das niemals verletzt werden darf: nicht nur Menschen und Tiere, sondern auch Pflanzen und Wasser. Jeden Weg, den sie gehen, fegen sie mit einer Pfauenfeder, um die kleinen Insekten zu schonen.«

Champ hat sich längst schon abgewandt und berät eine Gruppe Mönche beim Kauf von Wanderstöcken.

»Wisst ihr eigentlich, dass Anshu Jain, immerhin der momentane Big Boss der Deutschen Bank, ein echter Jaina ist?«, rufe ich laut in die Runde.

Das aber interessiert wirklich niemanden mehr. Ein gutes Dutzend Mönche hat sich mit Wanderstäben eingedeckt, sie ziehen weiter. Die Jaina, so ist eine ihrer Regeln, verbeugen sich vor allen Wandermönchen dieser Welt. Auch waren sie schon immer gute Geschäftsleute, da sie seit jeher Feldarbeit, welche Fauna und Flora stört, ablehnten. Die Jaina-Händler der schön geschnitzten Wanderstäbe haben es verstanden, die Regel und die Tradition gut miteinander zu verbinden.

Ich hätte mich noch gerne unterhalten, warum die Jaina, wie so viele andere auch, glauben, dass wir im Zeitalter des Verfalls leben. Ebenso beschäftigt mich, dass ihrem Glauben nach die Voraussetzung zur Reinigung der Seele eine strenge Askese sei. Doch ich darf den Anschluss nicht verpassen, Champ winkt schon von der Biegung der Straße. Ich stelle den Wanderstab zurück.

»Ja, er ist sehr schön, nein, ich möchte ihn nicht kaufen. Besten Dank, auf Wiedersehen!«

Der Jaina-Händler und ich verbeugen uns gleichzeitig, ein leichter Zusammenstoß unserer Köpfe lässt uns aufschrecken, dann lachen. Ich laufe den Hügel hinunter.

Meine Füße verheddern sich in einer windverwehten Plastiktüte, sie stolpern über ein totes Tier, waten durch das Meer des Mülls, das sich über die Straßen in die Natur ergießt. Abfall, Abfall und Beton! Und die nächste Stadt heißt Dhanbad, sie sieht wirklich nach Endzeit aus. Hier wird Kohle im Tagebau gewonnen, durch die vielen Kokereien – ohne Filter, ohne Schutz – ist die Luftverschmutzung dieser Region die höchste in Indien. Ich lege die Atemmaske an. So weit zu den einst magischen Wäldern. Lange vor unserer Zeit des Verfalls.

Vielleicht sind es die langen Tagesmärsche und die kalten Nächte – doch mich beschäftigt immer mehr die Frage, wie die Idee ›Sexuelle Abstinenz als Bedingung zur Erkenntnis‹ in die Religionen kam. Auch die der Jaina sagt das, trotz oder grade wegen der Nacktheit ihrer Priester. Für die thai-buddhistischen Mönche gilt ebenso ein striktes sexuelles Entsagen. Vielleicht sollte ich es auch einmal versuchen und aller Lust und Sehnsucht absprechen.

»Versuche das bloß nicht!«

»Was? Wer?« Kurz bin ich verwirrt, dann erkenne ich die innige Stimme. »Ach, du wieder, Krishna, mein göttlicher Flötenspieler!«

»Ja, ich«, Krishna flötet süß, »ich bin's selbst!«

»Was jetzt, Krishna? Was soll ich nicht versuchen?«

»Na, das sage ich dir doch seit all den tausend Jahren: Umgehe nicht deine Pflicht, und versuche nun, ein spiritueller Asket zu werden«, sagt Krishna. »Es ist immer besser, in der Erfüllung der eigenen Pflicht zu sterben, als zu versuchen, die Pflicht eines anderen zu tun. Lies mein Buch! Da steht es drin.«

»Ich habe dein Buch gelesen. Doch sag's mir noch einmal und etwas klarer, bitte!«

»Folge deiner Sehnsucht! Sie ist dein Antrieb, sie ließ dich in die Welt hinausziehen, sie ließ dich suchen, leiden, Glück empfinden.« Krishna tänzelt auf dem kleinen Weg, den ich jetzt gehe, in dem flirrenden Licht der Mittagssonne. Mit einem frivolen Blick seiner geschminkten Augen fragt er ungeniert: »Und immer warst du auf dem Weg zu mir, oder?«

»Ach, Krishna, ja! Immer war es Gottesdienst, wenn ich in den Armen eines Freundes lag.« Ich bestätige sein Drängen. »Immer ist es höchstes Glück, in einem tiefen Zungenkuss deinen Hauch von Göttlichkeit zu spüren.«

Ein Junge auf einem Fahrrad fährt vorbei, er fällt beinah vom Rad, als er sich noch einmal umdreht, um mich und Bo und Champ sowie die drei Mönche, die uns heute begleiten, ungläubig anzustaunen. Der Highway liegt in Sichtweite nur 30 Meter rechts von uns.

»Hey Krishna!« Kurz war ich abgelenkt, schon ist er fort. »Hey Krishna, weißt du, ich hätte gerne wieder einen Freund aus Fleisch und Blut. Dem warst du doch auch nie abgeneigt, Krishna, oder?« Ich kriege keine Antwort, höre nur sein Flötenspiel. »Sag, wo bist du?«

»Ich bin doch da!«, sagt Krishna, hoch auf einem Ast im Baum sitzend. »Immer, wo sich zwei Menschen in liebender Hingabe und Zärtlichkeit begegnen, da bin ich.« Krishna springt mit seiner Flöte in der Hand zurück auf den Weg. Etwas verschwörerisch fragt er: »Weißt du eigentlich, wie viele Frauen ich hatte?«

»Ich habe darüber gelesen, waren es nicht irgendetwas über 1.000?«

»16.108 Frauen, die Hirtenjungen nicht mitgerechnet.« Krishna tiriliert auf seiner Flöte, drei Pfauen tanzen im Schilf am Wegesrand. »Weißt du, dass ich sie alle einmal in einer Nacht …«

»Göttlich, Krishna, göttlich!« Ich unterbreche seine Protzgeschichte. »Doch weißt du, was deine Priester sagen?«

»Meine Priester, wen meinst du?«

»Na, die Hare Krishnas, die Internationale Gesellschaft für Krishna-Bewusstsein.«

»Ach die. Was sagen die?«

»Sex sei nur in der Ehe anzuwenden, und er müsse immer mit der Absicht verbunden sein, sich fortpflanzen zu wollen und Kinder in die Welt zu setzen, die dann im Krishna-Bewusstsein zu erziehen seien.«

»Das sagen die?«

»Ja.«

»Haben die einen Knall?«

»Ja!«

»Aber sie singen so schön.«

»Oh ja, dein ›Hare Krishna‹. Das singen sie den ganzen Tag. Als ich sie mal fragte: ›Habt ihr eigentlich noch ein anderes Lied?‹, gaben sie mir die Antwort: ›Aber warum denn, wir haben doch so ein schönes.‹«

»Es ist ja auch schön!« Krishna flötet die Melodie.

»Ja, Krishna, sehr schön.«

»Doch warum wissen sie dann nicht, was ich ganz deutlich in meinem Buch sage? Ich, Krishna, bin die Liebe, die Lust und die

Leidenschaft, die nicht im Widerspruch zur Wahrheit stehen.« Krishna dreht Pirouetten mit laszivem Hüftschwung. »Schon in den Veden, den euch offenbarten uralten göttlichen Gesängen, wird es doch ebenso eindeutig erklärt: Das sexuelle Verlangen ist ein starkes Seil, das an die materielle Welt bindet. Im versunkenen Kuss erstrahlt das Licht, will Liebe mit Unermesslichkeit erfüllen, für einen Moment Unendlichkeit das Tor zum Himmel öffnen. So ist *Es* für Seelen, die den reinen Zustand suchen oder innehaben, eine ganz wichtige Erfahrung auf ihrem spirituellen Weg.« Krishna atmet aufgewühlt. »Ja, warum wissen sie das denn nicht?«

»Weil sie nur singen und nicht lesen.«

»Warum tun die mir das an? Sie verkehren mich ins Gegenteil. Dabei bin ich die Ermunterung zur Lebenslust, ich liebe Streiche, Musik und die Zärtlichkeit. Menschen, die jedoch ihren Körper nicht lieben, lieben auch mich nicht. Und wer mich nicht liebt, liebt nicht das Leben. Mein Fleisch und Blut sind die Erde und das All und überall.« Krishna schnauft, er rauft sich die Pfauenfeder auf seinem Kopf. »Zerstören sie am Ende deshalb die Erde, weil sie mich, die Liebe und das Leben nicht haben? Ist deshalb ihre Lust das Töten?«

»Krishna, du sagst es! Doch reg dich nicht auf!« Ich versuche zu beruhigen. »Das passiert anderen auch. Das, was jener Swami Prabhupada mit dir gemacht hat, das hat Paulus mit Jesus getan.«

»Mit anderen? Sie machen es immer wieder mit mir.«

»Auch mit Buddha …«

»Sag ich doch, immer wieder mit mir!«

»Berühmte Thai-Mönche«, fahre ich fort, »geben auf die Frage, warum denn aufgesparte sexuelle Energie in geistige Energie umgewandelt werde, eine Antwort, die sie wahrscheinlich aus einem dieser hirnverrückten, teuflisch-britischen Schulbücher des 19. Jahrhunderts abgeschrieben haben: ›Ein Orgasmus raubt dem Rückenmark den Saft. Und da das Rückenmark der direkte Draht zum Hirn ist, wie ja jeder weiß, schrumpft am Ende auch dieses.‹«

»Aua!«

»Krishna, was ist los? Du siehst plötzlich sehr bleich aus. Können Götter Schmerzen haben?«

»Aber sicher, es schmerzt, wenn wir solchen Unsinn hören, der in unserem Namen verzapft und niedergeschrieben wurde. Die Versuche, all die sexuelle Sehnsucht zu unterdrücken, sind aussichtslos und absolut sinnlos, sie führen nur in Irrsinn. Viele Asketen leben in einer Art Entrücktheit, was manche als ›göttlich verrückt‹ bezeichnen. Dabei, es ist nicht göttlich, es ist nur verrückt.« Krishna rückt sich die Pfauenfeder wieder zurecht. »Weißt du, als ich Buddha war, lehrte ich meine Jünger: Oh Schüler, höret! Es liegt im Herzen der Natur, seit dem Zeitalter der Götter, dass der Mann großes Vergnügen an einer schönen Frau hat und ebenso von der Blüte eines schönen Jünglings berauscht wird. Das ist weder falsch noch ungewöhnlich. Auch eure Herzen, oh Schüler, haben Gefühle, denn sie sind weder Stein noch Holz. Nicht nur die Herzen der Höflinge und Aristokraten, sondern auch die der tapferen Krieger, sie alle haben Freude, sich im Schatten eines Baumes an junger Schönheit zu laben. Wie das Wasser, das von der Spitze eines Berges in die Tiefe stürzt, um einen Fluss zu bilden, so ergießt sich die Liebe in den großen Strom des Lebens, und sie wird überdauern bis in die letzten Tage.« Krishna hält inne, dann fragt er: »Haben sie das auch aus den Schriften getilgt?«

»Manche schon, doch es ist alles noch nachzulesen. In einigen buddhistischen Klöstern im Fernen Osten, in Japan, wurden diese Schriften bewahrt. Die Mönche dort lehren es und leben auch danach: Sie weisen die Novizen in die Zartheit der Liebe ein.«

»So soll es sein, denn so ist das Leben«, sagt Krishna. »Und was lehren sie im Westen?«

»Es ist ein Auf und Ab, ein langer Kampf, das weißt du doch! Doch noch ist Hoffnung: Denn amerikanische Wissenschaftler haben kürzlich herausgefunden, dass Umarmungen, inniges Küssen und die Liebe guttun.«

»Oh, haben sie das?« Krishna dreht eine Pirouette, reißt seine Augen auf, er dreht sie Funken sprühend zum Himmel und zur Erde. »Sag, wie lange mussten diese Narren dafür forschen?«

»Ja, na nun, sei gnädig Krishna!« Schön, dass ich ihm das mal sagen darf. »Amerikanische Wissenschaftler haben es doch auch nicht leicht. Du musst sie im historischen Kontext sehen. Nach 2.000 Jahren dieser von Paulus, diesem Fälscher, entfachten Finsternis, gab es vor 40, 50 Jahren einen Lichtstreif am Horizont, einen kleinen Regenbogen. In dieser Zeit warst übrigens du, mein lieber Krishna, auch im Westen sehr bekannt. Vorher war die Lust verpönt, Menschen, die sie lebten, wurden verfolgt, geächtet, eingesperrt und auch getötet. Und heute ist der Wahnsinn wieder auf dem Vormarsch. Sie verhaften Kinder, sobald diese auch nur vermeintlich Interesse am eigenen Fleisch oder dem der anderen zeigen. Jede Entdecker-Lust der Kindheit und der Jugend wird ihnen ausgetrieben. Und dann sollen sie plötzlich mit 18 oder 20 Jahren zärtliche Wesen sein? Wie soll das gehen?!« Ich atme tief. »Und überhaupt: Die Lebensbedingungen in einer Konsumgesellschaft, deren Wirtschaft den Kaufrausch der Ersatzbefriedigung nicht nur bedient, sondern bedingt und eben auch fördert, haben nichts mit der von dir gepriesenen und zugesagten Freiheit zu tun. Komm herunter und tu was! Das war versprochen!« Ich habe mich etwas in Rage geredet.

»Ich bin nicht allmächtig, ich bin nur der Weg«, wendet Krishna ein.

»Ja, dann müssen wir uns aber mal über die sozialen Bedingungen der menschlichen Existenz unterhalten, Krishna! Deine Lust kann nicht im Elend der Gier, in dieser horrenden Ungleichheit zwischen Arm und Reich, in einem auf die völlige Vereinzelung der Individuen zielenden spät-kapitalistischen Wirtschaftssystem gedeihen.« Ich halte kurz inne und füge ruhig hinzu: »Nun, dass die Lebenslust und ihre Schwester, die verspielte Schönheit, auch nicht im Sozialismus blühten, ist ein anderes Thema.«

»Das ist mir jetzt zu weit hergeholt.« Krishna hält sich den Kopf. »Bitte, sing mir lieber ein Lied!«

»Zu weit hergeholt? Ach ja, so seid ihr Götter, immer wenn's konkret wird …, aber nun gut, ich lieb dich trotzdem.« Ich singe, auch um mich selbst wieder zu erden, sein Mantra: »Hare Krishna, Hare Krishna, Krishna Krishna, Hare Hare! Hare Rama, Hare Rama, Rama Rama, Hare Hare!«

»Geht's dir zu gut?« Champ ist zu mir aufgerückt. Er schaut mich an, als müsse er sich Sorgen machen. »Du siehst etwas fiebrig aus!«

»Ich habe mich nur grad gut unterhalten.«

»Mit wem?«

»Mit einem Gott. Redet ja sonst niemand mit mir.« Ich grinse. »Ach Champ, du Freund der deutschen Sprache, kennst du eigentlich das jahrhundertealte Gedicht, das dem Magister Martinus von Biberach zugeschrieben wird, es geht so:

Ich bin und weiß nicht wer, ich komm – weiß nicht woher,
Ich geh – weiß nicht wohin. Mich wundert's, dass ich so fröhlich bin.«

»Ahm, ich seh schon.« Champ zeigt sich nicht beeindruckt. »Du hast sehr große Augen und eine glühende Stirn, vielleicht solltest du mal etwas trinken. Hast du noch genug Wasser?«

Bo kommt hinzu, packt meinen Oberarm wie ein Mönch und drückt ihn sanft. Auch er scheint besorgt.

»Ja, wirklich, alles gut, Freunde!«, sage ich. »Seit wir auf der kleinen Straße laufen, geht's mir gut. Alles in Ordnung!«

Vielleicht liegen sie aber richtig, vielleicht ist meine Fröhlichkeit wirklich etwas wunderlich. Wie auch immer, ich werde ›Meine Fröhlichkeit‹ als achtes Wunder der Reise eintragen.

Nach dem Mittag laufen wir wieder auf dem Highway AH1. Die kleine Straße verliert sich jetzt ab und an. Manchmal führt sie in einem großen Bogen weg von der Autobahn, hin zu alten Dörfern hinter den Feldern. Aus der Ferne sind strohbedeckte Häuser zu sehen, vor denen Kinder spielen und Frauen die Wäsche aufhängen. Büffel laufen durch das ewig alte Bild. Die Lehmwände der Hütten sind vollgepappt mit Kuhfladen, meist die einzige Energiequelle zum Kochen und zum Heizen.

Doch auch der Highway ist jetzt immer wieder durch Baustellen unterbrochen. So sind die Mönche gezwungen, hinunter in die Senke zu laufen, wo sich schnell hochgezogene Betondörfer in einer langen Geraden an den Highway pressen. Menschen reihen sich auf am Straßenrand. Kinder stehen an der Hand der Mütter, viele winken, größere laufen einige Meter mit, mit eigenartigem stillen, doch freudigem Staunen strecken sie uns ihre Hände entgegen, wie bei einem Pop-Konzert, einen Handschlag der unerreichbaren Helden zu ergattern. Auch Männer eilen herbei, rennen hinter uns her, sie stellen die immer gleichen Fragen:

»Wo kommt ihr her, wo geht ihr hin?«

»Thailäänd! Varanasi!«

»Wer seid ihr?«

»Buddhistische Mönche!«

Unser Marsch durch die Dörfer ist für die Bewohner ohne Zweifel ein großes Ereignis. Eine zwei Kilometer lange Kolonne von 220 Männern in safranfarbenen Roben, begleitet von zwölf Helfern in Zivil, das ist ein fremdes, seltsames und ebenso faszinierendes Bild. Und so, wie wir durch die Dörfer ziehen, hat unser Auftritt auch den Anklang einer Demonstration, wenn auch einer sehr friedlichen: Der Buddhismus lebt! Mönche pilgern durch das Land zu den heiligen Stätten.

Hier in den Dörfern kommen die Mönche, ob sie wollen oder nicht, mit dem Leben der Inder unmittelbar in Berührung. Viele laufen schnurstracks und stur an den Menschen vorbei, nur keine Störung durch Anhaftung an die Realität dieser Wirklichkeit der Anderen. Manche scheuchen die Kinder mit grobem Ton und schnöseliger Geste fort. Andere aber nutzen die Gelegenheit, auf den kilometerlangen Märkten Orangen und Bananen einzukaufen. Einige machen halt in einem Straßen-Café, sie trinken Chai, Fruchtsaft oder Cola. Viele rauchen, andere wieder telefonieren mit ihren Handys. Wen sie wohl anrufen, was sie erzählen? Ich ertappe mich in heimlicher Freude, sie so unbekümmert die Anweisungen ignorieren zu sehen. Thai bleiben Thai, Mönch oder nicht Mönch, sympathisch unkonventionell; für drakonische Disziplin sind sie nicht geschaffen. Im Grunde ist das streng buddhistisch: Regeln sind gut, Regeln sind wichtig. Doch wenn du sie brichst, ist das deine Sache. Die Wahrheit ist immer nur ein Angebot.

Champ, Bo, wie auch all die anderen Karawaat, halten respektvollen Abstand zu den Mönchen. Champ hatte von mir dieses Verhalten auch eingefordert: ›Störe die Mönche nicht, sprich sie nicht unaufgefordert an.‹ Doch es sind die Mönche, die die Nähe zu mir suchen; jetzt winkt mich eine kleine Gruppe, die gemütlich vor einer Tee-Bude hockt, heran.

»Bist du der Farang, der mit uns läuft?«

»Ja, der bin ich.«

»Wo kommst du her?«

»Germany.«

»Wieso kannst du Thai sprechen?«

»Ich hab's gelernt. Und bleibe doch immer nur ein Lernender.«

»Du sprichst aber gut und sehr klar. Kannst du auch Thai lesen und schreiben?«

»Ja!«

»Schreib doch mal etwas!«

Ich krame meinen Notizblock hervor und kritzele etwas ungelenk ein Thai-Sprichwort auf das Papier:

นกไม่มีขน คนไม่มีเพื่อน /nók mâi mii khõn khon mâi mii phûean/

›Ein Mensch ohne Freunde ist wie ein Vogel ohne Federn.‹

Der Zettel wird staunend herumgereicht.

»Bist du Buddhist?«

»Ja!«, sage ich. Einerseits um sie nicht zu verwirren oder gar zu kränken, andererseits ist eine knappe Bejahung auch kein großer

Unterschied zu meiner Standardantwort auf die Frage nach der Religion: ›Ich bin Wissenschaftler‹. Buddhas Methode war die empirische Beobachtung, seine Kernaussage ist: ›Glaubt nichts, was sich für euch nach eingehender Überprüfung nicht bewahrheitet.‹

»Magst du eine Zigarette?«

»Nein, danke!«

»Doch eine Cola wirst du mit uns trinken, ja?« Ein junger Mönch mit schelmischen Augen reicht mir seine Flasche. Eine Geste, die ich nicht zurückweisen kann.

»*Khòrp khun mâak ná khráp*. Habt vielen Dank!«

Dann brechen wir auf und ziehen weiter. Auf einer Brücke geraten wir plötzlich in eine Schar tanzender Frauen. Der schmale Bürgersteig stellt uns vor die Wahl: ein Tanz mit ihnen oder mit den Lastern. Die Mönche wählen die Laster. Champ, Bo und ich drehen ein paar Kreise mit den Frauen. Was sie feiern, wissen wir nicht, verbale Kommunikation ist nicht möglich. Doch Champ sagt, er kenne das aus Thailand, sie geleiten das besonders herausgeputzte hübsche Mädchen zur Hochzeit.

Im nächsten Dorf zergelt mir nichts, dir nichts ein Mann an meinem Arm, er zieht mich aus der Reihe heraus. Ich müsse ihm folgen, gibt er mir zu verstehen. Zehn Meter neben der Straße auf einem Hof ist ein Fest mit Musik. Zwei bunt geschmückte Jungs, sechs oder sieben Jahre vielleicht, werden auf Schultern getragen. Die Männer sind außer sich vor Freude. Einer zieht mich heran und macht deutlich, ich solle Fotos machen. Als ich meine Kamera gezückt habe, zieht er einem der Knaben, der auf den Schultern des tanzenden Vaters steht, die Hose herunter. Er packt seinen kleinen Piepmatz und macht mit Zeige- und Mittelfinger die Schnipp-Schnapp-Bewegung. Es ist ein Beschneidungsfest, das habe ich nun begriffen. Der Junge wohl auch, er heult fürchterlich.

Am Abend lagern wir auf einem Schulhof, irgendwo vor Bagodar. In das mit einer hohen Mauer umgrenzte Areal strömen zeitgleich mit uns viele neugierige Jugendliche. Wir finden kaum Platz, die Zelte aufzubauen. Mit großem Interesse wird jeder Schritt, jeder Handgriff von uns beobachtet, begleitet und kommentiert. Um mich schart sich eine Gruppe Studenten. Es entwickelt sich schnell ein Gespräch, das über das übliche ›woher, wohin‹ hinaus geht. Die Studenten fragen, was die Lehren Buddhas seien, wie ich dazu stehe, was ich vom Hinduismus und dem Islam halte und insbesondere, wie ich Indien erlebe und welche Probleme ich sehe. Ihr wissbegieriger Geist, der sich respektvoll, doch frei und selbstbewusst zeigt, fasziniert mich. Ich folge ihrer Bitte, mit ihnen einige Schritte zu laufen.

Wir verlassen das Schulgelände wie ein Bild aus alten Zeiten: Als sei ich ein Lehrer, ein Meister, der grade seine Schüler unterweist, drängeln die sieben Studenten in meine Nähe, ja nichts zu verpassen, was ich eben von großer Bedeutung kundtue. Als wenn ich das täte. Ich will mich nicht verleiten lassen, lautstark den besserwissenden Europäer zu geben. Auch hüte ich mich, allzu viel von den bisherigen Eindrücken der Reise zu erzählen, die mich eher desperat zurückließen. Ein wenig Hoffnung haben diese Jungs verdient. Ich frage, was sie studieren und wie sie leben.

Es sind Technik- und Wirtschaftsstudenten, so viel erfahre ich, sie kommen alle aus kinderreichen Familien dieser Gegend. Ein Vater ist Busfahrer, ein anderer Gemüsehändler, ein dritter arbeitet in der Stadtverwaltung. Sie sind voll des Lobes für ihre Väter, dankbar für die große Chance, die sie nun haben. Sie fühlen sich verantwortlich, für den weiteren sozialen Aufstieg ihrer Familien zu sorgen. Dahin, gute Tipps zu erhalten, wie man den am besten bewältigt, zielen ihre weiteren Fragen.

Wir laufen am Rande der üblich-hässlichen Betonstadt. Die Abendsonne steht über einer kleinen Brücke, das Flussbett ist so gut wie ausgetrocknet, eine Müllhalde, eine giftgrüne Suppe, in der Plastikflaschen und Tierkadaver modern. Am anderen Ufer arbeiten Steinhauerinnen in düster-eingestaubten Saris, die einst in kräftigen Farben leuchteten. Verblasst, als wäre die Vergangenheit ein segensreicher Traum. Und hier, mit mir, laufen die Jungs, die von einer besseren Zukunft träumen. Was also soll ich ihnen Kluges raten?

»Nun ja«, sage ich, bedrängt, irgendeine Antwort zu geben, »wenn ihr mich schon fragt, was ihr tun könnt, dann schaut euch um. Was seht ihr? Fragt euch selbst: Was kann man besser machen? Nutzt euer Wissen, das Nötigste zu regeln!«

»Was ist das Nötigste?«, fragt der mit den klugen Augen.

»Luft zum Atmen und Wasser zum Trinken«, sage ich. »Und täglich etwas zu essen.«

»Das haben wir!«, erwidern die Jungs stolz. »Indien ist ein starkes Land!«

»Wenn das so ist, ist es gut.« Ich mag ihr Nationalgefühl nicht kränken. »Doch dann sorgt dafür, dass das alle haben. Und fragt mal eure Väter, ob früher in diesem Fluss«, ich deute auf die Kloake unter der Brücke, »Fische lebten. Wenn ihr einst die Stadtverwaltung übernehmt, kümmert euch um eine allgemeine Wasserversorgung. Und eine Müllabfuhr täte not. Doch wartet nicht, bis ihr erst in der Verantwortung steht. Fangt jetzt schon an! Organisiert ein Großreinemachen in eurer Straße. Stellt Abfalleimer auf. Verteilt Flyer oder macht Plakatwände! Erklärt es den Leuten, redet mit den Menschen. Geht mit gutem Beispiel voran!«

Die Studenten nicken verständig, einer hält sein Handy hoch, das er auf Sprachaufnahmemodus gestellt hat, als hätten meine Worte irgendeinen Wert.

»Welches Auto fahren Sie?«, fragt da einer aus der Runde; völlig unpassend, wie ich finde. Und weil ich nicht sofort antworte, stimmen die anderen ihm bei:

»Ja, sagen Sie uns, welches Auto! Einen Mercedes Benz?«

Sieben große Augenpaare starren mich an, die verraten, dass sie lieber Geschichten aus einer glanzvolleren Welt hören möchten als agitatorische Vorträge. Ihre Vorlage verleitet mich jedoch, spontan ein kleines Lied anzustimmen:

»Oh Lord won't you buy me a Mercedes Benz.
My friends all drive Porsches, I must make amends …«

Ich singe diesen Janis-Joplin-Klassiker, schnippe mit den Fingern und stampfe dabei auf den Boden, dass der Staub wirbelt. Ich hätte mir das nicht zugetraut, doch meine Performance war gar nicht schlecht. Ich bekomme Applaus. Dann setze ich nach:

»Hey, ich besitze gar kein Auto. Nicht jeder Deutsche fährt einen Benz, solche Geschichten dürft ihr nicht glauben. Und das Lied ist kein Gebet, sondern ein Protest-Song! Es stammt aus einer Zeit, als ich noch zur Schule ging, und da gab es bei uns einmal einen Kanzler, der viele Hoffnungen weckte, er hieß Willy Brandt. Er hat mit einer einzigen Entscheidung die Geschichte der Republik mehr verändert, als manch revolutionäre Kampfgruppe es sich erträumt hatte: Er ordnete einen autofreien Sonntag im Monat an.«

»Einen was?«

Ich bin der Zwischenfrage dankbar, zeigt sie doch, dass die Jungs wirklich zuhören. Und *car-free-Sunday* (wir reden Englisch), das muss natürlich erklärt werden.

»An jenen Tagen mussten alle Autos stillstehen. Das war eine ungeheure Erfahrung: Zuerst diese Ruhe, die herrliche Stille, wir kannten sie nicht, so wie ihr sie heute nicht kennt. Oder wisst ihr, was Stille ist?«

»Unsere Lehrer sagten oft: ›Seid still!‹ Meinen Sie das?«

»Nun ja. Nein, ich meine die Stille auf den Straßen, wenn alle Motoren ruhen. Selbst die Luft war wieder zu atmen. Doch das Tollste: Die öffentlichen Räume gehörten plötzlich wieder den Menschen, nicht den Maschinen! Ja, wir sind sogar auf der Autobahn Fahrrad gefahren – nun gut, das macht ihr heute auch. Doch es gab keine Autos, keine Lastwagen, wir hatten die Städte und das Land für uns. Das war ein Erlebnis wie pures LSD!«

»Was ist LSD?« Der mit der Brille scheint hoch interessiert.

»Hm, das ist eine Droge, eine bewusstseinserweiternde Droge«, erkläre ich. »Jedenfalls, die Erfahrung, die Welt ohne Auto, ohne dieses Monster, wahrnehmen zu dürfen, die war so tiefgreifend, dass es unser Bewusstsein völlig verändert hat, mehr als jede Theorie der Diskussionsrunden, denn es war mit allen Sinnen zu erfassen. Ihr solltet das auch mal probieren!«

Die Studenten blicken mich ungläubig an.

»Und wenn wir schon dabei sind, habe ich noch einen Vorschlag: Sorgt dafür, dass eure Schwestern zur Schule gehen. Und wenn sie heiraten wollen, sollen sie den heiraten, den sie wollen! Redet darüber mit euren Vätern!«

Die Runde nickt verständig.

Es ist Zeit zurückzugehen. Wie ein jovialer Lehrer, der seinen Vortrag zu einem Ende brachte, frage ich: »Noch Fragen?«

Als würden sie den Aberwitz, den unsere Begegnung innehat – weißer Mann gibt kluge Ratschläge –, grotesk überhöhen wollen, melden sich drei mit hochgerissener Hand: »Ich, ich, ich!«

Ich nicke dem im rot karierten Hemd zu.

»Möchten Sie nicht meine kleine Schwester heiraten und sie mit nach Deutschland nehmen, ja?«, fragt er, unterstützt von seinen schönen, großen Augen.

»Oh, …«, es scheint noch ein langer Weg zu sein, denke ich, »es ist spät geworden, ich muss zurück«, sage ich.

Am Schulhoftor, zu dem mich die Studenten wie eine brave Klasse begleiten, angekommen, sagt einer: »Bitte, singen Sie uns noch ein Lied!«

Ich schaue ihn an, er meint das ernst.

»Ein andermal, ja? Jungs, ich danke euch, macht es gut!«

»Uns? Wir danken Ihnen!«

Es ist dunkel geworden, im Hof ist unheimliche Ruhe, alles schläft. Ich muss noch meine Wäsche aufhängen, ich hatte die Gelegenheit genutzt: Hier gibt es halbwegs intakte Sanitäranlagen. Dies ist ein charmantes Wort für die Latrinen im Hof, neben ihnen aber gibt es mehrere Brunnenrondelle mit Pumpe und großem Becken, aus dem man das Wasser schöpfen kann. Ein großer Ausnahme-

Luxus auf der Reise. Ich hatte also meine Wäsche in einen Eimer mit Waschpulver gepackt, als die Studenten mich ablenkten. Jetzt kann ich das dumme Ding nicht finden. Meine Taschenlampe habe ich immer, so wie früher ein Feuerzeug, in der Tasche, doch hilft auch sie nicht weiter. Im Lichtkegel huschen nur drei große Ratten vorbei. ›Nun, besser als Schlangen‹, denke ich. Dann stoße ich mit dem Kopf an etwas Freischwebendes in der Luft. Ich schrecke hoch. Doch es ist die Wäscheleine. Und siehe da: Jemand Hilfsbereites, Champ möglicherweise, hat auch meine Sachen – Hemd, T-Shirt, Hose, Slip und Socken – aufgehängt.

So vergehen die Tage. Ich weiß nicht mehr, welches Datum heute ist oder wie lange ich schon mit den Mönchen unterwegs bin. Der Blick auf das Handy klärt zwar kühl das Faktische – es ist Samstag, der 14. Februar –, doch es fühlt sich nicht an, es ist ohne Bedeutung. Es ist später Vormittag, das weiß ich, noch eine gute Stunde bis zum Mittagessen, das spüre ich. Doch ich muss an gestern denken. Dass dies, wie das Handy grad verriet, Freitag der 13. war, lässt mich kurz die Stirn runzeln – nein, das will nichts heißen, nein, abergläubisch bin ich nicht. Doch ich muss an gestern denken, weil es Tage gibt, die sind so intensiv, dass man sie erst in ihrer Vergangenheit erfassen kann.

Es war erst gar nichts Besonderes, dies Gestern. Nur ein weiterer Tag, eine weitere Autobahnbaustelle, die uns zwang, alle gemeinsam die kleine Straße zu nehmen. Der übliche Lärm von Motoren und Menschen, das elendige Perma-Gehupe, der alltägliche Dreck, der unsägliche Müll, Urinrinnsale von Mensch und Tier, die sich in aufgeweichte Böden fressen, all das führte uns auf einen roten Sandweg, den wir uns mit den umgeleiteten Wagen teilen mussten, in ein abseits des Highways gelegenes Dorf.

Zuerst das gewohnte Bild: Hütten aus Lehm und Kuhdung, manche mit Rundziegel-, manche mit Strohdach. Eins dieser archaisch anmutenden Dörfer, die es in Indien hunderttausendfach noch gibt. Doch irgendetwas war hier anders. Vielleicht war es die tief stehende Sonne, die die riesige Staubwolke, in die der umgeleitete Verkehr das Dorf hüllte, in einen golden glitzernden Schleier verwandelte. Aus diesem schimmerten rote Farbtupfer in einer Intensität, die ich so noch nicht wahrgenommen hatte. Ausnahmslos Rot war hier die Farbe der Saris der Frauen, sie hatten nackte Kinder an der Hand; Rot war die Farbe der Hüfttücher der Mädchen, viele trugen ihre schon knospenden Brüste offen, die älteren trugen ein um die Brust gewickeltes Tuch in Rot, ihre Gesichter waren unverschleiert, ihr Lächeln eine Mischung aus koketter Scham und Neugierde. Die kleineren Jungs liefen nackt, viele der älteren hatten Shorts oder Leinenhosen an, nicht wenige aber trugen nichts als einen roten Lendenschurz, dazu einen weißen Turban, der freie Oberkörper war mit bunten Ketten geschmückt. Die viele nackte Haut oder die auffallende Farbe Rot waren es aber nicht, auch nicht der Kleidungsstil, der dieses Dorf so besonders machte, es war etwas anderes. Es dauerte etwas, bis ich darauf kam: Es war die Abwesenheit dieser allgewärtigen indischen Traurigkeit. Aus irgendeinem Grund schauten hier die Kinder fröhlicher und die Erwachsenen entspannter.

Mitten in dem Pulk der Dorfbewohner fiel mir ein besonders gut gelaunter Zeitgenosse auf: ein dicker Baba. Ein Baba, das ist so etwas wie der Dorfschamane, der Lehrer, der gute Hirte. Und dieser Baba stand da mit seiner prallen Wampe und einem kugelrunden Gesicht. Er trug einzig dieses rote Tuch um die Lenden und eine lange schwarze Mala, eine Gebetskette, um den Hals. Seine Haare waren lang, lockig und zottelig, doch sein Lachen war fantastisch, er strahlte mich an. Er verengte seinen Blick, als müsste er ihn scharfstellen, dabei schaute er mir mit eindringlicher Freundlichkeit aus 20 Metern Entfernung tief in die Augen. Er winkte, ich winkte zurück. Dann drehte ich mich wieder in Laufrichtung, um das Tempo unserer Schlange zu halten.

Plötzlich aber erfasste mich ein Schauer, ganz heftig von den Haarspitzen bis in die Fußsohlen, ein Energiekick, den wir sonst nur von einem innigen Zungenkuss kennen. Erschrocken von der Intensität, schaute ich mich um, ich sah den Baba mit geschlossenen Augen da stehen, seine Hände mit gespreizten Fingen auf mich gerichtet, er zitterte, dann – wie erlöst – öffnete er seine Augen und strahlte mich an. Ich habe keine Ahnung, wie er das gemacht hatte. Berauscht hielt ich meinen Daumen hoch, ihm zu signalisieren, dass sein Energieschub ankam. Es war keine Zeit, stehen zu bleiben und der Sache nachzugehen. Die Sonne stand schon am Horizont. Ich musste bei der Gruppe bleiben, weiterlaufen. Der wohlige Schauer jedoch trug mich noch bis zum Lagerplatz, als würde ich schweben. Ohne Zweifel würde ich dieses Erlebnis als Wunder Nummer neun eintragen. Ein wahres indisches Wunder.

Am Abend rasteten wir auf einer zugigen Bergkuppe. Ein heftiger Wind wehte. Aufkommende Böen ließen die Wurfzelte der Mönche tanzen. Als wäre es ein albernes Spiel, sprangen die Zelte umher, einige segelten im Gleitflug den Hügel hinunter. Manche Mönche schauten verdutzt, manche lachten und eilten, ohne zu rennen, ihrer fliehenden Zuflucht hinterher. Ich lief hin, um zu helfen. Champ grummelte, er war damit beschäftigt, mit einem Stein noch einige Heringe mehr als sonst in den harten Boden zu hauen.

Und seltsam, obwohl wir außerhalb einer Stadt oder eines Dorfes lagerten, tauchte plötzlich auf diesem windigen Hügel die kleine Gruppe ziemlich eingedreckter Kinder auf, die uns seit einer Stunde gefolgt war. Es waren vielleicht acht, neun Jungs, ein Mädchen war auch dabei. Schwierig einzuschätzen, wie alt sie waren, zwischen zwölf und 14 möglicherweise; vielleicht älter, vielleicht jünger, sie hatten diese Gesichter voll trauriger Weisheit, die die Straße lehrt, still und ergeben, ohne Anklage. Einige scharten sich im Halbkreis um einen alten Mönch, der auf dem Boden vor seinem Zelt saß und ihnen wohl Geschichten erzählte. Er machte das so anrührend und so intensiv, dass die Kinder ihm an den Lippen hingen und lauschten, als verständen sie jedes Wort. Doch mit Sicherheit konnte keines von ihnen Thai.

Drei dieser Jungs hatten mich ins Visier genommen, sie folgten mir auf Schritt und Tritt wie ein verlorenes Rudel kleiner Wölfe, die sich ein Leittier suchten. Als ich mich am Brunnen neben dem verfallenen Steinhaus wusch, wahrten sie keinerlei Abstand. Meine Verlegenheit ignorierend, schauten sie mir zu, als wäre ›Waschen am Brunnen‹ ein Schauspiel. Einer Eingebung folgend, griffen sie in die Aufführung ein. Einer übernahm die Pumpe, so hatte ich fließend Wasser. Ein anderer lief um mich herum, deutete hierhin, deutete dorthin, wo noch Seife wäre. Der Dritte nahm den Schöpfbecher und spülte die letzten Schaumflocken von meinem Schulterblatt. Nun war ihrer Ansicht nach alles in Ordnung, sie nickten. Irgendwie wusste ich nicht, ob ihre anrührende Vorstellung ein Ziel verfolgte. Ich schenkte ihnen mein Duschgel und sagte mit einer Geste unterstreichend: »So, und jetzt ihr!«

Dann nahm ich mein Handtuch und ging. Doch anstatt nun den Brunnen zu nutzen, stapften sie wortlos hinter mir her. Auf dem Weg zum Zelt blieb ich mehrmals stehen, drehte mich um, schaute sie an, schüttelte den Kopf und sagte: »Gut jetzt, geht!«

Sie stoppten jedes Mal ihre Schritte, doch wollten sie einfach nicht gehen. Ihre Antwort war nur ein alles durchdringender Blick – ohne Lächeln, ohne Bitten, doch so, als stände ich nun in einer kosmischen Verantwortung für sie.

»Scheuch sie weg!«, sagte Champ.

»Hab ich doch schon mehrmals versucht.«

»Dann komm ins Zelt und zieh den Reißverschluss zu.«

Mittlerweile war es dunkel, und der Wind nahm zu. Ich hatte mich grade hingelegt, da zog jemand zaghaft den Reißverschluss von außen auf. Es waren die Jungs, die zitternd in ihren Shorts und kurzen T-Shirts da standen. Irgendwoher hatten sie sich eine Decke geholt, die sie sich zu dritt umgehängt hatten. Wieder kein

Wort, nur stille Augen, die dich mit leisen Flehen fragen: ›Hast du uns denn vergessen?‹

»Was wollt ihr?«

Keine Antwort.

»Geld?«

Keine Antwort.

Ich kramte drei 10-Rupien-Scheine hervor. Der Älteste von ihnen, der mit dem makellosen Gesicht und den fein gezogenen Lippen, der aussah, als hätte irgendeine dunkle Geschichte seinem Leben eine nicht vorbestimmte Wendung gegeben, nahm wortlos die Scheine an und steckte sie gleichgültig in seine schmuddelige Umhängetasche, in die vorher schon das Duschgel verschwand.

»Mehr gibt es nicht! Nun geht!«

Keine Reaktion. Keine weitere Regung.

»Was wollt ihr noch? Ins Zelt?«

Keine Antwort. Kein Wort.

»Sorry, das geht nicht, no way!«

Ich zog den Reißverschluss wieder zu.

»Sind sie weg?« fragte Champ.

»Ich hoffe«, sagte ich.

Nach einer kurzen Weile ging der Reißverschluss wieder auf. Die Jungs hatten sich gesetzt, sie hockten da wie ein dunkles, biblisches Bild, stumme Offenbarung. Irgendeine Verwandlung ging vor. Ihre Gesichter, im milchigen Licht der einen Laterne vom Brunnen leise beschienen, waren ohne Fröhlichkeit, ohne drängendes Wollen, doch zum Erbarmen. Ich hatte keine Ahnung, was es bedeuten sollte, sie sagten nichts, nur der Wind nahm kräftig zu, er säuselte ein trauriges Lied. Hilflos war ich diesem Flüsterzauber ausgesetzt. Zum Glück war Champ da, er zog mich ins Zelt zurück und den Reißverschluss zu.

»Du musst sie einfach ignorieren!«

»Champ, darf ich dir etwas erzählen?«

»Nein! Ich will nichts wissen, ich will schlafen!«

»Champ!«

»Na gut, du gibst ja sonst doch keine Ruhe. Mach es aber kurz!«

»Weißt du, wie viele Kinder in Indien auf der Straße leben?«

»Sag schon!«

»Über 20 Millionen!«

»Du übertreibst, wie immer.«

»Nein, ich übertreibe nicht, es ist alles nachzulesen, manche Quellen sprechen gar von bis zu 40 Millionen.«

»Und? Was sollen wir tun?«

»Keine Ahnung!«

»Na gut, hol sie rein, dann wird's wenigstens etwas warm die Nacht. In meinen Schlafsack kommen sie aber nicht!«

»Nein, in meinen auch nicht.«

Ich zog den Reißverschluss wieder auf.

»Champ, sie sind weg.«

»Ist doch gut so, vielleicht sogar besser. Mach das Zelt zu, der Wind weht kalt.«

»Sag mal, leuchte ich?«

Champ fasste mir an die Stirn. »Nein, du glühst. Nimm eine Paracetamol und schlaf, um drei Uhr geht's weiter.«

Das war gestern erst, und scheint mir heut schon lange her. Obwohl es wie ein Traumbild ist, das dich in den Tag verfolgt und erst langsam mit der Zeit verblasst.

»Aufgepasst!«

Champ hat mich zurückgezogen, ich bin wohl mit geschlossenen Augen auf die Fahrbahn gelaufen.

Vielleicht haben die Mönche doch recht. Indien ist Verwirrung. Vielleicht sollte ich mich ihrer Idee anschließen und mehr nach innen schauen. Beim Laufen die körperlichen Abläufe achtsam zu beobachten ist eine besondere Form der Meditation. Und eine erfüllende Aufgabe. Alle Gedanken werden gebündelt und auf das Atmen und die Schritte konzentriert, bis sich, selbst versunken, die Umwelt, dieses komplizierte Draußen, ausblendet. Sei sie richtig, sei sie falsch, mir gelingt es nie lange, diese Idee umzusetzen. Mein Geist ist voller Unruhe. Und heute will der Morgen gar nicht kommen, wie spät es wohl ist? 6.06 Uhr, schon zwei Stunden wieder auf der Fahrbahn. Zehn Tage ohne Erholungspause sind wir schon marschiert. Mir geht es wie dem Akku in meinem Handy, der einfach zu schnell leer wird, weil er nie richtig aufgeladen werden kann. Ah, endlich geht die Sonne auf. Was sagt denn eigentlich mein Schrittzähler …

»Champ, Bo!«, rufe ich laut. »Schaut mal! Noch 30!«

Die Freunde sind schnell zur Stelle, nehmen mich in die Mitte; sie schauen mich an, als hätte ich mal wieder mein Selbst in einer anderen Welt verloren.

»Nein, mir geht es gut so weit, alles bestens. Doch schaut doch mal! Schnell!« Ich halte ihnen mein Handy entgegen, die Fitness-App zählt jeden Schritt.

»Noch 18! 12, 10, 9, 8 …, hey! Wir sind 500.000 Schritte gelaufen. 500.000 Schritte Indien!«

Die sengende Nachmittagssonne presst uns die letzte Kraft aus den Poren, Schweißperlen tropfen wie kleine Feuer von der Stirn in die Augen. Ich habe es aufgegeben, den Staub der Straße von der Sonnenbrille und vom Gesicht zu wischen, ich schleppe mich so dahin. Es wird Zeit für die ›Stunde der Musik‹, auf die ich mich seit dem Mittag freue. Ich zelebriere sie seit Tagen.

Bei allem Lobgesang auf das Smartphone, dieses nicht mehr im Alltag missen zu wollende Allfunktions-Gerät, wird die triviale Tatsache, die Dinger brauchen Strom, zur bitteren Erkenntnis: Felder haben keine Steckdose. Wo immer sich die Gelegenheit bietet – in der Schule, bei einem nahen Kaufmannsladen oder bei einem hilfsbereiten Dorfbewohner –, sammelt einer von uns am Abend die Geräte ein und setzt sich neben die entdeckte Steckdose. Wir nennen das ›Handy-Wache‹. Champ hat zwar ein Solarzellen-Aufladegerät zum Aufklappen dabei, das er über seinen Rucksack hängt und das tatsächlich funktioniert, doch scheint die Ladezeit schier endlos. Mein Handy findet dort selten Zugang, so reicht der Akku nur eine Stunde. Und diese eine Stunde, meine ›Stunde der Musik‹, legte ich in den Nachmittag, kurz bevor meine eigene Energie auf den Tiefpunkt sackt.

Für buddhistische Mönche gilt, Musik zu hören sei eine sinnliche Anhaftung an die Welt voller Täuschung, insofern zu meiden. Mir ist das so unverständlich wie egal, ich setze meine Kopfhörer auf, lasse mich in den Rhythmus fallen, und mit einem geheimnisvollen Energieschub ziehe ich lächelnd an den vom Tagesmarsch Gezeichneten vorbei.

›Oh, Wohnstatt der Gesänge, mein himmlischer Zwilling, der du auf mich wartest!‹, schrieb einst Baha'u'llah, der alt-persische Sufi-Dichter und Religionsstifter, er nannte die Musik gar ›die Lichtseele der Einswerdung nach dem Entwerden‹ und kam zu dem Schluss: ›Weil es Musik gibt, gibt es Gott.‹

Nietzsche sagt es etwas nüchterner: ›Ohne Musik ist das Leben ein Irrtum.‹ Und ich weiß: Seit all den Tausend Jahren versucht der Mensch, die Himmel mit Musik zu beschwören. Das ist der Urgrund aller Dichtung: die Lyrik. Sprache in Musik. Denn im Vers wird das Wort zum Zauber. In Metrik, Rhythmik, Reim versucht so mancher Hohepriester der Musik und Lieder, bis in unsere Tage, mit dem Göttlichen in eine zärtliche Verbindung zu treten. Und mit dieser gleichsam transzendenten Vibration wird oft ein Fenster in das Jenseits aller Vernunft, in dieses große Versprechen einer allgültigen Gemeinsamkeit, geöffnet. Wohl denen, die das auf ganz besonderen Konzerten das eine oder andere Mal erleben durften.

All die Songs auf meinem Handy waren Begleiter wie auch recht oft Bewirker meiner eigenen Geschichte. Sie sind nicht nur aufwühlende Begegnung mit der Vergangenheit, sondern vielmehr Kraftspender der Gegenwart. Manchmal singe ich – leise, um die

Mönche nicht zu verschrecken – die eine oder andere Strophe mit. Dabei mache ich eine ganz praktische Erfahrung: Singen hilft gegen die aufkommenden Rückenschmerzen. Das geschieht zwar nicht durch transzendente, sondern vielmehr durch ganz natürliche physikalische Vibration.

Der Lagerplatz, den unsere Crew heute Abend für uns ausgesucht hat, liegt am Rand eines kleinen Dorfes, irgendwo vor Shingrawan. Es ist schon dunkel geworden, als wir ihn endlich erreichen. Müde und erschöpft betreten wir durch ein mit Schlinggewächsen überzogenes Tor den großen Hof eines alten Tempels. Er ist Ruine. Quadersteine liegen kreuz und quer. An den Rändern gibt es kleine Kammern mit gebrochenen Balken, die vielleicht irgendwann einmal Dächer trugen. Wir finden uns wieder in einem dunklen Traumbild eines vergilbten Märchenbuchs. Auf den eingestürzten Mauern schimmert dumpf das Gras. Nirgendwo ist ebener Boden, und der Mond ist nichts als eine schmale Sichel. So stolpern wir in dieses Heiligtum einer wohl lang schon vergessenen Gottheit. Der Wind pfeift durch die Ritzen, als wisse nur er noch, ihr Lied zu singen. Im Schutz einer hohen Steinwand, in deren Nischen allem Anschein nach einst rätselhafte Skulpturen standen, bauen wir das Zelt auf. Der Zauber dieses Ortes erfasst uns, wir schaudern. Vielleicht ist es bloß die Kühle der Nacht. Hinten, am linken Rand des Areals, schimmert fahles Licht aus einer noch halbwegs stehenden Tempelhalle.

»Ich geh da mal hin, vielleicht gibt es dort Strom«, sage ich.

Heute habe ich Handy-Wache; das heißt, bepackt mit sieben Handys, Doppelstecker und Kabel, mache ich mich auf, eine Stromquelle zu suchen.

Ich habe Glück, zwei Mönche sitzen schon dort in der Halle vor einer Säule, in die eine Steckdose eingelassen ist. An die 30 Handys liegen angeschlossen im wirren Kabelgestrüpp auf dem Boden. Ich packe die mitgebrachten Geräte aus, klinke sie ein und setze mich dazu. Die Mönche dösen.

Ich muss wohl auch etwas eingenickt sein. Das Schnarchen der Mönche hat mich geweckt. Außer uns ist niemand da, alles ist ruhig und friedlich, irgendwo in der Ferne schlägt dumpf eine Trommel. Ich werde mir die Beine vertreten und mich ein wenig umschauen.

Die Tempelhalle ist ein verwinkeltes Labyrinth mit schmalen Gängen und vielen kleinen Nischen, in denen vor Dreck taube Glühbirnen glimmen. Ich komme bis vor eine verschlossene, schmiedeeiserne Gittertür im Zentrum des Baus. Im fahlen Licht sehe ich hinter dem Gitter eine Art eiförmigen, rotbraunen Stein in der Mitte des Raums stehen. Er ist erhöht durch eine in seiner Form an eine Öllampe erinnernde Empore, sie hat eine Abflussrinne. Eine Tierfigur mit großem Buckel, ähnlich einem Urzeit-Büffel, steht ihm zur Seite. Alles deutet darauf hin, dass das okkulte Gegenstände sind, die hier einst angebetet wurden. Hinter dem Tier, das bemerke ich jetzt erst, sind Hakenkreuze in blassem Rot an die Wand gemalt.

Es läuft mir eiskalt den Rücken herunter, ich hätte es wissen müssen! Die Lampen, die verschlossene Gittertür waren Zeichen genug, das ist kein okkulter Ort längst vergangener Zeiten, das hier ist ein Shiva-Schrein. Die Swastika ist sein uraltes Zeichen. Und der Stein, das ist sein Lingam, ein Phallus Dei, Shivas göttlicher Penis. Die Öllampe, auf der er steht, das ist Yoni, das Symbol für eine Vagina. Die Trommeltöne kommen näher, ich sollte mich beeilen, schnell zurückzugehen – zu spät! Schon hallt ein monotoner Gesang durch die Gänge. Mein Herz schlägt heftig, ich springe in eine Nische.

Ein Priester mit Glatze, freiem Oberkörper und einem weißen, langen Tuch um die Hüften erscheint, gefolgt wird er von dem Trommelschläger und drei Frauen mit roten Kopftüchern, jede trägt einen Korb. Dahinter gehen tanzenden Schrittes noch vier oder fünf Personen; ich kann nicht sagen, ob Mann oder Frau, ich drücke mich fest in die Nische. Ich habe Glück, noch bin ich unentdeckt. Die kleine Prozession singt in Trance und fernen Blickes ein immer sich wiederholende Mantra. ›Om Namah Shivaya‹, glaube ich heraushören zu können.

Der Priester hat das Gitter aufgeschlossen, alle sind im Raum versammelt. Jetzt wäre Gelegenheit zur Flucht, doch als sei ich selbst in Trance, verharre ich in Beobachtung. Die erste Frau öffnet ihren Korb und reicht dem Priester eine kleine Kanne. Dieser lässt unter anhaltendem Gesang den Inhalt der Kanne auf die Spitze des Steins fließen, wobei er mit der freien Hand den Lingam reibt. Die sämige Flüssigkeit, es ist wohl Milch, wird von Yoni, dem öllampen-förmigen Becken, aufgenommen. Nun tritt die zweite Frau heran und lässt gelbe Blumen aus ihrem Korb über Shivas Steinpenis rieseln. Als die dritte Frau ihren Korb öffnet, steigert sich der Gesang, die Körper wiegen sich. Ich kann es erst nicht sehen, dann will ich es nicht glauben: Die Frau hat eine Schlange in den Händen, die sie dem Priester überreicht. Er hält sie einmal in die Höhe, dann lässt er sie auf den Boden gleiten. Die Schlange, es ist eindeutig eine Kobra, schlängelt sich durch Yonis Rinne hoch zum Lingam. Als die Kobra die Milch vom Lingam züngelnd schleckt, gerät die Gemeinde in Ekstase, der Trommelschlag legt einen Takt zu, der Gesang geht ins Crescendo. Das ist meine Chance zu fliehen. Ich nutze sie.

Mit Herzklopfen hetze ich durch die Gänge zurück zum Platz, wo die Handys laden. Sie sind alle noch da, die Mönche schnarchen selig. Im Nu lege ich mich dazu und stelle mich schlafend. Noch eine Viertelstunde hallt aus den Gängen der Gesang des Mantras, dann verliert er sich. Irgendwo in der Ferne schlägt dumpf die Trommel. Mit ihrem Klang falle ich in albhafte Träume. Als ich mit Gliederschmerzen und heißem Kopf auf dem Steinboden aufwache, sind nur noch die sieben Handys da, die Mönche sind fort. Im Hof herrscht reges Treiben, es ist drei Uhr morgens, Zeit, die Zelte einzupacken und sich einen Kaffee zu ergattern.

Wir liegen hinter Chouparan, kurz vor der Grenze zu Bihar, und machen Mittagsrast. In den Kesseln dampft das Wasser, die Köche schnippeln Gemüse. Viele von uns sind krank. Einige hat ein Fieber erwischt, mich auch. Doch all den anderen sieht man die Strapazen ebenso an. Die Wunden in den Pausen zu pflegen, ist seit Tagen Ritual. Wenn uns jemand sähe, würde er eher an ein Bataillon in einer Gefechtspause denken, als dass er auf die Idee käme, hier wandern Mönche zu heiligen Stätten. Einzig der Hund von Mahaviro, der seit der liebevollen Pflege sein ständiger Begleiter wurde und seit Tagen ein orangenes Tuch als Halsband trägt, tollt freudig herum.

»Wie ist es eigentlich dem fußkranken Mönch ergangen, den du mit den Blasenpflastern verarztest hast? Wie ist der nach Hause gekommen?«, frage ich Champ. Ich spiele selbst mit dem Gedanken abzubrechen, die letzte Nacht steckt mir erheblich in den Gliedern. Und der Kaffee ist seit Tagen knapp, Paracematol gibt es nur noch auf ausdrückliches Verlangen. Allein die Puffreisschnitten, die gibt es noch reichlich.

»Der?«, fragt Champ zurück. »Hast du ihn denn nicht gesehen? Er läuft schon seit fünf Tagen wieder mit.«

»Oh, das ist aber ein Wunder«, sage ich. Obwohl, so wäge ich ab, als echtes Wunder reicht das nicht zum Eintrag, doch ich werde die Wirkung der Blasenpflaster lobend erwähnen.

»Aber sechs Mönchen geht es ziemlich übel.« Champ macht ein besorgtes Gesicht. »Sie werden gleich von einem Minibus abgeholt, der sie nach Bodhgaya bringt.«

»Ein Minibus, wie schön! Da würde ich auch gern mitfahren!« Ich habe den Satz unbedacht ausgesprochen, doch meine vom Fieber geschwollene Zunge gab ihm einen überzeugenden Ton.

Champ blickt mich eindringlich an. »Du hast wirklich sehr glasige Augen, vielleicht hast du recht und solltest da mitfahren. Ich schau mal, was ich für dich tun kann.«

›Warte mal!‹, will ich sagen, doch es kommt nur ein merkwürdiges ›arr-ma‹ über meine leicht aufgeplatzten Lippen.

Champ redet schon mit dem dicken Mönch, der das Drumherum der Tagesabläufe organisiert.

Eine halbe Stunde später werde ich als siebenter Kranker in den bereitstehenden Wagen neben einen vor Schmerzen stöhnenden Mönch bugsiert. Mein Gepäck wird eingeladen. Doch dafür wird eine Tasche wieder ausgepackt und neben den am Boden liegenden Novizen gestellt. Er scheint ebenfalls hohes Fieber zu haben und hoffte wohl, mitgenommen zu werden.

»Champ, lass mich aussteigen, sollen sie lieber den Novizen mitnehmen, dem geht es viel elendiger als mir.«

»Nix da, mach keinen Aufstand! Du bleibst da schön drin. In zwei Tagen sehen wir uns wieder!«

Champ schlägt die Tür zu, der Minibus fährt ab.

Indische Augen

Es ist Indien!

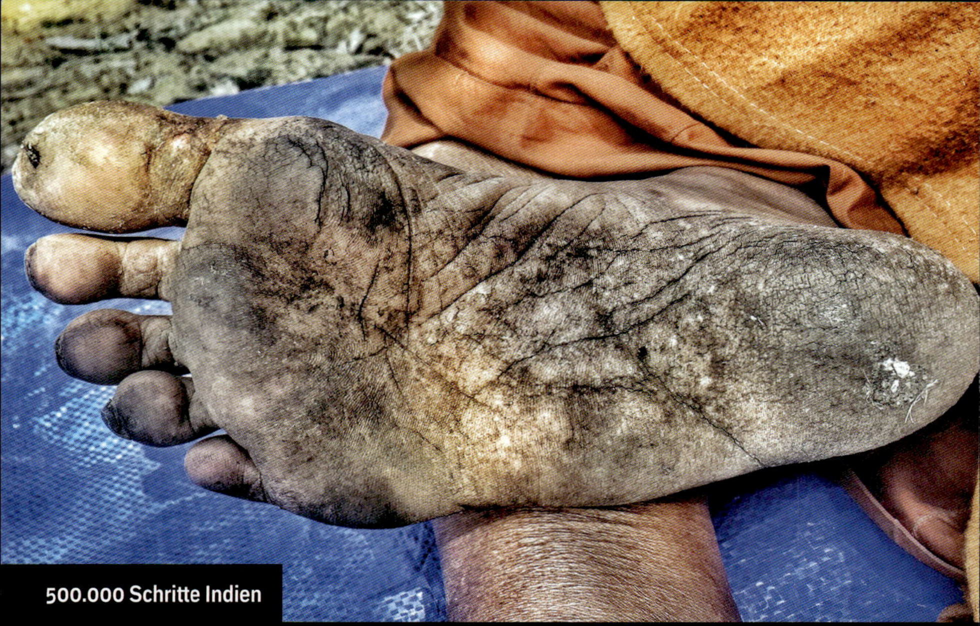

500.000 Schritte Indien

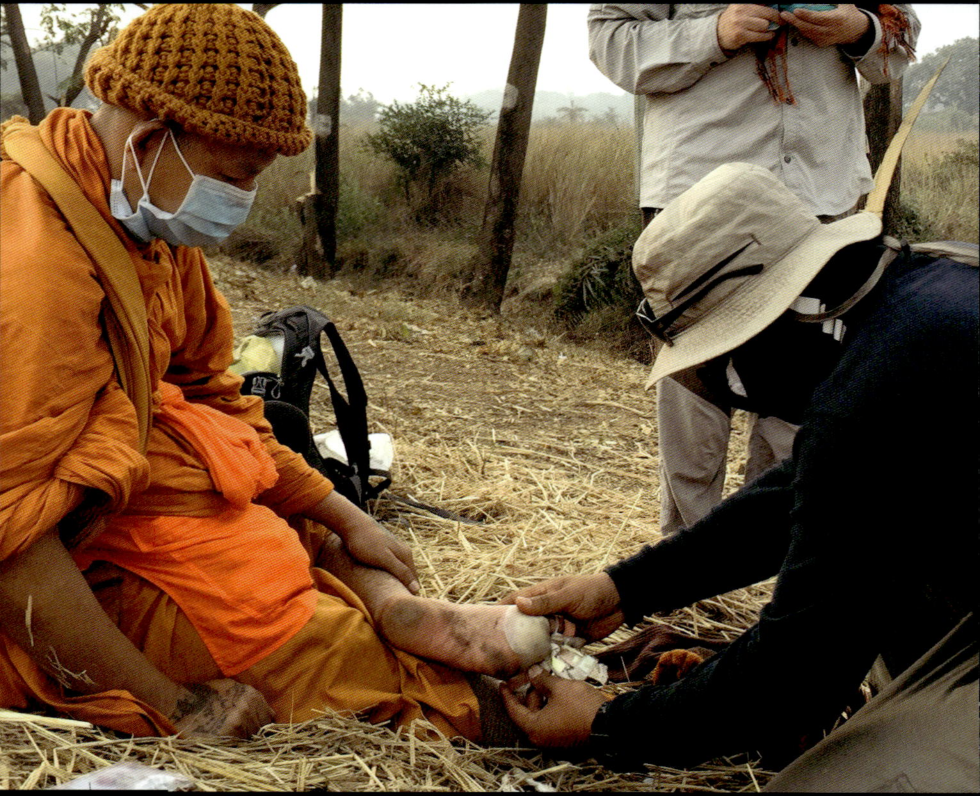

Verletzung

Durgapur

Chai am Morgen

Beschneidungsfest

Auf dem einsamen Weg

Highwayhund

Solarenergie

Handy-Wache

Mönche bei der Abendwäsche

Aod Chumpon (Fotograf) mit Bodhibaumblatt

Von Shingur nach Bardhaman

আসানসোল পানাগড়
TATA

Bahnübergang

Vater und Sohn

Im Gespräch mit der Highway-Polizei

Mahabodhi-Tempel in Bodhgaya

Mr. Karamdiep in Bodhgaya

10

Siddhartha, der Wandermönch

Nachdem Siddhartha an den Ufern des kleinen Grenzflusses zu Kapilavath seinen Freund und Diener, Chana, als auch sein treues Pferd, Kathanka, zurückgelassen hatte, ging er in die Berge. Altehrwürdige Brahmanen, die dort als Eremiten lebten, unterwiesen ihn in Yoga und meditativer Versenkung.

Als Siddhartha alles verinnerlicht hatte, was er von seinen Lehrern lernen konnte, verließ er die Eremiten und ging zurück in die Täler. Dort schloss er sich einer Gruppe von Schmerz-Asketen an. Sie zogen in kleinen Freundesbanden durch das Land, schliefen gemeinsam unter Bäumen. Und was man zum Leben brauchte, wurde erbettelt. Doch Bedürfnislosigkeit war nicht genug, es musste wehtun. Immer neue körperliche Torturen dachte man sich aus. Mal ließ man sich kopfunter von einem Ast am Baum hängen, bis der Kopf zu platzen drohte. Mal stand man tagelang auf einem Bein, bis der Erste umfiel. Es war wie ein Männlichkeitswettbewerb unter jungen Burschen. Die Sache mit dem Nagelbrett trieb Siddhartha auf die Spitze: Er machte sich ein Bett aus Dornen. Die Schmerzen waren eine interessante Erfahrung; sie auszuhalten, stärkte den Geist, doch wirklich tiefe Einsichten in das Geheimnis von Leben und Tod brachten sie nicht.

Siddhartha gab jedoch nicht auf, Geduld hatte er gelernt. Und er konnte denken, sich versenken und fasten. Vielleicht sollte er im Fasten, so dachte er, seine Anstrengungen erhöhen, vielleicht müsse man seine eigene Grenze erreichen, um dieses ›Dahinter‹ zu erschauen. Siddhartha fastete länger als alle anderen. Seine asketischen Freunde begannen sich Sorgen zu machen, doch niemand wagte, einzuschreiten. So hungerte Siddhartha sich bis zur Bewusstlosigkeit. In einem solchen Zustand, dem Tod näher als dem Leben, fand ihn eines Tages ein Hirtenjunge vor. Der Hirtenjunge zeigte Erbarmen, melkte schnell seine Ziege und flößte Siddhartha die warme Milch ein. Siddhartha kam zurück ins Bewusstsein sowie zur Erkenntnis: Hunger bringt keine Erleuchtung, Hunger macht krank.

Durch die Erfahrung mit dem Hirtenjungen – manche sagen: ›Das war Krishna!‹ – und durch die Gnade, die dieser ihm erwies, reifte in Siddhartha die Idee, dass es sinnvoller sei, sich dem Leben, dem ›Hier und Jetzt‹, zuzuwenden, als dem Jenseits nach dem Tod. Er aß wieder regelmäßig, übte sich aber weiter in Meditation, auch legte er Fastentage ein. Doch das selbstquälerische Asketen-Dasein beendete er. Die alten Freunde hatten sich ohnehin nach der Geschichte mit dem Hirtenjungen, vielleicht aus eigener Scham, enttäuscht von ihm abgewandt. Siddhartha führte nun das Leben eines besitzlosen Wandermönches.

Er besann sich auf den Ausgangspunkt seines Aufbruchs, er wollte den Blick nicht nur nach innen richten, sondern sich umschauen; es galt, das Dasein, dies ›Hier und Jetzt‹, anschauend zu betrachten, ohne Voreingenommenheit die Natur und die Dinge so zu sehen, wie sie sich zeigen. Siddhartha erfasste: ›Alles was lebt, will leben. Das Leben ist das Kostbarste, was die Wesen haben, sei es Mensch oder Tier oder Baum und Pflanze.‹ Wie die Sonne, die mit ihrem Aufgang die Welt der Dinge erst sichtbar macht, so schien es sich mit dem Verstand zu verhalten: Erst er, der Verstand, bringt die bloße Anschauung zur klaren Erkenntnis. Und die Erkenntnis sollte sich im Handeln widerspiegeln. ›Das Wesentliche jeder Tat soll das Mitgefühl mit allem Lebendigen sein.‹ Das ist das Grundprinzip des rechten Handelns: Wir sollen das Gute tun, weil es das Gute ist. Und ist der Sinn hinter allem auch noch verborgen, jeder weiß es doch, was das Gute und was Unrecht ist.

Siddhartha begann, sich vermehrt um die Tiere zu kümmern; einmal pflegte er über Wochen ein Lamm, das sich den Fuß gebrochen hatte. Und das ein und andere Mal schritt er bei rituellen

Tier-Opferungen ein. Nur durch die Kraft seiner Worte konnte er so manches Wesen retten. Einmal aber, da traf Siddhartha einen Brahmanen, der grade im Begriff war, eine Ziege zu opfern. Der Brahmane meinte, er sei von Geburt her etwas Besseres, und allein deshalb wäre er völlig zu Recht Herr über Leben und Tod, und das da, das wäre doch nur eine Ziege. Da riss Siddhartha dem Brahmanen die noblen Kleider vom Leib, bedeckte damit das Tier und sprach: »Niemand wird durch seine Geburt zu etwas Besserem, nur durch sein Handeln. Deine Kleider umhüllen die ganze Schöpfung, tötest du sie, tötest du dich selbst.«

Die Geschichte sprach sich rum. Sujata, eine junge Frau aus dem Dorf Senani, wo sie eine Rinder-Farm besaß, hatte ebenfalls von dem sanften, gut aussehenden Wandermönch gehört, der Mitgefühl mit den Tieren predigte. Eines Morgens, Siddhartha meditierte unter einem Baum, brachte sie ihm in einer goldenen Schale eine köstliche Speise aus Reis und Milch und Honig. In Hingabe und Hochachtung richtete sie das Wort an ihn: »Mögest du bald erfolgreich sein und dein großes Ziel erreichen!«

Es bedarf manchmal so wenig. Ein aufmunterndes Wort, eine nette Geste eines Freundes oder einer Fremden. Siddhartha würde sich an diese Begegnung immer erinnern. Einst sagte er seinen Jüngern, als er längst Buddha war: »Zwei Bedingungen, oh Brüder, liegen der rechten Erkenntnis zugrunde: Die Stimme eines Anderen und tiefes Nachdenken.«

Die Begegnung mit Sujata gab Siddhartha den Impuls, sein großes Ziel ›die Wahrheit zu suchen‹, entschieden voranzutreiben. Er ging hinunter zum Fluss; der Nairanjana führte um diese Jahreszeit nicht viel Wasser, so durchquerte Siddhartha ihn zu Fuß. Im Hain am anderen Ufer suchte er sich einen einsamen Platz unter einem Baum, der ihm beistehen und beschützen würde. Dort setzte er sich in den Lotussitz. Siddhartha schwor sich, nicht eher aufzustehen, bis sein Geist in Frieden erwachen und er die Fragen des Daseins durchdringen würde. Dann versenkte er sich in tiefe Meditation.

11

Bodhgaya – Unterm Bodhi-Baum

Mein Einzug in die hochheilige Stadt des Buddhismus, Bodhgaya, ist nicht mit dem Triumph des Wanderers gekrönt. Ich sitze fiebrig schwitzend in einem Krankentransport. Eine Schranke öffnet sich, wir fahren mit dem Minibus in ein großflächiges Tempel-Areal, in der Mitte steht ein prachtvoller Bau. Ein Empfangskomitee von Krankenschwestern erwartet uns, wir kommen sofort auf die Station. Für die knapp 60 Kilometer von unserem Rastplatz bis hierher haben wir mit dem Wagen immerhin zwei Stunden gebraucht. Der Mönchs-Treck wird dafür zwei Tage benötigen.

»Wir befinden uns auf dem Gelände des Thai-Tempels von *Phuttha-Gaya*«, so erklärt es mir die Ärztin, die mich untersucht. »Jedes buddhistische Land hat hier, in der Hauptstadt des Buddhismus, quasi im Jerusalem des Ostens«, sie schaut mich lächelnd an, mein Einverständnis für ihren Vergleich gewinnend, »seinen eigenen Tempel, der gleichzeitig als Botschaft dient. Die Thai haben einen besonders schönen. Und er ist hervorragend ausgestattet. Neben dem Tempel gibt es komfortable Unterkünfte für die hohen Mönche sowie große Schlafräume für die Pilger. Wir haben eine Schule, zwei Restaurants, ein Café, die Visa-Stelle, einen Buchladen, Büros und eben Buddhas eigenes Krankenhaus.« Sie lächelt wieder gewinnend. »Ach, und Gasthäuser haben wir auch. Haben Sie dort schon ein Zimmer? Hier ist alles belegt, und ich denke, wir kriegen Sie auch so wieder hin. Nehmen Sie aber regelmäßig die Medizin! Nein, das kostet Sie nichts. Sie laufen mit den Mönchen, Sie sind unser Gast!«

Das mir zugewiesene Gastzimmer hat zwar kein Fenster, keinen Tisch, keinen Stuhl, nur zwei Matratzen, doch ich habe es für mich allein. Und vor allem: Gleich die nächste Tür ist das große Bad mit

Duschen! Fließend Wasser! Ah, von oben! Als stände man unter einem Wasserfall! Und so warm oder heiß, wie man es möchte! Das ist nach 14 Tagen Wanderung ein so überwältigendes Erlebnis, dass ich mit Tränen in den Augen eine Dankeshymne an den Erfinder dieser Errungenschaft der Menschheit singe. Danach lege ich mich hin im Fieberrausch.

Klitschnass wache ich auf. Es ist vier Uhr morgens. Fast zwölf Stunden muss ich mir das Fieber ausgeschwitzt haben. Mein T- Shirt kann ich auswringen. Ansonsten fühle ich mich besser. Das Fieber war wohl nichts Ernstes, eher ein verschleppter Schnupfen, gepaart mit Erschöpfung. Ich sollte aufstehen, duschen – ah! – und mich umsehen gehen.

Der frühe Morgen ist die Zeit der Mönche. Sie laufen in kleinen Gruppen die Straße hinauf. Sie alle tragen ihre Roben in ihren ganz eigenen, die Zugehörigkeit ihres Ordens kennzeichnenden Farben. Von eher mildem Safran, über leuchtendes Orange, bis hin zu dunklem Rot ist alles vertreten. Die Mönche kommen aus Vietnam, Thailand, Tibet, Taiwan, Südkorea, Sri Lanka, Singapur, Myanmar, Japan, China und dem Bhutan. All die Länder haben hier, in dieser kleinen Stadt, ihren Tempel erbaut. Einerseits als Aushängeschild ihrer Nation, anderseits als Verneigung. Denn der Mahabodhi-Tempel überragt sie in seiner Schönheit alle. Dabei ist er einer der ältesten buddhistischen Tempel, die noch stehen; er stammt aus dem 2. Jahrhundert unserer Zeitrechnung. Am Eingang gibt es eine Passkontrolle, dann geht es noch zweimal durch eine Sicherheitsschleuse mit Körpercheck.

»Warum diese Angst?«, frage ich einen Mönch, mit dem ich ins Gespräch komme. Er hat ein europäisches Gesicht.

»Well, you know …« Er ist Amerikaner, wie es sich herausstellt. »Also, weißt du das denn nicht?! Vor eineinhalb Jahren, es war im Sommer 2013, da gab es hier einen Anschlag mit neun Bomben!«

»Oh, wirklich?! Nein, das habe ich nicht gewusst.«

»Es gab glücklicherweise keine Toten. Vielleicht bekam deshalb der Terrorakt nicht die ungeteilte Aufmerksamkeit der Medien. Doch fünf Menschen, drei Mönche und zwei Gartenarbeiter, wurden schwer verletzt. Der Tempel wurde ebenfalls erheblich beschädigt. Dabei, vier der neun Bomben zündeten nicht, das waren Blindgänger. Doch weißt du, was das besonders Perfide war?« Der Ami, der sich mir unter seinem Mönchsnamen, Asanga, vorstellte, macht eine Atempause. »Die Bomben gingen genau in der Zeit der Morgenandacht, also zwischen 5.30 Uhr und sechs Uhr früh, hoch. Eine Bombe war direkt unter dem Bodhi-Baum platziert, den Baum hat's auch erwischt, er trug Blessuren davon.«

»Oje!«, sage ich. »Wer macht denn so was?!«

»Na, wer wohl?«

»Sag es!«

»Die Gleichen, die ihre Religion mit dem Schwert in die Welt trugen und die auch heute den Globus mit Terror überziehen.«

»Du meinst, unsere muslimischen Freunde?«

»Nun, sie machen es einem nicht leicht, sie als Freunde anzusehen, obwohl wir es versuchen sollten, mit allen in Freundschaft zu leben.« Asanga hält inne, wie zu einem stillen Gebet, dann drückt er meinen Arm, sagt: »Sadhu! Viel Glück dir!«, und geht.

Der Tempel liegt inmitten eines großen Gartens. Zwei in Stein ausgelegte Gebetspfade, mit vielen Spruch- und Hinweistafeln, führen im Quadrat um das zentrale Gebäude herum. Mönche und Pilger aus allen Nationen – darunter auffallend viele Tibeter, die leicht an ihren Gebetsmühlen zu erkennen sind – umkreisen den riesigen Stupa im Uhrzeigersinn. Ich schließe mich ihnen an; es gehört sich, wenigstens vier Runden zu laufen. Dabei kann ich das faszinierende Bauwerk von allen Seiten betrachten.

Eingerahmt vom Grün der Bäume, im Hintergrund das majestätische Dunkelblau des späten Nachthimmels, leuchtet der angestrahlte Pyramiden-Stupa in einem Märchengold, als käme man nach langer Wanderung durch dunklen Dschungel an eine Lichtung und sähe endlich den gepriesenen Ort. Es gibt ihn also doch: den ›Diamantenen-Thron‹. Dabei haben die Schöpfer dieses Meisterwerks alt-indischer Baukunst für den 55 Meter hohen Turm weder Gold noch Diamanten verwendet, sondern Ziegelsteine. Und zwar 400 Jahre nachdem Kaiser Ashoka auf der Suche nach dem Baum der Erkenntnis der Legende folgte und dort, in diesem Hain an den Ufern des Nairanjana (heute Falgu) bei der Stadt Gaya, eine besonders prächtige Pappelfeige entdeckte. Diese ließ der Kaiser mit einer Mauer umranden. Damit war sie markiert als Bodhi-Baum – als der Baum, unter dem Siddhartha Gautama, der spätere Buddha, Bodhi (Erwachen) erlangte.

Und stolz wird berichtet, dass der dort an der Westseite des Tempels stehende Baum tatsächlich ein Ableger in siebenter Generation der ursprünglichen Pappelfeige sei. Ashoka hatte einen Tempelwächter eingesetzt, der die Aufgabe hatte, den Baum zu pflegen, Ableger in verschiedene Klöster zu senden, und über alles gewissenhaft Buch zu führen. Für die Mystiker des Buddhismus ist das eine wichtige Sache. Sie glauben, dass eine allumfassende Erkenntnis nur im Zusammenspiel aller Kräfte möglich werde. Dem Baum wird als Teil des Ganzen seine Mitwirkung an Siddharthas Erleuchtung zugestanden.

Ich setze mich zu den Mönchen unter den Bodhi-Baum und hoffe, als Teil des Ganzen auch am Ganzen teilhaben zu können. Es ist kurz vor Tagesanbruch. Ich sitze, ich atme, ich träume. Schon geht die Sonne auf. Der Mahabodhi-Tempel wird in überirdisches Licht getaucht, ein himmlisches Schauspiel der Natur mit der jahrtausendealten Architektur! Es passiert tagtäglich, doch ergreift es mich, hier unter dem Bodhi-Baum.

»Hey Baum!«, flüstere ich, seine Blätterkrone flimmert im Gegenlicht. »Hallo, du gute, alte Pappelfeige, ich bin's! Sag mal, magst du mir helfen? Ich bin so unentschieden: Soll ich weiter mit den Mönchen laufen? Eine kleine Erleuchtung wäre schön!«

Ein leichter Wind kommt auf. Da fällt ein Blatt auf mich. Ein Bodhi-Baum-Blatt. Ich hebe es achtsam auf. Dieses sich vom Baum gelöste, feingeäderte Meisterwerk aus Laub vereint in seiner Form: Herz, Becken, Po und Samenfaden. Ich staune es an.

Lehrer wissen das, Schüler dürfen es erfahren: Es gibt kleine Erleuchtungen! Neuronen blitzen auf in unserem Hirn, jedes Mal, wenn wir etwas begreifen. 100 Milliarden dieser Nervenzellen bilden unser Hirn. Werden sie durch Erkenntnis oder Lust erregt, feuern sie Ionen durch Membranen und senden mit irrwitziger Geschwindigkeit Signale und Botschaften in weit entfernte Empfängerzellen. Die Bahnen, die sie dabei schlagen, sind wie eine Vernetzung; jede neue Erkenntnis ist eine neue Verbindung aus nicht zu berechnenden Trilliarden von Möglichkeiten. Es ist alles eine elektro-chemische Reaktion. Ihre Aktivität lässt sich messen. Und doch: Jede Nervenzelle für sich ist ein wahres Wunder!

Die allumfassende Erkenntnis, die Erleuchtung, sie ist wirklich denkbar. Alle Nervenzellen schössen gleichzeitig Blitze ab und entfachten einen Neuronensturm. Glückseligkeit oder Hölle, das Gehirn würde glühen. Alles wäre getaucht in gleißendes Licht. Es wird nie zu beschreiben sein, und doch ist es zu sehen: Jeder Stein wie alles Holz pulsiert, und durch die Blätter eines Baumes fließt die Energie. Der Baum atmet, ist im Austausch mit uns. Alle Organismen, wie unser Fleisch und Blut, sind durchlässig, atomare Teilchen schießen unablässig durch uns durch. Alles ist vernetzt, alles ist verbunden, alles steht in Beziehung miteinander als Teil des großen Ganzen. Das mit allen Sinnen zu erfassen, muss einen Rausch auslösen. Gewisse Drogen können das auch. Die Jünger Jesu ereilte es zu Pfingsten, in Feuerzungen regnete der Heilige Geist vom Himmel. Welch hübsche Geste: ein Gottesgeschenk. Siddhartha aber erlebte das aus eigener Kraft, wochenlang verharrte er in tiefer Versenkung. Und dann kam es über ihn, in jener Vollmondnacht im Monat Mai. Träumte Buddha die Geburt des Universums? Und sein Ende? Sah er alles klar? Sein Geist glühte. Erwacht ist er in Glückseligkeit, sein Herz war voller Mitgefühl. Ihm war der Durchbruch gelungen.

Mein Kopf glüht auch. Doch das ist wohl das Fieber, das sich zurückmeldet. Der Mond ist heut nicht voll, er leuchtet blass als spitze Sichel. Ich erhebe mich vom grauen Steinblock, auf dem ich saß, und reihe mich ein in den sich drehenden Kreis. Mönche und Pilger laufen am Bodhi-Baum vorbei, halten inne, knien nieder vor der goldüberzogenen Granitplatte, die den *Diamantenen Thron* markiert. Ich bedanke mich beim Baum und ehre ihn mit einem Wai. Dann reibe ich mein Halstuch, so wie ich es an der Klagemauer und über das Jesusgrab, letztes Jahr in Jerusalem, tat, über die goldene Platte. Eine mythische Aufladung. Schaden kann das nicht.

Ein Mönch, er trägt eine Halskette mit einem Fisch-Amulett, tritt an mich heran, er gibt mir aus einer Schale zu trinken: »Lass dich nicht überwältigen von der Macht. Das Unbewusste musst du durchbrechen. Dein Gefühl nimm an! Lerne, in einer reifen, ausgewogenen Art zu handeln!«

Am Ausgang des Tempels sitzt ein alter Rikscha-Fahrer. Ein graues Baumwolltuch hat er zu einem spitzen Turban gebunden. Ein langer, weißer Bart und buschige Augenbrauen durchmengen sich mit seinen weißen Haaren. Tiefe Falten zieren sein Gesicht. Das Auffälligste aber sind seine gütigen Augen. Er fasst mich an den Arm, er lacht; und er redet in einer milden Art, die Geborgenheit verheißt. Meine Fieberschwäche sagt: Steig ein! Er fährt mich hinunter zum Thai-Tempel, während er die ganze Zeit erzählt. Ich weiß nicht was, doch ist mir, als wenn ich jedes Wort verstände.

Ich wache auf im dunklen Zimmer. Ist es Tag, ist es Nacht? Der fensterlose Raum gibt keinen Aufschluss. Meine Hand tappt nach dem Smartphone, sie stößt auf etwas Knisterndes. Das muss das Gujarati-Salzgebäck sein. So manches Mal haben die vier Freunde und ich uns an ihm satt genascht. Krishnas Tüte ist noch immer viertelvoll. Ein Wunder! Wie seine Umarmung auf dem Bahnsteig in Delhi. Es war wie ein inniger Kuss, als er flüsterte: »Schreib mir, wenn du etwas brauchst oder die Wahrheit sich zeigt!«

Endlich tippe ich ihm einige Zeilen: »Thank you so much! Don't need nothing, but missing you. Nonetheless I'm still well-fed by your sweet and salty good-bye. And yes, there's some truth that showed up: the ugly truth, the Kolkata blues.«

Ich gehe hinaus in das Tempelgelände. Es gibt eine Mensa, in der Mönche und Pilger wie ich unentgeltlich beköstigt werden. Doch ich bin zu spät. Mittag ist schon lang vorbei. Der Mensa gegenüber liegt das kleine Kloster-Café. Dort kann man den ganzen Tag kleine Snacks erhalten, vorzugsweise die bei den Thai so beliebten europäischen Sandwiches. Kaffee und Tee gibt es gratis. W-LAN mit hoher Geschwindigkeit steht zur Verfügung, wie auch Schreibtische. Doch ebenso gibt es eine gemütliche Leseecke mit einem Bücherregal voll buddhistischer Literatur. Ein Separee ist, so weisen es die Schilder aus, den Mönchen vorbehalten. Dort sehe ich den Mönch Somwang bei einem Kännchen Tee in ein Buch vertieft sitzen. Sein Auftreten, seine Gestik wie sein Gesicht spiegeln, ich muss es gestehen, meine naive Erwartungshaltung wider, wie ein Mönch zu sein habe: gezeichnet von strenger Askese bei gleichzeitiger gütiger Milde. Einmal, während des Laufs, hatte er mich angesprochen. Die Begegnung war ein ausgemaltes Traumbild meines inneren Märchenbuchs: Hingebungsvoll bemühte er sich, mir das Morgengebet, das Thamwatchao, in Pali beizubringen, soweit das während des Marschs überhaupt möglich war. Die ersten Zeilen konnte ich mir merken, immerhin. Trotz seiner hohen Bildung sprach er kein Englisch. Vielleicht aber war es seine Höflichkeit, die mir die Möglichkeit bot, mich in meinem Thai zu üben.

»Welch Freude, Sie zu sehen! Wir machten uns große Sorgen.«

Der Mönch Somwang bittet mich an seinen Tisch. »Möchten Sie einen Tee, ja? Auch uns geht es besser, doch wir sind entschieden, nach Hause zu fliegen. Die Führung folgt nicht der Achtsamkeit.«

»Phra Somwang, darf ich fragen: Wer ist das, der uns führt?«

»Darüber mag ich nicht reden. Doch Sie kennen die Vier Edlen Wahrheiten, die Buddha nach seiner Erleuchtung verkündete?«

Ich nicke höflich, doch schaue ich fragend.

»Alles, was geboren ist, muss sterben!« Der Mönch Somwang lächelt. »Das ist ›Das Gesetz der Vergänglichkeit‹, wir nennen es *Dukha*. Dukha bedeutet Leid. Es hört sich so einfach an, doch ist diese Wahrheit eine große, erschütternde Erkenntnis. Denn es ist leidvoll, den naturgegebenen Verfall des Lebens zu beobachten, als auch am eigenen Leib Gebrechlichkeit und Krankheit zu erleben. Am Ende: das Sterben! Es bleibt ein dunkles Geheimnis. Über ein Leben nach dem Tod zu sprechen, lehnte Buddha ab, denn es führt nicht zum inneren Frieden. Transzendenz ist nichts, was sich belegen lässt. Deshalb hat Buddha auch die Geschichte mit den Wiedergeburten bezweifelt. Das war bloß ein brahmanisches Relikt aus seiner Zeit, mit dem er sich auseinanderzusetzen hatte.

Buddha aber wandte sich dem Leben zu und sah, wie im Hier und Jetzt das Leid entsteht: Aus selbstsüchtigem Durst. So können wir *Samudaya* als ›Die Erkenntnis über das Leid‹, die zweite Edle Wahrheit, übersetzen. Denn es sind Gier, Hass und die Dummheit, die – im Kleinen wie im Großen, im Ganzen wie im Einzelnen – Leid verursachen. Wobei Dummheit nicht Nicht-Wissen ist, vielmehr ist Dummheit Nicht-wissen-zu-wollen.

Eine beliebte Dummheit ist es zum Beispiel, den Buddhismus als Leidensreligion zu bezeichnen. Buddha lehrte jedoch das genaue Gegenteil, nämlich ›Die Wandlung des Leids‹. Das ist *Nirodha*, die dritte Edle Wahrheit. Sie ist die wichtigste, denn sie enthält eine frohe Botschaft: Leid vermeiden ist möglich! Durch Wandlung! Wandlung ist sozialer Ausgleich: Ändere den Hass in Mitgefühl, die Gier in Bescheidenheit und die Dummheit in klare Erkenntnis.

Das ist im Grunde schon alles. Denn die vierte Edle Wahrheit ist *Magga*: ›Der Achtfache Pfad‹. Das ist Buddhas Angebot, ihm bei unserer Anstrengung, alles Leid zu wandeln, zu folgen. Zuerst sind da die Erkenntnis und der Entschluss, aus ihr Lehren zu ziehen;

sodann heißt es, mit klarem Kopf und Mitgefühl in bescheidener Lebensweise uns immer neu anzustrengen, unser Bewusstsein in Achtsamkeit und Sammlung zu üben!«

Der Mönch Somwang hält inne. Die Stimme gesenkt, so als setze er einen Punkt, fügt er an: »Das ist *Dharma*, das Rad der Lehre, das Buddha ins Rollen brachte.«

»Ehrwürdiger Mönch Somwang, haben Sie vielen Dank für die Unterweisung!« Ich verneige mich mit einem hohen Wai. »Noch nie zuvor habe ich Buddhas Lehre so klar und knapp auf den Punkt gebracht gehört oder gelesen.«

Der Mönch Somwang lächelt milde, dann sagt er: »Es geht noch knapper: *Dharma, das ist Empirie und Mitgefühl.*«

Mit der ihm eigenen Eleganz schenkt er uns Tee nach.

»Das buddhistische Wort«, so fährt er fort, »für Empirie ist Vipassana: Das ist die uralte Methode der achtsamen Beobachtung. Sie ist die Mutter aller Wissenschaftlichkeit. Die westliche Aufklärung benutzt den gleichen Begriff [*er meint das englische ›Enlightment-Movement‹*], denn sie ist auf Buddhas Prinzip ›Ihr sollt nicht glauben, wo Wissen möglich ist‹ begründet. Und ohne sie wäre wahrscheinlich die ganze technische Entwicklung nicht ins Rollen gekommen.«

Der Mönch Somwang schließt andächtig die Augen, als wolle er mir mit seinem Schweigen die Möglichkeit geben, seine Worte zu durchdenken und mir zu eigen zu machen. Ich würde ihn gern mit Lessings Kernsatz ›Das Richtige tun, ohne Angst vor Strafe, ohne Hoffnung auf Belohnung!‹ bestätigen, doch dort, wo der Mönch ist, da braucht er meine kleine Bestätigung nicht. Also ziehe ich es vor, respektvoll in sein Schweigen einzustimmen. Plötzlich aber folge ich einer Eingebung, oder meinem Impuls, Dankbarkeit zeigen zu wollen. Ich hole *das Blatt* aus der Seitentasche meiner Hose, es ist noch unversehrt.

»Ehrwürdiger Mönch Somwang, darf ich Ihnen dieses Blatt, es fiel gestern vom Bodhi-Baum auf mich, überreichen? Bei mir würde es am Ende nur zerbröseln, doch bei Ihnen weiß ich es in guten Händen.«

Der Mönch öffnet seine Augen und schaut mich milde prüfend an, sein Blick streift das Blatt, das ich auf den Tisch legte, dann sagt er: »Für buddhistische Mönche, die Zuflucht in der Sangha suchen, hat sich im Laufe der Zeit, ein ganzes Regelwerk entwickelt. Ich frage mich manchmal, ob Buddha das wirklich so gewollt hat. Doch Regeln bilden die Gemeinschaft. Insofern sind sie gut, denn sie geben Halt. Doch der eine oder andere Abt hat eine sehr merkwürdige Auslegung. Buddhas Botschaft aber heißt: An ihren Taten sollt ihr sie erkennen!«

Nach einigen Minuten des andächtigen Schweigens, sagt er in behutsamem Ton: »Ich möchte Ihnen nichts raten. Buddha ging es um soziales Verhalten. Er lehrte Barmherzigkeit. Also seien auch wir barmherzig. Wissen Sie, die fünf buddhistischen Regeln für Laien lauten: ›Töte nicht! Lüge nicht! Stiehl nicht! Verwirre den Geist nicht durch Drogen! Benimm dich nicht schlecht beim Sex!‹ Nur fünf kleine Regeln! Doch wer kann von sich schon behaupten, sie immer eingehalten zu haben?« Nun ist der Mönch Somwang aufgestanden und wendet sich zum Gehen. Das Blatt nimmt er auf. »Laufen Sie weiter mit, oder reisen Sie ab! Alles ist richtig! Sie werden Ihren Weg finden!«

Wieder erwache ich im Dunklen. Das Smartphone blinkt. Hatte es wohl vergessen auszuschalten. Die Sterne-und-Planeten-App ist geöffnet, sie meldet: ›Sie sind hier! – Die Erde‹. Im Grunde reicht diese Information, um erst einmal den Kopf unter die Dusche zu halten. Doch ich frage: ›Hey Siri, wo bin ich?‹ Die smarte Antwort: ›Du bist in Bodhgaya, Indien.‹ ›Und wie spät ist es?‹ ›Es ist 4.30 Uhr, guten Morgen!‹ Eine gute Zeit, aufzustehen und zum Mahabodhi-Tempel zu laufen. Um 6.21 Uhr ist Sonnenaufgang.

Vor der Tempelschranke sehe ich den alten Mann, der mich gestern kutschierte. Er schläft zusammengekauert in seiner rostigen

Rikscha. Vielleicht hat er hier die ganze Nacht verbracht, vielleicht ist hier, vor dem Tempel der Thai, sein allnächtlicher Schlafplatz; ein guter und ein sicherer Platz, denn er wird von dem Mann im Schrankenwärterhäuschen bewacht. Leise gehe ich vorbei, auf dass ich die Träume eines alten Mannes nicht störe.

»I wait you!« Das sanfte Flöten kommt aus der Rikscha. Der alte Mann ist wach. Ein Auge unter den buschigen Brauen blinzelt, sein Bart bewegt sich mit den Mundwinkeln hoch zu einem herrlichen Lächeln als wäre schon Sonnenaufgang.

»Guten Morgen!«, sage ich, sein Bild der Freude spiegelnd. »Ich möchte lieber laufen.«

»Nein! Das geht nicht!« Der Alte hat sich aufgerichtet. Sein Ton ist etwas traurig, als müsse er sich jeden Tag gegen die Zweifel neu beweisen, und doch steckt in ihm der Trotz des Alters, der keinen Widerspruch duldet. »Ich fahre dich. Ich kann das!«

»Ich weiß«, sage ich mit freundlichem Kopfnicken, »doch ich bin hier zum Laufen!«

»Du kannst um den Tempel laufen.« Der alte Mann ist aus seiner Rikscha aufgestanden und wischt mit dem Tuch, mit dem er sich bedeckt hatte, die Sitzbank. »Ich heiße Mister Karamdiep. Ich fahre dich. Du hast mir gestern aus vollem Herzen gegeben. Ich will kein Geld. Ich will dich fahren!«

Das Bild, ich werde an den Mönchen vorbei den kleinen Hügel hinaufkutschiert, gefällt mir nicht sonderlich. Der Warmherzigkeit dieses Mannes aber stehe ich hilflos gegenüber, also steige ich ein. Mit großem Elan tritt der Alte in die Pedale. Bodhgaya schläft noch. Nur Mönche laufen am Wegesrand. Manche aber lassen sich ebenso zum Mahabodhi-Tempel kutschieren; einige Rikschas fahren an uns vorbei, manchmal sitzen gar zwei Männer in Roben auf der hinteren Sitzbank.

»Ich liebe Buddha. Ganesha liebe ich aber auch. Kinder habe ich keine, hatte ja auch nie eine Frau.« Mister Karamdiep erzählt, er kommt dabei leicht außer Atem. »Und du? Hast du Frau und Kinder?«

»Nein, die habe ich auch nicht.«

»Ein schönes Haus hast du aber?«

»Oh nein, auch das nicht.«

»So lebst du am Ende auch unter freiem Himmel?«

»Am Ende vielleicht.«

»Es ist gar nicht so schlecht, das Leben unter dem Himmel. Die Rikscha ist mein Partner, meine gute Frau: Sie lässt mich bei sich schlafen, und sie schickt mich zur Arbeit.« In Karamdieps Lachen mischt sich ein schwerer Husten, er steigt hoch aus dem Sattel, die laufenden Mönche ziehen an uns vorbei.

»Mister Karamdiep! Bitte einmal anhalten!« Wir stehen sowieso schon fast. Ich steige ab, Mister Karamdiep auch.

»Bleib hier!« In Mister Karamdieps Augen blitzt leichte Panik. »Steig wieder ein! Ich schiebe. Ich kann das!«

»Keine Sorge! Ich laufe nicht weg«, sage ich, »denn ich habe eine bessere Idee: Wir schieben gemeinsam.«

Mister Karamdiep schaut mich kurz ungläubig an, dann lacht er: »Du bist mein Freund, dann ist es gut!«

So schiebe ich also an einem frühen Morgen in Bodhgaya zusammen mit dem alten Mann mit dem langen, grauen Bart seine in die Jahre gekommene Rikscha den Hügel zum Mahabodhi-Tempel hinauf. Oben angekommen, möchte ich ihm 30 Rupien in die Hand drücken, doch Mister Karamdiep lehnt empört ab.

»Nun gut«, sage ich, ich möchte ihn nicht beleidigen, »dann bezahle ich aber die Rückfahrt!«

»Ich warte, bist du wiederkommst, mein Freund!«, sagt Mister Karamdiep.

Ich sage gar nichts, ich drücke ihm innig die Hand zum Dank.

Im Tempel fallen mir wieder die Tibeter auf, sie haben eine sehr sportliche Art zu beten: Ein jeder steht vor einer Holzpritsche, dazu gibt es zwei Gleitkissen für die Hände, dann gehen sie in die Hocke, gleiten mit den Händen auf den Kissen über das Holz, strecken sich einmal lang, bleiben kurz mit den Händen über dem Kopf liegen und gehen wieder zurück in die Hocke, danach stellen sie sich neu auf. Diese Übung wiederholen sie in stundenlanger Andacht. Das trainiert nicht nur den Geist, sondern auch die Bauchmuskeln. Der junge Tibeter, den ich schon eine ganze Weile aufmerksam beobachte, legt eine Pause ein. Ich frage ihn, ob ich einmal seine Pritsche benutzen dürfe. Er lacht und nickt. Nach einigen Dutzend Streckübungen bin ich ziemlich geschafft. Dass ich schon aufhöre, führt zur großen Heiterkeit der Umstehenden. Die Sache ist ausbaufähig, doch werde ich mich erst einmal in Atemübungen unter dem Bodhi-Baum versenken – …

Am Ausgang des Tempelgeländes ist zur rechten Seite eine hohe Mauer, in deren Mitte ein mittelalterlich anmutender Torbogen eingelassen ist, der meine Neugier weckt. Kaum bin ich hindurchgegangen, finde ich mich wieder in einem hektischen Markttreiben. Die Stände scheinen nach Farben aufgereiht zu sein. Zur Linken verkaufen Händler nur Grünzeug: lange gerade Bohnen und kleine krumme Salatköpfe und grünen Kohl, grüne Mangos und Melonen. Und vieles anderes in Grün, von dem ich nicht weiß, was es ist. Gegenüber ist die rote Linie: Orangen, Tomaten, Äpfel erkenne ich, rote Schoten, rote Zwiebeln auch; rote Eierfrüchte habe ich schon gesehen, weiß sie aber nicht zu benennen. Dann kommt die gelbe Reihe: Bananen, Melonen, Paprika, Zitronen, Mangos und ein gelbes, fruchtiges Fingergeflecht, das mich derart fasziniert, dass ich frage, wie das heißt.

»Buddha's hand!«, ist die Antwort.

Der Höhepunkt der künstlerischen Farbgestaltung sind jedoch die Tikka-Powder-Pyramiden, gut für allerlei Curry-Gerichte. Dann kommen die Stände mit Tüchern; dort hinten gibt es einen langen Stand mit Garn, aufgereiht in Spulen. Vor einem Stand mit Götter-Figuren bleibe ich stehen. Ich betrachte eingehend eine Krishna-Figur aus Holz in bronzener Farbe. Krishna steht auf einem Bein und spielt die Flöte quer.

»Hey Krishna«, sage ich laut, »wir haben ja lange nicht miteinander geplaudert.«

»Hare Hare! Heilig, heilig! Hallo, möchtest du mit mir über Jesus reden?« Eine Stimme spricht mich von der Seite an.

»Wer?« Verblüfft drehe ich mich um.

»Hi, nenn mich Al! Ich komme aus den Staaten.« Vor mir steht ein gealterter Hippie mit langem Bart und beginnender Glatze, doch einem verschmitzten, runden Gesicht. Er trägt ein langes Gewand, das seinen Bauch etwas kaschiert. »Du liebst Krishna? Well, you know …, wenn jemand Krishna liebt, dann muss er auch Jesus lieben. Verstehst du?« Er lacht. »Und wenn man Jesus auf vollkommene Weise liebt, dann muss man auch Krishna lieben. Klar? Also, was ich sagen will: Wenn jemand sagt: ›Warum sollte ich Krishna lieben, ich liebe doch Jesus!‹, dann hat er kein Wissen. Und wenn jemand sagt: ›Warum sollte ich Jesus lieben, ich liebe doch Krishna!‹, dann hat auch er kein Wissen. Verstehst du, was ich meine?«

»Nun ja, so ungefähr.«

»Weißt du, ich habe meinen Körper durch alle Fegefeuer getrieben, Nacht für Nacht, mit Träumen, mit Drogen, mit Wahnvorstellungen, Alkohol und Schwanz und allem Blödsinn. Verstehst du?« Al tänzelt auf seinen Beinen hin und her.

»Ich denke schon.«

»Du denkst? Nein, du musst es fühlen! Es ist alles heilig, heilig! Der Ort hier ist heilig! Die Welt ist heilig. Die Seele ist heilig. Die Haut ist heilig. Die Nase ist heilig. Zunge und Schwanz und Hand und Arschloch sind heilig! Jeder Tag ist in Ewigkeit heilig. Die Stimme, die du hörst, ist heilig! Die Ekstase, Mann, sie ist heilig!«

»Yeah, Mann, gut geheult, Al!«, sage ich. Irgendwoher kenne ich den Text.

»Letzte Nacht in Kalkutta. Ein bitterer Geschmack im Mund. Gestern ist gestern. Jetzt geht's weiter. Lass die Unsterblichkeit einen anderen Narren erleiden! Ich nehme den Patna-Benares-Express. Heißt ja nun Varanasi. Egal, da musst du hin! Und wie war Kathmandu?«, fragt Al.

»Kathmandu?«

»Warst du noch nicht in Kathmandu?«

»Nein.«

»Da musst du hin, Kathmandu und Varanasi sind heilig, Mann, heilig, heilig! Hast du's?«

»Ja, ich hab's.«

»Oh Mann, lass dich umarmen, du bist heilig!«

Al breitet seine Arme aus, drückt mich an sich und lehnt innig seinen Kopf an meine Schulter und schnurrt. Es ist Indien! Niemand beachtet uns. Doch plötzlich schießt mir ein Name durch den Kopf: Karamdiep!

»Himmel hilf!«, sage ich, während ich mich aus der Umarmung löse. »Ich muss leider sofort los, ein Freund wartet auf mich.«

Al wiegt seinen Kopf wie ein Inder, dann ruft er mir hinterher: »Krishna, Buddha, Jesus sind heilig! Sie sind alle eins, und alle sind heilig! Hare Hare!«

»Ja, das mag so sein! Hare Hare!«, rufe ich ihm zu und lache.

Mister Karamdiep steht noch da, wo er mich vor Stunden abgesetzt hatte. Als er mich sieht, springt er auf, wischt die Sitzbank, mit einer einladenden Bewegung sagt er: »Willkommen, mein Freund, nimm Platz, jetzt fahren wir bergab!«

Mister Karamdiep radelt mit vergnügtem Schwung den Hügel hinunter. Mehrmals dreht er sich um, mit einem Lachen im Gesicht, das vom großen Glück erzählt: Siehst du, ich schaff das noch immer, ich und meine alte Rikscha, und du bist mein Freund, ist das Leben nicht herrlich?!

Am Nachmittag erhalte ich eine Nachricht via Line-App von Champ: »Liegen fest vor Bodhgaya, Stimmung mies, viele krank, kommen erst morgen Vormittag, campen hier: …«, er hat eine Standortbestimmung mitgesendet. Warum die Mönche die sechs Kilometer nicht mehr gelaufen sind, bleibt mir vorerst ein Rätsel.

Ich schlendere durch die Stadt. Schaue mir den gigantischen Buddha, den ein japanischer Künstler kreiert hat, an. Es ist ein furchtbares Machwerk, völlig uninspiriert, kalt, nur groß, sonst nichts. Dass dies der erste Buddha seit Bestehen des indischen Staates ist, der neu errichtet wurde, und dass ihn der Dalai Lama 1989 eingeweiht und gesegnet hat, hilft nicht. Meinen Segen hat er nicht.

Ich habe seit Tagen zum ersten Mal wieder richtig Appetit, ein gutes Zeichen. Ich nutze die Gelegenheit, in eins der hier zahlreichen Traveller-Restaurants einzukehren. Meine Wahl fällt auf ein kleines Gartenlokal. Nur ein großer Tisch ist noch frei, ich nehme Platz und bestelle merkwürdigerweise Spaghetti mit Tomatensoße und eine Coca-Cola. Vielleicht eine Kindheitsprogrammierung: das erste Wunschessen nach der Krankheit.

Eine britische Touristin im indischen Sari fragt, ob sie und ihr Mann sich zu mir an den Tisch setzen dürfen. Ich murmel, den Mund voll Spaghetti: »No problem!«

»Harry, nun setz dich doch, der junge Mann hat nichts dagegen.« Harry nickt mir zu. »Was würden Sie denn empfehlen, junger Mann?«, fragt mich die Frau, während sie in der Speisekarte stöbert. »Harry, du magst doch auch Spaghetti. Nicht wahr?« Harry nickt. Die Britin bittet weiterhin um Beratung: »Meinen Sie, dass Lamm Massala eine gute Wahl ist? Ja? Also, letzte Woche in Amritsar, da war das völlig überteuert und gar nicht gut. Nicht wahr, Harry?« Harry sagt nichts. »Ich glaube, ich nehme doch lieber das Curry-Huhn.« Die Frau bestellt, dann wendet sie sich wieder mir zu. »Und wie fanden Sie das Taj Mahal? Also, uns hat das tief beeindruckt. Das ist wirklich formvollendete Harmonie. Nicht wahr, Harry?« Harry nickt. »Wie? Sie waren noch nicht da? Aber das werden Sie sich doch noch ansehen, oder? Nein? Indien ohne Taj Mahal, das geht doch nicht! Wir waren mit unserem Fahrer gleich am zweiten Tag dort. Wir machen immer nur Individual-Reisen, da ist man frei und kann sich alles in Ruhe ansehen. Und wie sind Sie denn unterwegs?«

Ich erzähle, dass ich mit Thai-Mönchen laufe und auf Feldern schlafe.

»Essen Sie dann immer in einem Restaurant?«

»Nein, das ist heute die Ausnahme. Normalerweise essen wir alle aus einem großen Topf!«

»Oh, das wäre nichts für mich.« Die Frau schüttelt sich. »Und was haben Sie sich schon angesehen?«

Ich erzähle ein wenig von Kalkutta.

»Also, nein, so zu reisen, das ist ja fruchtbar! So viel Dreck und Elend, was Sie da berichten. Also, wir möchten in unserem Urlaub das schöne Indien sehen. Nicht wahr, Harry?« Harry sagt nichts, er ist mit seinen Spaghetti beschäftigt. »Ich meine, ein wenig heruntergekommen ist Indien ja schon, seit wir hier nicht mehr das Sagen haben. Doch die prachtvollen Bauten werden gepflegt, da kann man nicht meckern. Ja sicher, diese Armut überall! Das ist schrecklich! Wer die Kühe aber nicht schlachtet, doch seine Ratten füttert – Sie haben von diesem Tempel gehört, wie heißt der noch? Na, ist ja auch egal –, ich meine, der ist doch selbst schuld! Nicht wahr, Harry?«

»Hm«, sagt Harry.

»Es gibt aber noch immer schöne Flecken in Indien. Waren Sie denn schon in Darjeeling? Nein? Also, da sollten Sie aber mal hinfahren, da gibt es gute Ayurveda-Farmen zum Entspannen. Nicht wahr, Harry? Harry, nun sag doch auch mal was!«

»Was soll ich denn sagen?«, sagt Harry.

»Na, möchtest du denn so reisen wie der Deutsche?«

»Hm, wenn es dem Deutschen so gefällt«, sagt Harry.

»Haben Sie vielen Dank für das nette Gespräch«, sage ich, während ich aufstehe. »Sie haben recht, es gibt noch so viel zu sehen in Indien. Und diese Geschichte mit dem Rattentempel in Rajasthan ist in der Tat eine der merkwürdigsten. Wussten Sie, dass die Ratten nach ihrem Leben in diesem Tempel als fahrende Sänger wiederauferstehen? Und dass ihnen deswegen so hohe Verehrung entgegengebracht wird? Indien ist wirklich ein Land undurchdringbarer Rätsel.«

Donnerstag heute, Bodhgaya: Dunst. 17 Grad Celsius, fünf Uhr früh. So eine Wetter-App ist doch ganz praktisch. Auch klärt sie schnell meine mich früher beim Aufwachen oft quälenden Fragen:

Wo bin ich? Was mach ich hier bloß? Heute gehe ich nicht zum Mahabodhi-Tempel, heute kommen die Freunde.

Der Einzug der Mönche in den Thai-Tempel von Bodhgaya ist im Kloster ein großes Ereignis. Alle sind auf den Beinen. Die Straßen und die Wege im Tempelbereich wurden gefegt, der Rasen gemäht, die Blumenbeete abgeerntet: Nun streuen Tempelhelfer Blüten. Die Mönche durchschreiten das Tor. Und da sehe ich ihn zum ersten Mal bewusst: den Ersten. Den Abt vom Wat Nakprok, unseren Highway-Führer. Natürlich bin ich vorbelastet, doch staune ich über die Klischee-Erfüllung: Er ist ein etwas bulliger, doch gut trainierter, drahtiger Kerl Mitte 30. Sein Gesicht ist kalt, vom Ehrgeiz gezeichnet. Von seiner eigenen Wichtigkeit eingenommen, geht er in dem Einmarsch der Mönche auf, als sei es sein Triumphzug und er ein römischer Imperator. Die Mönche laufen chantend an den aufgestellten Tischen vorbei, Frauen knien nieder, Männer erheben die Hände zum Wai, und ein jeder Mönch erhält ein Geschenkpaket. Die Zeremonie dauert mehr als eine halbe Stunde bis endlich am Ende der Schlange die Freunde kommen.

»Hallo und *Sàwàtdii khráp*, Champ, Bo, Bui, Mon! So schön, euch zu sehen!« Ein jeder umarmt mich zur Begrüßung. »Da entlang«, sage ich, »da gibt es euer Begrüßungsgeschenk!«

»Brauche ich nicht«, sagt Champ, »das müssen wir sowieso später wieder abgeben.«

Champ hat Erfahrung, er war ja selber ein halbes Jahr lang Mönch. Gut gelaunt ist er nicht, er sieht vielmehr sehr mitgenommen aus, sein Gesicht glüht.

»Am besten, ich bringe dich gleich in Buddhas eigenes Krankenhaus«, schlage ich vor.

»Nein, will ich nicht! Will mich nur hinlegen, wo ist denn dein Zelt?«

»Mein Zelt? Das hast du doch! Ich habe hier ein Zimmer.«

»Ach so, ja, stimmt ja. Kann ich mich da hinlegen, dann baue ich später das Zelt auf.«

»Alles gut, Champ! Du kannst da auch schlafen, es gibt zwei Matratzen und warme Duschen nebenan!«

Während die anderen ihre Zelte auf der Wiese vor dem Haupttempelgebäude in der Mitte des Areals aufbauen, führe ich Champ auf das Zimmer.

»Kann ich mich da gleich hinwerfen?« Champ zeigt auf die freie Matratze.

»Klar, kein Problem! Du scheinst hohes Fieber zu haben. Willst du nicht doch lieber …«

»Nein, nein! Will nur schlafen! Im Krankenhaus wird großer Andrang herrschen. Es sind viele Mönche einfach umgekippt, es war aber kein Platz mehr auf den Lkws.« Als Champ schon auf der Matratze liegt, erzählt er leise wie im Fiebertraum: »Es ist wie du vermutet hast! Der Abt ist ein Wahnsinniger! Ihn haben die Kranken und Erschöpften einfach nicht interessiert. Er wollte immer nur weiter. Erst als er einsehen musste, dass wir gestern vor Sonnenuntergang den Tempel nicht mehr erreichen, da hat er zum Abbruch geblasen. Er will den großen Empfang schmecken, doch in der Dunkelheit …«

»Ist alles gut, Champ, schlaf!«, sage ich, meine Sorge mir nicht anmerken lassend. »Ich schaue später wieder nach dir!«

Zurück im Tempelgarten, erfahre ich, dass der Abt, also unser Erster, eine Ansprache nach dem Mittagessen angekündigt hat. Die will ich mir nicht entgehen lassen. In der *Salaa*, der offenen Halle zwischen dem *Ubosot*, der prächtigen Gebetshalle, und dem *Sanghawat*, dem Wohnbereich der Mönche – wir sind jedoch so viele, dass die meisten Wanderer ihre Zelte vor dem *Kuti*, wo die hohen Herren schlafen, aufschlagen mussten –, ist alles vorbereit: Auf einem Podest stehen mit Blumengirlanden geschmückte Buddha-Statuen hinter einem thronähnlichen, an seinen Seiten erhöhten, ansonsten eher flachen Sitz. Für die Mönche und uns Sterbliche wurden Matten ausgelegt. Das gefällt mir nicht. Ich organisiere mir einen der Gartenstühle und platziere ihn in der Mitte hinten, am

Ende der Matten. So bin ich in einer Geraden zum Altar und habe ihn auf Augenhöhe.

Die Information über den muslimischen Terrorakt mitten in das Herz des Buddhismus, die ich von Asanga, dem amerikanischen Mönch, erhielt, ließ mich etwas milder über den Abt nachdenken. Es ist also eine reelle Furcht, die ihn verleitete, aus der Pilgerreise einen Gewaltmarsch zu machen, als gelte es, eine Kampftruppe schnell und unversehrt durch vermintes Feindesland zu führen.

Die Salaa füllt sich. Viele Mönche nicken mir freundlich zu, sie amüsieren sich darüber, doch akzeptieren sie es, dass ich auf einem Stuhl hinter ihnen sitze. Und nun kommt der Abt, dieser junge Spund, von dem ich mich frage, wie er in so eine hohe Position, und das in einem königlichen Tempel erster Klasse, dem Wat Nakprok, kommen konnte. Niemand kann oder will mir eine Auskunft darüber geben; oder: Keiner wagt es.

Als Eröffnung beginnen wir ein Gebet zu chanten. Ich kenne es nicht, es zieht sich hin. Plötzlich ist Champ neben mir.

»Wieso bist du hier?«, flüstere ich überrascht.

»Wieso sitzt du auf einem Stuhl?«, fragt Champ ebenso leise.

»Damit ich besser sehen kann.«

»Na siehst du. Und ich bin hier, damit ich besser hören kann, was der Mann zu erzählen hat.«

Der Mann, der hohe Abt, fängt an: »Ich begrüße euch alle in Phuttagaya, dem heiligen Ort der Erleuchtung. Unser Marsch zu den heiligen Stätten ist eine große Ehre für uns und jeden, der an ihm teilnimmt. Wir bringen den Buddhismus zurück nach Indien, zurück in Buddhas eigenes Land, zurück in seine Heimat. Und wir werden wahrgenommen! Viele indische Zeitungen haben schon über uns geschrieben. Auch zu Hause in Thailand gibt es einiges über uns und unseren Marsch in den Medien zu lesen. Und morgen, das ist mir eine besondere Freude, kommt ein Fernsehteam aus Thailand nur unseretwegen. Sie werden uns zwei Tage begleiten. Ich möchte, dass ihr alle einen guten Eindruck macht.

Und ganz besonders möchte ich die ermahnen, die nicht Schritt halten und die manchmal schon auf halber Strecke außer Atem sind. Das passiert nicht, weil wir Unmögliches verlangen. Das geschieht einzig deshalb, weil hier manche nicht die rechte Gesinnung haben. Sie konzentrieren sich nicht korrekt, und es fehlt ihnen die richtige Einstellung. Wer sich aber in echter Meditation versenkt, der schafft auch 50 oder 60 Kilometer am Tag. Einige von euch scheinen jedoch ein schlechtes Karma aus unguten Taten in einem früheren Leben zu haben. Deshalb schaffen sie das nicht, und deshalb ereilt sie das Fieber.«

»Wow!«, entfleucht es meinen Lippen. »Hat er das eben wirklich gesagt?«

»Ja, hat er«, flüstert Champ fiebrig.

»Der Kerl regt mich auf«, presse ich im Kinski-Ton hervor. »Besser ich gehe, sonst musst du mich festhalten.«

Als ich aufstehe, schaut der Abt herüber. Unsere Blicke treffen sich, eingefrorene Großaufnahme eines Films: Schlangenaugen der Schützen vor einem Duell auf staubiger Straße.

Ich habe mich ins Café gesetzt, doch ich kann mich nicht wirklich beruhigen. Anstatt dass der Abt etwas über den heiligen Ort erzählte oder die angeschlagene Truppe mit Anekdoten aus dem Leben Buddhas motivierte, hielt er eine Strafpredigt mit dem Kernsatz: Schlechtes Karma! Selbst schuld! Das ist nicht nur absurd, sondern im Angesicht vieler Kranker und ebenso vieler erhabener, älterer Mönche – einige sind über 70 Jahre alt – böser Hohn. Der Abt scheint von Ignoranz und Ehrgeiz getrieben. Wer immer er ist, buddhistische Barmherzigkeit ist ihm nicht zu eigen. Für mich ist es nun keine Frage mehr: Ich werde abbrechen, allein schon aus Mitgefühl, nicht weiter durch meine Opposition, Unruhe unter den Mönchen zu verbreiten. Ich hatte ohnehin den Plan B, falls ich die Strapazen der Reise nicht überstehen würde, Rudi, einen alten Freund, in Kathmandu zu besuchen. Obwohl, an den Strapazen liegt es nicht, die habe ich ziemlich gut überstanden, finde ich.

Champ kommt ins Café, er berichtet, dass zwölf Mönche morgen abreisen werden, für die anderen gäbe es jedoch einen Erholungstag. Er würde sich jetzt schon mal hinlegen, sein Fieber auszuschlafen. Von meinem Plan sage ich noch nichts, Champ sah wirklich krank aus. Ich checke meine E-Mails.

Wie schön: Ich bin in die Giordano-Bruno-Stiftung, eine humanistische Vereinigung unter dem Vorsitz von Schmidt-Salomon, der in seinen anti-theologischen Streitschriften so hübsche Begriffe wie ›Religioten‹ prägte, aufgenommen. Das gefällt mir. Den Zeitpunkt könnte man ›göttliche Fügung‹ nennen. Ich grinse.

Doch was ist das? Eine Freundin aus Berlin, die ich um die Adresse von Rudi bat, schreibt mir: »Es tut mir sehr leid, dir mitteilen zu müssen, dass, wie ich grad erfuhr, Rudi vor 14 Tagen in Kathmandu gestorben ist. Er ist einer verschleppten Krankheit erlegen. Mir bleibt nur, dir viel Kraft für deine Wanderung mit den Mönchen zu wünschen. Traurige Grüße! Lena.«

Ich muss diese Mail mehrmals lesen, bis ich sie begreife. ›Göttliche Fügung‹, dachte ich eben noch. Wenn auch ironisch. Und jetzt? Wie nenne ich das jetzt?

Ach Rudi …, vor dreieinhalb Jahrzehnten, in einer dieser Berliner Wohngemeinschaften ist er mir zum ersten Mal begegnet. Er war damals der Freund von Lena. Danach tauchte er in meinem Leben immer dann auf, wenn ich Hilfe brauchte. Fast wie eine Märchenfigur. In den Geschichten, die ich noch aufzuschreiben habe, wird er diese Rolle spielen. Dabei ist sein Leben allein ein großartiger Rock-'n'-Roll-Roman meiner Generation. ›Mr. Nice‹ sei Eingeweihten ein erster Hinweis. Die Nachricht von seinem Tod lässt mich verwirrt zurück. Ich laufe ziellos durch die Stadt.

Am nächsten Morgen geht es Champ besser, sein Fieber war wohl das gleiche wie bei mir und all den anderen: Schnupfen und Erschöpfung, nichts Ernstes.

»Lass uns zum Mahabodhi-Tempel hochgehen«, sage ich zu Champ, »ein Freund wartet vor dem Tor.«

»Wie, ein Freund?« Champ ist wach, interessiert fragt er nach: »Hast du hier jemanden kennengelernt?«

»Ja!«, sage ich. »Ich will ihn dir vorstellen.«

»Hm«, sagt Champ.

Ich lasse ihn in seinen Überlegungen.

»Yesterday, you no come! I wait. Aber heute bist du wieder da!« Mister Karamdiep freut sich augenfällig.

»Und wo ist dein Freund?«, fragt Champ.

»Hier ist mein Freund! Darf ich vorstellen: Mister Karamdiep!« Ich zeige mit einer Verneigung auf Mister Karamdiep, dann sage ich, auf Champ deutend: »Mister Karamdiep, das ist mein Freund aus Thailand, Mister Champ!«

»Also, mit der Rikscha kannst du alleine fahren, das mache ich nicht.« Champ ist sichtlich irritiert.

»Nun komm, Champ, du bist doch noch schwach auf den Beinen, und du wirst doch nicht die nette Geste eines Freundes ausschlagen?«

Mister Karamdiep hat sowieso schon die Rikscha in die Position zur Abfahrt gebracht, etwas widerwillig steigt Champ ein. Die ersten 300 Meter geht es gemütlich ohne Anstrengung dem Ort der Erleuchtung entgegen. Mister Karamdiep erzählt, während die alte Rikscha dazu quietscht, wie er diesen Morgen, wie alle frühen Morgen, diesen aber besonders, liebt. Dann kommt der Hügel. Mister Karamdiep geht aus dem Sattel. Ich schaue zu Champ, ihm ist das alles peinlich. Vielleicht denkt er, ich hätte mich in kolonialer Attitüde verloren, dabei lächle ich so vergnügt, weil ich Champ einmal verwirren konnte. Die Rikscha kommt wie erwartet zum Stehen. Ich springe ab.

Mister Karamdiep ist ebenso abgestiegen, er lächelt verlegen.

»No problem!«, rufe ich ihm zu. »Wir schieben gemeinsam.«

»Du kannst sitzen bleiben«, sage ich zu Champ.

»Sehr witzig!«, sagt Champ. »Das kommt ja gar nicht in die Tüte!«

Er zwängt sich etwas umständlich aus der Enge der Rikscha heraus, dann packt er mit an. Zu dritt haben wir Mister Karamdieps ›gute Frau‹ schnell auf den Hügel bugsiert. Ich gebe ihm einen guten Lohn.

»Heute aber nicht auf mich warten! Es kann lange dauern!«

Mister Karamdiep schaut auf die Scheine.

»Thank you, my friend.« Dann schüttelt er uns die Hand, zu Champ sagt er: »Du auch, my friend, du bist ein feiner Kerl!«

Im Mahabodhi-Tempel herrscht heute besonders reger Betrieb, es geht aufs Wochenende zu, viele Touristenbusse sind in der Stadt. Champ und ich stellen uns in die lange Schlange zum Buddhametta, so heißt die goldene Buddha-Figur, die in dem kleinen Tempelschrein unter dem Stupa wacht. Der Ort ist magisch, die Figur ist es nicht. Ein Tempelhelfer leert den Korb der vielen Scheine, die die Gläubigen in allen Währungen hineinwerfen. Schon werden sie angewiesen, weiterzugehen. Mir gefallen die Buddha-Skulpturen, die rund um den Stupa in die Nischen aus Stein gehauen sind, um vieles besser. Sie haben in ihrer Schlichtheit mehr Ausstrahlung als dieses Gold-Gesicht.

»Die Sonne geht gleich auf, das Schauspiel solltest du dir vom Bodhi-Baum aus ansehen, es hat großen Zauber«, sage ich zu Champ.

Unter dem Baum treffen wir auf viele Mönche aus unserer Gruppe. Sie meditieren. Champ und ich setzen uns achtsam zu ihnen, ihre Andacht nicht zu stören. Kaum sitzen wir, rückt ein Mönch näher zu uns heran, er flüstert:

»Kommt ihr mal mit dorthin zur Mauer!«

Es ist diese Mönchsform einer Frage: nie ganz Befehl, doch ebenso keine Bitte. Eher ein Wunsch, von dem beide Seiten verabredungsgemäß (jedenfalls innerhalb der Thai-Gesellschaft) wissen, dass er nie ausgeschlagen werden kann. Als wir auf Höhe der Mauer sind, lotst der Mönch, dessen Name mir unbekannt ist –

der Augenblick erscheint mir unangebracht, ihn danach zu fragen –, uns in den Sichtschatten eines Baumes.

Er fragt, als gelte es, etwas zu verbergen: »Wie viele Sprachen sprecht ihr?«

»Thai, Deutsch, Englisch«, antwortet Champ wie selbstverständlich.

Mein bisschen Französisch ist nicht der Rede wert; wäre der Mönch aber katholisch, könnte ich noch etwas Latein anbieten. Sein konspiratives Verhalten und seine Ernsthaftigkeit haben etwas Komisches. Ich tappe völlig im Dunklen, worauf der Mönch hinauswill.

»Sprecht ihr auch indisch?«, fragt er.

»Nein«, sagt Champ.

»Könnt ihr Pali lesen?«

»Ebenso nicht.«

»Aber Englisch könnt ihr?«

»Ja«, antwortet Champ die Hände zum Wai erhoben.

»Gut! Wartet hier eine Minute!«

Ich schaue Champ an. Er zeigt sich nicht verwundert.

»Was will er? Warum fragt er so geheimnisvoll?«, frage ich.

»Wenn ich es wüsste, wäre es kein Geheimnis«, sagt Champ. »Vielleicht will er etwas einkaufen gehen und braucht dafür einen Dolmetscher. Irgendwas ist immer.«

Der Mönch kommt wieder, ihm folgen sechs andere.

»Lasst uns den Gebetsgang gehen!«, sagt der Mönch.

Also gehen wir. Ich frage nicht weiter, es wird sich zeigen. Meine Lektion Geduld habe ich gelernt. Wir laufen eine Runde, eine zweite und noch eine. Es scheint ein Schweigemarsch zu werden. Wofür braucht er da einen Dolmetscher? Und wenn doch, hätte dann nicht die Frage lauten müssen:

›In wie vielen Sprachen kannst du schweigen?‹

Das wäre ein wahrhaft buddhistisches Rätsel eines weisen Mönches, gestellt im Angesicht des Bodhi-Baums.

Wir haben die vierte Runde vollendet, da hält der Mönch, wie beiläufig, die kleine Riege vor einer Steintafel an. Lange betrachtet er sie. Dann fragt er:

»Welche Sprachen sind das?«

»Die ersten beiden sind indische Schriften. Ich nehme an, das sind Pali und Hindi. Die dritte Sprache ist Englisch«, erkläre ich.

»Und was steht da geschrieben?«

»Champ, übernimm du!«, sage ich.

Champ braucht einen Moment, dann übersetzt er ins Thai: »Dort steht eine Weisheit Buddhas: ›*Der Suchende, der die Wirklichkeit so sieht, wie sie ist, wird ein großes Mitgefühl für alle Lebewesen entwickeln.*‹«

»Metta!«, ruft der Mönch. »Mitgefühl für alle Lebewesen! Das ist wahr! Ein guter Mönch muss sich in Mitgefühl üben!«

»Ein guter Mensch auch!«, wage ich zu ergänzen.

Der Mönch schaut mich an. Dann nickt er. »Ja, das ist richtig. Und dort? Was steht da?« Er zeigt auf die nächste Tafel.

Champ übersetzt: *»Auch königliche Kutschen werden alt, und so ist es mit unserer Erscheinung aus Fleisch und Blut. Doch das Dharma des Guten hat kein Alter. Und die Guten werden es den Guten weisen.«*

»Seid ihr die Guten?« Der Mönch lacht über seinen kleinen Witz. Er drückt erst Champ, dann mir den Oberarm.

»Auf diesem Marsch ist es leicht, ein Guter zu sein«, sagt Champ.

Nun staune ich. Champ hat sich vorgewagt. Im Subtext seines Tons klang für einen Thai etwas Revolutionäres an: öffentliche Kritik an einem hohen Abt.

Wir laufen vor zur nächsten Tafel.

»Bitte übersetzen!«, sagt der Mönch.

Hat er ›Bitte‹ gesagt? Irgendetwas ist hier im Gange. Uralte Strukturen kommen zu Fall. Wie wissbegierige Novizen umringen uns die sieben Mönche und warten andächtig, bis Champ die richtigen Worte gefunden hat:

»Niemand verleiht Erleuchtung, niemanden gehört sie. Deine dir eigene Natur zu erkennen, das ist das, was Buddha Erleuchtung nennt.«

Champ macht seine Sache wirklich gut. Die Mönche diskutieren den Spruch.

»Aber was heißt das, ›deine dir eigene Natur‹?«, fragt einer aus der Runde. »Sind wir nicht angehalten, alle unsere Individualität aufzugeben?«

»Buddha hat das nicht gewollt«, sage ich. »Ich denke, da liegt ein Missverständnis vor. Im Erlöschen verlieren wir unser Selbst, im Leben jedoch sollen wir die sein, die wir sind. So wie es 100.000 Blumen gibt und eine jede auf ihre Art blüht und richtig ist.«

Champ ließ mich gewähren. Die Mönche schauen mich irritiert an, sowohl mein Thai wie auch meine Worte sind eine Herausforderung für sie. Doch schon geht es zum nächsten Stein.

»Diesen bitte noch!«

Champ räuspert sich, dann setzt er an: *»Oh Mönche, oh Schüler, so wie Gold der Feuerprobe unterzogen wird, so überprüft meine Worte gut. Nehmt sie an, wenn sie bestehen, jedoch nicht aus purer Hingabe an mich.«*

»Das hat Buddha gesagt?«, fragt ein junger Mönch.

»Ja«, sage ich, »so steht es in Stein gehauen!«

»Warum lehren sie das nicht in der Tempelschule?«, fragt er.

»Das weiß ich nicht«, sage ich. »Was lehren sie euch denn?«

»Disziplin und Gehorsam.« Seine Verlegenheit ist ihm anzumerken.

»Disziplin an sich ist nichts Schlechtes«, sage ich vermittelnd. »Seht her, die nächste Tafel erzählt etwas dazu.«

Diesmal versuche ich mich in der Übersetzung ins Thai: *»Zähme deinen unruhigen Geist mit Achtsamkeit, dann verlieren sich die Ängste, und alle Kraft liegt in deiner Hand.«*

Die Mönche schauen mich staunend an, dann lachen sie vergnügt. Irgendein Wort muss ich komisch betont haben. Champ wiederholt den Spruch noch einmal in einem adäquaten Thai.

»Champ, hier ist noch eine Tafel zum Abschluss«, sage ich.

Champ braucht etwas Zeit. Die Tafel hat mehr Text als die anderen. Jetzt hat er sich die Worte zurechtgelegt: »*Alle Wesen sind vergänglich wie die Wolken am Himmel. Das Leben ist nur wie das Licht eines Blitzes: ein schnell vergehendes Schauspiel zwischen Geburt und Tod. Und am Ende erlischt ein jedes Wesen wie ein Regentropfen im Ozean.*«

Champ hebt die Hände hoch zum Wai, wie er es die ganze Zeit machte, wenn er seine Übersetzung kundtat, doch diesmal lässt er sie oben und sagt: »Ehrwürdige Mönche, wir möchten uns bedanken, dass ihr uns die Gelegenheit gabt, für euch zu übersetzen.«

Champ stößt mich an. Ich habe verstanden und schließe mich seinem Dank an. Die Mönche bedanken sich auf ihre Art: Sie sprechen einen Segen in Pali. Dann schallt es unisono: »Sadhu!«

Der Mönch, der uns ansprach, nickt einmal freundlich. Das heißt, wir sind aus unserer Pflicht entlassen. Die Mönche kehren zum Bodhi-Baum zurück.

»Ich habe Hunger!«, sage ich zu Champ.

»Die Mensa öffnet um 10.30 Uhr zum Mittagstisch«, sagt Champ.

Zum Essen treffen wir Bo, Mon und Bui in der Mensa.

»Habt ihr schon gehört? Morgen bleiben wir noch hier«, erzählt Bui. »Das Fernsehteam verspätet sich, sie kommen erst heute Abend. Und morgen wollen sie mit dem Abt und einigen ausgewählten Mönchen Aufnahmen im Mahabodhi-Tempel machen.«

»Och, dann hätte ich mich mit dem Wäschewaschen nicht so beeilen müssen«, sagt Bo. »Und was habt ihr gemacht?«

»Wir?« Ich lächle tiefgründig. »Einen Baum gepflanzt.«

»Einen Baum gepflanzt?«

»Ja, eine kleine Pflanze des Ungehorsams gesetzt. Vielleicht wächst sie ja.«

»Er meint«, Champ greift ein, »wir haben einigen Mönchen Buddhas Worte erklärt. Ihr wisst doch, wie sie sind: liebenswert, doch ahnungslos.«

Dass Champ und ich einen etwas eigenartigen Humor haben, und dass wir zusammen eine Sprache pflegen, die nun wirklich sehr seltsam klingt, das wussten die Freunde. Doch Champ hätte es diesmal wohl übertrieben und nur einen schlechten Witz gemacht, sagen ihre Gesichter.

»Ich räume dann mal ab«, sagt Mon.

»Wer kommt mit nach drüben in das kleine Café?«, frage ich. »Dort kann euch Champ Genaueres berichten, wenn er mag.«

Auf dem Weg durch die Gartenanlage, die ein Teich mit Lotusblumen, umringt von Rosenhecken, ziert, erzähle ich Champ, dass ich, seit ich hier bin, mit der Entscheidung ringe, den Lauf abzubrechen. Doch obwohl ich den Bodhi-Baum befragte und immer wieder über diese Frage meditierte, sind die Zeichen, die ich erhielt, sehr widersprüchlich. Diese unsägliche Rede des Abtes aber machte die Sache klar: Ich würde Rudi in Kathmandu besuchen. Doch nun erhielt ich eine Mail: Rudi ist tot.

»Rudi ist gestorben?«, fragt Champ betroffen. »Wann denn?«

»Ja, vor zwei Wochen, schreibt Lena.«

»Oh, das ist traurig. Lass uns eine Kerze für ihn im Tempel anzünden, noch ist er nicht wirklich tot.«

»Wie kommst du darauf?«

»Na, das weißt du doch: Seine Seele irrt noch 40 Tage umher. Er hat dir doch oft auf deinem Weg geholfen, vielleicht solltest du ihm jetzt auf seinem letzten Gang beistehen.«

In der Mitte des Gartens steht die Tempelhalle, der Ubosot mit dem siebengefächerten Dach. In ihr thront eine Nachbildung des Buddha Chinnarat aus Phitsanulok, sie ist die schönste Buddha-Figur Thailands von allen, die ich je sah. Wir nehmen jeder eine Kerze und drei Räucherstäbchen, stecken sie an, knien uns nieder vor den Altar und schweigen. Plötzlich sitzen Bo, Bui und Mon neben uns, auch sie verharren in einem Moment stiller Andacht. Als wir zusammen in der Lese-Ecke des Cafés sitzen und Tee trinken, sage ich: »Freunde, ich möchte etwas mitteilen. Mich ereilte die

Nachricht vom Tod eines deutschen Freundes. Er starb in den Bergen Nepals, in Kathmandu. Ich werde die nächsten Tage noch bis Patna mitlaufen. In Patna werde ich schauen, welche Möglichkeiten es gibt, von dort aus nach Kathmandu zu reisen. In Lumbini aber, das liegt, wie ihr wisst, auch in Nepal, werden wir uns wiedersehen. Und dann werde ich mit euch den Weg zu Ende gehen.«

Die Freunde reagieren mit Bedauern und Verständnis. Gerade, als sie ansetzen, etwas zu sagen oder zu fragen, betritt der Mönch Mahaviro, begleitet von seinem Hund mit den traurigen Augen – ein schönes Paar, wie ich finde –, die Teestube.

»Khun Adjaan! Gut, Sie zu sehen!«, ruft er mir in seiner sanft singenden Tonart zu. Sein Hund tänzelt schon in unserer Mitte und schnüffelt an unseren Füßen und Beinen.

»Geh! Raus! Warte draußen!« Mahaviro hat den Zeigefinger seiner rechten Hand zur Belehrung seines Hundes erhoben. Der Hund schaut interessiert, dann freut er sich und tänzelt weiter. Mahaviro wendet sich wieder mir zu: »Khun Adjaan! Ich habe ein Geschenk für Sie!«

»Für mich?«, frage ich erstaunt.

»Ja, vom ehrwürdigen Mönch Somwang, er ist abgereist, er lässt Sie grüßen, und er bat mich, Ihnen diesen Umschlag zu überreichen.«

»Oh, vielen Dank!«

»Komm, raus jetzt!«, sagt Mahaviro.

Das galt schon wieder dem Hund. Der Hund schaut kurz zu Champ, in dessen Hand er sich spielerisch verbissen hat, dann zu Mahaviro, einmal noch zu Champ, dann folgt er mit langen Sprüngen Mahaviro hinaus in den Garten.

Während Champ, sich die Hand reibend, den Freunden von unserem morgendlichen Erlebnis mit den Mönchen erzählt, öffne ich den Umschlag. Eine Plastikkarte fällt mir entgegen. In ihr eingeschweißt sind ein Blatt und ein kleines, goldverziertes Emblem, das bezeugt: Das Blatt stammt von Buddhas ureigenem Bodhi-Baum der Erkenntnis.

12

Durch Bihar – Die Kampfzone

›Heute nichts erlebt, auch mal schön!‹ Der Tagebucheintrag von gestern. Nun aber brechen wir zur nächsten großen Etappe auf. Für unsere Zeit recht spät. Um sechs Uhr früh treffen wir uns am Tempel-Eingang. Das Fernsehteam braucht schöne Bilder. Und wirklich, es ist ein schönes Bild: Im Morgenrot durchschreiten 200 in safranfarbene Roben gehüllte Mönche den reich verzierten Torbogen des prächtigen Thai-Tempels. Vom Hor-Rakhang, dem Glockenturm, klingen magisch dunkle Trommeltöne. Dann ein Kamera-Schwenk: Nun sieht man, wie die lange Mönchsschlange am frühen Morgen in menschenleerer Stadt den Hügel hinauf zum Mahabodhi-Tempel marschiert.

Wir, die Karawaat, wurden angewiesen, nicht ins Bild zu laufen, unser Zivil würde die schöne Szene stören.

»Komm!«, sage ich zu Champ. »Lass uns noch einmal mit Mister Karamdiep fahren! Und dann geben wir ihm ein anständiges Abschiedsgeschenk.«

Ich weiß es nicht, ob das Thai-Fernsehteam die Szene, wie ein Thai, ein weißer Westler und ein Inder mit langem grauen Bart gemeinsam eine alte, rostige Rikscha den Hügel hinaufschieben, während eine lange Schlange von Mönchen an ihnen vorbeizieht, im Kasten hat. Ich fand das Bild sehr hübsch und sinnhaft. Als wir – Mr. Karamdiep, die Rikscha, Champ und ich – den auf dem Hügel gelegenen Vorplatz des Mahabodhi-Tempels erreichen, baut das Fernsehteam die Kamera neu auf. Sie wollen einen Gegenschuss von oben filmen. Die Mönche müssen zurück den Hügel hinunter, um dann noch einmal für das schöne Bild hinaufzulaufen.

»Requisite!«, rufe ich. »Da fehlt doch was im Gegenschuss!« Ich lache. »Na, egal, die Thai zu Hause vor dem Fernseher haben das schöne Bild, an dem sie sich seit all der Zeit immer wieder neu erfreuen!«

»Sei nicht so zynisch!«, sagt Champ.

»Bin ich doch gar nicht, das Bild ist doch wirklich sehr schön!«

»Very beautiful! Good men!«, kommentiert Mister Karamdiep den Anblick.

Als wir uns bei ihm mit einem kleinen Umschlag und großer Umarmung verabschieden, sagt er kein Wort. Er hat Tränen in den Augen: Ein allgültiger, stummer Blick aus tiefem Herzen, der das Versprechen auf ein Wiedersehen nicht gibt und nicht erwartet.

Champ und ich schließen uns den Mönchen an. Wir laufen am Mahabodhi-Tempel vorbei durch das Tor zum Markt und dann hinunter zur Uferstraße des Falgu. Der Fluss führt um diese Jahreszeit kein Wasser; nicht einmal ein Rinnsal ist zu entdecken, nur wüstenhafter Sand, der im Gegenlicht des Sonnenaufgangs golden glitzert. Das vollkommen ausgetrocknete Flussbett ist trotz der frühen Stunde schon Tummelplatz für Hunde, Büffel, Ziegen und manch anderes Tier, das durch die kleinen Dünen kriecht. Auch Menschen haben dort ihre Nacht verbracht, manch einer packt seine Habseligkeiten und rollt sie in eine Lumpendecke ein, manch anderer schläft noch.

Die Straße ist zum Fluss hin flankiert von großen Bambusstauden, vereinzelt ragt ein knorriger Banyan-Baum empor. Zur Linken drücken sich Behausungen aus Lehm und Kuhdung an den Straßenrand. Angeleinte Büffel schauen uns gleichmütig nach, während aufgeschreckte Hunde bellen. Die Luft ist klar, das Wetter schön, der Weg wird zur Allee. Das Kamerateam macht hübsche Aufnahmen. Die Mönchsschlange ist lang, doch nicht zerrissen. Heute laufen wir als eine Mannschaft in einem für alle zu haltenden Tempo. Die Freude, wieder unterwegs zu sein, scheint uns wie ein unsichtbares Band versöhnlich zu vereinen.

Indien erwacht. Im nächsten Dorf stehen Vater, Mutter, Kind aufgereiht vor ihren Hütten und halten ihre Morgentoilette ab.

Zähne putzend nicken sie uns zu. Dass manche Männer auch beim Wasserlassen grüßen, nehme ich gelassen zur Kenntnis. Doch das Sich-Entleeren ohne Scham am Wegesrand, das bleibt mir fremd. Achtsam beobachte ich, wohin meine Füße treten. Schon ist das Dorf durchschritten. Noch immer aber liegen dicht an der Straße gleich neben dem Asphalt auffallend viele möhrenfarbene kleine Haufen neben großen dunklen Fladen. Die Fladen, das ist schnell zu deuten, stammen von den dunkelgrauen Büffeln, die auf der Uferwiese grasen.

Es dauert einen Moment – mir steigt die Röte ins Gesicht –, bis mir klar wird: Die rotgelben noch dampfenden Häufchen sind die Notdurft der Mönche. So viele sah ich schon hocken, nur einen Meter neben der vorbeiziehenden Schlange: Die weite Robe über die Knie drapiert, die Augen zu und ein entspanntes Lächeln auf den Lippen. Für Nicht-Eingeweihte wie mich sah es aus, als machten sie eine kurze Ruhepause. Jetzt sehe ich einen hockenden Mönch mit neuen Augen. Man weiß es nie genau: Ruht er oder macht er? Dabei – heißt es nicht, dass die Meditation für den Geist das Gleiche sei, was der Stuhlgang für den Körper ist? Eine angenehme Entleerung!

»Aber ja, so ist es! Geist und Körper sind eins!« Eine schöne Flötenmelodie klingt in meinen Ohren. »Du musst nicht so gschamig sein!«

»Ja mei, du! Grüß Gott, Krishna!«

»Lass doch das Bairisch!«

»Du hast doch damit angefangen!«

»Ja, weil du so verschroben verlegen wirst, wenn es gilt, über eins der elementarsten Dinge des Daseins zu reden.« Krishna tanzt, dann hält er inne. »Die Notdurft gehört zu den fünf Grundwahrheiten des Lebens, die für alle gilt und ein jeder machen muss – nach dem Atmen, dem Trinken, dem Essen und dem Schlafen. Habe ich euch das nicht gelehrt? Entleeren sollt ihr euch zweimal am Tag! Und danach nehmt ein Bad! Einmal nach dem Aufstehen, damit ihr den Tag frisch und leicht beginnt; und das andere Mal vor dem

Zubettgehen, damit ihr für die Liebe angenehm und für die Träume rein seid!«

»Ach Krishna, du hast gut reden, du bist ein Gott! Doch wir Sterbliche sind schon froh, wenn es einmal am Tag gut rutscht.«

»Weil ihr euch gebückt auf diesen Schüsseln herumdrückt, die ihr aberwitzig ›Thron‹ nennt. So ist nicht gut zu defäkieren. Bewegt euch und lernt, euch richtig hinzuhocken, dann habt ihr keine Probleme mit der Notdurft. Und zur Reinigung nehmt die linke Hand und Wasser!«

»Du meinst, der weiße Mann ist zu dumm zum Scheißen?«

»Ach, deine Worte!« Krishnas schönes Blau wird blass, doch er hat sich schnell gefasst: »Ihr kommt in Verlegenheit, weil ihr die Zusammenhänge missachtet! So wie das Atmen und der Schlaf mit dem Himmel verbunden sind, so sind das Trinken, das Essen und die Notdurft Teil des ewigen Kreislaufs der stofflichen Welt. Und eure Notdurft ist das Stoffwechselprodukt von dem, was ihr esst. Achtet darauf, was ihr zu euch nehmt! Esst bewusst! Obst und Gemüse, Getreide und Kräuter, Nüsse und Beeren! Davon ernährt euch! Denn sie sind ein Teil des Reigens der Natur.«

»Und wie verhält es sich mit den Tieren? Nehmen sie nicht auch teil am Reigen der Natur?«

»Die Tiere sind meine Freunde, ich esse meine Freunde nicht.«

»Aber die Pflanzen sind doch auch unsere Freunde!«

»Ja, doch töten wir die Bäume nicht, um uns von ihren Früchten zu ernähren. Auch nicht die Sträucher, nicht einmal das Getreide. Vielmehr werden all diese Gaben der Natur von den Organen gewandelt in die Energie spendende Kraft des Daseins. Und mit dem Kot – der Nahrung für Insekten, Käfer, Vögel und auch manche Nagetiere ist – entleert der Darm auch Samen, aus denen am Ende wieder neue Pflanzen entstehen. Das ist das Rad des Lebens! Ein Kreislauf, ein ständiger Austausch! So verhält es sich auch mit dem Geist: Achtet darauf, was ihr zu euch nehmt und was ihr von euch gebt, denn alles steht in Verbindung mit dem Ganzen.«

Krishna setzt seine Flöte an und spielt eine himmlische Melodie. Als er eine Pause einlegt, fragt er: »Was bist du so still?«

»Ich höre zu.«

»Schön!«

»Ja, sehr schön!«

»Da ist noch etwas anderes!«

»Was meinst du?«

»Du bist verlegen.« Krishna fragt ganz leise, doch dicht an meinem Ohr: »Hast du am Ende auch Tiere gegessen?«

»Die letzten Jahrzehnte nicht wirklich.«

»Du kannst mich nicht belügen!«

»Nun ja, na gut, manchmal esse ich etwas Huhn, auch kann ich einer Ente selten widerstehen.«

Krishna schweigt. Dann spielt er eine traurige Melodie. Nun sagt er ruhig: »Aber du weißt es doch! Für alle Lebewesen ist das Ermordetwerden eine Erfahrung von Schrecken und Panik. Mit jedem Bissen Tier isst du fleischgewordene Angst.«

»Ja, ich weiß es.«

»Warum tust du es dann?«

»Wir haben es nicht anders gelernt, wir wurden so erzogen.«

»Willst du deine Mutter schelten?«

»Nein, sie wusste es doch auch nicht besser. Und ihre Mutter auch nicht. Es ist halt abendländische Kultur.«

»Heißt es nicht, die alten Griechen wären die Wiege eurer Kultur?« Krishna hält seine Flöte in der Hand, wie der Lehrer seinen Zeigestock.

»Ja, so sagt man.«

»Sokrates, Platon und Aristoteles, sie waren Vegetarier! Sokrates war der erste im Abendland, hundert Jahre nachdem ich Buddha war, der auf das Leid der Tiere wie auch auf die ökonomischen Zusammenhänge der Viehzucht und des Kriegführens hinwies. Platon forderte folgerichtig eine allgemeine vegetarische Ernährung von Staats wegen.«

»Was du alles weißt!«

»Ich rufe nur dein Wissen ab.« Krishna lächelt, dann hebt er zu einem Gesang an, als sei es Slam-Poetry: »Zarathustra und Pythagoras, Horaz, Ovid und Seneca, Epikur wie auch Plutarch, da Vincis Leonardo sowie Voltaire und der Rousseau, Thomas Alva Edison, Humboldt, Rilke, Morgenstern, und natürlich Einstein, Kafka wie Tolstoi: alles Vegetarier!« Krishna schaut mich verschmitzt an, als wenn er etwas Applaus erwarte. »Nun?«, fragt er. »Wie steht es nun nach all der Zeit und ihren klugen Köpfen mit der abendländischen Kultur?«

»Volksmusik und Currywurst!«

»Lass das Volk doch singen! Was aber ist ›Currywurst‹?«

»Totes Schwein mit Soße. Dazu ein Mix Gewürze, als sei ›Curry‹ der Inbegriff von Indien.«

»Oh!«

»Ja, oh! Absurd, nicht wahr?« Ich nutze den Moment Krishnas Irritation und lege nach: »Einen hast du aber noch vergessen in deiner Liste.«

»Viele sind nicht genannt. Wen meinst du?«

»Adolf Hitler!«

»Willst du mich ärgern?«

»Nein, ich will es wissen.«

»Hitler hatte auch Beine, dennoch lauft ihr, Hitler hatte auch eine Nase, und doch wollt ihr atmen?«

Krishna stemmt empört die Hände in seine schlanke Hüfte. »Richtig ist: Kein Fleisch zu essen macht niemanden ohne Weiteres zu einem guten Menschen. Und richtig bleibt: Ein Tier zu essen tut euch nicht gut. Weder eurem Leib noch eurer Seele. Und ist euch euer eigenes Wohl egal, so denkt doch an die Tiere! Findet es denn nicht euer Mitgefühl, in welch abscheulicher Gefangenschaft sie ihr Leben fristen müssen? Fangt an, euch zu erbarmen! Erkennt das karmische Gesetz der Himmel und des Lebens: Mit jedem Bissen Fleisch, den ihr esst, esst ihr das Leid der Tiere; mit jedem Bissen Fleisch, auf den ihr verzichtet, verringert ihr das Leid der Tiere.«

»Ach Krishna, du hast ja recht!«

»Ja, habe ich.«

»Aber die Mönche …«

»Aber die Mönche? Willst du deine eigene Unzulänglichkeit mit der der anderen rechtfertigen?«

»Krishna, sei gnädig! Es beschäftigt mich: Warum essen die buddhistischen Mönche, mit denen ich laufe, Huhn, Fisch und Krabben? Und manchmal sogar Schwein? Warum sind sie keine Vegetarier?«

»Ich bin gnädig. Ich verstehe deine Frage.« Krishna legt eine Hand an sein schön geformtes Kinn, dann sagt er: »Den Mönchen ist es niemals gestattet, ein Tier zu töten, auch sollen sie kein Tier essen, das für sie getötet wurde. Doch ebenso ist es ihnen nicht erlaubt, ihre Nahrung selbst auszuwählen. Beim Almosengang müssen sie annehmen, was ihnen gegeben wird.«

Plötzlich schrecke ich hoch. Der Boden unter meinen Füßen gibt nach. Wir laufen auf Sand. In meine Gedanken vertieft, habe ich nicht bemerkt, wie wir von der Straße abbogen und die Uferwiesen hinunterliefen. Ich folgte einfach dem Mönch vor mir. Nun durchqueren wir das ausgedorrte Flussbett. Am anderen Ufer geht es quer über ein Feld hinein in einen kleinen Wald. Ein abenteuerlich enger Trampelpfad, auf dem wir nur Mann hinter Mann gehen können, führt uns hindurch. Papageienvögel fliegen umher, und Zikaden kreischen in dem Geäst der Bäume. So hab ich mir das vorgestellt! Einen schönen langen Atem lang. Am Ende ist es nur ein Ziegenhain.

Zwei Hirtenjungen winken freudig, als sie uns aus dem Gehölz kommen sehen. Sie laufen uns entgegen. Einer trägt ein dickes Tuch als Turban, dazu ein Heavy-Metal-T-Shirt, in der Hand hält er einen kleinen Eimer. Zielstrebig hält er auf mich zu. Er zupft an meinem Hemd, nimmt meine Hand und deutet auf ein Muttertier mit dickem Euter. Offensichtlich will er mir zeigen, wie er seine Ziege melkt.

»Ach, Krishna«, sage ich. »Treibst du deinen Schabernack?«

»No Krishna, my name Nilesh«, sagt der Junge.

»Hallo Nilesh!« Ich schaue in große, strahlende Augen.

Natürlich ist das Krishna, er will mich täuschen und seinen Spaß mit mir haben. Mit einem stillen Lächeln denke ich an Teresa von Ávila, die wundersame katholische Heilige, die rauschhafte Ekstasen erlebte, da sie im Flötenspiel der Hirtenjungen Gott für sich entdeckte, in seiner reinsten Inkarnation. Nileshs naseweises Grinsen sagt mir, Teresa lag richtig. Eine kleine Ekstase wäre jetzt sehr schön. Und Nileshs Ziegenhain scheint mir ein guter Ort zu sein, mich selbst wie auch die Gruppe zu verlieren. Die Mönche sind schon weit voraus.

»Tut mir sehr leid, Nilesh«, höre ich mich jedoch sagen. »Verweilen kann ich nicht, ich muss weiterziehen!«

Den Anschluss wieder zu erlangen, laufe ich quer über ein frisch gemähtes Feld. Auf ihm schlägt eine Gruppe Bauern mit Macheten Zuckerrohr. Am Rand des Ackers lärmt eine Maschine, die Getreidehalme häckselt. Daneben dreschen drei Männer mit freiem Oberkörper strohgelbe Bündel auf einer Gartenbank aus; Schweiß rinnt über ihre freien Oberkörper und ihre Turbane lösen sich auf. Mütter mit Kindern auf dem Arm, an der Brust und auf dem Rücken sitzen etwas abseits und verrichten schwatzend Näharbeiten.

›Ah, endlich Indien!‹, denke ich. Das ist nicht der Weg nach Patna. Wir sind ein, zwei Kilometer abseits der Straße. Hier ist es also, das ländliche Indien mit all seiner archaischen Schönheit. Hinter dem nächsten Feld, auf dem Weg gleich neben den kleinen Hütten, schlägt ein Junge mit einem Stock einen alten Reifen vor sich her. Das sah ich bisher nur in einem Bilderbuch. Ich mache ein Foto, und noch eins, die Alte mit dem Jungen zwischen ihren Beinen, sie laust ihm die Kopfhaare; und dort noch das Mädchen am Brunnen, das mit Seil und Eimer Wasser schöpft; ein anderes melkt eine Kuh, zwei alte Männer sitzen unter einem Baum und schauen zu. Die Schönheit der Alltäglichkeit fesselt mich, hier bin ich gern, und gerne mag ich bleiben. ›Nur wo du zu Fuß warst, bist du auch wirklich gewesen‹, sagte Goethe. Natürlich gilt Goethes Wort. Doch die Mönche zogen längst weiter, ich sehe sie im Gegenlicht der Morgensonne; im Hintergrund als Schattenriss: ein alter Stupa, der einst gewaltig gewesen sein muss. Jetzt hat er allen Schmuck verloren, er liegt vor uns als ein Rudiment aus brüchigen Ziegelsteinen.

»Wo warst du denn?«, fragt mich Champ.

»In Indien!«, sage ich. »Und wo sind wir hier?«

»Das ist der Sujata-Stupa«, antwortet Champ. »Den hat man errichtet, um Sujata zu ehren. Sujata …«

»Ach, ist das die junge Frau mit der Schale Milchreis und dem aufmunternden Wort?« Ich falle Champ in das seine.

»Woher weißt du das?«

»Das weißt du doch: Ich lese. Und du?«

»Na, es steht ja hier!« Champ zeigt auf einen Gedenkstein in Hindi und Englisch.

»Also, ich finde, das hat Klasse! Ein Denkmal für eine schöne Geste und ein nettes Wort. Eine junge Frau half einem ziemlich verzweifelten Mönch auf die Sprünge. Das ist in der Tat ein guter Grund, ihrer zu gedenken.«

Die Mönche stellen sich auf zum Chanten. Dann umkreisen wir den Stupa. Das Kamerateam filmt. Es ist ein Elend mit mir, ich kann die Außenwelt nicht ausblenden. Anstatt wie die Mönche in innerer Einkehr meine Kreise zu ziehen, beobachte ich, wie die Bettelbande Jungs, die hinten an der Straße standen und unserem Treiben zusahen, nun Touristen, die aus einem angekommenen Bus mit gezückter Kamera steigen, bedrängen. Drei Bauern rennen vom Kornfeld heran. Kaum, dass sie die Straße erreicht haben, dreschen sie unvermittelt auf die kleinen Strolche ein. Das Fernsehteam hält die Kamera auf die Mönche. Sie kreisen weiter. Ich breche aus und überlege einzugreifen, als Champ schon den Jungs zu Hilfe eilt.

Eben, als ein Bauer mit einer Zaunlatte auf einen Bengel einprügeln will, hält Champ den Arm des Mannes fest. In dem Geschrei und dem Aufruhr, die entstehen, können die Jungs fliehen. Ich glaube, man schimpft laut über uns, vielleicht zu Recht, vielleicht zu Unrecht. Niemand wagt sich vor. Als sei nichts gewesen, gehen die Bauern zurück aufs Feld und die Touristen hin zum Stupa. Ich kann nur hoffen, dass einer der kleinen Betteldiebe irgendwann ein Buddha wird, dann wäre Champs Aktion doch auch ein schöner Grund für ein hübsches Denkmal.

Wir laufen wieder quer über die Felder. Kinder umringen uns, Jungs greifen nach den Händen der Mönche und laufen Hand in Hand mit uns ein Stück des Weges. Aus der Ferne sehe ich den Fluss im flirrenden Licht. Er ist plötzlich ein reißender Strom. Unsere Trucks stehen im Wasser und saufen ab. – Nichts als heiße Luft, nur eine Fata Morgana. Die Crew schält Möhren, hackt Kräuter, schlägt Hunderte von Eiern fürs Omelett, in großen Kübeln kocht der Reis. Es ist kurz vor elf.

Nach dem Mittagessen bittet das Fernsehteam die Mönche, über die Brücke zu wandern. Der Novize soll als Letzter gehen und sich auf der Brücke umdrehen, als schaute er noch einmal nach Hause zurück, bevor er für immer mit den Mönchen geht. Die Szene muss mehrmals wiederholt werden, bis alles stimmig scheint. Wir, die Karawaat, beobachten das Schauspiel aus der Ferne. Es sieht sehr gut aus.

Wir genießen die lange Pause in malerischer Kulisse auf einer Terrasse eines verlassenen Tempels; unsere Decken sind auf dem Boden ausgebreitet – feiner Sand auf altem Marmor. Vor uns der ausgetrocknete Fluss. Am anderen Ufer flimmern in der Mittagshitze in die Hänge geschlagene Gebäude. Ihre in pastellfarbenem Rosa gehaltenen Fassaden sind vom Monsun verwaschen, doch von reicher Verspieltheit und Liebe zum Detail, die vom versunkenen Glanz erzählen. Treppen führen hinunter zu den Stegen, die um diese Jahreszeit ins Nichts ragen. Im Vordergrund steht mitten auf dem Wüstensand ein Brunnen. Ein Junge wäscht sich dort, ganz traumversunken; immer wieder seift er sich von oben bis unten ein, immer wieder reicht ihm ein Mädchen den Eimer voll Wasser, den sie an der Pumpe füllt. Der Junge nimmt und gießt sich das modrige Nass über den Kopf. Dann fängt er von Neuem an, sich einzuseifen.

Hunde dösen mit uns im Schatten eines Mandelbaums. Er hieße Jacaranda, erklärt mir Bo. Es strömt so viel Wärme aus ihm. Ein weiß-rot-lila Blütenregen fällt auf uns, und Vögel zwitschern, als sängen sie Zeilen eines alten indischen Gedichts: ›Schweig still, mein Herz, die Bäume beten‹. Es ist ein magischer Moment, wir fallen aus der Zeit. Vielleicht erwachen wir in einer Nacht, wenn der Mond gut steht und der alte Tempel, wo wir lagern, sich zu ekstatischem Leben erhebt. Ich schaue zu Bo, den sanften Gefährten, wie er bei den Freunden sitzt. Seine gefühlvolle Art und seine Schönheit faszinieren mich. Drei Meter fern von ihm schließe ich die Augen und berühre sein Haar und seinen Nacken mit dem Geist. Bo bewegt den Kopf, so wie Katzen es tun, die man krault und denen das angenehm ist. Nun dreht er sich langsam zu mir um und schaut mir in die Augen. Dann entfaltet er ein Lächeln, das sich nur Vertraute geben, wenn die Welt um sie versinken darf. Schon ist er wieder ins Gespräch vertieft mit Champ und Mon und Bui. Mir geht es gut, ich kann zaubern.

Das Fernsehteam hat gepackt und ist abgereist. Wir sammeln uns unter den Bäumen am Ufer. Die Mönche chanten ein Gebet, dann geht es weiter. Der Abt führt uns durch die Mitte des Flussbetts, dem Lauf entlang nach Norden. Auf den ersten Blick fügt sich unser Weg in den malerischen Tag. Nach wenigen Hundert Metern stellt sich jedoch heraus: Durch Sand zu laufen ist eine höllische Tortur. Die pralle Sonne über Wüstensand passt zwar auch ins Bild, doch mir scheint, es ist der falsche Film. Moses hat es getan! Doch von Buddha habe ich das nicht gehört, dass er durch eine Wüste ging. Die Hitze laugt uns aus. Die Schädel glühen. Ich höre lautes Stöhnen. Viele kippen sich die Wasserflaschen über ihre tuchbedeckten Köpfe. Wir schleppen uns dahin, vorbei an Gruppen von Indern, die in dem heißen Sand auf bunten Decken lagern und Mittagsschlaf halten. Einige heben ihren Kopf und schauen uns verwundert nach. Selbst die Büffelherden brüten sitzend in der Sonne und stieren leeren Blicks ins grelle Licht. Hunde wälzen sich im trockenen Fluss, als seien sie vor Hitze toll. Einige schleichen knurrend an uns heran. Mahaviros Hund stellt sich ihnen in den Weg. Nach wildem Tanz und lautem Gekläffe drehen die Köter mit eingeklemmtem Schwanz bei. Mahaviros Hund ist siegreicher Held. Unsere Flanke steht.

Der Marsch wird unerträglich. Ich muss mich setzen, um den Sand aus den Schuhen zu schütteln. Die Arbeit eines Sisyphos. Nach 50 Metern wird wieder jeder Schritt zu einer Qual. Sehnsüchtig schaue ich zum linken Ufer, dort führen Stufen auf die Straße, die Stadt ist nicht mehr fern. Wir laufen jedoch weiter durch die Hitze und den Wüstensand. Bald schon zwei Stunden dauert die Folter. Nun scheint der Abt sich zu besinnen, er wählt einen Steilhang, den Weg in die Stadt Gaya zu erklimmen. Viele Mönche rutschen aus, schauen sich hilfesuchend um. Champ und die Freunde sind schon am Ufer, und reichen ihnen eine Hand. Völlig erschöpft komme ich als Letzter an die brüchige Schräge. Champ hat auf mich gewartet.

»Na, geht's noch?«

»Nun ja«, sage ich trocken, »wann kommen die Gewehre?«

»Willst du jemanden erschießen?«, fragt Champ und grinst.

»Auch eine schöne Idee. Ich dachte aber, wir wollen die Stadt angreifen. Oder warum schleichen wir uns von hinten an?«

Champ zieht mich den letzen Meter hoch. Augenblicklich rempelt ihn ein Obstkarren an. Menschen schreien, Autos hupen, Tuk-Tuks knattern, und mittendrin läuft eine Kuh. Dem Glutofen entstiegen, finden wir uns wieder in der Hitze des Tumults der Stadt.

»Champ, alles ist entflammt mit dem Feuer des Zorns, dem Feuer des Widerwillens, dem Feuer der Irreführung. Entflammt, ich sag's dir …«

»Du redest wirres Zeug, die Sonne hat dein Hirn verbrannt«, sagt Champ mehr ärgerlich als besorgt. »Wir haben jetzt keine Zeit für deinen Quatsch! Komm weiter!«

»Das ist kein Quatsch, Champ, das ist der Anfang der Feuerrede, die Buddha genau hier in der Stadt Gaya einst vor 1.000 Mönchen hielt.«

»Und wenn schon! Wir sind die Letzten. Los, wir müssen hier raus! Es ist schon fünf Uhr durch.«

»Bitte einen Moment! Ich muss nur den Sand loswerden.«

Während ich mich am Brückengeländer festhalte, um mich zu bücken, die Schuhe zu entleeren, wird Champ geschubst und von der Menschenmenge mitgerissen. Als ich mich aufrichte, hat die Stadt ihn schon verschluckt. Ich laufe in die Richtung, in der er verschwand. Menschen rempeln, Menschen schimpfen, drängeln, quengeln, jemand haut auf meinen Rucksack. Hastig schaue ich umher, überall sehe ich Orange. Dort hinten aber, zwischen den Lkws, die sich durch eine enge Gasse zwängen, sehe ich drei Mönche eilen. Doch an der nächsten Ecke ist schon wieder eine Kreuzung, ich habe keine Ahnung, welcher Abzweig nun zu nehmen ist. Ich bleibe stehen, versuche, in dem Wald von Schildern einen Hinweis zu ergattern. Zum ›Galaxy Science Coaching Centre‹ geht's immer geradeaus, zur ›St. Thomas Catholic School for Children‹ rechts ab. Das ist jetzt wenig hilfreich. Plötzlich packt mich jemand an der Hand.

»Reo-reo, schnell, schnell!«, sagt Mon und zieht mich mit sich. Bis wir raus aus der Stadt sind, weicht er nicht von meiner Seite. Das nenne ich dankbar Achtsamkeit.

Nach einer weiteren Stunde Marsch sehen wir erschöpfte Mönche am Straßenrand auf einer Wiese liegen. Müde winken sie uns zu. Champ, Bo und Bui haben eine kleine Lazarettstation eröffnet. Auf Decken liegen wild durcheinander ausgebreitet Pflaster, Jod, Verbandszeug, Scheren, Medizin und Mönche.

»Was ist denn hier los?«, frage ich.

»Das siehst du doch!«, sagt Champ, der grade einen Fuß von einem Mönch mit Jod beträufelt. »Pack mal mit an! Die Sonne geht gleich unter.«

Was ich sehe, sind weit über 100 Mönche, die verteilt über die Wiese liegen, und die so gar nicht danach aussehen, als wenn sie heute noch weiter laufen könnten, selbst wenn sie das wollten. Der Sand hat ihre Füße wund gerieben. Es herrscht großes Elend. Ich hole den Medizinbeutel aus dem Rucksack und verteile meine letzten Blasenpflaster.

»Champ!«, sage ich nach einer Weile. »Champ, ruf den dicken Mönch im Lkw an und bitte ihn zurückzukommen. Für die Mehrheit der Mönche ist hier heute Endstation.«

»Der Mönch heißt Wimon!«, verbessert mich Champ. Doch zu meiner Überraschung greift er zu seinem Handy und telefoniert.

»Und?«, frage ich neugierig.

»Sie kommen zurück!« Champ nickt.

»Gut gemacht, Champ!«, sage ich.

Nach einer Viertelstunde kommen die beiden Trucks tatsächlich die Straße entlang. Sie werden mit großer Freude begrüßt.

»Und der Abt und seine Kampfsporttruppe, wo sind die?«, frage ich.

»Die Ersten? Die sind weit voraus«, sagt Champ. »Sie wurden aber auch schon unterrichtet. Sie müssen umkehren und hierherkommen. Geschieht ihnen recht, können sie ja noch etwas laufen, die brauchen das.«

»Läuft doch gut, die erste kleine Meuterei, oder?«, sage ich.

Champ sagt nichts.

Mittlerweile haben sich am Straßenrand Händler mit kleinen, mobilen Verkaufsständen aufgebaut, die hoffen, mit uns ein paar Rupien verdienen zu können. Die Mönche dürfen jedoch nichts mehr essen. Sie sind es gewohnt, und sie halten sich daran, wenn einige auch rauchen, telefonieren und mal eine Cola trinken. Jetzt aber sehe ich den dicken Mönch – okay, er heißt Wimon – ein halbes Dutzend selbst gemachtes Eis am Stil einkaufen. Er kommt damit freudestrahlend auf uns zu. Ich gebe Champ Zeichen, dass er auf keinen Fall das Speiseeis … zu spät! Schon steht der Mönch vor uns und winkt Mon, Bo und Bui mit heran.

»*Attama Wimon* [ich, der Mönch Wimon] lädt euch zu einem Eis ein! Er freut sich, dass ihr, die Karawaat, so gut zusammenhaltet«, sagt er mit einem verschwörerischen Lächeln.

»Oh, danke!«

Wohl oder übel müssen wir annehmen. Dummerweise bleibt der Mönch bei uns stehen und hält einen munteren Schwatz mit Champ. Es ist eine große Geste. Aus Höflichkeit knabbere ich mit langen Zähnen an dem Eis am Stil. Der Mönch freut sich, dass seine kleine Gabe so gut ankommt. Ich gehe einige Schritte abseits und lasse das halb aufgegessene Eis ins Gras sinken. Meine Ärztin habe ich allzeit warnend im Kopf, sie schärfte mir ein: ›Keine Eiswürfel, kein Speiseeis, keine Salate!‹

Unsere Zelte sind schon aufgebaut, die meisten schlafen längst, da sehe ich im Dunklen eine Horde Schattenwesen von der Straße kommen. Es ist der Abt mit seinen 30 Getreuen. Sie holen sich ihre Zelte ab am Truck und suchen sich einen Platz. Ich höre sie noch gute zehn Minuten herumspuken. Danach lausche ich dem Rauschen des Verkehrs.

Mitten in der Nacht wache ich auf, mein Magen rumort fürchterlich. Es hilft nichts, ich muss raus. Kaum habe ich einen halbwegs sicheren Platz, reiße ich meine Schlafhose herunter und hocke mich hin. Schon stürzt ein Wasserfall aus meinen Gedärmen, dunkel düngt er das Getreidefeld.

Die Wecker klingeln früh um drei. Matt und ausgelaugt wache ich auf. Das wird kein leichter Tag. Die Nacht ist kühl und klar, Sterne stehen am Himmel, und heute sind sie gar zu sehen. Schon spür ich ihren Zauber, vielleicht ist diese Reise doch ein verführerischer Traum. Schnell und leise bewegen wir uns auf der Straße, sie ist eine sich windende Allee. Die Bäume ragen hoch, ihre Kronen sind verästelt, der Blätterhimmel rauscht und flüstert. Von den Wiesen steigen Nebel. Kraniche stolzieren durch das feuchte Gras, irgendwo kläfft laut ein Hund. Still im All dreht sich die Erde, bis am Horizont der glühend rote Feuerball erscheint. Wir halten inne, niemand sagt ein Wort. Das Licht des Morgens ist ergreifend. Ein Mönch spricht leise ein Gebet. Dann geht es weiter.

Schon mischt sich der Rauch der Feuer, entfacht von den Menschen der erwachten Dörfer, mit den Nebelschwaden. Sie ziehen langsam auf, wie ein Schleier, der sich mit dem Wind erst lüftet und dann leise fällt. Nun schreien Tiere, und Motoren starten, ein Dreiradkarren mit langem Lenkrad und großem Hänger fährt an uns vorbei. Sein Geknatter ist minutenlang zu hören, ansonsten ist nicht viel Verkehr.

Frühstück esse ich heut keins, die süße Schnitte mag ich nicht mehr sehen, ich trinke viel. Meinem Wasser setze ich Elektrolyte aus Beuteln bei. Dennoch müssen Champ und Bo mir einmal Geleitschutz geben, da ich das machen muss, was ich bisher vermeiden konnte: mich während des Marschs irgendwo hinter einen Baum zu hocken. Mein Schamgefühl verleitet mich dazu, mich unter einer kleinen Brücke zu verkriechen. Als es schon zu spät ist, bemerke ich, auf welch gefährliches Abenteuer ich mich einließ. Der Morast des Bodens ist ein Biotop für allerlei Getier. Ziemlich große Kröten lugen aus dem feuchten Laub hervor, ihr Augenzwinkern macht mich kirre. Mücken kommen in Geschwadern und stechen in alles blanke Fleisch, das sich ihnen zeigt. Die vielen Fliegen sind nur lästig, doch irgendetwas kriecht dort durch den Schlamm. Wenn es auf mich lauert, hätte es ein leichtes Spiel. Was will ein Mensch denn machen in seiner lächerlichsten Position? Ich wage nicht, genauer hinzusehen. Hilflos bin ich den Gesetzen der Natur ausgesetzt. Hätte ich nicht Durchfall, würde ich verkrampfen und unverrichteter Dinge fliehen. Doch schon schießt ein Wasserstrahl in den dunklen Moder. Zwei Taschentücher reichen zur Hygiene, dann haste ich zurück auf den sicheren Weg.

»Und, geht's besser?«, fragt mich Champ.

»Na sagen wir es so: Ich bin um eine Erfahrung reicher. Schiss beim Scheißen hatte ich noch nie. Die Inder machen es wohl doch ganz richtig: Es ist besser, das Schamgefühl aufzugeben und sich auf freiem Feld zu entleeren, als einmal täglich unter Brücken, im Gestrüpp und in den Büschen das Leben zu riskieren.«

»Mag sein«, sagt Champ, »Toiletten wären aber auch eine gute Lösung.«

»Die Scham kostet nur Überwindung, Toiletten aber Geld.«

»Du meinst, wer arm ist, kann sich Scham nicht leisten.«

»Hey Champ, du sagst es! Die reichen Inder, also die auserwählten 100.000 von 1,3 Milliarden, scheißen wahrscheinlich in Kloschüsseln aus Gold.«

»Porzellan ist doch auch schon nicht schlecht.«

»Ja! Weißt du, dass die Hälfte aller Inder überhaupt keinen Zugang zu Toiletten hat? Und der Großteil der Bauern, dem die World Toilet Organization, die von einem engagierten Mann aus Singapur gegründet wurde, Jack Sim heißt er, Latrinen baute, benutzt sie nicht. Weißt du warum?«

»Nun sag schon!«

»Weil sie niemand reinigen will. Das dürfen seit alters her nur die Unberührbaren. Sie müssen das meist mit den bloßen Händen machen. Doch Zugang zu den Dorfbrunnen, um sich zu waschen, ist ihnen unter Androhung der Todesstrafe verboten. Also werden die Latrinen, nachdem sie einmal vollgeschissen sind, und das geht sehr schnell, nicht mehr benutzt. Oder es werden gleich Lagerräume aus ihnen gemacht, und die Bauern gehen weiter auf die Felder.«

»Das ist irre!«

»Ja, und die Frauen sind am ärgsten dran, sie gehen nur im Dunklen auf die Felder. Und dort droht immer die Gefahr einer Vergewaltigung. Ein Dilemma! Alles hängt mit allem zusammen.

Es ist ein weiter Weg, dessen Ende so wenig abzusehen ist wie sein Anfang, denn noch sind nicht einmal die Grundbedürfnisse des Daseins – saubere Luft und Wasser, genug zu essen, ein Platz zum Schlafen und ein Klo – geregelt.«

»Das ist große Scheiße!«

»Das trifft es!«

»Warte mal«, sagt Champ, »jetzt muss ich auch. Du hattest recht, das Eis war Kacke.«

Champ verzieht sich hinter einen Baum.

Zum Mittag geht es mir schon besser. Ich lasse mich überreden, etwas Reis und Gemüse zu essen. Doch schon fängt nach kurzer Strecke der Magen wieder zu rumoren an. Ich schaue mich verzweifelt um, kein Strauch, kein Busch – wir haben gerade Makhdumpur durchschritten –, nun sind wir am öden Stadtrand, in meinem Darm herrscht wilder Aufruhr. Er beherrscht den Tag.

›Ein kleines Wunder täte not‹, flehe ich mit gepressten Lippen, ›sonst passiert ein Malheur!‹ Nach der nächsten Kurve zeigt sich das Wunder am Horizont: Indian Oil! Eine Tankstelle! Ich habe keine Zeit, Champ oder irgendwem Bescheid zu geben, ich eile vor. ›Sie werden mich ja sehen, wie ich renne‹, denke ich.

An der Tankstelle döst im Schatten einer Zapfsäule ein Kerl. Er hat nicht viel zu tun. Auf dieser Straße fährt sehr selten ein Truck, noch seltener ein Bus; nur alle paar Minuten knattert ein Moped vorbei, ein Auto sah ich heute noch nicht, doch ab und an ein mit Motorradmotor betriebenes Fuhrwerk. Nun aber böllert laut ein Tuk-Tuk auf der Straße, es ist voll besetzt. An jeder seiner Seiten hängen noch einmal sechs oder sieben Passagiere. Ich habe keine Zeit zum Zählen, doch über 20 Personen sind es bestimmt, die das Ding dort transportiert. Der Lärm hat den Burschen an der Zapfsäule geweckt; er weiß erst nicht, was er aufregender finden soll, das Tuk-Tuk oder mich. Er entscheidet sich für mich. Er springt auf und läuft mir entgegen, staunenden Blickes stiert er mich an. Es bleibt keine Zeit für langes Fragen, ich deute auf die ausgewiesene

Toilette. Er wackelt mit dem Kopf, was ich als klares Einverständnis werte.

Die Tür ist offen, ich bin gerettet! Um Schlimmeres zu vermeiden, ziehe ich Hose, Strümpfe und die Schuhe aus. Flip Flops habe ich im Rucksack, sie anzuziehen scheint angebracht. In letzter Sekunde erlebe ich Erleichterung! Doch mein Puls sackt ab, mein Herz beginnt zu rasen, kleine Schauer durchfluten mich. Das T-Shirt ist klitschnass, ich ziehe es aus, ein frisches habe ich dabei. Als ich so luftbekleidet dastehe, kommt mir die Idee, eine kleine Dusche mit dem Schöpfeimer könne mir guttun und den Kreislauf stabilisieren. Eine Shampoo-Flasche findet sich, sie ist etwas vergammelt, doch noch viertelvoll. Das ist ein Notfall, entscheide ich. Ich greife zu und seife mich ein. Als ich schön mit Schaum bedeckt dastehe, wird an der Tür gerüttelt. Ich erstarre, die Tür gibt nach. Der Tankstellenbursche steht vor mir. Auch er erstarrt. Dann rennt er fort. Ich weiß es nicht und werde es wohl nie erfahren, wer von uns beiden beim Anblick des anderen den größeren Schock erlitt; ich befürchte er.

Als ich erleichtert und erfrischt vor die Tür trete, ist die Tankstelle verwaist. Vielleicht ist der Bursche nach diesem Spuk mit Schrecken in Panik immer weiter gelaufen. Oder er hält sich versteckt, bis dieser bleiche Gast, bestimmt ein Geist, den Ort verlassen haben wird.

Eine unheimliche Ruhe hat sich über die Landschaft gelegt. Das Licht flirrt, die Sonne brennt, verlassen liegt der Weg vor mir. Weit in der Ferne tuckert ein Trecker. Niemand ist zu sehen. Kein Mönch, kein Freund, kein Fremder. Ich bin allein. Nur eine Ziegenherde grast auf den versengten Feldern. Heiß schwelt der Asphalt unter meinen Füßen. Am Horizont gabelt sich die Straße. Das ist die Richtung. Dort wird jemand auf mich warten.

Alles scheint in langem Mittagsschlaf versunken. Selbst der Hund am Straßenrand bleibt regungslos, schätze, er ist tot. Ich hätte nie gedacht, dass ich den Motorenlärm vermissen würde; doch wenn jetzt ein Wagen käme, wäre ich ihm dankbar, und sei es nur für den kurzen Lufthauch seiner Fahrt. An der Weggabelung steht ein großer Baum, ansonsten ist sie menschenleer. Kein Champ, der wartet; kein Mon, der auf mich achtgibt; kein Mönch weist mir den Weg. So wie es aussieht, hat man mich vergessen. Vielleicht blieb mein Verschwinden unbemerkt.

Kein Grund zur Panik, ich habe ja ein Handy! Der alte Baum bietet mir Schutz vor dem gleißenden Licht. Dort im Schatten hole ich mein Smartphone aus der Tasche. In aller Ruhe muss ich feststellen, die Batterie ist leer. Jetzt wäre eine Zigarette schön! Automatisch greife ich in meine Hose und suche, bis mir einfällt, dass ich seit Monaten nicht mehr rauche. Ich setze mich auf einen Stein und trinke etwas. Sinnend schaue ich meine Flasche an. Sie ist halb voll.

Es wird Zeit für eine Bestandsaufnahme: Meinen Pass habe ich im Rucksack, auch Geld genug für einen Bus. Im Notfall reicht es für ein Gasthaus. Wenn es denn hier Bus und Gasthaus gäbe. Ganz langsam wird mir klar, ich bin genau da, wo ich auf gar keinen Fall sein wollte: Allein, irgendwo in Bihar.

Ich war gewarnt und hatte viel gelesen. Die Ungleichheit der Verteilung des Reichtums hat in unserer Zeit eine Dimension erreicht, die jeden absoluten Herrscher der Geschichte vor Neid in den Brokat beißen ließe. Manche nehmen schenkelklopfend daran teil, spielen Golf und finden das geil. Ich nicht, deshalb bin ich hier. Die ungeheure Schere zwischen Arm und Reich ist ein Verbrechen am Menschen, nicht nur in Indien. Doch hier ist sie himmelschreiend offensiv und schamlos offensichtlich.

Bihar jedoch, soweit das Leid Kalkuttas steigerbar ist, ist nicht nur der anerkannt ärmste Bundesstaat Indiens, sondern auch eine der ärmsten Regionen der Welt. Es fällt durch alle Raster der Statistiken. Mehr als 15 Prozent der indischen Bevölkerung sind unterernährt, in Bihar 30 Prozent. Ein Viertel der Kinder in Indien hat keinen Zugang zu Bildung, in Bihar die Hälfte. Mehr als zwei Drittel der Inder (das sind über 67 Prozent!) gelten nach dem UNO-Armutsindex als arm, in Bihar 80 Prozent (das sind 80 Millionen Menschen, so viel wie Deutschland Einwohner hat). Dieweil hat sich innerhalb von zwei Jahren die Zahl der indischen Dollar-Milliardäre (!) auf über 100 verdoppelt. Und hinter jeder Zahl steckt nicht erfasste Qual.

Doch noch etwas ist in Bihar anders: Hier wehren sich die Menschen. Naxaliten nennen sich die Kämpfer, da es in dem Ort Naxalbari erstmals im unabhängigen Indien, 1967, zu einem bewaffneten Aufstand kam. Seit dieser Zeit operieren hier ununterbrochen verschiedenste Untergrundgruppen, wenn auch eher erfolglos, obwohl es kurzfristig zu ›befreiten Zonen‹ kam. In der Wahl ihrer Mittel sind sie nicht zimperlich, sie entführen und ermorden Großgrundbesitzer, fackeln Mobilnetztürme und Militärstationen ab, so wie sie Busse und den Zugverkehr angreifen. Durch Bihar fahren die Züge seit Langem nur noch mit Militärbegleitung. Auch ansonsten reagiert die Regierung nicht unbedingt mit sozialen Maßnahmen, sondern äußerst schlangengiftig: Sie gab der paramilitärischen Spezialeinheit ›Cobra‹ (Commando Battalion for Resolute Action) die Lizenz zum Töten. Erst im Januar, das hatte ich noch gelesen, wurden Aufständische in den Wäldern Jahanabads – genau da, wo ich nun bin – erschossen. Das Auswärtige Amt warnt explizit vor der ›militant-sozialrevolutionären Bewegung‹ in Bihar, es rät, Reisen in diese Region nicht ohne ortskundige einheimische Begleitung durchzuführen.

Hier sitze ich nun, habe die Gruppe verloren, und Zahlen und Fakten des Elends der Welt rasen mir durch den Kopf. Dabei wäre meinem Elend schon geholfen, wenn mir ein Ortskundiger den Weg weisen würde. Meine Gedanken bringen mich nicht weiter, also folge ich meinen Füßen, sie wählen den rechten Weg. Allein auf einsamer Allee singe ich dieses alte Lied:

›Ach, nimm mich mit auf Fahrt hinaus, auf deinem Zauberschiff! Spür in mir schon längst das Gift, das dir die Kraft zum Träumen raubt. Ja, die Zehen sind fast taub, warten nur darauf, dass meine Stiefel wieder wandern! Ich bin bereit, ich folge dir, ich geh, wohin du willst, solang dein Lied du spielst und dein Zaubertanz mich führt in ferne Lande!‹

»Hey you, where you go?« Ein Flüstern der Bäume?

»Krishna, bist du's? Redest du jetzt englisch?«

»Hey you, here, here!«

Ich bleibe stehen, die Stimme kommt aus einem undurchsichtigen Gestrüpp links vom Weg. Ich glaube, ich sah kurz ein Gesicht zwischen den Bäumen hervorlugen. Während ich noch überlege, ob es eine gute Idee sei, die Stimme zu fragen, ob sie hier auf diesem Weg Mönche entlanggehen gesehen habe, laufen meine Füße schon zum Buschwerk. Kaum, dass ich hinter die Bäume schaue, werde ich gepackt und zu Boden gedrückt.

»Psst!« Augen wie dunkle Diamantenmonde kreisen vor meinem Gesicht. Sie gehören zu einem feinen Antlitz mit leichtem Flaumbart. Unter dem als Turban gewickelten grünen Tuch ragen lange schwarze Locken hervor. Das hübsche Gesicht hält einen Zeigefinger über seine sinnlichen Lippen. »Ruhig! Ganz ruhig!«

Ich nicke. Ich muss mit allem rechnen, doch bleibe ich in der Tat erstaunlich ruhig. Der Strauchdieb lockert den Griff.

»Ich habe dich singen gehört«, sagt er, dabei tastet er mich von oben nach unten ab. Hinter ihm steht ein Milchgesicht mit gleichem grünen Tuch auf dem Kopf. Bleich und unbewegt zielt es mit einem Gewehr auf mich.

»War mein Gesang so schlimm, dass ihr über mich herfallt?«

»Wir fallen nicht über dich her.«

»Dann rufe deine Armee zurück.«

Der junge Schuft nickt dem Bengel zu. Der legt sich hin, ich darf mich aufrichten. Dann fragt der, der mich festhielt:

»Bist du Spanier?«

»Nein, Deutscher.«

»Schade!«

»Was ist daran schade?«

»Ich habe hier ein Buch eines spanischen Dichters.«

»Du kannst Spanisch?«

»Ich lerne es, hör mal!« Als wären wir verabredet zu einer Dichterlesung unter Bäumen, reicht er mir das abgegriffene Buch, damit ich gegenlesen kann, während er rezitiert: »*Yo quierro que el agua se quede sin cauce ... Ich wollte, das Wasser hätte kein Flussbett. Ich wollte, es hätte der Wind keine Täler. Ich wollte, es hätte die Nacht keine Augen und mein Herz nicht den Glanz des Goldes.*« Er hält inne und schaut mich an. »Und hat es dir gefallen? Es ist von Garcia Lorca. Madan Soni hat es ins Hindi übersetzt, und in Englisch steht es dort auch.«

Dem liebevoll aufgemachten Buch sieht man es an, dass es mehrmals verschlungen wurde. Ich blättere ein wenig darin. Auch um die absurde Szene, als sei sie rundweg alltäglich, ganz läppisch mitzuspielen. Am Ende der Vorstellung werden die Jungs mich ausrauben. Viel Geld habe ich nicht dabei. Um mein Handy und um meine Kamera, gut verstaut im Rucksack, ist es schade. Das Milchgesicht, ein Bubi von 16, 17 Jahren vielleicht, wird alles tun, was dieser gut aussehende, wohl selbst ernannte Robin Hood, mit einem Hang zur Poesie, befiehlt.

»Übrigens, man nennt mich Lorca.« Der Dichter-Freund lächelt verlegen.

»Sag mal, Lorca«, sage ich, »wenn dein Herz den Glanz des Goldes hat, dann lässt du mich jetzt gehen. Und vorher sagst du mir, ob über diese Straße dort buddhistische Mönche entlanggekommen sind.«

»Ja, sehr viele, es war eine sehr lange Schlange.«

»Wie lange ist das her?«

Lorca redet Hindi mit dem Jungen, der auf einer Decke liegt und mit einem Bleistiftstummel in ein Schulheft Bilder zeichnet. Das Gewehr hält er im Arm wie ein Schmusetier.

»Du musst entschuldigen, mein Freund redet kein Englisch. Aber wir sind uns einig, das Schauspiel dauerte sehr lange. Die ersten kamen vor gut einer Stunde, und vor ungefähr 20 Minuten haben wir die Letzten gesehen. Wo kommen die her? Das waren keine Inder; Europäer aber auch nicht.« Lorca schaut mir tief und offen in die Augen. »Was hast du mit ihnen zu schaffen?«

»Das sind Thai, und ich bin ihr Freund«, sage ich, ich habe keine Lust auf lange Erklärungen.

»Stimmt es, dass Garcia Lorca sich im Kampf gegen die Faschisten geopfert hat?«, fragt mich Lorca interessiert.

»Nun, er wurde von zu Hause abgeholt und von den Faschisten ermordet. Das ist wohl wahr. Doch meines Wissens ist er nicht im Kampf gefallen.«

»Aber er hat sich geopfert, weil er auf der richtigen Seite stand.« Die Idee des Sich-Opferns scheint Lorca irgendwie wichtig zu sein. Mir ist noch immer nicht ganz klar, wohin uns das Gespräch über Garcia Lorca führen soll, und ob am Ende nicht ich sein Opfer bin.

»Kann man so sehen.« Ich bleibe wortkarg.

»Meinst du, dass wir auf der richtigen Seite stehen?«

»Das kommt auf die Position an. Auf welcher Seite steht ihr?«

»Wir wollen uns den Naxaliten anschließen.« Lorca hält den Kopf anmutig schräg und macht einen erwartungsvollen Blick. »Deshalb musste ich dich erst einmal überprüfen, hoffe, du bist nicht böse. Weißt du, wer die Naxaliten sind?«

»Ja, ich habe von ihnen gehört.«

Plötzlich nimmt Lorca das Gewehr aus den Armen des Jungen. Er prüft den Lauf. Dann sieht er meine sich verengenden Augen.

»Hier! Nimm mal! Was meinst du? Ist das eine gute Waffe?«

Tief ausatmend schaue ich mir das alte Gewehr an. Ich habe keine Ahnung von Waffen. Doch dieses Ding sieht aus, als wenn es aus den Zeiten des spanischen Bürgerkriegs stamme. Ich sage nichts. Das Gewehr in meinen Händen löst meine Anspannung.

»Wofür würdest du dich opfern?« Lorca ist irgendwie erpicht auf diese Frage. Sie scheint ihn zu bedrängen.

»In gewisser Weise habe ich mich mein Leben lang geopfert«, teile ich ihm offen mit, »für die Freundschaft und die Liebe.«

»Und hast du sie gefunden?«

»Manchmal hat sie sich gezeigt.«

»Magst du etwas trinken?« Lorca hält mir eine angebrochene Flasche Bier hin. Ich lese auf dem Etikett ›Cobra-Bier‹. Ich lege das Gewehr beiseite und trinke einen Schluck, allein der Geste wegen.

»Da draußen wartet eine ziemlich große Kobra auf euch«, sage ich lakonisch, während ich ihm die Flasche zurückgebe.

»Du meinst, das Cobra-Bataillon?«

»Ja.«

»Ich weiß es. Der Tod wartet so oder so auf uns. Doch wenn die Ameise nicht schreit, bevor sie zertreten wird, wird sich nichts ändern.« Lorca dreht mit einem Finger seine langen Locken.

»Vielleicht schreit die Ameise ja, doch niemand will sie hören«, werfe ich ein.

»Du meinst, es interessiert niemanden auf der Welt, mit welcher Armut wir uns plagen und mit welchem Unrecht wir uns schlagen müssen? Dann sollten wir der Welt wenigstens zeigen, dass wir nicht nur Lämmer sind, sondern auch Tiger sein können. Ohne Blutvergießen wird sich das System nicht ändern. Was also sollen wir tun, außer zur Waffe zu greifen?«

»Schreiben ist auch eine Waffe.«

»Ja, doch über uns wird erst geschrieben, wenn wir töten oder tot sind. Und den Tod fürchte ich nicht, denn das Leben lohnt hier nicht.«

»Lorca!« Ich setze groß an. »Das Leben lohnt immer! Lass den Tod noch warten! Schreibe! Töten und getötet werden ist ein letzter Verzweiflungsakt. Ich kann ihn verstehen. Dennoch ist er falsch. Weil wir nicht töten sollen! Sonst machen wir uns gleich. Schreiben ist ein gutes Gewehr. Und es ist ein hilfreiches Mittel, an all dieser zum Himmel schreienden Ungerechtigkeit nicht vollends verrückt zu werden.« Ich halte inne und krame in meiner Hosentasche. »Lorca, sag selbst, ist es nicht besser, als Blut zu vergießen, sich um einen Freund zu kümmern?« Ich deute zu dem Bengel auf der

Decke. »Du hast doch einen! Und der Junge da kann malen. Kauf ihm einen Zeichenblock!«

Ich ergreife Lorcas Hände und lege ihm ein kleines Bündel 100-Rupien-Scheine hinein. Schweigend schauen wir uns Hände haltend eine Weile in die Augen. Plötzlich springt Lorca auf, steckt sich die Geldscheine ins Hemd und wendet sich dem Knaben zu. Mit einem schnellen Griff zieht er ihm die Hose herunter. Spielerisch haut er ihm auf den blanken Arsch.

»Magst du ihn?«, fragt mich Lorca lachend.

Der Bengel grinst und malt einfach weiter.

Ich nutze die Gelegenheit und stehe auch auf.

»Lorca«, sage ich, »ich muss weiter.«

Stumm stehen wir uns gegenüber, dann umarmt er mich.

»Pass auf dich auf!«, sage ich, um etwas zu sagen. »Und wenn nicht auf dich, dann wenigstens auf deinen Freund.«

Lorca sagt nichts. Er senkt seinen Kopf und lässt mich ziehen.

Als ich auf der Straße stehe, drehe ich mich nicht noch einmal um. Denn es gab ein Argument dafür zu bleiben. Ein gefährliches. Doch diesen Abzweig meines Lebens nehme ich nicht. Den Blick geradeaus, laufe ich schnellen Schrittes los. Und dann halten meine Füße, diese Wahnsinnigen, doch. Ich schaue zurück. Ich sehe nichts als Bäume. ›Gut so!‹, denke ich. ›Du hast die Information, die du wolltest, du bist auf dem richtigen Weg.‹

Die Mönche müssten mittlerweile einen Vorsprung von mindestens einer halben Stunde haben. Zu Fuß hole ich sie niemals ein. Ob mich schon jemand vermisst? Den nächsten Wagen, der hier vorbeikommt, werde ich anhalten. Und wenn ich mich auf die Straße stellen muss.

In den letzten zehn Minuten überholten mich zwei Fahrradfahrer, und ein mit Stroh beladener Ochsenkarren kam aus der anderen Richtung. Plötzlich aber ist der Weg vor mir verstellt. Eine kleine Einheit Soldaten in Tarnfarben-Uniformen hat eine halbherzige Straßensperre, in Form eines auf die Straße geworfenen

Astes, errichtet. Sie haben lächerliche Schlapphüte auf, einige tragen schwarze Kopftücher. Ein Kerl in weißem Hemd und saloppper Jeans steht auch dabei. Ich laufe festen Schrittes auf sie zu. Der Zivile hebt die Hand. Das Zeichen, dass ich stehen bleiben soll.

»Was machen Sie hier?« Seine Frage ist berechtigt, doch hat sie einen Ton, der klarmacht, dass er denkt, ich hätte hier im Grunde nichts zu suchen.

»Hallo! Gut, Sie zu sehen, Officer.« Ich spreche meinen mir zurechtgelegten Text klar und freundlich und halte ihm meine Hand entgegen. Er ist so verblüfft, dass er sie ergreift und schüttelt. »Ich laufe mit den Mönchen, die hier vor Kurzem vorbeigekommen sein müssen.«

»Diese Mönche aus Thailand?« Er ist nun halbwegs verstört.

»Ja, genau die!« Mein Auftritt funktioniert. Ich lege nach: »Bitte, ich habe nicht viel Zeit, ich muss mich beeilen, sonst verpasse ich den Anschluss!« Mit einem saloppen ›Nice to meet you‹ hebe ich die wieder freie Hand zum militärischen Gruß und versuche, einfach loszugehen. Doch der Kerl packt mich fest am Arm.

»Einen Moment bitte! Passport!«

›Nun gut, hätte ja klappen können‹, denke ich, während ich in aller Ruhe meinen Pass aus dem Rucksack krame. Mit einem Auge beobachte ich dabei die Kerle in Uniform. Den *Jungle Warriors Cobra*-Aufnäher mit Pfeil und Bogen und zwei gekreuzten Gewehren tragen sie stolz am Oberarm. Ihre Schnellfeuergewehre sehen ziemlich neu und sehr echt aus.

»Ah, hier ist er. Mein Pass! Bitte schön!«

»Oh, Sie sind Deutscher?«, fragt der Kerl beim interessierten Blättern. Schon hellt sich seine Miene etwas auf.

»Ja!« Im Grunde lege ich auf diese Feststellung keinen besonderen Wert, außer bei einer Fußball-Weltmeisterschaft natürlich. Indien scheint mir aber ein guter Ort zu sein, wo es sich ab und an lohnt, ein Deutscher zu sein. Wenn auch der Beifall immer aus der falschen Ecke kommt.

»Warum laufen Sie mit den Mönchen?« Die Miene des Ziviloffiziers fällt ins Finstere zurück. Ich und die Mönche, das ist kein Bild, das für ihn stimmig ist.

»Es sind meine Freunde«, erwidere ich spontan. Eine diplomatisch kluge Antwort. Religion ist keine.

»Haben Sie auch indische Freunde?«

Indische Freunde! Da war er wieder, dieser Ton, der mir jede Schweinerei und andere subversive Tätigkeiten unterstellt.

»Nein, ich bin hier fremd.« Ich mache ein trauriges Gesicht.

»Na gut!« Er gibt mir tatsächlich meinen Pass zurück.

Ich verstaue ihn im Rucksack und versuche, dabei ganz lässig auszusehen. Als ich gehen will, ruft der Kerl, er wird nun wirklich etwas lästig, mit einem breiten Grinsen: »Halt, einen Augenblick noch!«

»Ja?«

Vielleicht war ich zu lässig. Der Mann ist ein trainierter Bluthund, er hat den Riecher. Ihm ist völlig klar, dass mit einem europäischen Wanderer, allein auf dieser gottverlassenen Straße im Nirgendwo von Bihar, irgendetwas nicht stimmen kann. Und was, das wird er schon noch herausbekommen! Vielleicht findet er die Antwort. Mich interessiert sie auch.

»Machen Sie mal den Mund auf!«

»Bitte?«

»Mund auf!«

›Ganz ruhig bleiben! Einfach hübsch den Mund öffnen‹, sage ich mir selbst.

»Warum haben Sie so gelbe Zähne, nehmen Sie Drogen?«

»Pardon?« Irgendwie wird mir die Sache jetzt zu dumm.

Bevor ich weitere Antwort geben kann, werden wir abgelenkt. Ein dröhnendes Geknatter wie MP-Salven kommt aus der Richtung, aus der ich kam. Lorca und seine Befreiungsarmee sind es nicht. Es ist ein gelbgrünes Tuk-Tuk. Der geheime Polizist gibt mir zu verstehen, ich solle warten, er sei mit mir noch nicht fertig. Er tritt einen Schritt zur Seite, das Tuk-Tuk abzufertigen. Mit seinem geübten Kennerblick sieht er nichts Verdächtiges. Eine indische Familie sitzt darin – Vater, Mutter, drei Kinder, die Oma und ein Huhn im Käfig. Der Wagen rollt langsam durch den Kontrollpunkt, der Geheime winkt ihn durch.

Sein Winken beziehe ich einfach auch auf mich. Den Arm zum Deutschen Gruß erhoben, rufe ich »Dankeschön!« und springe auf das hintere Trittbrett des Tuk-Tuks. Schon fährt es los. Die Cobra-Warriors schauen verblüfft, doch entschlusslos hinterher. Albern wackeln sie mit den Köpfen, der Zivile gibt keinen Schießbefehl.

Die indische Familie lächelt freundlich. Der Mann gibt mir mit seinen Händen zu verstehen, ich solle über das offene Rückfenster ins Wageninnere klettern. Ich wiege artig meinen Kopf, bleibe aber auf dem Trittbrett stehen. Festgeklammert am Dachvorsprung, halte ich seit einer Viertelstunde Ausschau. Endlich sehe ich wieder Mönche. Als ich Champ erblicke, klopfe ich auf das Blech. Der Wagen hält, ich zahle dem Fahrer zehn Rupien.

»Sag mal, bist du vollends verrückt geworden, hier in Bihar allein herumzukutschieren?« Champ blickt finster wie ein Cobra-Warrior.

»Hallo Champ!«, sage ich. »Schön, dass sich jemand Sorgen um mich machte.«

»Sorgen? Du hast wohl gar keine Ahnung, was hier los ist! Hier gibt es Aufständische! Mach das nicht noch mal! Wo warst du überhaupt?«

Wie ich einen Tankstellen-Burschen in Angst und Schrecken versetzte, mich mit einem Dichter-Rebellen unterhielt, und wie ich dem Cobra-Batallion entkam, das möchte ich Champ jetzt nicht erzählen. Vielleicht mache ich das abends im Zelt vor dem Einschlafen, wenn Champ es denn hören möchte.

Heute ist das Aufstehen auf zwei Uhr früh vorverlegt. Es heißt, wir hätten zu viel Zeit verloren und müssten bis zum Abend unbedingt in Patna sein. ›Warum?‹, fragt keiner. Ich auch nicht. Ich bin wie in Trance. Schlafentzug ist eine harte Droge. Das Tempo kann ich heute nicht halten. Ich trotte daher. Mein Magen ist stabil, doch mein Geist ist nicht bei mir. Er irrt irgendwo in den Wäldern Bihars herum. Lorca reicht mir eine Waffe, sagt: ›Nun schieß doch, schieß!‹ Ich schrecke hoch, ich träume. Würde ich Auto fahren, müsste ich jetzt rechts raus. Ich stolpere. Ein alter Mönch fängt mich auf. Ich sehe sein freundliches Lachen. Der Novize ist bei uns, immer schaut er sehr verlegen. Weiter, weiter! Dunkler Taumel durch die Nacht! Der alte Trick des Fliegenkönnens – lass dich fallen, doch berühre nicht den Boden –, er funktioniert! Durch die Morgennebel! Sonnenball, hallo! Als wir den Frühstückshalt erreichen, brechen gerade die Letzten auf, ich schließe mich gleich an. Einfach weiterlaufen! Menschen winken am Straßenrand. Irgendeiner fragt mich was. Ich sage ›Ja!‹ So viele Augen. Zu wem sie wohl gehören? Und was macht die Kuh da auf dem Weg? Ich habe keine Ahnung. Es ist Indien! Am Straßenrand stehen zwei Trucks und viele Mönche. Wieso winken sie? Ich laufe dran vorbei. Plötzlich packt mich jemand. Kenn ich dies Gesicht? Was will es bloß von mir?

»Hallo, aufwachen! Es gibt Mittag!«

Mon führt mich auf eine Wiese, ich sacke nieder, ich falle auf eine Decke, in tiefes Orange, jemand schiebt ein weiches Tuch unter meinen Kopf. Dann wird es dunkel.

»Hey, willst du duschen? Du bist klitschnass.«

»Hallo Champ, wo bin ich, und was mache ich hier?«

»Unterwegs in Indien! Du läufst mit 200 Verrückten. Und der Oberwahnsinnige, der Abt, übertreibt heute maßlos, wir haben schon 30 Kilometer auf dem Buckel. Apropos Buckel, nimm mal deinen Rucksack ab, das muss ja unbequem gewesen sein. Du hast aber trotzdem fest geschlafen, über eineinhalb Stunden. Nun iss etwas! Danach kannst du dich frisch machen, es gibt einen Brunnen.«

Champ hält mir meinen Blechnapf entgegen. Ich rappel mich hoch und schüttel meinen Kopf, zum ersten Mal heute fühle ich mich wach. Reis und Möhren schmecken köstlich. Das Wasser am Brunnen ist kühl, der Tag kann beginnen.

Meine Energie reicht für eine gute Stunde, dann falle ich Schritt für Schritt zurück. Der Gedanke, dass ich morgen nach Nepal aufbreche, gibt mir einen neuen Kick. Noch einmal vor! Ich laufe auf Reservetank. Doch der ist auch bald leer. Nichts geht mehr. Ich muss mich setzen. Die lange Schlange zieht vorbei. Ich zwinge mich aufzustehen. Mein Körper wehrt sich, irgendwo zerrt eine Sehne. Ein Schmerz schießt durch meinen Rücken. ›Wow, das tat weh!‹, sage ich zu meinen Knochen. Ich muss mich bücken, so ist es auszuhalten.

»Was machst du da?«

Champ läuft heute mit Bui. Sie stehen vor mir und schauen interessiert, wie ich mich verkrümmt an einem Kilometerstein festhalte. ›Patna 19 KM‹, lese ich.

»Na, ich warte auf ein Wunder. Ein Zaubertrank tät es fürs Erste auch.«

»Vielleicht kann ich ja helfen«, sagt Bui, der Sportprofi. Irgendwie fädelt er seine Arme unter meine. Seine Hände finden meinen Nacken, dann reißt er mich hoch.

Ich atme tief aus. Ich stehe wieder.

»Und besser?«, fragt Bui.

»Schön, wenn der Schmerz nachlässt«, stelle ich fest.

»Weiter!«, ruft Champ. »Es ist gleich vier Uhr.«

Eine Weile geht es gut, dann kommt der Schmerz zurück. Ich muss mich alle Meter bücken. Wahrscheinlich habe ich nur die falschen Schuhe an, die Off-Road-Dinger haben harte Noppen. Meine Asphaltläufer habe ich im Gepäck. Bui versucht es noch einmal mit Einrenken, doch Champ sagt: »Wenn ich dich so sehe, dann halte ich mal lieber einen Wagen an!«

Ohne meine Antwort abzuwarten, winkt er einem Tuk-Tuk. Hier vor Patna fahren viele. Es dämmert schon. Als der Wagen hält, eilen der alte Mönch und der Novize, meine morgendlichen Traumgefährten, hinzu und steigen mit ein. Der Novize fiebert. Sein

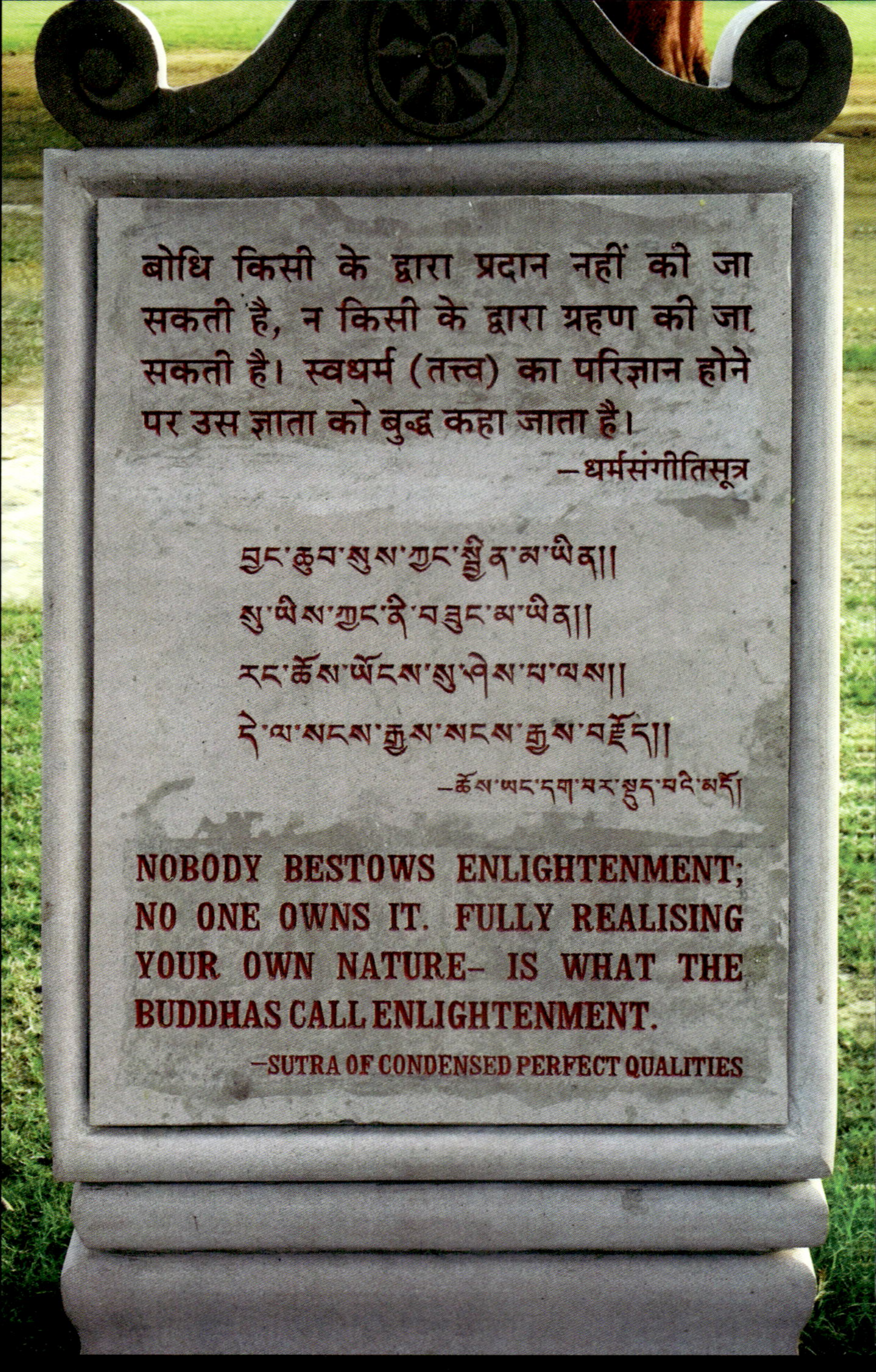

Niemand verleiht Erleuchtung, niemand gehört sie. Deine dir eigene Natur zu erkennen – das ist, was Buddha Erleuchtung nennt.

Gebet

Der Schönste: Buddha Chinnarat

Endlich auf gutem Weg

Mönche im Feld

Zu Fuß durch den Nairañjana

Mönche im Flussbett

Rast unter Bäumen

MGS irgendwo in Bihar

Indische Frau mit Korb

Müllmann in Patna

Kein Patnareis in Patna

Patna, ein Ort der gleichen Hölle

Mann und Glocke, Kathmandu

Mann mit Fahne, Durbar Square

Marktfrauen in Kathmandu

Ohne Worte

Alte im Tempel, Kathmandu

Tempeleingang

Kleiner Markt

Mann und sein Lager

Maoistendemonstration

Happy Holi, Kathmandu

Happy Holi, Kathmandu

Buddha Boudhanath, Kathmandu

Der Tempel in Kushinara

Liegender Buddha, Kushinara

Neuer Morgen

Unten am Fluss

Männer im Tor, Ayodhya

MGS in Ayodhya

Team Kathmandu: Champ, Mon, Bui, Misha, Bo

Kopf fällt auf meine Schultern. Der alte Mönch nickt und lächelt. Es braucht mit der rasenden Kiste gute zehn Minuten, bis wir die Spitze der Mönchskolonne sehen. Ich lasse den Wagen demonstrativ 20 Meter vor dem Abt anhalten. Als ich für die Mönche und mich zahlen möchte, verweist der Fahrer freundlich auf seinen goldenen Buddha auf dem Armaturenbrett. Dann sagt er: »No money!«, und fährt ab.

Zum ersten Mal stehe ich auf offener Straße Angesicht zu Angesicht mit dem Abt. Ich schaue ihm erhobenen Hauptes in die Augen.

»Okay?«, fragt er. Einfach nur ›okay‹.

»No! Not okay!«, erwidere ich. Ganz egal, ob er mein Befinden oder seine Aktion meinte, es trifft. Wir sind im Dialog.

Dann schnappe ich mir das Gepäck von dem alten Mönch und dem Novizen, ihnen geht es dreckiger als mir. Allzu weit kann es nicht mehr sein, es ist dunkel geworden. Doch dauert es noch einmal eine Stunde, bis wir endlich einen Platz zum Lagern finden. Es ist eine verlassene Tankstelle. Der Boden ist brüchiger Beton. Champ flucht, als er versucht, einige Haken in den morschen Untergrund zu hauen.

»Weißt du, dass wir heute 18 Stunden unterwegs waren und keine zwei Stunden Pause hatten!« Champ ist aufgebracht. »55 Kilometer sind wir gelaufen!«

»Da wird der Abt aber stolz sein«, bemerke ich. »Napoleons Truppen schafften nur 50 am Tag.«

»Du hast gut lachen, du fährst ja morgen. Jetzt ist es neun! Das einzig Gute, wir können bis fünf Uhr schlafen. Die Mönche sind fix und fertig, und sie wollen den Ganges nicht im Dunklen vor dem Morgengrauen überqueren. Hier soll es die längste Brücke Indiens geben, die mehrere Kilometer lang hoch über den Fluss führt.«

Den Abschied am Morgen gestalte ich so unaufgeregt wie möglich. Mit Bo, Bui, Mon und Champ gibt es jeweils eine herzliche

Umarmung. Bei der indischen Crew – endlich frage ich nach ihren Namen, sie heißen Visnar, Ganesh, Pravin und Rahul, soweit ich sie mir merken konnte – bedanke ich mich. Und dem Mönch Wimon, der Nummer zwei der Hierarchie, sage ich Bescheid, dass ich die Truppe für einige Tage verlasse. Ich erkläre, dass ich nach Kathmandu müsse, da ein Freund gestorben sei, doch dass wir uns in Nepal, in Lumpini, wiedersehen werden. Dem ersten Abt bestelle ich schöne Grüße: »Sagt ihm bitte: I'll be back!«

Das Tuk-Tuk fährt mich die sechs Kilometer bis zum Stadtrand. Dort muss ich den Wagen wechseln, da es für die Innenstadt Extra-Lizenzen gibt. Auf gut Glück habe ich mir über das Internet ein kleines Hotel ausgesucht. Endlich finde ich jemanden auf dem Tuk-Tuk-Platz, der mich dahin fahren möchte. Mir fallen die Augen zu. Als ich sie öffne, haben wir das Ziel erreicht. Das Hotel ist ein abbruchreifer Betonkasten, es scheint im Elendsviertel von Patna zu liegen. Es ist mir egal, ich checke ein, dusche, wasche meine Wäsche und lege mich hin. Ah, Schlafen! Nichts weiter! Am späten Nachmittag wache ich auf und habe keinerlei Lust, vor die Tür zu gehen. Ich schreibe und sortiere Fotos. Ein hübscher Boy bringt mir das bestellte Essen. Er schließt die Tür, deckt den Tisch und schaut mich lasziv an. Während ich noch überlege, was das werden könnte, wird die Zimmertür geöffnet. Der Etagenchef fragt, ob alles rechtens sei, und wartet, bis der Boy mit ihm verschwindet. Vielleicht gut so. Morgen werde ich mich darum kümmern, einen Flug nach Kathmandu zu buchen. Und runter zum Ganges möchte ich, den Fluss muss ich endlich sehen.

Patna ist ein Ort der gleichen Hölle wie Kalkutta. Städte kennen keine Gnade. Keinen Schleier archaisch anmutender Schönheit, hinter dem sich das Elend der Bauern auf dem Land verbirgt. Städte sind Abbild der nackten Realität. Hier zeigt es sich, wer regiert und triumphiert und wer im Elend vegetiert. Das Wort der ›schuldbeladenen Existenzen‹ ist eins der bösesten, das die Herrschenden in ihren schmatzenden Mündern führen. Ich sehe keine Existenzen, ich sehe Menschen ohne Schuld: den Bettler, die Bettlerin, das Bettelkind, den Buckligen, die Blinde, den Leprakranken, die verwirrte Alte, das zitternde Gerippe. Alle sind sie auf den Straßen. Sie sind nicht das Salz der Erde. Es gibt kein Loblied über sie. Da ist kein Stolz, kein Aufbegehren. Nichts. Kein Mensch und niemand möchte so seine Zeit des Hierseins leben müssen. Kein Gott und kein Naturgesetz haben das gewollt. Was hilft ein Klagelied, ein Lamento, eine Elegie und ein Geheul! Kein Mensch und niemand will diesen Menschen helfen. Die, die mit der Hölle drohen, wissen ganz genau, dass es nur eine Hölle gibt: die, die sie erschufen! Es schert sie einen Dreck. Wenn ich Gott wär, würd ich wüten. Doch auch ich bin dem Elend hilflos ausgesetzt. Im Reich der Finsternis und Schatten. Unter den Betonpfählen der Autotrasse für die Reichen. Eine Ausgeburt an Hässlichkeit erhebt sich skrupellos über alles Leben.

Und diese Stadt war einst Pataliputra, das Sagenumwobene. Fürstensitz von Magadha, das damals Buddhas Heimat war. Ihre Pracht wurde noch 1.000 Jahre nach Buddhas Tod gerühmt. Chinas Reisende erzählten. Doch wenig später wurde alles ausgemerzt, was an den Glanz des buddhistischen Jahrtausends Indiens erinnerte. Das war der Krieg der sich als etwas Besseres dünkenden Brahmanen.

Der Krieg dauert an. Dies letzte der Gefechte ist noch lange nicht gefochten. Gewappnet wie ein Kriegsreporter, laufe ich mit schnellen Schritten durch die Straßen. Ich hechte auf den Mittelstreifen, ich bücke mich, ich knie nieder, ich springe auf. Und immer halte ich die Kamera drauf. Ich muss auffallen wie ein Außerirdischer, der einen intergalaktischen Fandango tanzt. Kein Mensch scheint sich daran zu stören, es kümmert keinen, niemand schenkt mir irgendeine Beachtung. Vielleicht bin ich durch irgendeines Gottes Zauber unsichtbar. Vielleicht ist alles nur der Traum eines längst Verstorbenen. Wie fühlt sich das denn an? Wann weiß man es, dass man tot ist? Und weiß Gott das auch? Dass er tot ist? Nur Kali lebt noch. Sie macht den Abwasch.

Die Stadt mit allen ihren Fragen treibt mich in Verzweiflung und fieberhaften Wahn. Patna ist mein Fegefeuer. Den Weg zum Fluss habe ich nicht gefunden. Der Ganges muss warten.

Auf der andren Straßenseite zeigt sich die andere Welt. Shops und Shops und Restaurants. Das Paradies wird streng bewacht. Die Engelwächter Edens tragen Knarren und MP. Mir als Halbgott und Wanderer zwischen den Welten wird das Himmelstor geöffnet. Coffee-Ice-Dreamland. Ein kühler Ort, sich auszuruhen. Ich gestehe es nicht gern, es ist perverse Sünde, ich habe es getan: Ein Cappuccino und ein Brownie sind bestellt. Zu einem Preis wie in Berlin. Ein Monatseinkommen eines Bauern in Bihar. Drinnen wuseln zwei Kellner in adretter Uniform um mich herum, während draußen die Schützen das Gelände sichern. *So* meinen Kaffee zu trinken, daran möchte ich mich nicht gewöhnen.

»Flüge in die Hauptstadt Nepals gibt es nicht, nur nach Delhi«, sagt mir der Mann im Reisebüro. »Auch fährt kein Bus von Patna nach Kathmandu. Nur bis Raxaul, da ist Schluss, das ist die Grenze. Dort können Sie ja weitersehen. Für Sie buchen, das kann ich leider nicht. Gaurav Travels, das sind die besten, bieten einen Ticket-Service via Internet. Doch unser Netz ist heute leider außer Betrieb. Gehen Sie zurück in Ihr Hotel. Versuchen Sie es von dort, sich online einen Platz zu reservieren.«

13

Nach Kathmandu!

Es ist vier Uhr am Morgen, ich sitz im Hotel, schreibe ganz klassisch etwas ins Tagebuch. ›Indien, Patna, 27. Februar: Ich verlasse die Stadt, bin auf dem Weg nach Nepal. M., wo bist du? Sehe ich dich wieder? Denkst du manchmal heimlich an mich?‹

Für die Fahrt nach Nepal ist alles geregelt: Sachen gepackt, Zimmer bezahlt, Bus reserviert (Abfahrt 6.30 Uhr), Tuk-Tuk bestellt. Es steht wie verabredet um 4.30 Uhr vor dem Hotel. Ich bestand auf diese Zeit, obwohl der junge Kerl an der Rezeption beteuerte, 30 Minuten seien bis zum Ziel – ja, der Fahrer kenne sich aus, und ja, er erhalte einen Zettel mit der Adresse, ja, in Hindi – mehr als ausreichend; die Stadt sei doch um diese Zeit ›all sleep‹.

»Namaste!«, sage ich beim Hineinwuchten des Rucksacks auf die schmale Rückbank, »Gaurav Travels Busstation!«

»Yes!«, sagt der Tuk-Tuk-Fahrer und wackelt mit seinem Kopf.

›Schön‹, denke ich, fünf Kilometer ist die Busstation entfernt, die Straßen sind leer, die Luft noch atembar, wir haben alle Zeit der Welt. Ich lehne mich zurück. Es kann nichts schiefgehen. Das soll man zwar nie sagen, doch zwei Stunden Vorlauf reichen, so manches undenkbare Missgeschick aufzufangen. Nach 20 Minuten kommen wir ohne besondere Vorkommnisse am Bahnhof an. Das Tuk-Tuk hält, der Fahrer sagt: »Hier!«

»Schöner Bahnhof«, sage ich, »doch da wollen wir nicht hin. Wir wollen zur Gaurav Travels Busstation!«

»Yes!«, sagt der Fahrer, seinen Kopf wiegend. »Bas-steh-shan!«

Ich schaue dem armen Kerl lange in sein Gesicht voller Falten. Seine Augen blicken mich mit der traurig-mitleidigen Güte eines langen Lebens an.

»Bas-steh-shan!«, wiederholt er mit einer Geste, die so zu lesen ist, dass die Busstation gleich hinter dem Bahnhof liege.

Ich schleppe also mein Gepäck über den Vorplatz, ins Gebäude, durch das Gewühl der rempelnden Pendler, die Treppen hoch, die Treppen runter, suche den Ausgang, finde ihn: Ich bin da! Doch keine Busstation. Hinter dem Bahnhof ist tote Hose.

Vorne an der nächsten Ecke stehen zwei, drei Busse. Ich frage, doch Gaurav Travels kennt keiner. »Eine Busstation? Nun ja, 500 Meter die Straße entlang! Von dort aus fahren Busse. Nach Raxaul? Bestimmt wird da einer dabei sein!« Mit dieser Information gefüttert, nehme ich wieder den großen Rucksack auf den Rücken, den kleinen in die Hand und schubse mich durch die schmale Straße mit ihren hupenden Autos und gehetzten Figuren. Alle scheinen heute Morgen ein besonders schweres Leid zu tragen, schwerer noch als mein Gepäck. Am Ende der Straße, hinter einer Kurve, stehen tatsächlich Busse. Es fährt auch eine Linie nach Raxaul. Gaurav Travels ist das nicht. Bus ist Bus, entscheide ich. Was natürlich großer Quatsch ist. Es gibt Luxusliner und bunt karierte Todeskisten. Doch Laufen und Suchen mit Gepäck (immer zu viel) ist kein Spaß, sondern Stress. Also stelle ich mich an die lange Schlange vor dem Ticketschalter und warte geduldig.

Der Dialog bleibt knapp und schäbig:

»Gaurav Travels?«

»No!«

»Ticket nach Raxaul?«

»No! All full! Go!«

Schon werde ich weggedrängelt. Das ist ein Moment, in dem Allein-zu-Reisen ins Unschöne kippt. Wenn ich jetzt aufgebe und mich für immer an den Straßenrand setze, interessiert das keinen. Auf der Haben-Seite verbuche ich: Niemand neben dir zetert, keine kriegt einen Nervenzusammenbruch. Noch ist nichts verloren, ich werde ein Taxi anhalten. Ist der Fahrer gut, ist er der barmherzige Wagenlenker, der dich sicher zu deinem Ziel geleitet. Ist der Fahrer schlecht, ist er wie das Leben: Einmal falsch abgebogen, und alles läuft anders als geplant. Doch aus irgendeinem Grund nimmt mich niemand mit. »Taxi? Tuk-Tuk? Go Station!«

Immerhin bekam ich eine Auskunft nach dem fünften Fragen. Also, zurück zum Bahnhof! 500 Meter Indien, beschwert mit Gepäck, das ist Strafe für jeglichen Hochmut. Ich denke an meinen Neffen und trage meine Last. Auf diesem Platz vor dem Bahnhof stand ich heute schon. Mein Vertrauen in den Tuk-Tuk-Fahrer hat mich knapp eine Stunde Zeit und eine Menge Schweiß gekostet. Wenn denn nun Google Maps zu glauben ist, dann liegt Gaurav Travels drei Kilometer von hier. Ich zeige die Karte auf meinem Handy zwei Kollegen. Sie zeigen sich interessiert. Den Kopf wiegend, dann nickend, lehnen sie unfreundlich ab. Auch ein Dritter lässt mich mit einem geraunzten »No English!« stehen.

Ich habe keine Ahnung, ob das sprachlich oder politisch-rassistisch gemeint ist. Vielleicht ist das hier eben einfach der Ort der Verdammnis. Auch meiner. Jedenfalls alles in allem ein guter Moment, die Motten zu kriegen. Ich werfe meine Rucksäcke, den großen und den kleinen, in den Staub der Straße. Ein lautes »Verdammt!« entfährt meinen Lippen.

»Darf ich Ihnen helfen?« In gepflegtem Englisch spricht mich ein untersetzter Mann mit rundem Gesicht an, er raucht.

»Ja«, sage ich, »hätten Sie vielleicht eine Zigarette für mich?«

»Aber gerne«, sagt er. Während ich mir die erste Zigarette seit langen Wochen anstecke, fährt er in klar betontem Englisch fort: »Wir Menschen aus Patna sind viel besser als unser Ruf. Wir helfen gerne, immer und jederzeit, besonders Fremden.«

Ich schaue in sein mit Schweißperlen bedecktes Gesicht, er trägt Anzug und ein offenes Hemd. Auf seiner wolligen Brust prangt eine dicke Goldkette. Er gehört nicht unbedingt zu der Erscheinung Mensch, der ich sofort vertraue. Vielleicht ist es aber nur das viele Kokosfett in seinen Haaren, das etwas ranzig rüberkommt. Die Zeit ist nun knapp. Ich nenne mein Ziel.

»Oh, Gaurav Travels, das sind Freunde von mir, die Station ist gar nicht weit. Ich besorge Ihnen ein Tuk-Tuk. Das kostet Sie 50 Rupien« sagt er in einer seltsamen Mischung aus unterwürfiger Gestik und überheblichem Sprachton.

»Ich habe nur einen Hunderter.«

»Geben Sie her, und warten Sie hier, ich bin gleich zurück.«

Ich nicke. Schon schnappt sich der Kerl in der Art eines Buchmachers den Schein. Mein Einsatz sind eineinhalb Euro.

Die Zeit einer Zigarette ist um, ich trete sie aus, meine Hoffnung ist verraucht. Es ist zehn vor sechs. Was tun? Ich sattle mein Gepäck auf und gehe los. Drei Kilometer in 40 Minuten, das ist zu Fuß zu schaffen. Mein Handy weist mir die Richtung.

Ein Tuk-Tuk hupt wie alle, wie immer. Doch plötzlich bremst es scharf, der Fahrer sucht wohl Ärger. Ich bleibe stehen. Aus der hochgewirbelten Staubwolke entsteigt der dicke Mann. Er wiegt seinen Kopf, grinst, spielt mit seinen Augen Bollywood-Komödie. Er gibt mir mein Wechselgeld, bugsiert mich ins Tuk-Tuk, reicht mir meinen Rucksack und wünscht: »Gute Reise!«

Als der Karren lostuckert, ruft der dicke Komödiant: »Sagen Sie das der Welt: Die Menschen in Patna sind gute Leute!«

Der Fahrer rast durch die Straßen. Wir sind am Ziel. An der Haltestelle warten ein Mann, eine Frau und drei Kinder. Ich geselle mich dazu.

Es ist zehn nach sechs, alles wird gut. Der Mann, er trägt einen Anzug und eine Aktentasche, beginnt eine höfliche Konversation. Er fragt, woher ich komme, wohin ich will.

»Nach Raxaul zur Grenze nach Nepal«, sage ich und frage: »Und Sie? Wollen Sie auch nach Nepal?«

»Weder nach Nepal noch nach Raxaul. Nein! Ich fahre mit dem Bus nach Gaya.«

»Oh, da komme ich her.«

»Sie wollen nach Nepal?«

»Ja!« Was mich irritiert, ist sein mitleidiger Blick.

»Dann sind Sie hier falsch«, sagt der Mann. »Nach Nepal geht es dort die Straße entlang. Auf der rechten Seite ist die Station, 500 Meter von hier.« Er zeigt in weite Ferne. »Wenn Sie sich beeilen, dann könnten Sie es noch schaffen.«

Es ist 6.22 Uhr. Ich bleibe ruhig, schultere stoisch mein Gepäck und trabe los. Schweiß mischt sich mit Tränen stiller Wut. Nach 1.000 Schritten, ich habe die App sicher im Blick, sehe ich die Station, es ist 6.30 Uhr. Ein Luxus-Bus verlässt die Einfahrt. Wäre das meiner, wäre es die preußische Eisenbahn. Es ist Indien! Diesmal tut das Mantra gut.

»Guten Tag, ich bin gebucht nach Raxaul.« Klitschnass und am Ende meiner Kräfte, stehe ich vor dem Angestellten, ein junges Gesicht mit freundlichem Lächeln.

»Oh, ja, sind Sie Mr. Germany?«, fragt er.

»Ja, der bin ich«, sage ich. Zum Scherzen bin ich nicht aufgelegt, obwohl seine Frage ein ›*Nun ja, nicht wirklich*‹ verdient hätte.

»Das tut mir leid, der Bus nach Raxaul fuhr soeben los.«

»Aha«, sage ich, einfach nur ›aha‹. Dabei wäre es nun wahrhaft an der Zeit, diesen Morgen gehörig zu verfluchen. Zu müde für die große Nummer, frage ich leise: »Haben Sie bitte ein Glas Wasser für mich?«

»Warten Sie, ich sehe, was ich für Sie tun kann.« Das hübsche Gesicht greift zum Handy.

Telefonieren für ein Glas Wasser? Soll mich das noch beeindrucken? Es ist Indien! Du hast die Mönche verlassen, dein Bus nach Nepal fuhr grade ohne dich los, du hängst in Patna fest. Karma, Baby, Karma!

Der Angestellte in hübscher Gaurav-Travels-Uniform geht an den Kühlschrank, holt eine Flasche Wasser heraus, öffnet sie und reicht sie mir mit einem Lächeln, als hätte ich im Lotto gewonnen.

»Ruhen Sie sich einen Moment aus, ich habe den Fahrer angerufen, der Bus kommt in zehn Minuten zurück, Sie haben einen Fensterplatz!«

›Wahrlich ein indischer Morgen, voll zauberischer Wendungen‹, denke ich, als ich völlig erschöpft in der ersten Reihe, erhöht neben dem Fahrer, im Bus sitze. Die Aussicht ist prächtig. Wir überqueren die längste Brücke Indiens, die Mahatma-Gandhi-Brücke. Und da ist er endlich, der Ganges! Der heilige Fluss! Die Göttin Ganga, wie die Inder ihn nennen. Die Brücke überspannt sechseinhalb Kilometer Schlammland, das der Ganges zurücklässt, wenn er sich, wie jetzt in der Trockenzeit, auf ›nur‹ zwei Kilometer Breite zurückzieht. Wehmut erfasst mich, als ich das rege Treiben auf dem an der Seite erhöhten Gehweg beobachte. Hier liefen gestern die Mönche und die Freunde entlang.

Auf der anderen Seite des Flusses ist das Land grüner. Ich sehe mehr Felder mit Bauern, die hinter Pflug und Büffel gehen. Kleine Dörfer mit Alleen, keine Autobahn, nur die sich endlos windende Straße. Irgendwann ist sie nur noch Schotterweg. Es geht auf Mittag zu, wir sind ohne Stopp gefahren, eine Busstewardess hatte mir Cola und Kekse gereicht.

Ramgarwha haben wir durchfahren, es sind noch 18 Kilometer bis zur Grenze, seitdem hat mein Handy keinen Empfang. Plötzlich hält der Bus inmitten von verlassenen Feldern. Der Fahrer steigt aus, schaut sich um, dann haut er mehrmals gegen einen Reifen. Die Stewardess steht neben ihm, nickt, sie öffnet die Ladeklappe und wirft nun unser Gepäck ins Feld. Als wäre das banal und alltäglich, verlassen die Passagiere den Bus. Wortlos zergelt ein jeder seine Taschen aus dem Haufen. Mit mir hat niemand geredet. Kein Wort, keine Ansage. Als ich auch aussteige, mein Gepäck zu sichern, steigt der Fahrer ein, startet den Bus und wendet. Die Stewardess springt auf, die Busgesellschaft ohne Bus schaut der kleiner werdenden Staubwolke schweigend hinterher.

Nun stehe ich da, als einziger Europäer inmitten einer Gruppe teilnahmsloser Inder, auf einem windverwehten Feld im Nirgendwo. Der Tag spart nicht an Überraschungen. Und er ist noch nicht vergangen und vorbei.

Die ersten machen sich schicksalsergeben auf den Weg Richtung Grenze. Meine Versuche, jemanden anzusprechen, werden mit einem leidenschaftslosen indischen Kopfnicken beantwortet. Ein »No English!« ist der Höhepunkt der Kommunikation. Bevor ich allein auf dem Feld zurückbleibe, schließe ich mich besser dem gleichgültig jedes Leid tragenden Treck an.

Ein Staubwirbel erscheint am Horizont, er fegt uns entgegen. Es wird eine Horde wilder Reiter sein, sie werden uns ausrauben und hinschlachten: Na und, wen interessiert das, so ist das Leben. Und dann endet es eben hier. Am Ende entpuppt sich die Staubwolke als zwei klapprige Kleinbusse ohne Fenster, die uns für zehn Rupien pro Kopf nach Raxaul bringen.

»Anil, ich heiße Anil, Gott des Windes! Ich bringe dich nach Nepal. Dort warten die Busse nach Kathmandu.« Irgendwo in Raxaul, mitten im Gewühl auf staubiger Straße, wo die Klapperbusse uns abwarfen, zwischen Tankwagen und Eselskarren, zwischen einer Wahrsagerin und Marktständen, vor denen nackte Jungs die Äpfel anstaunen, steht ein alter Mann. Während er im feinen Singsang auf mich einredet, zeigt er auf seine Fahrradrikscha; sie muss mindestens so alt sein wie er. Bestimmt hatte er, als beide in der Blüte ihrer Jugend standen, von einer besseren Zukunft geträumt.

»Kleine Diebe! So können sie nichts stehlen, sie haben keine Taschen.« Anil zeigt auf die gut und gerne zehnjährigen Jungs, die wirklich pudelnackt vor dem Obststand stehen, während er mein Gepäck verstaut. »Seit mehr als 40 Jahren radle ich Tag für Tag zwischen Indien und Nepal hin und her. Hier im windigen Niemandsland kenne ich jeden Stein. Etwas anderes habe ich aber nie gesehen. Doch, einmal, zur Hochzeit meiner kleinen Schwester vor über 30 Jahren, da bin ich mit dem Zug bis Patna gefahren. Die Fahrt war ein schönes Abenteuer, doch die große Stadt hat mir nicht gefallen.« Anil stoppt vor einer Baracke. »Hier ist der indische Zoll, ich warte auf dich, das Gepäck kannst du hier lassen, es kann nicht lange dauern.«

»Passport! Sit down!« Zwei indische Zöllner hocken gelangweilt an Tischen mit Stapeln voller Papiere. Ich bin der einzige Ausreisende. Der mit dem Befehlston nimmt meinen Pass, legt ihn ohne hineinzusehen auf den Tisch, trinkt in Ruhe seinen Tee und schaut mich taxierend an.

Ich blicke ausdruckslos zurück. Er sagt nichts, ich sage nichts. Er fragt nichts, ich frage nichts. Dann wendet er sich ab und beschäftigt sich am Computer. Mein Pass bleibt unberührt. Es ist still und stickig, ein altersschwacher Ventilator dreht knarzend seine müden Runden.

Plötzlich steht der Kerl auf, geht zum Kopierer, dreht sich abrupt um und fixiert mich mit stechendem Blick. Ich zucke die Schultern. Starr wie eine Kobra vor dem Zubiss, verharrt er minutenlang mit Schlangenaugen. Ich bleibe unbewegt. Obwohl sein Schauspiel durchaus beeindruckend ist. Nun setzt er sich wieder, er nippt an seinem Tee und macht sonst gar nichts. Vielleicht wartet er auf ein Angebot von mir, die Sache zu beschleunigen. Ich mache keins, übe mich in nichtssagender Leere. Unvermutet ergreift er meinen Pass, öffnet ihn und studiert die Seiten mit den Visa. Das dauert. Auf einmal haut er mit einer blitzartigen Bewegung den Stempel in den Pass, klappt ihn zu, lässt ihn auf dem Tisch liegen und setzt sich wieder an den Computer. Ich entscheide mich, weiterhin zu schweigen. Das Spiel läuft schon 20 Minuten, für mich steht es unentschieden. Nach weiteren zehn Minuten gibt der indische Zöllner unerwartet auf, er wirft mir mit kurzer Rückhand meinen Pass über den Tisch. In barschem Befehlston, der ihm das Gefühl der Überlegenheit wahrt, raunzt er: »Go!«

»Nach Kathmandu!«, ruft Anil freudig, als er mich sieht. Die lange Wartezeit kommentiert er nicht. So wie er sich ins Zeug legt, sieht es aus, als wenn er mich wirklich am liebsten bis nach Kathmandu kutschieren würde. Mehrmals muss er hoch aus dem Sattel steigen. Die Verbindungsstrecke ist holprig, dann sandig und immer voller Untiefen.

Eine freistehende, prächtige Pforte überspannt den staubigen Weg im Niemandsland. Das Tor nach Nepal! Es hat einen elfenbeinfarbenen Untergrund. Garuda-, Ganesha-, Buddha-, Krishna-Figuren leuchten auf ihm in kupferfarbenem Ton. Welch verschwenderische Schönheit! Und großes Versprechen: Reisender, der du in fernen Ländern Glück, Erkenntnis, die Liebe oder auch nur das ganz große Abenteuer suchst, tritt ein! Allzu viele, die heute noch unter dieser Flagge reisen, gibt es nicht mehr. Sie ist aus vergangener Zeit, sie ist anstrengend, sie ist wunderbar. Ich schieße die Augen, alles wird klar. Mein Antrieb war seit jeher die Sehnsucht; ruhelose Neugier, das Unbekannte zu entdecken.

Die nepalesischen Zöllner sitzen in einem kleinen Kabuff, sie begrüßen mich freundlich. Obwohl ich kein Visum habe, auch keine 25 Dollar, die sie fordern, bekomme ich nach fünf Minuten und der Begleichung der Gebühren in ungeliebten indischen Rupien den nötigen Aufkleber in meinen Pass. Mit einem Handschlag »Welcome to Nepal!« verabschieden sie mich. Unheimliche Freude erfasst mich. Nepal, ich bin da!

»Ich muss dir was sagen«, sagt Anil, »der letzte Bus nach Kathmandu fährt um vier Uhr nachmittags.«

»Fein«, sage ich, »es ist gleich vier Uhr, das passt.«

»Nein«, sagt Anil, »in Nepal gehen die Uhren anders, wir sind eine viertel Stunde zu spät, hier ist es 4.15 Uhr.« Anil lächelt in mein zweifelndes Gesicht. »Komm, lass dein Gepäck auf der Kutsche, dann sieh selbst nach, und du wirst sehen, ich bin ein ehrlicher Mann!«

Ich nehme ihn beim Wort, ich schaue mich um. Alles stimmt: Nepal ist der indischen Zeit um 15 Minuten voraus. Der letzte Bus fuhr gerade fort. Hotels, Pensionen oder Zimmer gibt es keine, nur Taxi-Büros. 6.000 indische Rupien, das sind knapp 80 Euro für die 150 Kilometer nach Katmandu, das ist der beste Preis, den man mir macht. Ich biete alles, was ich übrig habe: 4.500 Rupien (ich muss noch Anil bezahlen), das sage ich auch dem Mann im Büro. Er nickt mitleidig mit dem Kopf: »No way!«

»Kein Problem, kein Problem, ich passe auf dich auf!« Anil schaut mich mit seinen unergründlichen Kobold-Augen an, während wir unter einem Schirm an einem kleinen Stand Tee zusammen trinken. »Nimm den ersten Bus morgen früh um sechs. Und für die Nacht sei mein Gast! Ich habe ein bescheidenes Haus, drüben in Raxaul.«

»Oh, besten Dank!«, sage ich. Doch während ich noch grüble, ob ich Anils Angebot wirklich annehmen kann, und wie es sich dann mit den Zöllnern und dem Visum verhalten würde, kommt hastig der Taxi-Mann angelaufen. Er begrüßt Anil freudig, bestellt sich einen Tee, steht da und schaut uns an.

»Gut und okay!«, sagt er plötzlich. »Gib mir die 4.500 Rupien, ich besorge dir einen Wagen!«

Ich schaue zu Anil. Er wiegt seinen Kopf in einer Art, die sagt, wenn du mir vertraust, kannst du auch ihm vertrauen. Also gebe ich dem Mann die umgerechnet immerhin 60 Euro. Er nimmt sie, läuft sofort los und ruft: »Hier warten, Wagen kommt!«

Als ich den Teeverkäufer frage, was er bekommt, wehrt Anil heftig ab: »Bitte sei mein Gast, wenn nun nicht für die Nacht, so doch für einen Tee!«

In diesem Moment fährt ein alter viertüriger Jeep Cherokee vor. Ein junger Typ mit langen schwarzen Haaren, glatt wie sein schönes Gesicht – nicht indisch, sondern indianisch, also tibeto-mongolisch –, steigt aus und fragt:

»Are you the guy to Kathmandu?«

Während der Cherokee-Fahrer mein Gepäck einlädt, gebe ich Anil den Rest meiner indischen Rupien. Es ist mehr als das Doppelte, was er anfänglich verlangte. Er hat es mehr als verdient. Seine Augen sind feucht, als er mir zum Abschied die Tür zum Fond des Jeeps aufhält. Die Tür klappt zu, der Wagen startet, ich bin in einer anderen Welt.

›*I think you better close it and let me guide you to the purple rain, purple rain …*‹ Prince singt sich die Seele aus den Stereo-Boxen. Der indianische Manga-Style-Typ sitzt am Steuer, er fährt los. Nach wenigen Metern tritt er gleich wieder in die Bremse. Mit einem mächtig breiten Grinsen dreht er sich um und fragt:

»Hey, willst du vorne sitzen?«

›Was für ein Zauber‹, denke ich.

Als ich vorne auf dem Beifahrersitz Platz nehme, reicht er mir seine Hand und sagt:

»Hi, ich heiße Amar. ›Unsterblicher Mond‹ bedeutet das. Ich fahre gerne nachts über die Berge. Und du?«

»Das trifft sich gut, ich liebe Nachtfahrten, den Mond und ein schönes Gesicht!« Verhalten setze ich hinzu: »Eins wie deins!«

Amar lacht. So wie er aussieht, ist er Komplimente gewohnt. Kaum, dass wir abgefahren sind, fragt er, als seien wir schon immer gute Kumpel: »Sag mal, was haben diese Gangster dir abgenommen?«

»4.500 indische Rupien.«

»Oh, das ist ein guter Preis. Ich bekomme davon 4.000. Nun ja, nepalesische Rupien. Das ist ein bisschen mehr als die Hälfte, aber es ist okay.«

Amar macht die Musik lauter und gibt Gas. Wir rauschen in die Dämmerung. Prince lässt uns grade wissen, dass auch Tauben weinen. Die erste Stadt Nepals nach der Grenze heißt ›Birganj‹, so lese ich auf einem Schild. Ich überlege wie man sie ausspricht. Amar rast mit vollem Speed hindurch, als wären wir in einem amerikanischen Roadmovie und die Bullen hinter uns her. Als die letzten Häuser an uns vorbeifliegen und die Sonne hinter den Feldern entschwindet, macht er plötzlich eine Vollbremsung. Ich gehe in die Gurte. Amar setzt mit quietschenden Reifen zurück. Der Cherokee stoppt neben einem Tramper.

»Ist das okay?«, fragt Amar.

»Wenn er okay ist«, sage ich.

Wir lachen. Der Tramper steigt zu. Er nimmt hinten Platz. Ein kurzes Hallo! Schon bringt Amar den Jeep wieder auf Touren. Am fernen Horizont des Tribuvan Highway zeigen sich die Berge. Wir rasen auf sie zu, als müssten wir genug Speed bekommen, damit wir mit dem Cherokee nach dem Abheben die nötige Flughöhe erreichen.

»Hi, mein Name ist Finjo.« Der Tramper hat sich vorgebeugt. »Darf ich dir den Nacken massieren?«

Bevor ich etwas sagen kann, sagt Amar: »Also mir schon!«

Finjo ist ein Wesen mit sanften Zügen. Er massiert mit Hingabe Amars Nacken. Ich lasse mich in den Sitz fallen und genieße die Fahrt, als sei sie der Flug, den ich mir erhofft hatte. Nepal scheint ein völlig anderes Land zu sein, der Gegenentwurf zu Indien. Die Menschen sind hier einfach besser drauf. Oder ich bin ein Glückskind des Mondes. Jedenfalls, solch einen krassen, deutlich erfahrbaren Unterschied zwischen zwei Ländern nach nur wenigen Kilometern, den habe ich bisher nur zwischen Thailand und Myanmar erlebt. Wenn auch umgekehrt. Wer je die 200 Meter lange Brücke in Mae Sai überquerte, weiß ganz genau, wovon ich rede.

»So, und jetzt du!«, sagt Finjo.

Zarte Finger gleiten über meine Schultern. Dann kneten sie meine verspannten Sehnen.

»Gut so?«, fragt Finjo.

»Ja, sehr angenehm«, sage ich.

›*Let's go crazy, let's go nuts*‹, schlägt Prince vor. Ich finde, das geht in Ordnung. ›*Til they put us in the truck.*‹

»Wow!«, entfährt es meinen Lippen. »Das war knapp!«

Amar hat das Lied sehr wörtlich genommen. Er schrammte an einem uns entgegenkommenden Truck nur Zentimeter vorbei. Der Jeep zitterte. Amar blieb völlig ungerührt. Finjo ließ sich nicht in seiner Massage unterbrechen.

›Cool, die Jungs!‹, denke ich.

Als Prince flehentlich uuht ›*Take me with u*‹, drückt mich Finjo und gibt mir zum Abschluss seiner Massage einen Kuss in den Nacken. Dann lässt er sich in den Rücksitz fallen. Wo immer wir auch hinfahren, es ist mir völlig egal. Wo immer ich auch bin, ich bin hier richtig. Und ist es nur ein Traum, ist er gut. Die Nacht fällt über die Berge. Der Cherokee legt sich in die Serpentinen.

»Hey, Finjo!«, ruft Amar und dann noch zwei, drei Worte, die ich nicht verstehe. Er wirft ihm einen Beutel nach hinten.

Nach einer Weile taucht Finjos Hand auf und reicht eine fein gedrehte Tüte herüber. Sie kreist mit den Kurven, die wir nehmen. Seit einigen Kilometern hat sich die Straße verengt, wir fahren zielstrebig bergauf. Unser Tempo ist konstant.

»Hey, was ist mit diesem Joint.« Amar lacht. Mit einer kurzen Kopfdrehung zu mir, sagt er: »Den musst du anrauchen! Das ist ein Joint! To join – verbinden! Alles klar?«

»Oh!« Ich habe ewig nicht geraucht. Hatte das auch nicht mehr vor, zu tun. Doch was soll ich machen? Das feine Tuch der sich zwischen uns spürbar webenden Magie zerschneiden? Nein! Besser: den Zauber binden! Also sage ich: »Okay!«

Finjo reicht mir ein Feuerzeug herüber. Ich stecke das Ding an.

›*Wir betreten feuertrunken, Himmlische, dein Heiligtum.*

Alle Menschen werden Brüder, wo dein sanfter Flügel weilt.‹

Schillers Lobgesang an den Rausch und Beethovens Musik, komponiert nach den Sternenbahnen der Galaxis, im Kopf, nehme ich einige Züge und reiche die Tüte an Amar weiter. Amar, dieser Besessene, fährt mit einer Hand am Steuer durch die Kurven, über die Berge, durch die Nacht. In aller Seelenruhe saugt er genüsslich am Joint.

Ich hatte meine Zählung der Reise-Wunder nach dem Erlebnis mit dem Baba etwas vernachlässigt. Bestimmt gab es zwei, drei Begegnungen mehr, die Wunder würdig waren. Dass ich jetzt hier mit Amar und Finjo auf gleicher Wellenlänge in einem Cherokee-Jeep sitze und durch die Berge Nepals rase, macht auf jeden Fall das Wunder-Dutzend voll. Und wie Amar grad eben die Schleifen-Serpentine nahm, dem mit aufgeblendeten Fernlicht entgegenkommenden Wagen auswich, wobei ein Hinterreifen über dem

Abhang hing, und dann im Kurvenausgang den Wagen wieder in die Spur brachte – das ist unbedingt das Wunder Nummer 13. Immerhin reicht er jetzt Finjo den Joint nach hinten. Doch anstatt beide Hände ans Steuer zu packen, kramt er in der CD-Ablage.

»Darf ich helfen?«, frage ich.

»Danke, nicht nötig, hab schon.«

Amar schiebt die gesuchte CD ein. Es ist Pink Floyd, *Dark Side Of The Moon*. Das ist nun eher wunderlich als ein echtes Wunder. Hierher an den Rand des Himalayas hat sich also diese an versunkene Zeiten erinnernde Musik, als suche sie Zuflucht bei den alten Göttern, zurückgezogen. Nun untermalt sie die herrlich surreale Fahrt als Soundtrack. Jeder Atemzug wird weit, groß und bedeutsam in endloser Zeit. Pink Floyd schaffen seit jeher eine traumhaft beruhigende Atmosphäre. Nur auf Amars Fahrstil wirkt sie nicht. So zeigt sich alsbald das Wunder Nummer 14: Amar gelingt es, die Unebenheiten der mit Schlaglöchern übersäten Straße, die sich eng am Berg immer höher hinaufwindet, als Sprungkuppen zu nutzen, sodass der alte Jeep einige Male mit allen vieren durch die Luft segelt. ›*Long you live and high you fly.*‹ Beim Aufsetzen springt die CD. ›*Breathe, breathe in the air. Don't be afraid to care.*‹ Seltsam, ich habe keine Angst. Fühle mich angenehm gelöst, weit weg vom Irrweg all der Sorgen. Finjo lächelt breit, in wohligem Schweigen lässt er den Joint kreisen. It's my turn again. Ich bin irgendwo anders. Irgendwo, wo ich lange Zeit nicht war. Unterwegs mit zwei zauberhaften Wesen, von denen ich vor einer Stunde noch nicht wusste, dass es sie noch gibt. Wir sind uns unerklärlich nah. Als wenn es immer schon so war.

Ich lasse mich fallen, ich fühle mich wohl. Auch dass Amar jetzt einen Busch streift, bringt mich nicht aus der Ruhe. Völlig entspannt verbuche ich die Wunder. Bei Nummer 16, das war ein sich in die Kurve legender Bus in der Gegenrichtung, der auf uns zuschlitterte, höre ich auf zu zählen. Doch wie nun ein riesiger Truck mit gleichem Speed wie unser Cherokee auf uns zurast, das sieht nicht nach einem Wunder aus, sondern nach dem Ende. ›*Everything under the sun is in tune, but the sun is eclipsed by the moon.*‹ Grelle Blitze der Lichthupe und ein höllisch lautes Horn. Dann Finsternis. Wir werden ohne jeden Zweifel sterben. Jetzt! Es macht mir gar nichts aus. Ich hatte es geahnt. Da waren diese Albträume – ein, zwei Wochen vor meiner Abreise –, die ich nicht zu deuten wusste. Es war genau dieses Bild. Dann den Abhang hinunter. Und ein langer Fall. Nun ist es klar, ich hatte meinen Tod vorausgeträumt. Deshalb also! Deshalb sind diese Begleiter-Engel hier bei mir. Wie schön! Ich akzeptiere es.

Komisch war nur, dass ich jedes Mal kurz vor dem Aufprall aufwachte. Auch jetzt bleibt der große, der letzte Knall aus.

»Hey! Alles in Ordnung! Alles gut!« Amar flüstert, als sei es ein Zauberspruch. »Du kannst die Hände vom Gesicht nehmen!«

Nun streichelt er mir sanft über die Schulter. »Oben auf dem Berg gibt es ein kleines Restaurant, da machen wir Pause.«

›*There is no dark side of the moon.*‹ Die CD ist zu Ende. Wir halten vor einem Holzhaus. Durch die Fenster flackert Kerzenschein. Ich steige aus und strecke mich. Die Straße ist leer, nur wir sind hier. Die Luft ist klar. All der Zauber Nepals will sich zeigen. Der Mond steht über den Bergen. So wie es aussieht, bin ich neu geboren. Ich würde meine Gefährten gerne einladen. Mein letztes Geld gab ich jedoch in einem früheren Leben aus. Das war damals an der Grenze.

Kaum habe ich das gedacht, sagt Finjo:

»Ich möchte dich gern einladen! Was magst du essen?«

Ich sehe ihn zum ersten Mal in voller Gestalt. Er ist vielleicht Mitte 20, doch mehr Junge als Mann. Eher ein indischer Typ, doch von sanfter Art und zarter Figur.

»Oh, Dankeschön! Einverstanden! Denn ich habe kein Bargeld mehr. Doch sollten wir Kathmandu je lebend erreichen, dann würde ich mich freuen, wenn du einmal mein Gast wärst.«

Es gibt Blumenkohl in Teigtaschen. Sie schmecken köstlich. Amar ist seit geraumer Zeit hinter dem Tresen verschwunden. Seine Cousine arbeitet in der Küche, hat er gesagt.

Nach dem Essen geht Finjo auf Toilette und ich vor die Tür. Ah! Welch wunderbare Bergluft! Die Straße ist ruhig. Nur dahinten, wo sie sich weiter in den Berg hochfrisst, fährt einsam ein Wagen. Die Nacht wird ein wenig kühl. Ich werde meine Jacke aus dem Jeep holen.

Leere! Das Blut schießt mir aus dem Hirn. Der Parkplatz ist verwaist, der Cherokee ist weg! Ich habe mein ganzes Gepäck darin gelassen. Entgegen jeder Traveller-Weisheit auch den kleinen Rucksack mit Kamera, Handy, Pass und allen Papieren. Und das mir! Scham und Schande! Auch Enttäuschung stellt sich ein. Bin ich am Ende doch gefallen. Hereingefallen. Wo ist überhaupt Finjo? So lange kann doch keiner …. Und wenn es ein abgekartetes Spiel war? Die beiden waren sich nicht fremd. Meine Situation ist so tief greifend lächerlich – ich stehe hier irgendwo im Gebirge vor Kathmandu völlig mittellos, mit nichts als Hemd und Hose am Leib –, dass ich lauthals lachen muss.

»Was lachst du? Freust du dich?«, fragt eine Stimme von hinten.

Ich dreh mich um.

»Ah, Finjo!«

Immerhin, Finjo ist da. Das lässt mich durchatmen. Sind sie also doch kein eingespieltes Team.

»Du wirst auch lachen! Schau! Unser Wagen ist ohne uns weitergefahren.«

»Das macht doch nichts!«, sagt Finjo. »Dann wird er gleich wiederkommen.«

»Wird er?« Nun bin ich völlig verwirrt. Wo nimmt Finjo dieses Vertrauen her?

»Ja, bestimmt! Komm, wir trinken noch einen Tee!«

Als wir den heißen Gewürztee schlürfen, versuche ich, völlig entspannt zu wirken. Obwohl ich noch nicht überzeugt bin, dass wir Amar wiedersehen werden. Finjo aber ist die Ruhe selbst. Er erzählt mir, dass er eine kleine Wohnung in Kathmandu habe, jedoch allein lebe, und dass er Krankenpfleger und Physiotherapeut sei. Ein Job alleine reiche nicht zum Leben. Es fällt mir schwer, mich auf seine Worte zu konzentrieren. Ich hätte nicht rauchen sollen.

Plötzlich steht ein Junge mit hübschen Augen, die mir bekannt erscheinen, vor unserem Tisch, er sagt: »Hell-o-Sir, good night!«

»Hm, hi, hallo!«, erwidere ich etwas unschlüssig. »Wer bist denn du?«

»Hey, das ist Nilay, mein kleiner Neffe«, sagt Amar, der grienend aus dem Dunkel tritt. »Er lernt Englisch. Und Autofahren soll er auch lernen, ich habe ihm grade eine Fahrstunde gegeben.«

»Hallo Nilay«, sage ich, »nice to meet you.«

Scham und Schande über mich! Wie viele Wunder brauche ich, bis ich diese Zuversicht in die Ehrlichkeit der Anderen zurückerlange? Hatte ich sie je? Sind wir nicht von Kindesbeinen an zu Misstrauen erzogen worden? Und hat es uns nicht das Leben mit all seinen verdammten Enttäuschungen gelehrt, immer mit dem Schlimmsten zu rechnen? Nepal muss ein anderer Ort in anderer Welt sein.

Wir brechen auf. Weiter hinauf windet sich die Straße in endlose Nacht. Über uns die Sterne. In mir bengalische Feuer. Wir teilen den Rauch und den Atem und das gemeinsame Schweigen. In die knisternde Stille schiebt Amar ein neues Album in den Player. Es gibt eine Menge Mysterien hier oben in den Bergen. Doch dass nun aus den Boxen des Jeeps die alten Songs von Bob Dylan ins Mondlicht branden, das ist eins der seltsamsten Rätsel unter dem Sternenhimmel Nepals. Und dann erklingt irgendwann dieses eine Lied, das mich hinauslockte in die Welt wie kein anderes:

›*Ich geh, wohin du willst, so lang dein Lied du spielst,*
und dein Zaubertanz mich führt in ferne Lande.‹

Ein Neuronensturm bringt meinen Kopf ins Glühen. ›Na klar! Krishna, du! Dylan hat dich gut gekannt. Krishna, du bist der Tambourine Man!‹

Weit nach Mitternacht erreichen wir Kathmandu. Es funkelt unten im Tal. Amar hatte versprochen, mich am Hotel *Buddha*

Land abzusetzen, wo ich ein Zimmer reserviert habe. Es liegt in der Jyatha Marg in Thamel, mitten in der Stadt. Doch was ich nicht wusste und Amar nicht bedacht hatte: Kathmandu hat keine Straßennamenschilder.

Nun irren wir schon eine halbe Stunde durch die Gassen. Ein jeder, den wir fragen, schickt uns in eine andere Richtung. Amar, der unerschrockene Albatros der Lüfte, wird in der Stadt zum unbeholfenen Vogel. Rührend hilflos kurven wir umher. So sind sie, die Jungs aus den Bergen.

»Buddha hält sich wohl heut Nacht versteckt …« Nun ist es an mir, Amar tröstend meine Hand auf die Schulter zu legen, doch bevor ich meinen Satz beenden kann, fällt mir Finjo ins Wort:

»Das macht doch nichts!«, sagt er. »Dann schlaf bei mir!«

14

Stille Tage und ein Frühlingsfest

Kathmandu – Zärtlichkeit für mich, ihr Götter! Ich schlage die Bettdecke zurück, recke mich, stehe auf und öffne die Fensterladen. Mildes Licht fällt in das kleine Zimmer. Es ist niedrig, doch gemütlich. Bunte Tücher hängen an den Wänden, die Matratze liegt auf dem alten Holzboden, das Bett ist übersät mit perlenbestickten Kissen. An der rechten Seite steht ein altes Bücherregal, spärlich gefüllt, doch immerhin. Ein großes Ganesha-Poster ist an die gegenüberliegende Wand gepinnt, gleich neben dem Durchgang zur Kochnische. Hier vor dem Fenster steht ein Schreibtisch aus altem Holz, davor ein Stuhl mit samtener Unterlage.

›So gehört sich das!‹, denke ich. Sinnend schaue ich hinaus. Es regnet leicht. Unten liegt ein kleiner Marktplatz, umrandet von baufälligen Holzhäusern. Alte Frauen sitzen unter bunten Schirmen und verkaufen Grünzeug.

›Fühle dich wie zu Hause!‹, hatte mir Finjo zugeflüstert, bevor er zur Arbeit ging und sich mit einem Kuss verabschiedete.

Auf ganz seltsame Art tue ich das. Als sei ich heimgekehrt nach langer Reise. Und was war das für ein Tag! Gestern. Von Patna nach Kathmandu.

Ein Roadmovie, eine Traveller-Novelle. Ob Amar wirklich noch zurück in die Berge fuhr? Seine Familie würde warten, hatte er gesagt, als Finjo auch ihn einlud, mit uns die Nacht zu bleiben. Er würde ihm einen Tee kochen.

Einen Tee hatte Finjo dann wirklich gekocht. Wir haben ihn heiß getrunken, bevor wir ins Bett sanken. Nicht *einmal* haben wir uns gefragt, ob er oder ich oder Amar *gay* wären. Es spielte überhaupt keine Rolle, wir fielen uns in die Arme und schmusten.

Nun ist Finjo zur Arbeit, und ich habe meinen Laptop auf dem Schreibtisch aufgeschlagen und schreibe. So könnte ich leben! Zurück im zweiten Tal. Als ich noch Lieder reimte wie diese:

Wo du die Nacht alleine schläfst, kann nicht die Heimat sein,
Nur, wo du umarmt umarmend träumst, sind all die Himmel dein.

Ich hatte sie aufgenommen, eingespielt und gesungen. Mein zweites Album ist jedoch nie erschienen. Als ich die Liebe verlor, hatte ich alles verloren: Mein Zuhause, den Freund, die Gefährten, meine Arbeit, mein Geld, meine Lieder. Als Heimatloser zog ich wieder hinaus. Das ist so lange her, ich weiß es fast nicht mehr. Doch ich hatte Glück gehabt, immer wieder und ein weiteres Mal. Doch Glück ist ein verhexter Ort, sagt Kästner. Oder ein flüchtiger Vogel, der nie zu fassen ist und selten lange bleibt. Finjos kleines Zimmer scheint ein magischer Raum zu sein. Ein Ort, an dem man ankommt und berichten möchte, wie es einem da draußen ergangen ist.

»Leg den Schlüssel unter die lose Holzdiele, wenn du gehst!«, hatte mir Finjo noch gesagt. Das habe ich getan. Ich will die Stadt erforschen. Staunend laufe ich durch die Gassen. Rechts und links die Häuserfronten mit liebevoll geschnitzten Holzfassaden, kleine Läden mit niedrigen Türen. Manche haben ihre Auslagen auf der Straße aufgetürmt: Kupferkessel, Textilien, Gewürze, Gemüse, tote Hühner und Kunsthandwerk. Alle zehn Meter ist ein kleines, manchmal großes sakrales Bauwerk oder ein reich verzierter Eingang zu einem Hindu- oder Buddha-Tempel, der sich in einem Hinterhof versteckt. Oft ist es nur ein geheimnisvoller Schrein einer mir unbekannten Gottheit. Vielleicht sind einige ein Heiligtum der vielfältigen Geister, die hier noch ihre Wirkkraft haben. Kathmandu ist der Ort für Legenden.

Ein beliebter Job der Geister sei es (so erzählt man es sich), den ortsunkundigen Besucher in diesem Labyrinth wild verzweigter Gassen, die sich mehrmals winden, manchmal einfach plötzlich enden, so lange im Kreise herumzudrehen, bis ihm ganz schwindelig wird und er für immer in der Stadt herumirren muss. So einige Traveller, die noch auf dem alten Hippie-Trail nach Kathmandu gelangten, soll dieses Schicksal ereilt haben. Sie träfen sich in den Hinterzimmern oder auf den Terrassen der einstigen Kiffer-Cafés und tauschten wild skizzierte Stadtpläne, von denen aber eine halbe Stunde später niemand mehr genau weiß, was die bizarren Linien eigentlich bedeuteten und wofür sie gut seien. Glanzstücke dieser Verzweiflungstaten hängen nun als Kunstwerke an den Wänden. Ansonsten hat sich der Smoke, der hier einst in duftenden Wolken von den Terrassen in die Gassen wehte, in den Smog verflüchtigt, der als stinkige Nebel-Brühe über der Stadt hängt. Mir macht das nichts, denn ich war in Delhi und bin von Kalkutta bis Patna durch Indien gewandert. Dagegen ist Kathmandu ein Luftkurort. Ein belebender Geruch mir fremder Gewürze liegt in den Straßen. Und lang gezogene Rauchfahnen der Räucherstäbchen säuseln mir um die Nase. Das allein kann euphorisieren. Vielleicht wirkt aber die Höhenluft. Das Kathmandu-Tal liegt immerhin 1.400 Meter über dem Meer.

Doch da ist noch etwas anderes, was mich durch die Gassen laufen lässt, als wäre ich schon einmal hier gewesen: die Menschen! Sie sind immer das Erstaunlichste. Und in dem tiefgehenden, offenen Blick der Nepalesen liegt ein ganz eigenartiges Willkommen: ›Ach, du auch hier auf der Erde, wie schön!‹

Und dass hier Krishna seine Finger im Spiel hat, tut das Seine. Einer der Mythen um die Gründung Kathmandus sagt, Krishnas Sohn hätte Kathmandu erschaffen; andere meinen, das wäre Krishnas Bruder gewesen; Dritte hingegen behaupten, Vishnu selbst, also Krishnas erste Inkarnation, hätte dort in einem See geschlafen und sei als goldene Lotusblume erwacht. Wie auch immer, Kathmandu scheint von einem Gott erdacht.

Mittlerweile leben hier bald eine Million Menschen vieler Ethnien und Religionen. Die große Mehrheit sind Hindus, wenige Muslime, kaum Christen. Dafür hat Nepal ganz offiziell seine Animisten in den Stand einer gleichberechtigten Religion erhoben. Zum Geisterglauben bekennen sich immerhin gut fünf Prozent. Die Geister aber verlassen gerne ihr Terrain und spuken auch in den anderen Religionen. Thai-Buddhisten wissen das. Trotz der brahmanischen Anstrengungen ist in Nepal der Buddhismus nicht ausgerottet. Viele nepalesische Hindus versuchen zwar mit der Idee, dass Buddha nur eine weitere Inkarnation von Krishna sei, die Religionen zu verbinden, doch über zehn Prozent sehen in Buddha keinen Gott, sondern den Begründer ihres Glaubens, dass Mitgefühl und sozialer Ausgleich etwas Gutes, Schönes und Wahres sei. Zwei der großartigsten Tempel der buddhistischen Welt, mit zauberischen Stupas, sind hier zu Hause. Insofern ist Kathmandu kein Bruch, sondern eine Erweiterung der Pilgerreise. Das habe ich auch dem Mönch Wimon (so dick ist er gar nicht, aber groß) erzählt und versprach, quasi stellvertretend für die Freunde und die Mönche, diese hochheiligen Buddha-Eye-Stupas zu Fuß zu erlaufen und sie wenigstens viermal zu umrunden, wie sich das gehört. Das werde ich aber morgen machen. Heute bin ich mit Finjo zum Essen verabredet.

Wir treffen uns im *Friends,* einem kleinen, gemütlichen Restaurant im Thamel-Bezirk. Drei Musiker, breit über beide Ohren, spielen auf indigenen Instrumenten meditative Musik. Zum Essen bestellen wir *Dal Bhat*, ein nepalesisches Nationalgericht: Reis, Gemüse, Linsensoße, dazu fremdartig eingelegte Gemüsestücke. Danach hocken wir auf einer Dachterrasse der ungezählten Cafés des Viertels. Wir lümmeln uns in die Sitzkissen und naschen zum Kaffee einen furchtbar süßen Kuchen, dessen Rezept noch aus den Kifferzeiten stammen muss. Haschisch wird in Kathmandu nicht mehr offen verkauft. Auf Druck der amerikanischen Regierung wurde der Handel schon Mitte der 70er-Jahre verboten. So richtig einsichtig ist das weder den Einheimischen, noch den Besuchern. Die Jungs hinterm Tresen rauchen genauso genüsslich wie die Gruppe Touris am Nachbartisch. Sie kommen aus den Staaten, lassen sie uns wissen, und reichen uns einen Joint herüber. Finjo wie auch ich ziehen einmal daran, denn die Geste ist nett – Biertrinker bieten Fremden eher selten einen Schluck aus ihrem Glas an. Die Tüte reiche ich mit Dank zurück.

»Was hast du vor?«, fragt mich Finjo.

»Nichts«, sage ich spontan.

»Dann bleib bei mir!« Finjo wird verlegen, er zieht sich die Kapuze seines Pullis über den Kopf. »Ich meine, solange du willst.«

Wir bummeln durch den Regen hinunter zum Fluss, über die Brücke und dann nach Hause. Wir trinken Tee und fallen ins Bett.

Am nächsten Tag laufe ich zum Buddha *Boudhanath*, der auch *The Great Buddha Eye* genannt wird. Sobald man den Platz durch das große Tor zwischen den hohen Häusern betritt, blicken riesige Augen einen eindringlich an. Das sieht imposant aus. An jeder Seite der Stupa sind sie aufgemalt, wie auch eine vorwitzige Nase in Paisley-Form und der nepalesischen Eins, die für die Einheit allen Seins steht. Der Stupa ist mit seinen 36 Metern der höchste seiner Art. Er steht auf einer mit safranfarbenen Bögen verzierten Domkuppel. Der Sockel unter ihr ist ein riesiges Mandala, das man besteigen darf. Die neun Ebenen sind ein Sinnbild für den mythischen Berg *Meru*, der, der Legende nach, im Mittelpunkt des Universums steht und der Wohnsitz der Götter und Schutzgeister sei. Alles ist Zeichen. Die 13 Stufen hinauf zur Spitze symbolisieren den Weg der Erleuchtung. Von der Spitze bis zum Boden flattern 108 Windpferde durch den Himmel. Das sind Gebetsfahnen, die in den Farben der Elemente Luft (weiß), Feuer (rot), Wasser (grün), Erde (gelb) und die Leere (blau) den Stupa umwehen. In die wuchtigen Gebetsmühlen am Fuße des Stupas ist das Mantra *Om Mani Padme Hum* eingraviert. Alte Frauen haben ihre Mühe, sie in Schwung zu bringen; sie tun das in konzentrierter Andacht und immer mit einem Gebet auf den Lippen, denn das bringt Glück.

Auch ich drehe die Mühlen mit aller Kraft. Als wenn ein Sog mich mit sich zöge, folge ich dem Kreis. Das Schlurfen der Füße vor und hinter mir, das Gemurmel der betenden Pilger, die fernen Gesänge der Mönche aus den umstehenden Klöstern sowie das Flattern der Windpferde mischen sich zu einer leisen Musik, die die eigentliche Stille nicht stört, sondern unterstreicht. Eigenartig berauscht drehe ich Runde um Runde. Buddhas Augen, dieser zauberische Blick, halten mich in ihrem Bann. Erst als Hundertschaften von Touristen aus den vorgefahrenen Bussen strömen und sich in die Andenken-Läden und die Restaurants ergießen, die ihren Raum zwischen den Tempeln fanden, gelingt es mir, aus dem Zauberkreis der Buddha-Augen auszubrechen.

Auf dem Rückweg bleibe ich lange auf der Brücke über dem Fluss *Dhobi Kola* stehen. Müllhalden statt Auen säumen die Ufer. Das mir allzu bekannte Bild aus Indien. Doch Nepal ist um vieles ärmer als sein großes Nachbarland. Der Durchschnitts-Nepalese hat nur ein Drittel des Einkommens eines Inders. Auch hier leben Bettler in den Straßen. Alkoholleichen liegen unter dem Tempeldach, jugendliche Schnüffler hocken auf dem Trottoir, Frauen aus den Bergen bitten um Almosen. Manche bieten ihre spärliche Gemüseernte zum Kauf, in der Hoffnung auf ein bisschen Bargeld. Ich sehe und beachte sie. Einigen gebe ich etwas, noch bin ich nicht indisch abgestumpft. Doch bei all der Armut zeigt sich Kathmandu lange nicht so trostlos, so desperat und so grimmig wie Kalkutta. Etwas vorsichtiger steigt man hier über die Bettler hinweg. Sie scheinen akzeptiert als Teil des Ganzen. Die Bettler sind nicht die Anderen! Vielleicht, weil jeder weiß, hier ist der Unterschied des Habens wie der Widerspruch des Glücks nicht allzu groß: Auch du kannst morgen schon ein Anderer sein.

Ich laufe weiter. Goldene Hexagramme sind in den steinernen Straßenbelag eingelassen. Viele Hakenkreuze prangen an den Wänden und an fein geschnitzten Holztüren. Sie fallen auf, und sie irritieren. Dabei ist das Hexagramm ursprünglich nicht der Stern

Davids, sondern ein 3.000 Jahre altes Zeichen aus Indien: Sinnbild für Vulva und Vahni, Kali und Shiva, der Urbrunnen und das Feuer. So wie das Hakenkreuz ein uraltes, gutes Sonnenzeichen war (und hier noch immer ist), bevor die Nazis es ins Schwarze drehten. Nun, all das Wissen hilft nicht, für mich bleiben sie Symbole ach so ferner, dunkler Zeiten. Meine Schritte führen mich vorbei am Durbar Square. Ein alter Mann steht vor dem Königspalast, er schwenkt die einzigartige Nationalfahne Nepals: ein rotes Doppeldreieck mit Sonne, Stern und Halbmond. Den Palast mit seinen prächtigen Tempelbauten werde ich mir anderntags ansehen. Jetzt zieht es mich hinunter zum Fluss *Bishumati*, hinüber nach *Khusi Bahil*. Dann die erste rechts, dort ist das alte Haus mit der schweren Tür. Im dritten Stock wohnt Finjo.

20 Kilometer bin ich heute gelaufen, sagt mir mein Fitness-Armband. Kein schlechtes Pensum, die Freunde dürfen stolz auf mich sein. Ich gehe zum Duschen über den kleinen Lichthof (hier schauten wir gestern die Sterne) hinter der Kochnische in die wohnungseigene Nasszelle – ein Wasserhahn, ein Tonkrug und ein Abtritt. Mit einem kleinen Schöpfeimer gieße ich mir das Wasser aus dem Bottich über Kopf und Körper.

»Wie war dein Tag?«, fragt mich Finjo, als wir uns unerwartet in der Küche treffen.

»Alles schön, und deiner?« Ich stehe da, nur mit einem Handtuch um die Hüften, und trockne mir die Haare.

»Im Krankenhaus herrscht großes Elend. Das willst du jetzt nicht hören.« Finjos Augen erzählen traurige Geschichten, doch wirkt er gefasst und voller Wärme. »Lass uns lieber etwas essen, ich habe Momo mitgebracht.«

»Oh, es kommt noch jemand?«, frage ich überrascht. »Lass mich bitte erst etwas anziehen!«

»Wie kommst du darauf?«

»Hast du nicht grad gesagt, du bringst Momo zum Essen mit?«

»Momo sind Gemüsetaschen!«

Mit einer Selbstverständlichkeit, als wäre es Routine, deckt Finjo den kleinen Tisch für zwei. Wenn uns jetzt jemand sähe, in dieser Szene alltäglicher Vertrautheit, würde niemand vermuten, dass Finjo und ich uns vor nicht einmal zwei Tagen zum ersten Mal begegnet sind. Am wenigsten ich selbst. Über die Kulturen, über das Fremde und die vielen Jahre hinweg stehen wir plötzlich im selben Raum und teilen die Zärtlichkeit der Zeit und des Atems, wie auch das Essen miteinander. Gestern Morgen an seinem Schreibtisch am Fenster war es das Zimmer, das mir flüsterte: Erzähle mir dein Leben! Finjo aber fragt nicht, wer ich bin oder glaube zu sein. Ich möchte ebenso wenig unsere Zweisamkeit nach Illusion und Wahrhaftigkeit durch Hinterfragen ausleuchten. Wir sind einfach da, uns so nah, und das in der wirklichen Wirklichkeit. Real wie ein unsichtbares Wunder. Und wir lassen dem Anderen sein Geheimnis. Als wäre alles gesagt, plaudern wir über das Leben in der Stadt. Wo geht man hier hin? Wo spielt welche Musik? Und wie kommt es, dass Amar so alte Lieder mag?

»Wieso alte Lieder?«, fragt Finjo. »Unsere Lieder sind noch viel älter. Und ist Musik nicht immer zeitlos? Die Lieder kamen mit den Travellern in die Stadt, sie erfüllten die Gassen und sind einfach geblieben. Und viele Reisende haben unsere Musik auch mit nach Hause genommen. Das ist doch schön. Ein himmlischer Austausch. Wie ein Liebesakt.« Finjo lächelt sanft. »Und? Schmeckt es dir?«

»Oh ja, sehr lecker, deine Gäste«, mümmel ich mit halb vollem Mund, »die Momo sind echt zum Reinbeißen! Bekomme ich noch einen?«

Finjo legt mir noch eine Gemüsetasche auf den Teller. Mit zu einem Kuss geschürzten Lippen, was süß, ironisch, gütig wie eine liebenswerte Tante und doch gleichzeitig sexy aussieht, spricht er:

»Jetzt braue ich uns einen guten Tee.«

Als Finjo mir einschenkt, schaue ich versonnen auf den Ganesha an der Wand.

»Kennst du Ganeshas Geschichte?«, fragt Finjo.

»Erzähl mir deine!«, antworte ich.

»Es war so: Shiva verließ Parvati, seine Ehefrau, um auf dem Berg Meru zu meditieren. Er vergaß darüber die Zeit. Als er nach Jahren zurückkehrte, saß ein Junge vor der Tür seines Hauses, der ihm den Zutritt verweigerte. Darauf köpfte Shiva, so ist er nun mal, kurzerhand den Bengel. Nun kam Parvati herausgelaufen und schrie: ›Weißt du, was du getan hast? Du hast unseren Sohn geköpft!‹ Das tat Shiva dann doch irgendwie leid. Als Wiedergutmachung versprach er, das nächste Tier, das vorbeikäme, ebenfalls zu köpfen und den Kopf seinem Sohn aufzusetzen. Gesagt, getan: Das nächste Tier war ein Elefant. Und seitdem trägt Ganesha einen Elefantenkopf. Ganesha wurde über die Zeit zur beliebtesten Gottheit im Hinduismus, er verkörpert Weisheit und Intelligenz. Er hilft den Menschen, die Hindernisse aus dem Weg zu räumen. Und er kümmert sich um Musik und Tanz sowie um die Literatur und die Poesie. Er blieb auf ewig Junggeselle. Sein Reittier ist die Ratte, das soll uns sagen, dass selbst das kleinste Wesen das Göttliche tragen kann.«

Finjo hat die Geschichte mit Charme und Witz erzählt. Seine Augen leuchten, als wenn er mir mit der tieferen Symbolik dieser Episode aus den alten Erzählungen des Hinduismus etwas sehr Persönliches mitteilen wollte. Mich aber irritierte an diesem Götter-Märchen schon immer die Frage: Wieso hat Shiva seinem Sohn nicht den eigenen Kopf wieder aufgesetzt? Das wäre doch einfacher gewesen. Ein Schöpfergott sollte das können. Ich möchte Finjo jedoch nicht unnötig in Verlegenheit bringen, also erzähle ich lieber von meinem Rundgang durch Kathmandu.

»Weißt du, was mir einzig negativ auffiel?« Ich mache eine Kunstpause. Finjo wartet gespannt, er will es wirklich wissen. »Das waren die Transporter-, Auto- und Motorradfahrer, die sich hupend durch die Gassen drängeln, ohne jede Rücksicht auf die Fußgänger, als sei es ihr Vorrecht.«

»Pahilō mānisa – tyasapachi misina!«, sagt Finjo in einem Ton, als spräche er ein weises Mantra.

»Bitte was?«

»Zuerst der Mensch – dann die Maschine!«

»Hey, das ist gut!« Einen Moment lang schaue ich Finjo staunend an, dann schlage ich begeistert vor: »Lass uns ein Graffito daraus machen!«

»Wenn du meinst, dann schreib das auf!« Finjo zuckt rätselhaft die Schultern, doch wiegt er seinen Kopf.

»Ja, meine ich.«

Schon sitze ich am Schreibtisch und hacke in die Tasten:

First, the men – then the machine!

पहलो मानसि - त्यसपछ्छ मिसिनि

Die nepalesische Übersetzung gab mir Google.

»Schau mal, ist das richtig, macht das Sinn?«, frage ich Finjo.

»Perfekt!«, sagt er.

»Hast du einen Drucker?«

»Nein, aber wenn du einen Stick hast, gehe ich runter zum Copy-Shop und lass das auf ein Stück Pappe drucken.«

»Gut, da komm ich mit!«

20 Minuten später stehen wir im Copy-Shop an der Ecke. Finjo schneidet mit einer rostigen Klinge die Buchstaben aus der DIN-A4-Pappe. Er hat ein Händchen dafür.

»Hey, die Pappe sieht klasse aus. Bekommen wir denn hier irgendwo Spraydosen?«, frage ich.

»Klar, was meinst du denn! Wir leben hier zwar hinter den Bergen, aber nicht hinter dem Mond.« Finjo knufft mich in den Oberarm. »Du musst dich aber noch umziehen, so ziehe ich nicht mit dir los. Ich gebe dir was von mir.«

Am Abend können Touristen, Katzen, Kühe und Mäuse sowie die paar Dealer, Suppenköche und Wachmänner, die sich zu später Stunde in den Gassen Kathmandus herumtreiben, ein subversives Sprayer-Kommando beobachten, das, mit dunklen Kapuzen-Pullis getarnt, durch die Gegend pirscht und wie ein ewig eingespieltes Team – einer hält die Schablone, der andere drückt auf die Dose –

auf jede geeignete Fläche ihre Losung setzt. Finjo und ich sind jederzeit zur Flucht bereit, doch niemand spricht uns an, keiner hält uns auf.

First, the men – then the machine!
पहलिो मानसि – त्यसपछि मिसिनि

In leuchtendem Orange ist Finjos schöner Spruch hundertfach auf den Straßen, auf Bauzäunen und an manch hässlicher Häuserwand am nächsten Morgen in Kathmandu zu lesen.

Ich ging früh mit Finjo, der zur Arbeit musste, aus dem Haus. Ich will die Kühle des Morgens nutzen, den Aufstieg zum Affentempel Swayambhunath zu wagen. Schon die erste steile Gasse, die ich merklich langsam hinaufschleiche, verrät mir ein kleines, doch nicht unwesentliches Geheimnis meiner Ausdauer auf dem Pilgermarsch: Waren die Wege auch teilweise absurd und voller Abenteuer, so waren sie doch meist auf ebener Strecke. Berge aber schlauchen. Und jetzt stehe ich erst am Fuß des Aufstiegs mit den 365 übergroßen Stufen. Das habe ich gelesen, nicht gezählt.

Affen empfangen mich wie Wegelagerer das Opfer. Ich werde taxiert. Schon nach den ersten 30 Stufen springen vorgeschickte kleine Spähtrupps auf mich zu; sie zupfen einmal an meiner Hose, um gleich wieder wegzurennen. Das sind hochwissenschaftliche Reaktionstests, die sie da mit mir veranstalten. Sie dürfen das, es sind Makaken-Rhesusaffen. Ich ignoriere sie trotzdem und nehme unbeirrt die nächsten Stufen. Manche haben tiefere Flächen, wo Händler auf ausgebreiteten Decken Kokosnüsse, Melonen und Ananas, in verzehrfertige Stückchen geschnitten, anbieten. Das erste Drittel der steilen Treppe ist geschafft. Ich auch, ich muss mich setzen. Darauf hat die Affenbande gewartet, sofort bin ich umringt von kleinen Greifkommandos. Sie stupsen hier und zergeln dort, und ein ziemlich dicker Affenkerl betrachtet hoch interessiert meine Kamera.

»Mein lieber Freund, die kriegst du nicht!«, sage ich ihm in sein freches Gesicht, während ich meine Kamera fest an meinen Körper drücke.

Das ärgert ihn natürlich, er fletscht die Zähne und faucht empört. Zur Beruhigung kaufe ich drei kleine Tabletts mit frischem Obst. Zwei für die Affen, eins für mich. Klar, stecken die Affen mit den Verkäufern unter einer Decke. Doch in Anbetracht dessen, was wir ihren Brüdern und Schwestern angetan haben, geht das in Ordnung. Nachdem sie mir die kleinen Pappteller ohne Dank entrissen haben, vögeln die Affen erst einmal fröhlich. Zwei Weibchen betatschen lustvoll ihre hochroten Vaginen. Zwei Männchen ruckeln sinnenfreudig aufeinander. Ich gönne ihnen das. Es ist eine Demonstration der puren Freude am Dasein. Und darin ist sich die Forschung einig, Makaken betreiben ihre homosexuellen Praktiken nur aus einem einzigen Grund: einfach nur zum Spaß.

Im zweiten Drittel des Aufstiegs muss ich noch einmal rasten. Ich bin wirklich außer Atem. Hier, schon weit oberhalb der Stadt, setzen Hunderte von Krähen zum Sturzflug an. Ich habe nichts für sie. Das ist unfair, denn sie halten mir die Affen vom Leib. Tapfer mache ich mich auf, die immer steileren Stufen zu nehmen. Mit letzter Kraft schleppe ich mich hoch, als ginge es Schritt für Schritt ins Paradies. Irgendeine Hoffnung muss man haben, warum sollte man sich diese Quälerei sonst antun?

Swayambhunath, das bedeutet: ›Der sich selbst erschaffene Gott‹. Welch schönes Bild tiefdurchdachter Weltsicht. Und natürlich muss auch hier das Zentrum des Universums sein. Wo sonst. 2.500 Jahre sind die inneren Bauten alt. Neben Borobodur, dem sagenumwobenen Tempel auf Java, ist Swayambhunath der älteste noch erhaltene buddhistische Tempel der Erde. Ob er schon immer Buddha galt, halte ich für zweifelhaft, doch zieht man diese Linie von Vishnu über Krishna zu Buddha, dann ist es letztlich gar nicht wichtig. Der Stupa hat ebenfalls Buddha-Augen mit der Eins als Nase. Doch diese tiefe, zauberischere Wirkung, die der Buddha Boudhanath auf mich hatte, entfaltet sich hier nicht. Die Aussicht ist jedoch fantastisch. Und erklimmt man noch einmal 50 Stufen, kann man sie bei einem kleinen Reisgericht auf der Restaurantterrasse genießen. Unten im Tal liegt die Stadt, und im Norden ragt der Himalaya in den Himmel. Sein Anblick ist außerordentlich eindrucksvoll. Die Berge waren der alte Sehnsuchtsort meines Vaters. Uns Kinder zog es eher ans Meer. Als Junge, so erzählte es mir später meine Tante, wurde mein Vater ›der kleine Tibeter‹ genannt. Alle Alpenpässe befahren zu haben, das blieb auch im Alter seine schönste Erinnerung. Was hätte er darum gegeben, einmal den Himalaya zu sehen!

Ich hatte keine schlechte Kindheit, wenn auch die Eltern meine Musik und meine Sehnsucht nicht verstanden. Wie Familiengeschichte jedoch richtig tragisch ausgehen kann, das lehrt uns das nepalesische Königshaus. 2001 kam es im Königspalast zu einem bösen Massaker. Kronprinz Dipendra soll in einem Anfall großer Wut, da sein Vater, König Birendra, nicht in die Ehe mit Dipendras bürgerlicher Geliebten einwilligte, vollberauscht mit einem Maschinengewehr, das er zufällig in der Hand hatte, mal eben das familiäre Abendbankett niedergemäht haben. Neun Mitglieder des Königshauses – der Vater, die Mutter, die Schwester, der Bruder sowie Cousinen und Schwager – sanken tot in das teure Porzellan. Danach habe Dipendra sich selbst mit einer Pistole gerichtet. Im Koma fuhr ihn die Palastwache ins Krankenhaus. Strikt nach Protokoll erklärte ihn der Kronrat zum Nachfolger seines Vaters. Nach drei Tagen starb er als König Dipendra auf der Intensivstation. So weit die offizielle Version.

Ein Besuch im Königspalast, der heute Museum ist, mag die Theorie einer aggressiven Psychose stützen. Die Räume sind dunkel, muffig und von depressivem Charakter. Jedenfalls alles andere als ein königlicher Ort der Lust und Schwelgerei. Nach Dipendras Tod erbte sein am Bankett – aus welchem Grund auch immer – nicht anwesender Bruder, Gyanendra, den Thron von Nepal. Da Gyanendra nun einmal absoluter König war, verdreifachte er als eine seiner ersten Amtshandlungen die königliche Apanage auf umgerechnet 4,5 Millionen Euro im Jahr. Das stand einem gierigen Geschäftsmann im Angesicht der Armut Nepals gut zu Gesicht. Gyanendra war derart unbeliebt, dass nicht einmal in den Amtsstuben das alte Bild des Königs Birendra durch sein Konterfei ersetzt wurde. 2005 suspendierte er das Parlament, weil es nicht für den von ihm geforderten totalen Krieg gegen die Maoisten stimmte. Das machte die Aufständischen, die schon große Teile des Landes beherrschten, erst richtig stark. Das 2006 wieder eingesetzte Parlament schlug 2007 zurück: In Absprache mit den Maoisten, stimmte das Abgeordnetenhaus mit großer Mehrheit für die Abschaffung der Monarchie. Am 28. Mai 2008 wurde offiziell die *Demokratische Bundesrepublik Nepal* ausgerufen. Wenn Gyanendra sich wehrte, so forderten die Maoisten, müsse er mit einem Prozess und harter Bestrafung rechnen. Der König fügte sich, er lebt seitdem als gewöhnlicher Bürger.

Von der Geschichte, den Daten und den vielen Namen dieses historischen Krimis verwirrt und tief beeindruckt, laufe ich über den vor dem Palast gelegenen Durbar Square. Plötzlich rennt ein Kamerateam hinter mir her. Ein rasender Reporter fragt, ob ich mal eben Zeit hätte, sie möchten ein Interview mit mir machen.

›Mist‹, denke ich mit einem sich sofort einstellenden schlechten Gewissen, ›das hat bestimmt etwas mit den über Nacht überall in Kathmandu aufgetauchten Graffiti zu tun. Am Ende hat uns gar jemand erkannt.‹

»Worum geht es denn?«, frage ich vorsichtig.

Der Mann mit Mikro winkt den Kameramann hinzu. Dann fängt er mit der Befragung an:

»Fühlen Sie sich sicher in Kathmandu?«

»Ja, sehr sicher, nur die aggressiven Motorradfahrer …«

»Haben Sie denn keine Angst?«

»Hm, nun ja, Ich habe ja Füße, ich kann weglaufen, sollte von denen einer …«

»Wir wollen wissen, wo wohnen Sie?«

»Bitte? Warum?«

»In welchem Hotel?«

»Ich wohne privat bei einem Freund.« Schon ärgere ich mich, dass ich so freimütig Auskunft gebe. Finjo sollte ich auf jeden Fall aus der Sache raushalten. Hätte ich doch einfach das *Buddha Land*-Hotel genannt. »Worum geht es denn nun eigentlich?«

»Ört-kwäk, das sagte ich doch schon«, sagt der Reporter.

›Kann sein‹, denke ich, doch sein Englisch ist schwierig zu verstehen. Ich grübele, was ›Ört-kwäk‹ bedeuten könnte.

»Nur wenige Hotels sind ört-kwäk-sicher gebaut, viele Bauten in den Vierteln gar nicht, …« (Ah, jetzt erst habe ich es begriffen, er meint Earthquake, Erdbeben.) »… deshalb sammeln wir Statements von Touristen, damit etwas passiert, bevor es passiert. Dürfen wir ein Statement von Ihnen senden?«

»Ja, gerne!« Ich atme erleichtert auf und lege mir die Worte zurecht. »Dann lassen Sie es mich so sagen: Ich fühle mich in Kathmandu sehr wohl und ebenso sicher. Ein Erdbeben fürchte ich nicht, das ist Natur, das passiert alle 100 Jahre vielleicht einmal, und wir können nichts dagegen tun. Doch wogegen wir etwas tun können, und was sich sofort ändern ließe: den Auto- und Motorrad-Verkehr aus den Gassen zu verbannen!«

[*Ich fühlte mich recht schlau in diesem Moment. Nicht einmal im schlechten Traum habe ich es für möglich gehalten, dass schon wenige Wochen später Nepal das stärkste Erdbeben seiner Geschichte erleiden würde. Schamesröte und Tränen stiegen mir ins Gesicht, als ich davon erfuhr, kaum, dass ich zu Hause in Berlin ankam. Das Epizentrum lag direkt bei Kathmandu. Fast 10.000 Todesopfer sind zu beklagen sowie der Verlust vieler Kulturdenkmäler, darunter mein Lieblingsbuddha, der Boudhanath, er stürzte ein. Finjo überlebte unbeschadet.*]

Ich genieße die Tage, ich zähle sie nicht. Ich lebe in einer Oase des Daseins. Es scheint alles so bedingungslos angenehm. Die zärtliche

Gastfreundschaft von Finjo. Der Schreibtisch am Fenster. Meine Spaziergänge durch Kathmandu. Und frühmorgens tönt immer derselbe Song durch die Gassen: Om mani padme hum. Gesungen von tibetischen Mönchen. Unterlegt mit einem einfachen Arrangement. Ein Stück Musik, das, trotz seiner Süße, einen eigenartigen Zauber entfaltet. Besonders, wenn es richtig laut aus allen Coffee-Shops erklingt, als solle die ganze Stadt in eine magische Atmosphäre gestimmt werden. Ich bin völlig entspannt im Hier und Jetzt. Gestern und morgen sind schon beim Aufstehen vergessen. Ein Hund leckt meine Hand, das ist wichtig.

Eine Demonstration mit roten Fahnen und Sprechchören reißt mich aus meiner gedankenverlorenen Gelassenheit: Maoisten ziehen Arm in Arm, laut skandierend, durch die engen Gassen. Was sie fordern, wofür oder wogegen sie demonstrieren, kann ich weder lesen, noch verstehen. Sie sind mit 30 Prozent Stimmenanteil seit 2008 in der Regierungskoalition. Rudi hatte sie …

Es läuft mir eiskalt den Rücken herunter. Rudi! Wie konnte ich ihn vergessen! Vielleicht bin ich ja doch etwas mehr als nur zufrieden. Glück macht so saumselig – für die Welt der Anderen. Ich hatte vorgehabt, im Falle, dass ich die Mönche verlasse, Rudi zu überraschen. Und dann wurde ich von seinem Tod überrascht. Ich gab seine Beerdigung den Mönchen als Grund an, warum ich nach Kathmandu fahren würde. Dabei hatte ich gar keine Ahnung, wann und wo sie stattfinden würde. Ich muss unbedingt Lena eine E-Mail schicken und fragen. Selbst das habe ich bisher versäumt. Dieser eine Tag, die Reise von Patna hierher nach Kathmandu, war wie ein Hurrikan, der mein Leben um ein, zwei Marksteine versetzte. Und die stillen Tage mit Finjo scheinen in einem Paralleluniversum stattzufinden. Das muss wohl Kathmandu heißen. Ich bin noch immer ich, doch brach die Verbindung zur Alten Welt. Nicht einmal Champ habe ich geschrieben, dass ich lebend in Kathmandu ankam.

Panisch schaue ich auf meinen Kalender. Wir haben den 4. März. Am 6. März wollen die Mönche in Lumbini eintreffen, und ich habe noch gar keine Ahnung, wie ich von hier dorthin komme. Und ob ich das will.

Ich gehe in das nächste Café mit W-LAN und schreibe an Lena, ob sie mir sagen könne, wann und wo Rudi beerdigt wird. Und dann noch eine kurze Mitteilung an Champ. Während ich einen Kaffee trinke, lese ich in einem grad zwei Wochen alten *SPIEGEL*, der hier in einem Zeitschriftenstapel lag. Er hat den schönen Titel: ›Der verheizte Planet‹. ›Sind wir noch zu retten?‹, fragt der Autor gleich in der Überschrift. Es geht um die Erderwärmung. Es ist ein ellenlanger, einziger Katastrophenbericht. Die Experten sind sich einig: Der Klimawandel bringt Naturkatastrophen in nicht gekanntem Ausmaß. Überschwemmungen und Dürren sind jetzt schon heftiger denn je. Bangladesch und andere tief gelegene Landstriche sowie viele Inselstaaten sind nicht mehr zu retten.

Nicht mehr zu retten? 160 Millionen Menschen da, weitere 100 Millionen dort. Das sind die Zähleinheiten. Dabei ist es nicht die Natur, nicht der Lauf der Planeten, auch kein Kometeneinschlag, der die Erde in eine Desaster-Area verwandelt, es ist der Mensch! Der CO_2-Ausstoß, das Kohlendioxid, hervorgerufen durch die Verbrennung fossiler Rohstoffe wie Kohle und Erdöl durch den Menschen, ist verantwortlich. Und Modi, der indische Premier, steht im Fokus der Kritik. Er plant, Indiens Kohleproduktion bis 2019 zu verdoppeln und die hohen (?!) Umweltauflagen zu verringern. In seiner Gier behauptet er aus Dummheit und Zynismus, das geschehe, um den Armen zu helfen. Dabei sind es die Armen, in Indien also eine Milliarde (!) Menschen, die naturgemäß von den Katastrophen am härtesten getroffen werden. Wäre es nicht Irrsinn, wäre es ein Verbrechen. Oder klarer: Es ist ein irrsinniges Verbrechen an der Menschheit. Und mein Neffe baute Modis Kohlekraftwerke. So ist mein Pilgermarsch durch Indien auch ein Bußgang, die Familienschuld abzutragen. Das *SPIEGEL*-Autoren-Team kommt zu dem Schluss: ›Um die Welt zu retten, wäre ein

Wunder nötig oder eine Revolution‹. Mein Reden. Doch was ist wahrscheinlicher? Wohl eher das Wunder.

Aus dieser Laune heraus schreibe ich Krishna, dem wundervollen Studenten in Delhi: ›Hey Krishna, my rebell-friend. Do you read the news? Modi is going to kill the planet. What do you think about to make a revolution?‹

Während meines zweiten Kaffees erhalte ich die Antworten. Lena schreibt, dass Rudi schon vor zehn Tagen beerdigt wurde, mehr wüsste sie auch nicht.

Champ schreibt: ›Werden, wie geplant, am 6. März in Lumpini sein. Weitere Mönche sind abgereist. Der Erste treibt uns in den Wahnsinn. Und du? Wann kommst du?‹ Und Krishna mailt kryptisch: ›It makes no sense to spill tons of blood. It's closing time. The end of the final circle.‹

Ich laufe hinunter zum Fluss. Über die Brücke nach Hause. Welch schönes Wort: Zuhause. Doch immer wieder der Ort, den ich verlassen muss. Finjo kommt heute früh am Mittag von der Arbeit. Während unseres gemeinsamen Essens erzähle ich ihm von Rudi und der verpassten Beerdigung.

»Wer war Rudi?«, fragt Finjo interessiert.

»Rudi war ein alter Freund von mir. Einst war er Mathematik-Lehrer, doch dann wurde er Hasch-Rebell.«

»Das heißt, er hat viel Haschisch geraucht?«

»Ja, doch da hing eine ganze Ideologie dran. Haschisch macht sanft, nicht aggressiv wie Alkohol. Es beflügelte nicht nur die Musik, Kunst und Literatur einer ganzen Generation, sondern es wirkte auch politisch, denn es sensibilisiert für das Wesentliche des Daseins – so wurde das gesehen, und Rudi war ein starker Vertreter dieser Idee. Alkohol und andere Drogen verabscheute er zutiefst. Für ihn war Haschisch eine Befreiung. Später schmiss er seinen Job als Lehrer, immerhin Beamtenlaufbahn, und stieg sehr erfolgreich in den Haschischhandel ein. Dabei half er großzügig guten Freunden und alternativen Lebensmodellen. Auch spendete er viel

Geld für die Grüne Partei. Doch irgendwann regte ihn das Leben in Berlin, besonders die ›Dummheit der Anderen‹, also der, die nicht seiner Radikalität folgen konnten, nur noch auf. Er wollte zurück zu den Wurzeln. Deshalb zog er nach Nepal. 80 Kilometer von Kathmandu, irgendwo in den Bergen hinter Bhaktapur, gehörte ihm ein Anwesen. Dort baute er sich einen Orgon-Akkumulator nach Wilhelm Reich. Und er unterstützte den Kampf der nepalesischen Maoisten, noch bevor sie die Waffen niederlegten und sich der Regierung anschlossen.«

»Was ist ein Orgon-Akkumulator?«, fragt Finjo.

»Gute Frage«, sage ich. »Nun, Wilhem Reich war ein Sexualwissenschaftler und Psychologe. Er glaubte, den Kern aller Lebensenergie gefunden zu haben. Diese nannte er Orgon. Und er gab eine Bauanleitung für einen Kasten aus Stahl und Holz, der, so die Theorie, die eigene orgastische Potenz, also die Lebensenergie, reaktiviert, sobald man sich da reinsetzt.«

»Funktioniert das?«

»Hm, Rudi glaubte daran. Ich habe mich auch einmal in so einen Kasten gesetzt, spürte aber nichts. Rudi meinte dann, ›ich hätte mich *zugemacht*‹. Worauf ich erwiderte, vielleicht fließt bei mir das Orgon, die orgastische Potenz, von Natur aus einfach ungehemmt, und deshalb spürte ich nichts.«

Finjo schaut mich an, ich ihn, dann lachen wir herrlich.

»Ich denke«, sagt Finjo, »du solltest zu seiner Beerdigung.«

»Ja, Finjo! Ich habe dir doch aber erzählt, sie ist schon vorbei, Rudi ist schon verbrannt.«

»Das macht doch nichts«, erwidert Finjo. »Seine Seele ist noch im Bardo-Zustand, sein Körper ist doch noch keine 40 Tage tot. Du kannst ihm helfen, die richtige Tür, die weiße, zu finden. Mach für ihn eine schöne Zeremonie!«

»Das hat mir vor einer Woche schon einmal jemand gesagt.« Ich schaue Finjo erstaunt an.

»Wer denn?«, fragt Finjo neugierig.

»Champ, mein Freund aus Thailand. Irgendetwas scheint ihr Asiaten zu wissen. Und wie soll die aussehen, die Zeremonie?«

»Hast du ein Bild von Rudi?«

»Nein.«

»Hm«, Finjo denkt nach. Dann fragt er mit einer ›Ich hab's-Geste‹: »Kannst du beschreiben, wie er aussah?«

»Ja, schon. Er hatte ein nordisches Gesicht mit einer großen Nase und einem sehr wachen Blick. Seine Augen waren blau, seine Haare blond, glatt und lang. Doch wozu soll das gut sein?«

»Warte!«, sagt Finjo. »Ich hole einen Block und Stifte. Ich male dir einen Rudi, ich kann das!«

»Und dann?«

»Dann gehen wir in einen Tempel. Dafür brauchen wir ein Bild. Lass mich machen, du wirst schon sehen!«

Nun hocke ich also in Finjos kleinem Zimmer und beschreibe ihm Rudis Gesicht. Wie ein Polizei-Zeichner, der nach Zeugenaussagen ein Fahndungsbild erstellt, kritzelt Finjo Linien auf das Blatt. Schon der dritte Versuch kommt dem Bild, das ich von Rudi habe, erstaunlich nahe.

»Hey, das ist gut!«, sage ich. »Sogar richtig gut. Das ist Rudi! Und was machen wir nun mit ihm?«

»In einen Tempel gehen!«

»Gut!« Ich druckse etwas herum. »Finjo, hm, ich muss dir etwas sagen, können wir das heute noch machen? Ich muss nämlich morgen fahren.«

»Das geht nicht!«, sagt Finjo bestimmt.

»Finjo, hm, nun, ja, es war doch klar, dass ich irgendwann weiter muss.«

»Ja, das war mir klar.« Finjo redet gefasst und ruhig. Sein Ton ist weit weniger sentimental als meiner. »Das mit dem Tempel, das könnten wir heute noch schaffen. Doch morgen fahren, das kannst du nicht.«

»So? Und warum nicht?«, frage ich etwas brummig, vielleicht

auch enttäuscht, dass Finjo meine Abreise gar nicht viel auszumachen scheint.

»Du weißt es wirklich nicht?«

»Nein, was denn, Finjo?«

»Morgen ist Happy Holi!«

»Fein, und was ist das, Happy Holi?«

»Sag nur, du kennst das nicht. Es ist das tollste Fest in Kathmandu. Die ganze Stadt ist auf den Beinen, und alle Läden sind geschlossen. Überall im Land herrscht Ausnahmezustand, nicht nur in Nepal, in Indien auch.«

»Und was wird da gefeiert?«

»Das erkläre ich dir gerne. Hiranyakashipu war ein ...«

»Bitte wer?«

»Hi-ran-ya-kà-shi-pu.« Finjo wiederholt noch einmal ganz langsam. »Also, Hiranyakashipu war ein Dämonenkönig, er verfiel irgendwann in den Wahn, er wäre der einzige Gott. Und alle hätten ihn anzubeten. Doch sein Sohn, Phralada, der wollte das nicht tun, denn er liebte Vishnu, den Gott der Liebe, besonders in seiner Inkarnation Krishna. Der Vater, also der Dämonenkönig Hiranyakashipu, beauftragte daraufhin seine Schwester, die hieß Holika, seinen Sohn zu ›bekehren‹, indem sie ihn verführen sollte. Holika war dem Dämonenkönig hörig, also versuchte die Tante, ihren hübschen Neffen, Phralada, böse zu bezirzen. Doch als sie Phralada anfasste, ging sie schon mit der ersten Berührung in Flammen auf. Holika verbrannte lichterloh. Darüber war Phralada richtig froh! Seiner Tante im hellen Feuerschein rief er ein ›Happy Holi!‹ hinterher.« Finjo hält inne und schaut mich verschmitzt an. »Verstehst du? Happy Holi! Im Grunde ein total schwules Fest. Und so wird es auch gefeiert. Na, du wirst ja sehen! Viele kennen aber den Hintergrund gar nicht, und nennen es schlicht das Frühlingsfest und bewerfen sich mit Blütenfarben.«

»Das ist eine starke Geschichte«, sage ich. »Nun, der Frühling passt schon. Er ist ja das Fest der sprießenden und vor Lebenslust strotzenden Natur.« Ich überlege. »Sag mal, und das ist das tollste Fest in Nepal wie auch in Indien? Hätte ich den Indern gar nicht zugetraut. Und der ganze Verkehr ist lahmgelegt?«

»Ja, alle sind auf den Beinen oder fahren irgendwohin, um zu feiern. Du würdest nicht nur das Fest verpassen, du bekommst auch keinen Platz in einem Bus. Und wenn, dann ist das doppelt gefährlich, weil die Fahrer betrunken und berauscht sind. Zu Happy Holi gibt es so viele Unfälle wie sonst in einem Monat nicht. Deshalb kannst du morgen nicht fahren.« Finjo steht auf und reicht mir seine Hand, um mich vom Stuhl hochzuziehen. »So, und nun lass uns in den Tempel gehen.«

Der Tempel, er heißt Janahaba, befindet sich im Herzen von Thamel. Drei Buddhas glänzen in der goldenen Sichel über dem Torbogen. Links des Eingangs ist ein kleines Schild zu lesen: *Followers of any religion are welcome.* Das hätte Rudi gefallen. In der Mitte des von Wohnhäusern umschlossenen Innenhofs, dort, wo man in anderen Städten die Mülleimer, einen Sandkasten oder einen Fahrradabstellplatz vorfindet, steht in Kathmandu ein Tempel. Er wirkt wuchtig, obwohl er nicht sonderlich groß ist. Um ihn herum sind ohne erkennbares Muster Säulen platziert. Shiva, Vishnu, Krishna, Buddha und Garuda, der Göttervogel, thronen auf den Kapitellen. Ihnen tanzen Tauben auf dem Kopf herum. Um den Tempelbau ist, als wäre es ein Stirnband, ein langes Tuch drapiert. An ihm hängen Glocken und Glöckchen. Aus einer offenen Luke wabert dichter Qualm. Der Schattenriss eines Mannes flackert im Rauch. Umgeben von Hunderten brennenden Kerzen und Räucherstäbchen sitzt er vor einem golden schimmernden, lebensgroßen Buddha. Der Mann wiegt rhythmisch seinen Oberkörper, als wäre oder wollte er in Trance geraten. Er trägt über einem grauen Pullover einen blauen Blazer, dazu einen Leinenrock in Gelb. Zwei lange safranfarbene Schals hängen lose um den Hals. Auf der Stirn prangt ein wildes Zeichen in Rot. Und als wolle er dem modischen Kulturen-Mix die Krone aufsetzen, trägt der

Mann mit allem Stolz einen Nepali-Hut. Es scheint der Priester zu sein. Finjo spricht ihn leise an.

Der Mann erhebt sich, schlurft davon. An einer versteckten Stelle auf der linken Seite öffnet sich mit lautem Knarzen eine Gittertür. Der Priester winkt. Wir folgen durch ein dunkles Labyrinth ins Allerheiligste. Dort dürfen wir uns auf ein Kissen setzen. Der große Buddha schaut uns gravitätisch an. Der Priester kramt in einer Truhe. Räucherstäbchen, Kerzen und eine Plastiktüte blauer Blütenblätter legt er auf den Beistelltisch zu der Kanne und Schale aus Silber. Er nimmt vor dem großen Buddha Platz und spricht mit kehlig-rauer Stimme einige Worte zu Finjo.

»Das sind die Utensilien, die für die Zeremonie benötigt werden. Dafür bittet er um eine Spende. Übrigens, die Blätter da, die sind echter blauer Lotus«, raunt mir Finjo zu.

»Wie viel soll ich geben?«, frage ich.

»Gib ihm, was Rudi dir wert war.«

»Oh, so viel habe ich nicht bei mir, aber meinst du, dass 3.000 Rupien [circa 25 Euro] fair sind?«

»Das ist mehr als genug!« Finjo scheint erstaunt. »Hast du den Umschlag mit dem Bild dabei?«

»Ja, klar.«

Das Geld packt Finjo in den Umschlag, und er legt diesen mit dem Bild dem Priester auf das gereichte Silbertablett. Die Zeremonie beginnt. Der Priester zündet die Kerzen an. Er reicht uns jeweils drei brennende Räucherstäbchen. Mit seinem knochigen Zeigefinger reibt er die Schale, bis er einen Ton erzeugt, in den er einstimmt. Jetzt nimmt er Rudis Bild in die Hand, schaut es lange an und verfällt in einen meditativen Gesang. Irgendwann schließt er die Augen und verstummt. Nach einer Weile gießt er aus der Silberkanne Wasser in die Schale und streut eine Lage Lotusblüten obenauf. Dann entzündet er mit einem langen Scheit das schöne Rudi-Bild. Die Asche sinkt ins Wasser. Darauf leert er die Tüte blauen Lotus. Zischend erlischt die Flamme des Scheits, als der Priester, laut ein Mantra summend, die Asche und das Wasser mit den Blüten mischt. Nun steht er mit der Schale in der Hand vor uns. Wir sollen ihm folgen, gibt er uns zu verstehen. Durch die Gänge des Labyrinths gelangen wir an einer anderen Ecke hinaus in den Hof. Dort steht ein alter, knorriger Baum. Noch einmal setzt der Priester an zu seinem tiefstimmigen Gesang. Am Ende seiner Liturgie gießt er das Wasser mit den Lotusblüten und der Asche von Rudis Bild an den Fuß des Baums. Unsere Räucherkerzen, die wir die Zeit über in der Hand hielten, erlöschen. Der Priester steht wie angewurzelt da. Wir entrichten ihm den Wai. Das war es. Finjo nimmt mich an die Hand und zieht mich fort.

»Nun gehen wir etwas essen!«, sagt Finjo vor dem Tor.

»Vorher lass mich noch den Bus buchen.«

Im Reisebüro erklärt man mir, dass alle Busse aus Kathmandu auch am 7. März voll belegt seien, es sei doch Happy Holi! Das Einzige, was sie mir anbieten könnten, wäre ein Bus nach Pokhara. Von dort führen mehrmals am Tag Anschlussbusse nach Lumbini. Ich müsste mich jedoch schnell entscheiden, da wirklich nur noch ein Platz frei sei. Ich nehme ihn.

Nach dem Essen auf einer Terrasse hoch über den Gassen der Stadt bringt uns der Kellner ein kleines Tablett mit Zigaretten, Blättchen und einem harzigen Stückchen Haschisch.

»Hast du das bestellt?«, frage ich Finjo erstaunt.

»Ja, ich denke, wir sollten einen Joint zu Ehren Rudis rauchen. Meinst du nicht?«

»Doch, das ist stimmig, geht in Ordnung.«

Finjo baut eine Tüte, er reicht sie mir zum Anzünden.

»Erzähl mir was von Rudi!« Finjo schaut mich bittend an.

»Was soll ich dir erzählen?«

»Na, irgendetwas Schönes oder Lustiges, was du mit ihm erlebt hast.« Finjo zieht tief am Joint und hält den Atem an.

»Na gut«, ich überlege. »Es war einmal zu einer völlig anderen Zeit. Berlin, die heutige Hauptstadt von Deutschland, war noch geteilt, und West-Berlin war …«

»Gab es da noch die Mauer?«

»Ja.«

»Davon habe ich gehört.«

»Schön, doch was heute schwierig zu vermitteln ist, das ist die Atmosphäre dieser Insel-Stadt, wir ...«

»Wieso Insel?« Finjo unterbricht mich erneut. »Ich dachte, Berlin liegt mitten in Deutschland. Oder gab es da ein Meer?«

»Na, so ungefähr. Das Land rund um West-Berlin, das war das kommunistische Deutschland. Für uns war das eine unbekannte, dunkle See. Ich weiß, das ist alles schwierig zu begreifen, doch nun lass mich erzählen!« Ich setze neu an. »Also, wir begriffen uns als eine Generation in Bewegung mit neuen Zielen, wir wollten nicht wie die Alten leben. Alles infrage stellend, suchten wir eine radikale Veränderung. Und Rudi war einer der Radikalsten. Nicht im heutigen politischen Sinn, Rudi war Pazifist, vielmehr sollte diese Veränderung aus uns selber kommen.«

»Hattest du nicht erzählt, er habe die Maoisten in Nepal unterstützt?« Finjo grinst schelmisch. Er lehnt sich an mich. »Pardon, ich sollte dich ja nicht unterbrechen.«

Während er genüsslich am Joint zieht, erzähle ich weiter:

»Ja, es stimmt, ja. Vieles war voller Widersprüche. Rudi auch. Wir hatten ja nicht nur alles infrage gestellt, sondern so einiges auch auf den Kopf. Vieles war richtig, vieles nur herrlich verrückt. Und so war auch Rudis Wohnung. Obwohl Wohnung, das kann man gar nicht sagen, er wohnte in einer riesigen Fabriketage. Das war ein einziger Raum, ungefähr 20-mal so groß wie deiner. Als ich das erste Mal bei ihm zum Essen eingeladen war, kam ich aus dem Staunen gar nicht raus. Die Wände waren besprüht mit Parolen und klugen Sprüchen. In der einen Ecke stand auf einem Podest erhöht ein riesengroßes Bett. Dann eine offene Küche, eine Dusche ohne Tür, der Esstisch stand an der langen Fensterreihe. Doch das Verrückteste war: Auf einem anderen hohen Podest stand eine Kloschüssel. Ich dachte, nun gut, das ist Kunst. Eine hübsche

Provokation. Als ich mich zu Lena setzte, sie war damals Rudis Freundin, wie ich glaubte – sie wohl auch –, da sprang plötzlich eine nackte Frau aus dem Bett. Die hatte ich zuerst gar nicht gesehen. Sie setzte sich, nackt wie sie war, zu uns an den Tisch. Rudi stand noch am Herd und kochte. Die Frau schaute mich an und fragte: ›Sag mal, schönes Kind, wer bisten du? Ich hab dich hier noch nie gesehen. Wolln wa zum Kennenlernen nich mal erst ne Runde liebficken?‹ Ich fiel fast vom Hocker und antwortete ziemlich verlegen: ›Nö, will ich nicht.‹

Lena war das auch peinlich, das spürte ich. Die Frau, ich weiß nicht einmal, ob sie ihren Namen nannte – besser: ich habe ihn vergessen –, rief zu Rudi: ›Was kochst du denn?‹ ›Spaghetti!‹, rief Rudi. ›Och, uff dünne Nudeln habe ich eh keenen Bock. Dann geh ich mal.‹ Sie warf sich ein langes Kleid über, doch mit nichts darunter, und ging. Rudi tischte kommentarlos die Spaghetti auf. Dann erzählte er von Wettermaschinen, die pures Orgon, nach der Idee von Wilhelm Reich, in die West-Berliner Atmosphäre sprühen würden, und dass deshalb die ganze Stadt so gut drauf wäre. Ich wusste nicht, ob ich das glauben sollte. Doch Rudi bestand darauf. Na, jedenfalls nach dem Essen fragte ich, wo denn die Toilette sei. Rudi meinte: ›Das siehst du doch!‹ ›Wie jetzt, das Ding da?‹ Ich zeigte auf die Kloschüssel auf dem Podest. ›Ja! Hast du ein Problem damit?‹ ›Hm, irgendwie schon‹, sagte ich. Da mischte sich Lena ein: ›Lass ihn doch auf das Gäste-Klo im Flur gehen.‹ Rudi reagierte ziemlich heftig, Lena bekam es auch gleich ab: ›Ja, klar, Lena, du mit deiner restriktiven Zweierkisten-Ideologie, musst ja so etwas sagen. Herrje, seid ihr alle verklemmt. Befreit euch doch mal von eurem kleinbürgerlichen Scheiß!‹«

»Und?«

»Ich ging auf die Gäste-Toilette.«

Finjo verschluckt sich am Rauch. Ich setze nach:

»Nun, danach war ich bei Rudi erst einmal untendurch. Während meines langen Marschs durch Indien musste ich oft an diese Szene denken. Inder hätten wohl kein Problem mit Rudis Kloschüssel auf dem Podest gehabt.«

Finjo reicht mir den Joint und prustet los. Er hustet und kriegt sich vor Lachen nicht mehr ein. Ich klopfe ihm sanft den Rücken.

»Komm, lass uns nach Hause gehen!«, flüstere ich nach langer Pause. Finjo liegt selig in meinen Armen.

»Ja, aber lass uns unterwegs noch irgendwo etwas Süßes kaufen!«, murmelt Finjo, schon halb im Schlummer versunken.

Am nächsten Morgen weckt mich Finjo mit einem Kuss.

»Ich habe Dienst bis zum Mittag. Alle haben frei, doch im Krankenhaus herrscht heute Hochbetrieb, wie jedes Jahr. Holst du mich um zwei Uhr von zu Hause ab?«

»Hm, mach ich!«

»Steh aber bald auf, Happy Holi gibt es nur einmal im Jahr, das solltest du nicht verpassen!«

So gegen zehn Uhr gehe ich vor die Tür. Sogleich werde ich von einer bunt angemalten Jungenbande mit Wasserpistolen beschossen. Ein Älterer scheucht sie lachend fort. Er kommt auf mich zu, umarmt mich und streicht mir kurzerhand Farbpulver über die Wangen. Dabei ruft er: ›Happy Holi!‹, als wolle er sagen: So macht man das! Farben, Puder, Blüten. Überall steht jemand und bietet sie aus großen Säcken, abgefüllt in kleine Beutel, für ein paar Rupien zum Verkauf. Das Pulver sei uralter Brauch: Ein Extrakt aus Blumen, Wurzeln und Kräutern, die heilend wirken, erklärt mir eine alte Frau. Das glaube ich gerne. Und selbst wenn sie heute manchmal auch synthetisch sind, ihre Wirkung ist die reine Kur. Durch die Gassen laufen singend Gruppen. Viele haben ihr Gesicht bemalt, als seien sie einem Splatter-Comic entsprungen: Weder Tod noch Teufel fürchtend. Die ganze Stadt ist auf den Beinen. Die ganze Stadt? Nein, hauptsächlich tanzen hier die Jungs. Teenager und Twinks. Kaum jemand über 30. Nur wenige Mädchen nehmen teil. Auf zehn kommen keine zwei. Die Kinder machen mit, das ist klar, die sind dabei. Lila, Grün, Rot, Gelb, Blau, Orange Türkis. Puder werfen, Wasser spritzen, Farben in Gesichter reiben, Umarmung, Happy Holi! und ein Kuss.

Unten am Durbar Square, vor dem Kakeshawa-Tempel, ist eine Musikanlage aufgebaut. Vor magischer Kulisse legen DJs Platten auf. Eine riesige Open-Air-Disco im Herzen Kathmandus, am allerheiligsten Ort. Die Menge tobt. Ein ekstatischer Tanz. Alte mit Jungen, Junge mit Alten, Jungs mit Jungs, auch mit Mädchen, Mädchen mit Jungs, jeder für sich und alle mit allen. Mit göttlichem Segen. Krishnas Triumph des Guten über das Böse. Und in den Himmel, in diese dünne Luft, die heut zu brennen scheint, schießt er orgiastisch seine Farben: Tanz, Musik und rosarote Wolken.

Zwei besonders hübsche Jungs tanzen eng umschlungen. Nun ziehen sie sich die Hemden aus, ihr Tanz wird wild verzückt beglückt. Als sie bemerken, dass ich sie beobachte, küssen sie sich offensiv. Doch was ist das? Sie kommen auf mich zu.

»Willst du mit uns tanzen?« Das fragen sie mich!

Ich fühle mich ertappt. Vor Schreck kann ich nichts sagen.

»Ich heiße Sajan.« Er fasst mich an die Hand. »Und das ist Amod.« Er packt die andere Hand. »Komm, tanz mit uns!«

Die Antwort ist: Ich tanze. Hineingezogen in ein Bad aus Schweiß und Lust und ungestüme Freude. Einer unter Tausend. Mit mir die Jungs. Die pure Euphorie. Bis zur Erschöpfung. Es ist Zeit zu gehen. Ich will Finjo nicht vergessen.

»Wohin willst du?« Sajan fasst mich um die Hüfte. Bevor ich Antwort geben kann, fragt er: »Können wir nicht mitkommen?«

»Hast du ein Hotelzimmer?« Das will Amod wissen.

»Nein, ich wohne bei einem Freund.«

»Oh, das ist gut. Lass uns zu ihm gehen, dort können wir rauchen und …« Der Rest des Satzes geht unter in Lärm und Lachen.

»Oh sorry, das geht nicht«, sage ich.

»Doch, das geht! Es ist Holi! Happy Holi!«

»Ja klar«, sage ich in ihre verführerisch-sinnlichen Gesichter, »und wenn ich euch anfasse, gehe ich am Ende in Flammen auf!«

Ich lasse sie lachend stehen, es ist gleich zwei Uhr. Ich muss mich sputen. Finjo wartet.

Als ich ihm später von der Begegnung erzähle, sagt er:

»Warum hast du sie nicht mitgebracht?«

»Aber das geht doch nicht!«

»Doch, das geht! Es ist Holi! Happy Holi!«

»Hey, exakt das Gleiche haben die Jungs auch gesagt.«

Finjo lacht und umarmt mich mit einem Kuss.

Am nächsten Tag, in dunkler Frühe, bringt mich Finjo zum Bus. Er geht danach gleich zur Arbeit. Der Abschied ist ein stummer Bursche mit traurigen Augen. Wir bleiben lange ruhig. Niemand sagt ein Wort. Wir wissen es beide, ein Wiedersehen ist ungewiss.

»Schreib mir eine E-Mail, wenn du wieder bei den Mönchen bist!« Finjo nimmt mich in den Arm, wir küssen uns, ich steige in den Bus. »Du weißt«, ruft Finjo, »so eine Fahrt durch Nepals Berge ist … nun ja, schreib mir einfach! Das wär okay.«

Ich sage nichts. Alles, was zu sagen war, sagten wir uns in der Nacht. Jetzt bin ich müde, den Schlaf hole ich im Bus nach.

15

Wiedersehen in Lumbini

»Yo Nepal ho! Pokhara!« Der Weckruf des Busfahrers. Schlaf in den Augen, ein Traumbild im Himmel: das Anapurna-Massiv. Welche Majestät! Fassungsloses Staunen. In diesem Anblick liegt Gnade. Den Kindern der Zukunft: Die Welt war schön!

Machapucharé, der Buddha des unendlichen Lichts. Der Name des ins grenzenlose Blau steil aufragenden Gipfels. Sturmwinde wehen ihm weiße Fahnen. Dort wohnt Parvati, Durga, Kali in einer Person. Kein Mensch hat sie, die heilige Bergin, Berg aller Berge – und von allen die Schönste –, jemals bestiegen. Denn das sei verboten, erzählt mir der Fahrer. Das sei auch nicht meine Absicht, erkläre ich, vielmehr suche ich den Anschlussbus nach Lumbini. Das würde die Göttin nicht zulassen, wer sie anschaut, müsse bleiben, der Fahrer lacht, jedenfalls bis morgen früh um acht. Tickets gäbe es vorne am Schalter.

Unweit des Busbahnhofs finde ich ein günstiges Guesthouse. Später, auf der langgezogenen Asphaltgeraden durch Pokhara, kommen mir Zweifel, dass ich bin, wo ich bin. Als sei ich gefangen in der Zeitschleife eines dunklen Traums, laufe ich immer wieder die immer gleiche Straße auf und ab, auf und ab. Es ist die Flaniermeile dieser welt-totalen Tourismus-Industrie, die, wie Stenz und Strizzi, bisher noch jeden Ort, den sie als Paradies verkauft, schon zig-fach vergewaltigt hat, bevor sie die Clowns und Colonels der Global-Player aus den Herrenländern drübersteigen lässt: Den von McDonald's, den aus Kentucky, die Kaffeeröster, die Fuji-Sushi aus Japan. Alle Multis sind schon da! Und in den Tour-Adventure-Ticket-Shops geben sie ihr Ehrenwort, dass hier die echten Abenteuer warten: Vom unvermeidlichen Bungee-Jump über Zipp-Flyer und immer wieder Paragliding, über Mountain-

Biking, Morning-Trekking, Reiten, Golf, Yoga & Spa bis hin zum Rundflug um das Bergmassiv – alles dabei, alles zu haben! Jeder dieser Sport-Events kostet 100 Dollar aufwärts, Schnäppchen gibt es schon ab 70. Unten, in den Cafés am See, trifft sich die Szene, wie einst in St. Tropez. Gemeinsam schaut man auf das Dach der Welt, und ist vor allem in einem verbunden: in Geld. Viel Geld. Ich sehe, was ich sehe, doch bin ich unentschlossen, was ich davon halten soll. Meine Fundamentalkritik scheint altbacken, lächerlich und kaum noch jemanden verständlich. Was soll das sein: ›Die ursprüngliche Schönheit bewahren!‹? Pokhara hat sich für die Fremden aufgehübscht. Breit im Tal liegt sie da und schafft das Geld an: für Nepal!

›Was also schaut der alte Knabe so bekümmert? Will er nicht habe seine Spaß mit uns? Nu komm, Towarischtsch, trink!‹ Eine kleine Gruppe gut abgefüllter Russen versperrt mir den Weg. Ihre Arme haben sie auf die Schulter des jeweils anderen gelegt, als würden sie Sirtaki tanzen. Der Linksaußen hält mir eine offene Flasche entgegen, Wodka wohl. ›Ah, lasst man gut sein, Jungs, es ist alles in Ordnung, es wurde nur spät heute Nacht, gute Nacht!‹

Am nächsten Morgen um acht Uhr früh am Busbahnhof: Die Sonne küsst den Machapucharé. Göttliches Schauspiel. Längst im Bus, schon viele Täler weiter, sehe ich den nie bezwungenen Berg des Lichts noch immer in die Himmel ragen. Eine junge Frau sitzt neben mir. Verhalten spricht sie mich auf Englisch an. Ihr Klang verrät es, sie kann Deutsch. Ebenso stellt sich sehr schnell heraus, dass auch sie die Szenerie in Pokhara recht befremdend fand. Sophie, so heißt sie, kommt aus Vorarlberg, Österreich. Drei Monate hat sie im Mustang-Tal bei nepalesischen Bauern gelebt, seitdem liebt sie es, alle Speisen wie die Einheimischen mit der Hand zu essen. Wenn sie zurückkehrt, wird sie Kulturwissenschaften studieren oder den Bauernhof der Mutter übernehmen. Sophie ist eine Begegnung: ein Gespräch über das Reisen, die Liebe, die Verzweiflung, das Staunen und das Sterben der Welt – über Stunden. Sie fliegen vorbei wie die Landschaft am Fenster. Wir sind unterwegs, wir sind Menschen, bloß auf der Durchreise, hier und anderswo. Angekommen in Lumbini, sagt sie ›Servus‹, ich ›Adieu‹. Ein Lächeln, eine Umarmung, ein Flüstern: »Schön, dass unsere Wege sich trafen. Wir sind rar, wir sind selten, vielleicht die Letzten unserer Art, doch niemals wirklich allein!«

Vom Bus bringt mich ein Tuk-Tuk zum Tempel der Thai, wo die Mönche lagern. Durch ein großes Tor trete ich in den Innenhof. Blütenduft empfängt mich. Er wirkt erfrischend und belebend, ein sanftes Hochgefühl steigt in mir auf. Ich bin zurück im quirligen Orange der Mönche. Über ihre unbekümmerte Fröhlichkeit scheint jedoch ein leicht gewebter Schleier still getragenen Leids geworfen. Still und ruhig verrichtet ein jeder, was er eben so tut: Wäsche aufhängen, eine Robe stopfen, sitzen, etwas lesen, leise schwatzen oder schweigen. Plötzlich verharren die Gesichter, irgendetwas hat sie überrascht. Erst ein ungläubiges Staunen, dann ein sich freudig steigerndes Raunen: ›Der Farang ist wieder da!‹ Bevor ich es überhaupt begreife, dass sie eventuell mich meinen könnten, bin ich umringt von einer Handvoll Mönche.

»Kennst du mich noch?«, fragt mich einer und zeigt dabei lachend auf seine Füße. »Die Blasenpflaster!«

»Und mit mir bist du am ersten Tag gelaufen«, sagt ein anderer, ein kleiner, untersetzter Mönch, »weißt du das noch?«

»Stimmt es, dass du mit den Kühen sprichst?«, fragt ein dritter.

»Also, mit der Highway-Polizei, mit der hat er geredet.« Das spricht Thanakorn, der Mönch, der mich einst maßregelte. Nun nickt er freundlich in die Runde.

»Khun Ajahn«, dieser sanfte Ton kommt von Mahaviro, »schön, dass Sie zu uns zurückgefunden haben!«

Ich sage nichts. Ich bin verlegen. Auf einen derartigen Empfang bin ich nicht vorbereitet. Freundlich lächelnd verneige ich mich tief mit einem hohen Wai. Im gleichen Moment springt der Hund von

Mahaviro meiner Verbeugung entgegen. Seine Schnauze erwischt meinen Mund.

»Haha«, sagt ein Mönch, »der, den die Hunde küssen!«

Während sich die Szene in Heiterkeit auflöst, zergelt der Hund meine Schnürsenkel auf. Dabei fährt er mit großer Freude und seinen kleinen Zähnen durch den dünnen Stoff meiner Sneaker. Der spitze Schmerz lässt mich schräg grinsen und mich zur Besinnung knien, meine Schuhe zuzubinden.

»Ist er das?«, höre ich jemanden auf Englisch fragen.

»Ja, das ist der Farang, der mit den Mönchen läuft«, erklärt Pravin, der alte Geschichtenerzähler der indischen Crew, dem Fremden. Verstohlen schaue ich vom Boden hoch. Ein asiatischer Gast winkt mir zu und ruft: »Hello Sir!«

›Irgendetwas ist hier im Gange‹, denke ich. Dieser Farang, der mit den Mönchen läuft, der muss in meiner Abwesenheit zu einer hübschen Legende gewachsen sein. Mir ist der Kerl etwas unheimlich. Werde den mal bei Gelegenheit … Aua! Als ich mich wieder aufrichte, stoße ich mir den Kopf an jemandes Kinn.

»Hey, was für 'ne Begrüßung«, sagt Champ. »Sehe ich Sternchen, oder leuchtest du?«

»Hammerhartes Kinn, mein Freund, die Alpen glühen!« Ich reibe mir den Kopf. »Dabei habe ich erst heute Morgen den Machapucharé gesehen!«

»Den *Wen*?«

»Den Berg des unendlichen Lichts.«

»Na, irgendwie strahlst du. Vielleicht spiegelt sich das Licht der Berge in deinen Augen. Nee wirklich, das steht dir.« Champ lacht. »Na komm, lass dich umarmen!«

Wie in den alten Zeiten, damals, irgendwo da draußen in der ewigen Prärie, gestalten wir unser Begrüßungsritual. Wir mögen das. Schon schnappt sich Champ eine Tasche von mir.

»Sag mal, hattest du nicht einen großen Rucksack? Egal jetzt, lass uns dein Gepäck zum Zelt bringen, und dann nehmen wir uns zwei klostereigene Fahrräder. Da gibt es etwas, was du unbedingt sehen musst.«

Wenig später radeln wir auf einer langen Geraden, immer entlang an einem Graben, durch ein großflächig angelegtes Gartenareal. Wie schon in Bodhgaya haben sich auch hier in Lumbini die buddhistischen Nationen jeweils mit einem eigenen Tempel verewigt. Wie Perlen an einer Schnur sind sie zur Straße aufgereiht. Und diese führt geradewegs zum Maya-Devi-Tempel, der ganz im Gegensatz zu den verspielten Länder-Bauwerken seltsam schlicht wie eine kleine Burg gestaltet ist. 2.200 Jahre und mehr sei er alt, Kaiser Ashoka habe ihn erbauen lassen, die Inschrift einer Säule belege das. Im Inneren ist der Ort markiert, an dem Maya ihren Sohn, Siddhartha, unter einem Salbaum zur Welt brachte. Mineralisierte Wurzeln eines solchen Baums wurden dort gefunden und werden seitdem als Schatz gehütet und beschützt.

»Nein! Nicht das!«, rufe ich erschrocken. »Lass uns anhalten!«

»Ich wusste es! Das muss dich schocken.« Champ ist vom Rad gesprungen, es sieht aus, als ob er in Deckung geht. Grinsend fragt er: »Und? Fertig zum Sprengen?«

»Ich fasse es nicht!«, sage ich. Vor uns steht, erhöht auf einem Rondell, eine groteske Comic-Figur. »Wen will denn dieses adipöse Kind, das wohl zu heiß in Goldlack gebadet wurde, so selten blöde wie sein Gesichtsausdruck ist, darstellen?« Ungläubig staunend schüttle ich meinen Kopf. »Sag, dass das nicht wahr ist!«

»Herrlich, wie du dich aufregst«, sagt Champ, ohne mich zu tadeln, wie er es sonst gern macht, wenn ich mich empöre. Auch bei ihm scheint sich in meiner Abwesenheit eine merkwürdige Wandlung vollzogen zu haben. Mir beipflichtend, fügt er hinzu: »Furchtbar, nicht?«

»Wieso dürfen sie diese Satire hier vor dem Geburtstempel …«

»… wenn es denn Satire wäre«, fällt mir Champ ins Wort.

»Du meinst …«

Champ nickt bedeutend. »Die meinen das ernst.«

»Nun ja, ich habe es befürchtet. Das ist, das ist ... so abgrundtief lächerlich. Schlimmer noch: Es verkehrt Buddhas Lehre ins Gegenteil. ›Niemand ist von Geburt an etwas Besseres!‹ Das sind seine Worte! Wissen und Weisheit muss man sich erwerben, sie wird einem nicht in die Wiege gelegt. Das ist seine Lehre. Ihn jedoch als altkluges Balg, das aussieht, als sei es dem *South Park*-Comic entsprungen, mit naseweis erhobenem Zeigefinger hinzustellen, das ist furchtbar dumm, wenn es gut gemeint ist, oder wahrhaft perfide. In jedem Fall eine sehr unglückliche Figur.«

»Ähm ...« Champ macht auf sich aufmerksam. »Es gibt noch eine sehr unglückliche Figur, über du dich aufregen kannst. Das erzähle ich dir bei einem Mangosaft. Da vorne in dem kleinen Café gibt es einen frischen.«

»Köstlich! Wirklich gut!« Ich sauge genüsslich durch einen Strohhalm den sämigen Saft. Das Café ist ein kleiner Straßenstand mit Plastikhockern. Aus dem Park sehen wir Massen von Menschen, die den Geburtsort Buddhas besuchten, zu den Bussen strömen. Irgendwann frage ich: »Na, was macht der Abt?«

»Wieso weißt du, dass ich vom Abt erzählen will?«, fragt Champ.

»Nun, ich bin kein Hellseher, doch allzu schwierig zu erraten ist das nicht, stimmt doch, oder?«

»Ja, das stimmt.« Champ nippt an seinem Saft. »Der Abt also, ja, wo anfangen ...«

»Beim Aufstehen!«

»Sehr witzig, aber gut. Der Abt hat den ganzen Tagesablauf verändert. Seit Patna stehen wir nicht mehr um drei, sondern um zwei Uhr in der Früh auf. Abmarsch ist um drei. Dann wird durchgelaufen bis zum Mittagessen, die Frühstücksschnitte kann man sich morgens abholen.«

»Ach, die süße Puffreisschnitte, gibt es die immer noch?«

»Ja.«

»Mensch, da freu ich mich aber drauf!«

»Wie schön für dich.« Champ verzieht die Mundwinkel. »Also,

für Frühstück ist keine Zeit mehr, dafür wird abends nicht vor Sonnenuntergang Schluss gemacht, sondern lange danach. Völlig erschöpft und am Ende bauen wir im Dunkeln die Zelte auf. Wir laufen jetzt täglich über 50 Kilometer. Und das sogar bei Regen. Die Mönche kippen mir um wie die Fliegen, viele setzte ich dann auf vorbeikommende Trecker oder in ein Tuk-Tuk. Mindestens zwölf weitere Mönche sind seit Patna abgereist. Den Abt kümmert das alles nicht, er treibt die Gruppe rücksichtslos weiter an. Keiner hat den Mut, etwas zu sagen.«

»Oje, verstehe«, sage ich ohne Ironie. »Und was soll ich da jetzt machen?«

»Du? Gar nichts! Ich wollte es dir nur erzählen.«

»Nur erzählen? Sonst nichts?«

»Wieso fragst du so komisch?«

»Nun, es gibt Erzählungen, die wollen etwas.«

»Was sollen die wollen?« Champ spielt seine Rolle gut.

»Mir kam es nur schon etwas komisch vor, wie mich die Mönche begrüßten.«

»Komisch? Quatsch! Das bildest du dir ein.«

»Ach so, kann sein.«

»Was willst du denn tun?«

»Gar nichts. Nur weiter mitlaufen.«

»Genau!«

»Hm, na dann.«

»Hast du Hunger?«

»Nicht wirklich, ich habe gut zu Mittag gegessen.«

»Trotzdem, lass uns aufbrechen! Es wird dunkel, die Räder haben kein Licht. Am Ende finden wir nicht den Weg zurück.«

Die Tore des Parks werden geschlossen. Wir müssen außen herum radeln. Die Nacht fällt über Lumbini. Tropisch schnell. Mit der Dämmerung hält sie sich nicht lange auf. Doch dann weist uns der fast noch volle Mond den Weg. Eine unheimliche Freude steigt in mir auf. Als wären wir nachts heimlich aus dem Palast geritten und müssten uns nun auf verschlungenen Pfaden vorsichtig zurückschleichen. An den Wachen vorbei. Alles schläft unter dem Mond im Marmortempel. Bloß keinen wecken. Die Küche hat schon geschlossen. Wir stibitzen ein Honigbrot. Das Leben meint es gut mit mir. Morgen früh brechen wir wieder auf.

Morgens um zwei ist nun Aufstehzeit. Es gefällt mir nicht, doch fällt es mir leicht. Merkwürdig, ich kenne mich selbst kaum wieder, irgendein Zauber muss mich erwischt haben: Ich stecke voller Energie. Vielleicht kommt es ja wirklich aus den Bergen mit Hurra! Von diesem Lichtschein, magisch-mystisch, vom Himalaya! Oder es kommt von dieser Woche voller Zärtlichkeit. Von den vielen Küssen, der Umarmung und dem Ja! Es ist so einfach und tat ganz einfach gut. Möglicherweise aber, und das ist auch kein Geheimnis, findet eine Kraftübertragung statt: Dies Bild, das sich die anderen von dir machen, sei es gut, sei es schlecht, hat immer seine zauberische Wirkkraft.

Selbst Champ schaut mich heute Morgen anerkennend an. Besonders da ich als Erster fertig mit dem Packen bin. Das Geheimnis dieses Wunders liegt in reiner Systemumstellung: Mein großer Bundeswehrrucksack quält mich nicht länger, Champ fiel das gestern gleich auf. Ich habe das unpraktische Ding bei einer alten Chinesin in Kathmandu gegen zwei leichte Taschen getauscht. Wir waren beide überzeugt, ein gutes Geschäft gemacht zu haben. Jedenfalls, zwei kleine Taschen sind schnell gepackt, und sie lassen sich viel leichter zum Truck tragen. Jetzt finde ich gar Zeit und Kraft, auch mal den Freunden zu helfen. Am Abend waren wir uns nicht begegnet, und nun stehe ich da mit Bo, er umarmt mich zur Begrüßung mit der ihm eigenen zärtlichen Intensität.

»Nun übertreib mal nicht gleich«, raunzt mir Champ zu. Er ist zum Glück doch noch der Alte. »Du strotzt ja regelrecht vor Energie. Lauf doch am besten gleich mit der Kampfsporttruppe!«

»Gute Idee!«

»Der Abt will ja vor dem Frühstück an der Grenze sein.«

»Wie viele Kilometer sind das denn?«

»Über 25!«

»Oho! Das wäre in der Tat ein starker Schritt!«

»A-ra-hang sam-maa-sam-phut-thoo pha-ka-waa«, schallt es von der Straße vor dem Tempeltor.

»Zum Frühstück in Indien!«, rufe ich den Freunden zu. Dann laufe ich hinaus. Die Schlange vor dem Tor ist noch nicht sehr lang. Gerade als ich in das Thamwatchao mit einsteigen möchte, laufen die Ersten schon los. Die Idee dieses Gebets hatte ich anders verstanden – sei's, wie's sei, ich laufe mit. Und ja! Es tut gut! Eine Euphorie packt mich. Ein echter Kick. Wie der eines Junkies. Vielleicht macht Laufen süchtig. Endlich bekommt der Körper wieder, was er braucht: Bewegung. Zum Dank versetzt er mich in einen rauschhaften Zustand. Alle Zweifel, alle Fragen sind wie weggeblasen. Als hätten Cannabinoide die dafür vorgesehenen Andockstellen im Gehirn besetzt, und würden nun permanent für gute Stimmung sorgen. Mit Vornamen heißen die körpereigenen Glückshormone Adrenalin und Dopamin. Sie machen furcht- und schmerzlos. Mit großem Spaß betone ich die rhythmischen Bewegungen, bis die Füße wieder von ganz alleine laufen. Ah! Alles fließt! Wie von einer Welle getragen, durchqueren wir ein kleines Dorf. Im Traum versunken. Sogar die Hunde sind noch zu müde zum Bellen. Im schwachen Licht einer flackernden Straßenlaterne erkenne ich an der Spitze der Schlange den Abt und seine Getreuen. Ich möchte sein Gesicht sehen. Gepusht von körpereigenen Drogen, ich bin auf der ekstatischen Stufe ›Runner's High‹, ziehe ich freundlich grüßend an ihm vorbei.

»Sàwàtdii khráp! Ben jàngrai bâng khráp. Hallo, wie geht's denn so?«, rufe ich ihm zu.

Der Abt sieht mich an wie eine Erscheinung. Kurz kommt er aus dem Tritt. Er nickt irritiert. Dann zieht er seinerseits das Schritttempo an. Dabei, ich will nicht kämpfen, ich bin nur gut gelaunt.

Der Abt, dieser Kerl, ist schneller. Er zieht links vorbei. Rechts überholt mich seine Truppe. Ich habe damit kein Problem. Lange kann ich deren Tempo nicht halten. Ich lasse sie laufen.

Nach einer guten Stunde bin ich weit zurückgefallen. Mon hat mich eingeholt. Doch auch ihn lasse ich ziehen. Vier Stunden ohne Pause sind wir mittlerweile gelaufen. Die Morgensonne taucht die kleine Stadt Siddharthanagar in Pastellfarben. Meine Laune ist nach wie vor sehr gut, doch die Kraft geht zur Neige. Ich setze mich auf eine Holzbank vor einem Laden, der frisches Fladenbrot verkauft. Vom Duft allein wirst du nicht satt, sage ich mir selbst und kaufe Brot und Wasser. Als ich wieder hinauskomme, sitzen auf der Bank drei erschöpfte Mönche. Schweigend breche ich das Brot und teile es mit ihnen. Dann ziehen wir weiter.

Ich führe meine kleine Gruppe durch den Morgentrubel der Stadt. An einem Kreisverkehr, in dessen Mitte eine Buddha-Figur hoch oben auf einem Obelisk sitzt, steht ein Truck von uns. Rahul, ein Inder aus der Crew, winkt uns zu und weist den Weg:

»Noch 200 Meter geradeaus müsst ihr laufen! Dann am Siddhartha-Highway rechts ab. Bis zur Grenze sind es keine fünf Kilometer!«

Nach einer weiteren Stunde erreichen wir das Tor nach Indien. Das nepalesische Zollhäuschen hat einen hübschen Vorgarten, in dem sich dicht gedrängt die Mönche stauen. Die Zollbeamten sind hoffnungslos überfordert. Sie bitten uns, alle Pässe einzusammeln und sie dann gemeinsam abzugeben. Also warten wir auf die Nachhut, die Champ, Bo und Bui bilden. Nach einer Weile treffen sie recht gemütlichen Schrittes ein.

»Keine besonderen Vorkommnisse. Keine Ausfälle heute. Bisher«, berichtet Champ. »Wir sind die Letzten, so wie es unser Job ist.«

Als die Pässe eingesammelt werden, kommt plötzlich Unruhe auf: Der Erste und seine 20 Getreuen sind nicht aufzufinden. Vielleicht seien sie schon über die Grenze, wird spekuliert. Diese These wird als ›im Prinzip nicht denkbar‹ verworfen. Nicht zu warten, das wäre völlig unangemessen. Selbst für den Abt. Wimon, der große Mönch, der mit dem Truck fährt, sagt, sie seien schon seit sechs Uhr früh hier. Sie seien die Ersten an der Grenze gewesen. In drei Stunden Fußmarsch hätte das niemand schaffen können. Außerdem habe das Zollamt erst ab sechs Uhr geöffnet.

Champ schaut mich an, als wenn ich etwas wissen könnte.

»Nein, Champ! Hübsche Idee. Ich habe jedoch mit der Sache nichts zu tun. Ruft den Abt doch über sein Handy an«, schlage ich vor.

»Das haben wir schon versucht, er reagiert nicht.«

»Vielleicht funktioniert seine SIM nicht in Nepal.« Ich verspüre wenig Lust, irgendeinen weiteren Tipp zu geben. Doch sage ich leise zu Champ: »Also, ja, ich habe ihn gesehen. Das ist aber bald vier Stunden her. Das war noch lange vor Siddharthanagar. Da zogen sie schnellen Schrittes von dannen. Vielleicht haben sie den Abzweig verpasst.«

Champ gibt die Informationen weiter. Ein Truck bricht auf, den Abt zu suchen. Es ist 8.10 Uhr. Die Aktion kann dauern.

Ich checke mein Restgeld in nepalesischer Währung. 2.500 Rupien habe ich übrig, das sind umgerechnet circa 20 Euro. Ein Rücktausch lohnt nicht. In einen kleinen Lebensmittelladen, der von Bonbons in Plastikdosen und Kaugummis in lang herunterhängenden Streifen über Snacks in Tüten bis hin zu tibetischen Gebetsmühlen alles außer Frisches zu bieten hat, kaufe ich zwei Paletten Cola-Büchsen. Als ich sage, das sei für die Mönche, packt mir der Ladenbesitzer, ein Mann mit freundlichen Augen und glattem Gesicht, noch eine Palette oben drauf. Sein Sohn wird abkommandiert, mir tragen zu helfen.

»Was ist das denn für eine Schnapsidee! Konntest du nichts Vernünftigeres finden?« Champ tadelt mich. Es ist also doch noch derselbe Planet, stelle ich beruhigt fest.

»Das ist kein Schnaps, das ist doch nur Cola. Die Mönche mögen das«, erwidere ich.

»Die kannst du aber alleine verteilen«, sagt Champ.

Doch als Bo sich anbietet zu helfen, ist auch Champ zur Stelle.

»Na gib mal her«, sagt er zu dem Jungen vom Laden, dem er die Last abnimmt. Dann genehmigt er sich erst einmal selbst eine der kühlen Büchsen. »Wir haben die Cola nicht für sie gekauft, sondern für uns, verstehst du? Wir verteilen nur den Überschuss. Das bringt die Mönche nicht in Verlegenheit.«

Als wir die Mönche versorgt haben, fällt mir ein, dass ich für die Freunde sowie für mich jeweils ein T-Shirt mit Buddha-Augen aus Kathmandu mitgebracht habe. Es ist ein guter Zeitpunkt, sie ihnen zu überreichen. Diese Idee findet auch bei Champ große Anerkennung. Bo, Bui, Mon wie auch Champ und ich ziehen die farbenfrohen Shirts mit den magischen Augen gleich über. Der Mönch Wimon gesellt sich staunend zu uns. Er zückt seine Kamera, und dirigiert uns für das Foto ›Die fünf Freunde‹ vor das Tor nach Indien.

»Ihr seid ein gutes Team, das Team Kathmandu!«, stellt er fröhlich fest, während die Mönche aus dem Vorgarten uns mit den Cola-Büchsen zuprosten.

In diese ausgelassene Stimmung platzt die Truppe mit dem Abt. Sein Gesicht ist versteinert. Mit strenger Miene, die aufgekommene gute Laune offen missbilligend, marschiert er in den Vorgarten ein. Sofort herrscht Ruhe. Ohne weitere Erklärungen werden die Pässe abgegeben. Die Ausreise geht nun recht zügig vonstatten, doch die Einreise nach Indien gestaltet sich zäh und schleppend. Es ist Viertel nach elf, als endlich alle den Stempel im Pass haben. Die fortgeschrittene Uhrzeit stellt ein schwierig zu lösendes Problem dar: Eine Regel der ›sechs Äste‹ des Mönchsgelübdes lautet, kein Essen nach dem Mittag einzunehmen.

Hier an der Grenze herrschen ein dichtes Gedränge sowie ein ohrenbetäubender Lärm aus menschlichem Geschrei und dem Gedröhn der stinkenden Lkw-Motoren, garniert mit dem obligatorischen Dauerhupen. In der engen Straße zwischen den Häuserfronten ist ohnehin kein Platz, unsere Feldküche aufzubauen.

Champ berichtet, der Abt habe mitgeteilt, Mittagessen gäbe es im nahe gelegenen Thai-Tempel in Nautanwa, dort, wo schon einmal der König von Thailand übernachtet habe. Und wer ein gutes Karma habe, würde es schaffen, die 3,8 Kilometer in 30 Minuten zu laufen. Die Fußkranken könnten schauen, ob sie Platz auf einem der Trucks fänden. Wer nicht pünktlich einträfe, müsse einen triftigen Grund angeben, der ausreichend sei, ihn von dem Gelübde zu befreien. Das wäre als Ausnahmeregelung möglich. Der Abt wünsche ›Achtsame Anstrengung‹, er sei schon losgegangen.

Unter den Mönchen bricht Unruhe aus. Einige höre ich schimpfen, andere drängeln um die wenigen Plätze auf den Lkws. Dritte laufen schnurstracks los. Manche stehen kopfschüttelnd da und machen sich dann ebenfalls auf den Weg.

»Ach«, sage ich, »so läuft das also hier.«

»Ja, so läuft das! Sage ich doch«, sagt Champ.

»Na, dann lass uns laufen!«, sage ich.

Wir bilden die Nachhut mit Bo und Bui. Mon ist schon vorneweg. Wir geben ein wenig die Schrittmacher für die, die zurückzufallen drohen. Allzu weit ist die Strecke wirklich nicht. Die leeren Mägen, die auf das Mittagessen warten, sind ebenfalls eine treibende Kraft. Es läuft gut. Wir könnten es schaffen. Da halten plötzlich zwei große Reisebusse auf der gegenüberliegenden Straßenseite in Richtung Nepal.

»Sadhu! Sadhu!«, schallt es über die Straße. Aus den Bussen strömt eine Schar freudig erregter Thai-Touristen. Sie laufen leichtfüßig wie auch leichtsinnig über die Fahrbahn. Trucks bremsen nicht, Trucks hupen. Die Bilder sind chaotisch faszinierend. Wir sind zurück. Es ist Indien! Die Thai-Frauen, die es zu uns herüber geschafft haben, knien sich vor den Mönchen nieder. Thai-Männer verteilen Geldscheine. Die Mönche halten ihre Schalen hin und sprechen ihren Segen. Doch auch wir Karawaat werden bedacht. Mir steckt ein Thai-Tourist einen 10-Baht-Schein in die Brusttasche meines Hemdes.

Jungs sind Jungs

Scheues Mädchen

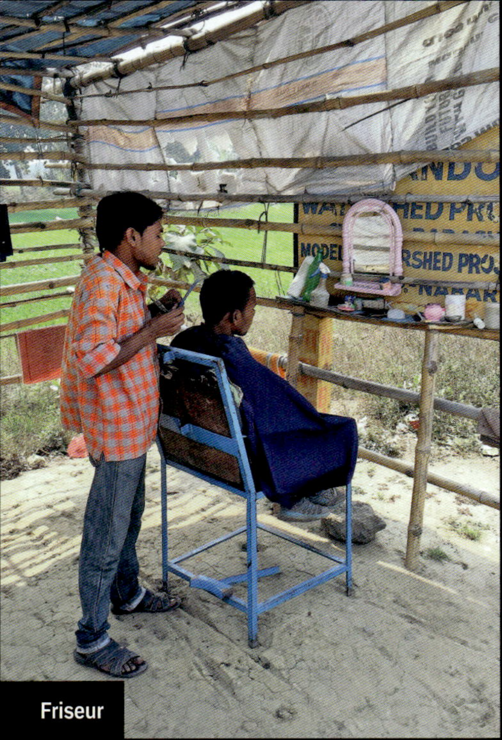

Friseur

Mann in Werkstatt

Dreikäsehoch

Ein Gesicht

Mönche vor Mandala

Bodhibaum in Jetavan

Andacht in Jetavan

Elefant und Mönche

Ayodhya

Spontane Ermahnung

Mann in Pink liest Zeitung

In der Barke, Varanasi

Abschied

Betende Badende

Munshi Ghat

Novizen

Totenfeier, Varanasi

Mönche

Alte bei der Totenfeier

Sadhu, Varanasi

»Oh«, sage ich, dann murmel ich einige segensreiche Worte auf Thai: ›Mögest du stets auf sicheren Wegen reisen‹, die ich mit einem lauten ›Sadhu!‹ abschließe. Der Mann bedankt sich ergriffen. Dass ich etwas anders aussehe als die anderen Wanderer, kommentiert er nicht. Das rechne ich ihm hoch an. Den Schein werde ich auch aufheben. Jeden Tag erhalte ich ja auch nicht ein Almosen.

Der beeindruckende Spuk ist nach circa zehn Minuten vorbei, doch das ist kostbare Zeit, die nicht mehr aufzuholen ist. Abgekämpft erreichen wir den Tempel. Jemand ruft: Es ist fünf nach zwölf! Die Enttäuschung der Mönche ist groß.

Da entscheide ich mich, ein wenig zu zaubern.

»Kein Grund zu fasten!«, sage ich. »Abrakadabra! Wir drehen einfach ein bisschen an der Uhr! Schaut dort!«

Die Tempel-Uhr an der Wand neben dem Eingang zur Küche zeigt zehn vor zwölf. Das Staunen ist groß, die Freude auch.

»Wie hast du das gemacht?«, fragt Champ, der nicht an Zauber glaubt und einen hübschen Trick vermutet.

»Ganz einfach, Champ: angewandtes Wissen! In Nepal gehen die Uhren eine Viertelstunde vor, die wir nun wiedergewonnen haben.«

»Das hast du die ganze Zeit gewusst?«

»Nicht wirklich, doch als ich die Uhr sah, fiel es mir wieder ein«, antworte ich ehrlich. »Mich hat das bei der Einreise nach Nepal meinen Bus nach Kathmandu gekostet. Doch wie so oft: Der zuerst bedauerte Verlust wurde zu einem riesigen Gewinn.«

Diese Geschichte aber will Champ jetzt nicht hören. Die Tatsache, dass wir noch in der Zeit ankamen, sowie das Rätsel der anders gehenden Uhren in Indien und Nepal werden in der Warteschlange zum Essenfassen lautstark, doch freudig diskutiert. Ich bin froh, dass man meinen Zauberspruch als Spaß erkannte. Obwohl, so wie mich einige Mönche nun anschauen, bin ich mir nicht sicher, dass sie sich sicher sind, dass die Zeitverschiebung keine dunkle Zauberei dieses doch etwas ins Unheimliche gehenden Farangs ist.

Ich habe gehofft, dass wir die Nacht im Tempel bleiben könnten, denn es gibt hier schöne holzverkleidete Schlafnischen. Doch nicht einmal eine gute Mittagsruhe war uns vergönnt. Um halb zwei weckt mich Bo, der neben mir schlief, sanft aus meinen Träumen. Es sei zum Aufbruch gerufen, in 15 Minuten träfen wir uns am Torbogen.

Den fröhlichen Elan der frühmorgendlichen Etappe verspüre ich am Nachmittag nicht mehr. Doch gegenüber den allermeisten Mönchen, die körperlich ausgelaugt erscheinen, fällt mein Trainingsrückstand nicht ins Gewicht, vielmehr wird er von der bergfrischen Energie, die ich in Kathmandu tanken durfte, allemal ausgeglichen. Als es zu dämmern beginnt, fällt das allgemeine Tempo merklich ab. Auch sehe ich immer wieder Mönche am Wegesrand pausieren. Champ hält mit ihnen einen kurzen Plausch, ob alles in Ordnung sei. Sie fragen wiederum, wie weit es heute noch ginge. Champ hält den Kontakt zu Wimon, dem Mönch im Truck der Crew. Das Lager sei bei Kolhui, noch fünf Kilometer weiter. Die kleine Gruppe signalisiert, dass sie erst noch sitzen blieben, es dann aber alleine schaffen würden. Doch schon 500 Meter weiter sieht es anders aus. Da liegt ein älterer Mönch im Gras, ein anderer ist bei ihm und hält seine Hand. Nach schneller Begutachtung ruft mir Champ zu:

»Halte einen Wagen an! Ein Tuk-Tuk wäre auch in Ordnung.«

Gesagt, getan. Die Straße ist eine angenehme Allee, doch in den Abendstunden viel befahren. Ein Tuk-Tuk hält. Zu zweit haken sie den erschöpften Mönch unter und hieven ihn in die kleine Kutsche. Der andere Mönch steigt mit ein. Champ erklärt dem Fahrer, wo er halten soll.

»Hast du mal 20 Rupien?«, fragt Champ mich.

»Hier bitte!«

»So geht das schon seit Tagen«, erklärt Champ, als der Wagen lostuckert. »Kurz vor Feierabend lade ich die Mönche auf.«

»Abgefahren!«, sage ich.

»Nu, weiter!«, sagt Champ.

»Die Gegend hier ist aber schön«, bemerke ich, als wir kurz vor acht mit letzter Kraft, nach 47 Kilometern Marsch, das Zelt auf einer großen Wiese aufgebaut haben.

»So?« Champ mosert. »Wie willst du das sehen?«

»Am Mond und an den Sternen. Das Licht scheint so mild.«

Die Wecker klingeln. Es ist zwei Uhr nachts. Ich recke mich, bin fit und wieder einer der Ersten, die bereit zum Abmarsch sind.

»Hier nimm mit!«, sagt Champ, er reicht mir seine kleine Thermoskanne mit heißem Kaffee. »Du wirst sie brauchen, wenn du wieder vorne mitläufst. Und vergiss das Wasser nicht!«

Willkommen bin ich in der ersten Truppe nicht, das spüre ich genau. Vielleicht ist es so, vielleicht bin ich der Jäger, der das Terrain beobachtet, und ich weiß es nur selber noch nicht. Ich will jedoch nicht kämpfen, ich will verstehen. Was treibt den Mann? Wer ist er überhaupt? Wieso ist er so rücksichtslos? In diesen Gedanken vertieft, laufe ich plötzlich in den Vordermann.

»Oh, *khõr thôot khráp*! Entschuldigung!«, sage ich.

Keine Reaktion, kein ›*Mâi pen rai*‹, er ignoriert mich einfach. Ich hatte es nicht mitbekommen, dass alle ihre Schritte hielten, weil der Erste abrupt stoppte. Nun steht er am Wegesrand und schaut in den Mond. Vielleicht will er Kaninchen schießen? Die anderen schauen zum Abt und folgen dann seinem Blick zum Mond. Nichts passiert. Ein eingefrorenes Bild, ein Schattenriss, der erfreut und etwas gruselt. Dann geht der Abt unverrichteter Dinge plötzlich wieder los, seine Truppe folgt. Er stoppt noch einmal. Ich erkenne keinen Grund. Die anderen halten. Und wieder läuft er weiter. Ist das ein Tanz? Ein geheimes Ritual? Eine kleine Demonstration seiner Macht? Will er mir etwas sagen? Was auch immer, es beeindruckt mich nicht wirklich, außer, dass er das macht. Im Grunde rührt er mich.

Nach einer Stunde sind wir in der Stadt Kolhui. Sie ist ausgestorben. Jedenfalls zu dieser frühen Stunde. Anders als in anderen kleinen Städten steht hier Haus an Haus ohne Zwischenraum. Durch dunkle Kulisse zieht sich eine lange, leere Gerade. Keine Kuh liegt auf der Straße. Nirgendwo bellt ein Hund. In das kalte Schwarz des Himmels ragt der Turm einer Moschee, doch der Muezzin schläft. Nur der Müll weht in kleinen Wirbeln über den staubigen Boden, die heruntergezogenen Rollladen klappern. Die Truppe marschiert geradewegs durch die Szenerie hindurch. Eine kühle Brise, die aus den Häuserschluchten der leeren Seitengassen bläst, erfasst mich. Für heute habe ich genug von der Truppe. Ich setze mich auf diesen hübschen Stein dort an der Ecke, öffne Champs Kanne und genieße den heißen Kaffee. Der Trupp zog weiter, keiner hat sich umgedreht. Es ist vier Uhr am Morgen, irgendwo im hohen Norden von Uttar Pradesh. Der Wind pfeift wie Musik in den Straßen. Vielleicht habe ich auch Ohrensausen. Ich bin allein an dieser Kreuzung. Ein Moment des Schauderns und der Einsamkeit. Genug, um ungehemmte Freude zu empfinden, als nach zehn Minuten, erst ganz klein, dann immer größer werdend, die lange safranfarbene Schlange der Mönche mit den Freunden erscheint. Fast gleichzeitig tuckern unsere Trucks heran und halten an der Kreuzung. Der große Mönch Wimon steigt aus, er begrüßt mich freundlich, ich entrichte ihm den Wai.

»Du bist allein?«, fragt er. »Wo sind die anderen hin?«

»Schon weiter, immer geradeaus«, sage ich.

Da fängt er lauthals zu lachen an.

»Schon wieder!« Jetzt kichert er. »Wir müssen da entlang!« Er zeigt in die kleine Gasse. »Na, lassen wir ihn noch etwas laufen, dann hole ich ihn zurück.«

»Darf ich dem erhabenen Mönch einen Kaffee reichen?« Der Mann gefällt mir, er hat Humor. Ich reiche ihm die Verschlusskappe von Champs Thermosflasche. Er nimmt einen Schluck. Mittlerweile treffen auch Mon und Bui, dann Bo und Champ ein.

»Und? Hat dich dein Sportverein schon wieder abgehängt?«, fragt mich Champ.

»Nein, ich habe mich ausgeklinkt. Der Abt hat sich mal wieder verrannt.«

»Was heißt: mal wieder? Der ist völlig verpeilt! Wird Zeit, dass den mal jemand ins Gebet nimmt.«

»Nun, für Gebete bin ich nicht zuständig.« Noch aufgewühlt in Freude, füge ich hinzu: »Champ, ich muss etwas gestehen: Auf eine seltsame Art bin ich sehr glücklich, an diesem Lauf teilnehmen zu dürfen. Auch dankbar. Und seit wir auf den kleinen Straßen laufen, gefällt er mir gar.«

»Na, wenigstens einer!« Champ schaut mich irritiert an, eine Mischung aus Missbehagen und doch auch einer gewissen Zustimmung, die aus anderen Tiefen kommt.

Schon laufen wir weiter. Schnell durch die Gasse raus aus dieser Stadt. Sie mündet in einen kleinen Feldweg. Morgennebel liegt über dem Land. Noch bevor die Sonne ihn in Luft auflöst, überholen uns trabend und schweigend der Abt und seine Leute.

Als die Nebel sich nach Stunden heben, liegt vor uns im Morgenlicht der Wald von Mithwal. Unser Weg führt mittendurch. Seit dem kleinen Ziegenhain bei Bodhgaya ist es das erste Mal, dass sich ein Hauch von *Dschungelbuch* entfaltet. Das Buch von Kipling, nicht der Disneyfilm. Verklärend, wie die vielen Schlingpflanzen, die hier von den hohen Bäumen hängen, prägte es als Junge mein Indienbild. Unwillkürlich halte ich Ausschau nach Mogli. Ausgesetzt, allein in einer fremden Welt, lernt er von der Natur und wird freund mit den Tieren. Nun gut, nicht mit allen. Die Affen kamen bei Kipling nie gut weg, doch schrieb er ihnen ein Wanderlied.

Und wirklich, eine Affenhorde kreuzt unseren Lauf, oder wir wohl ihren. Empörte Affenmütter rennen zu ihren Kindern und lassen sie Schutz auf den Rücken finden. Ein Affenbaby, das den Aufsprung nicht geschafft hat, klammert sich um den Hals der Mutter. Sie fletscht die Zähne. Das gilt uns. Zwei Affenknaben sitzen mitten im Gestrüpp und teilen sich ganz unbekümmert eine Tüte Chips. Wo sie die wohl herhaben? Wir gehen vorsichtig weiter,

Affen beißen gerne. Doch hinter der nächsten Biegung halten wir die Schritte und den Atem an. Gleise kreuzen den Weg im Wald, Bahnschranken sind heruntergelassen. Auf ihnen hocken drohend ausgewachsene Affenmännchen. Grimmig schauen sie uns an; eine üble Bande, die wohl darauf wartet, über uns herzufallen.

»Schätze, wir beziehen hier gleich Keile«, sagt Champ.

Da kommt der Zug. Augenblicklich sind wir für die Affen nicht mehr interessant. Sie machen sich bereit zum Entern. Wie Piraten springen sie mit Gebrüll auf das Dach, an die breiten Fenstergitter wie auch in die offenen Türen der Passagierwaggons. Ob im Inneren ein wilder Kampf entsteht, kann ich nicht sehen, es geht auch alles viel zu schnell. Nach nicht einmal 15 Sekunden ist der Spuk vorbei. Die Affen springen ab, sie machten fette Beute: Bananen, Brote und Tüten voller Chips. Sie verziehen sich ins Geäst. Die Schranken sind oben. Der Weg ist frei. Er hätte meinetwegen noch eine Weile durch den Wald von Mithwal führen dürfen, doch schon wandern wir wieder im offenen Land. Rahul steht dort am Wegesrand, verteilt die süße Frühstücksschnitte. Ich nehme sie im Laufen an, zur Rast ist keine Zeit.

Würde es den Abt interessieren, wie es den Menschen geht, die mit ihm laufen – die meisten sind doch Mönche wie er –, müsste er innehalten. So denke ich. Doch Mitgefühl und Güte sind ihm nicht nachzusagen. Dabei, noch wäre es Zeit, die Stimmung in der Gruppe zu ändern, auch in seinem Sinne, noch hat niemand offen rebelliert. Es gärt doch nur. Es bräuchte gar nicht viel, ein Wort, seins: ›*Der Marsch läuft wieder nach dem alten Plan; das gilt für die Zeiten und die Strecke wie auch für die Pausen*‹. Alles wäre gut. Doch er verfolgt ein anderes Ziel. Nun, er ist der Abt, er hat die Macht. Wie auch das Sagen. Und wann und wo gerastet wird, das sagt er. Heute gefällt es ihm, bis zum Mittag durchzulaufen.

Champ zeigt mir die Standort-App, die ihm der Mönch Wimon gesendet hat. Seit heute Morgen, das heißt: seit drei Uhr nachts, sind wir 32 Kilometer gelaufen, der Mittagsrastplatz ist noch vier

Kilometer entfernt. 36 Kilometer bis zur Mittagspause, das ist ein starkes Stück. Und es ist schon halb zwölf. Die Mönche sind erschöpft. Eine kleine Gruppe hat sich unter das Blätterdach einer Hecke gekauert. Sie sehen elend aus. Champ fragt sie, ob er versuchen soll, einen Wagen anzuhalten. Die Mönche lehnen entkräftet an den Büschen, müde schütteln sie die Köpfe. Sie seien fest entschlossen, lieber zu laufen, als sich die Blöße einer Fahrt zu geben, antworten sie.

»Wo willst du hier auch einen Wagen herbekommen? Da fährt doch kaum was«, werfe ich ein, während ein riesiger Ochsenkarren, hoch beladen mit Zuckerrohr, an uns vorbeifährt. Obenauf sitzen drei Mönche. »Nun gut, ich korrigiere mich, doch der Erfolg ist eher schwankend.«

Ich habe meinen Rucksack abgenommen und suche etwas, was ich tief in einem seiner vielen Fächer vermute. Kamera, T-Shirt, Kopftuch und der Medizinbeutel liegen schon auf dem Boden.

»Was machst du da? Muss das jetzt sein? Verletzt ist doch niemand. Wir müssen weiter! Wer weiß, wie viele da noch irgendwo rumliegen.« Champ drängelt.

»Ah, da ist sie!«, rufe ich erfreut. »Die Tüte Gujarati-Snack von Krishna aus Delhi. Ich werde sie den Mönchen geben. Bis zum Mittag schaffen sie es nie. Doch noch ist es vor zwölf Uhr!«

»Wie? Die gibt es immer noch?«

»Ja, schau, sie ist noch viertelvoll!«

Die Mönche nehmen sie an, ich bedanke mich mit hohem Wai, sie sprechen einen Segen.

Auf der weiteren Strecke sitzen noch viele Mönche am Wegesrand. Wir fordern sie auf, mit uns zu kommen. Den Kraftlosesten nehmen wir ihre Almosenschalen ab und tragen sie für sie. Bo und Bui helfen auch. Um 20 nach zwölf erreichen wir das Lager. Der Großteil der Mönche hatte es, wie auch immer, noch rechtzeitig geschafft. Sie sitzen verteilt auf einer Wiese und essen schweigend ihren Reis. Von den circa 30 Mönchen in unserem Schlepptau stellen sich knapp 20 an die Töpfe. Sie machen wohl für sich die Ausnahmeregelung geltend. Denn normalerweise ist das Speisen zur unrechten Zeit ein Vergehen, das eine Buße erfordert. Ein gutes Dutzend lehnt es ab zu essen. Vielleicht ist ihnen ihr Gelübde heilig, vielleicht trotzen sie, vielleicht ist ihre Konsequenz ein stiller Protest.

Wir Karawaat dürfen noch essen, für uns gilt das Gelübde nicht. Doch es schmeckt uns heute nicht, auch wir sind in Gedanken, jeder für sich, keiner kommentiert die Lage, kaum einer sagt ein Wort. Nur Champ und Bui schwatzen leise.

Als die ersten sich von der Mittagsruhe erheben, trudeln die letzten Mönche ein. Für sie bleibt kaum Zeit zur Erholung. Kein Wunder, dass die meisten sich auf der Nachmittagsetappe den Weg entlangschleppen. Dabei, endlich laufen wir durch Indien übers Land auf kleinen Straßen. Und das Land zeigt sich in seinem ganzen Zauber. Doch die meisten Mönche sind in sich versunken. Nur ich bemühe mich, mir meinen Blick zu wahren. Da vorne schiebt ein Dreikäsehoch eine mit Stroh beladene Karre, und das Stroh ragt in den Himmel, viermal höher als er selbst. Schau, dort steht ein knorriger Baumriese am Fluss. Langsam und gebückt kommt uns eine alte Frau entgegen, sie trägt eine dicke Brille und ein schweres Bündel Holz. Der Bretter-Laden auf der anderen Straßenseite verkauft T-Shirts, Che-Guevara-Konterfeis flattern im Wind. Plötzlich aber steht ein Elefant vor uns. Das ist auch in Indien selten. Bisher kreuzte keiner unseren Weg. Ein aufgeregter Mahut mit böser Pike versucht, den wuchtigen Koloss von einem Obststand abzuhalten. Ein Mönch von uns, und das ist eine kleine Sensation (vielleicht kam ihm die Geschichte von Buddha und dem Elefanten in den Sinn), geht hin, kauft vier Kilo Zuckerrohr und verfüttert es dem Tier. Der Mahut schaut ihn an wie wir zuvor den Elefanten. Und was macht der alte Mann dort mitten auf der Straße? Ja, der im pinkfarbenen Trägernachthemd. Er liest Zeitung. Frauen ziehen vorüber, mit Kindern auf den Armen und Körben auf den Köpfen.

Doch der größte Zauber Indiens sind die Augen. Diese Fenster, die dich bis zum tiefen Grund der Seele schauen lassen, wie wir es gerne glauben.

Nun geht es durch eine kleine Stadt, Pharenda heißt sie, glaube ich, mit Markt und all dem Trubel. Am Ende der Straße, am Rand der Stadt hakt sich aus heiterem Abendhimmel ein Junge fest in meine Hand. Nun läuft er an meiner Seite. Er ist geschätzte 15 Jahre alt. Mit diesem durchdringenden Blick, den es so nur in Indien gibt, schaut er mich an, als wolle er sagen: Wie schön, endlich bist du da!

»Na, hast du deinen Mogli gefunden?« Champ spricht mich von der anderen Seite an.

»Schätze eher, Mogli hat mich gefunden.« Ich schaue zu dem Jungen zu meiner Linken. Ein hypnotisches Lächeln und dieser Glanz in den Augen. Still und heimlich drückt er mit seinen zarten Fingern Sternpunkte in meine Hand.

»Mitnehmen kannst du ihn aber nicht«, sagt Champ. »Wir haben sechs Mönche im Schlepptau, die sind am Ende ihrer Kräfte. Aus irgendeinem Grund hält hier kein Wagen, doch da kommt ein Bus, den nehmen wir. Los!«

Tatsächlich hält 50 Meter weiter ein rostiges Klapperteil von Linienbus. Champ läuft sofort los. Bo und die sechs Mönche gehen schnellen Schrittes hinterher. Ich löse die weiche Hand des Jungen aus meiner und gebe ihm zu verstehen, dass auch ich den Bus nehmen muss. Da drückt er mich an sich, als wenn er mich nie wieder loslassen möchte. Oje, nicht das! Seine Augen sind von Tränen nass. Ich reiße mich los und renne zum Bus, der schon die Fahrt aufnimmt. Champ steht auf dem Trittbrett in der Tür und reicht mir seine Hand, ich springe auf, bin drin.

»Was war das denn?«, fragt Champ.

»Tja, was war das? Wenn ich's wüsste!«, antworte ich.

Im Bus herrscht Gedränge, wir werden in den hinteren Teil bugsiert. Frauen wenden ihren Blick zur Seite, Männer stehen auf und bieten den Mönchen Platz. Ein älterer Mönch wünscht, ich solle mich neben ihn setzen. Nun drückt er meine Hand und sagt:

»Getroffen, gefunden, ein Moment der Ewigkeit, und schon vorbei.« Dann lacht er und klatscht mir auf die Schenkel.

Das sind Indiens Rätsel. Und es wird ein Rätsel bleiben: Was war los mit diesem Jungen? Ich habe keine Ahnung, was er in mir sah. Ich sah einen Jungen, der neben mir lief. Er hatte Moglis Zauberblick.

Unser Lager liegt heute an der Straße neben einem Hindu-Tempel. Wir dürfen die Waschbecken, die an der Außenmauer angebracht sind, benutzen. Die haben wir mehr als nötig. Um unsere Zelte aufbauen zu können, müssen wir die Fläche erst von einem stachligen Gestrüpp befreien.

»Du siehst ja wirklich ziemlich fertig aus«, sagt Champ, als unser Schlafplatz endlich gerodet ist. »Ich organisiere uns mal ein paar Tüten Mama-Suppe.«

Es ist kein Wunder, doch bemerkenswert: Champ ist seit Tagen richtig nett. Mit letzter Kraft esse ich die heißen Instant-Nudeln. Dann falle ich erschöpft in einen tiefen Traum.

16

Buddha

Als Siddhartha in jener Vollmondnacht im Monat Mai lichtdurchflutet erwachte, blieb er noch lange sitzen. Sein Kopf glühte, doch er fühlte sich vollkommen erfüllt. Das hatte er so noch nicht erlebt. Ihm war, als sähe er absolut klar. Ein Tropfen Tau auf seiner Haut war ihm Spiegel zu den Gestirnen des Himmels, wurde Fenster zu den Atomen des Körpers: Alles ist eins! Fein miteinander verwoben. Und immer den Gesetzen des Entstehens und Vergehens unterworfen. Da hörte er die Vögel singen, den Fluss sprechen, und er sah das Atmen des Baumes. Das musste die Erleuchtung sein, daran gab es keinen Zweifel. Ebenso begriff er, dass das, was er gerade mit allen Sinnen erfasste, dem Geist sehr schwierig werden würde, anderen zu vermitteln. Wer sollte das verstehen, wenn er es nicht aus eigener Kraft erlebte? Und wen interessiert das? Wer würde ihm Glauben schenken?

Vielleicht die, die von der gleichen Sehnsucht geleitet, nach Erkenntnis streben. Denn sie sind wie die Lotusblumen, die sich vom dunklen Grund des Sees in Richtung Himmel recken, um auf dem Wasser ihre Blütenblätter zu entfalten, das Sonnenlicht zu empfangen. Jenen, die sich auf diese Weise öffneten, würde er eine frohe Botschaft verkünden können: Wissen ist möglich; Erkenntnis ist erfahrbar; den rechten Weg zu gehen, ist machbar.

Still wanderte Siddhartha in die ewige Stadt Varanasi, die zu seiner Zeit noch Shivakashi hieß. Dort meditierte er an den Ufern des Ganges. Zwei Monde waren vergangen, als Siddhartha während eines morgendlichen Almosengangs erfuhr, dass seine ehemaligen Gefährten, die fünf Asketen, ganz in der Nähe in einem Wildpark in Saranath nächtigten. Vielleicht würde es sie interessieren, was er erlebt hatte. Er machte sich auf, sie zu suchen.

Als die Asketen ihn aber sahen, wollten sie ihn erst gar nicht begrüßen. Sie trugen ihm noch immer die Geschichte mit dem Hirtenjungen nach. Während Siddhartha unbeirrt auf sie zu ging, wurden sie unruhig. Was war das für ein merkwürdiges Licht, das ihn umglänzte? War das ein Trick? Oder sollte es ihm am Ende gelungen sein, wonach sie suchten: die Erleuchtung? Leuchten denn Erleuchtete? Die Asketen waren derart erstaunt, dass sie ihr Vorhaben, ihren ehemaligen Freund zu ignorieren, vergaßen. Nachdem sich alle gesetzt hatten, fing Siddhartha an:

»Gebt Gehör, ihr Mönche, ich habe Wissen erlangt. Ihr seid verständig, also vermag ich euch den Weg zur allumfassenden Erkenntnis zu lehren. Jedoch nur, so ihr es denn wünscht.«

Die Asketen fanden Siddharthas Worte anmaßend. Wieso sollte ihm, der den Weg der bedingungslosen Askese verlassen hatte, gelungen sein, was sie nicht erreicht hatten? Doch da war etwas in seiner Art, wie er sprach, etwas in seiner Art, wie er um sie warb, etwas in seiner Art, wie er lächelte, was sie neugierig machte. Sie durchlöcherten ihn mit vielen Fragen, die Siddhartha alle in Ruhe beantwortete.

Immer mehr kamen die Asketen ins Grübeln: ›Was, wenn Siddhartha tatsächlich etwas erfahren hat, was uns bisher verwehrt blieb? Sollte er am Ende gar wirklich die Buddhaschaft erlangt haben? Kriegen wir es raus! Wir werden ihn bitten, uns als seine Schüler anzunehmen.‹

Als alle bereit waren, ihm zuzuhören, sprach Siddhartha: »Oh Mönche, oh Schüler! Es gibt keinen Gott, kein ewiges Sein und keine Wiedergeburt. Alle Menschen sind gleich an Würde und Rechten geboren. Jeder hat das Recht auf Leben und Freiheit. Sklaverei und das Kastenwesen sind ein großes Übel. Wer durch den Zufall seiner Geburt in Wohlstand aufwuchs, muss eine besondere Verantwortung übernehmen. Erkennt das Leiden, dann lernt es, zu vermeiden und die sozialen Unterschiede auszugleichen. Der Weg der Befreiung sind die Vier Edlen Wahrheiten und der achtfache Pfad.

Überprüft meine Worte gut, auf dass ihr euch die allumfassende Erkenntnis zur eigenen Erfahrung macht.«

Siddhartha hielt inne und schaute die ehemaligen Gefährten in tiefer Ruhe an. Das war ein spannender Moment. Am Tag seines Erwachens (wie er die ›Erleuchtung‹ genannt haben wollte) war er 35 Jahre alt geworden, und nun hatte er zum ersten Mal seine Erkenntnisse in Worte gefasst. Im Grunde ist seine sich gegen die alten Götter auflehnende, auf Empirie und Mitgefühl setzende, sozial-revolutionäre Lehre eine Vorwegnahme der Menschenrechte, die hier in einem kleinen Wildpark bei Saranath vor 2.500 Jahren, wieder war es ein Vollmondtag, zum ersten Mal verkündet wurden. Die Asketen saßen staunend da. Die tiefe Klarheit seiner Worte hatte sie ergriffen und überzeugt. Siddharthas Wunsch und Weg hatten sich erfüllt.

Von nun an zogen sie wieder als Gruppe vereint durch das Land. Jeden frühen Morgen gingen sie mit dem Sonnenaufgang in die Dörfer und baten um Almosen. Dann rasteten sie und verkündeten, dass Buddha, der ›Vollkommen Erwachte‹, wie Siddhartha von den Asketen nun genannt wurde, Dharma, das Rad der Lehre, in Bewegung setzen würde. Viel Abwechslung gab es zu jener Zeit nicht. Und einen Buddha reden zu hören, die Gelegenheit bot sich nicht alle Tage. Mehr als neugierig gemacht, kamen die Dorfbewohner zahlreich und lauschten, was denn nun der Buddha zu sagen hatte.

Die Ideen waren neu, rebellisch und außergewöhnlich, sie enthielten die frohe Botschaft: Leid vermeiden ist möglich, das Glück liegt in uns selbst, jeder kann es erreichen. Doch es war auch die Art und Weise, wie Siddhartha, der Buddha, sprach, die viele Zuhörer erwärmte und mit einem wohligen Gefühl erfüllte. So mancher Sohn, Bauer wie auch Adliger, tief aufgewühlt von den berührenden Worten, riss sich von zu Hause los und schloss sich dem Buddha an, auf dass sie täglich teilhaben konnten an seiner Rede und vielleicht selber zu Erkenntnis und Wahrheit gelangten.

Es tat sich was im alten Reich Magadha. Merkwürdig sanfte Mönche liefen durch das Land und predigten revolutionäre Ideen. Und sie hatten sehr zum Ärger der Brahmanen starken Zulauf. Auch die Mächtigen in den Städten wurden auf die Geschichte aufmerksam. König Bimbisara, der den Spuk verbieten lassen wollte, kam, sah und hörte sich eine Predigt Buddhas an. Danach war er derart angetan, dass er um Aufnahme in die Mönchsgemeinschaft, die sich nun Sangha nannte, bat. Als Dank ließ er sie in den Gärten von Veluvana bewirten und nächtigen, solange sie es immer wollten. Siddhartha kam eine Ruhepause sehr gelegen, so schickte er seine Schüler, 60 Mönche waren es mittlerweile, in unterschiedliche Richtungen, seine Lehre zu verbreiten.

Am zweiten Vollmond des Jahres pilgerten plötzlich und unerwartet aus allen Ecken des Landes von seinen Schülern ordinierte Mönche nach Veluvana. Es waren 1.250 an der Zahl. Als sich alle auf der großen Wiese im Garten versammelt hatten, baten sie Buddha um eine Rede. Buddha sprach über die Liebe: »Solange eure Liebe nur ein ›Bitte, liebe mich!‹ ist, so liebt ihr nicht. Tut das Gute, ohne Gutes dafür zu erwarten. Seid achtsam in eurem Geist. Das Glück ist flüchtig, solange es nicht tief in euch selber ruht.«

Danach fand es Buddha an der Zeit, wieder selbst auf Wanderschaft zu gehen. Seine Rundreisen durch das Land führten ihn auch nach Kapilavath, in seine alte Heimat. Als dort eines Tages der König, sein Vater, bei seinem morgendlichen Ausritt seinen Sohn, den Prinzen Siddhartha, beim Almosengang erkannte, war er sehr aufgebracht.

»Wie kannst du das uns antun!«, tadelte er ihn zur Begrüßung. »Wir sind eine königliche Familie! Wir betteln nicht!«

»Ehrwürdiger Vater! Das Herz eines jeden, der sich nach Wahrheit sehnt, ist wie die Schale eines Bettlers geformt«, gab Siddhartha, der Buddha geworden war, als Antwort.

Daraufhin ließ der König alle im Palast bewirten. Als im Anschluss an das Bankett Siddhartha seine neue Lehre erläuterte, baten seine Cousins wie auch Ananda, der kleine Bruder seiner Frau, um Aufnahme in die Sangha. So geschah es. Doch als auch seine Stiefmutter, seine Frau wie auch sein Sohn um Aufnahme baten, lehnte Buddha ab. Sein Sohn könne, wenn er so weit sei, Novize werden, doch Frauen in der Mönchsgemeinschaft würden Unruhe stiften. Erst nach mehrmaligem Drängen Anandas, der durch seine Anmut in kurzer Zeit zu Buddhas Lieblingsschüler geworden war, ließ sich Buddha umstimmen. Von da an durften auch Frauen ordinierte Nonnen werden, für die es ein eigenes Regelwerk gab.

Devadatta, einem der Cousins, gefiel die Neuregelung nicht. Siddharthas laxere Lesart der Askese war ihm ohnehin schon länger ein Dorn im Auge, er sah darin nur Schwäche. Er wollte strenge Regeln, und er wollte sie bestimmen. Er wiegelte die Gemeinschaft auf. Sein Ehrgeiz wuchs zu Neid und Hass. Am Ende wollte er den Buddha töten. Als dieser einmal durch eine enge Schlucht wanderte, rollte Devadatta einen Felsen hinunter, der den Buddha nur knapp verfehlte. Ein anderes Mal hetzte er einen wütenden Elefanten auf ihn. Buddha trat dem Tier entgegen, hob die Hände und segnete es. Da hielt der Elefant inne und verneigte sich vor dem Buddha. So haben es sieben Mönche berichtet, die es mit eigenen Augen gesehen haben wollten. Devadatta bereute, doch es war zu spät, er starb in Einsamkeit.

Buddha und die Sangha zogen weiter durch das Land. Menschen aus allen Schichten – Adlige und Bauern, Brahmanen und Ausgestoßene, Geldverleiher und Bettler, Händler und Räuber – pilgerten zu den Veranstaltungen, um die radikalen Predigten des Buddhas zu hören. Viele Frauen saßen nun mit im Publikum, denn das hatte es noch nicht gegeben, dass auch sie an der Befreiung teilhaben konnten, wie es die neue Lehre versprach. Sie alle erwärmten sich an seinen Worten gleichermaßen. Und immer wieder gab es jemanden, der, von Buddhas Reden entfacht, Aufnahme in die Sangha begehrte.

Unter ihnen war auch ein gesuchter Mörder, Angkuliman, ›Fingerkette‹, genannt. Als Junge war er Altardiener eines Priesters gewesen, der rituelle Tieropferungen durchführte. Voll Mitgefühl mit dem Leid der Tiere, fragte der Junge den Priester, warum denn dieses Schlachten sein müsse. Da bekam er als Antwort, der Tod sei doch die Erlösung allen Leidens. Als aus dem Jungen später ein Strauchdieb wurde, dachte er sich: ›Wenn ich den Menschen schon ihr Hab und Gut raube, dann könnte ich doch etwas Gutes tun, und sie vom Leid erlösen.‹ Also tötete er sie. Als Zeichen seiner ›guten Taten‹ knüpfte er sich eine Kette aus den abgeschnittenen kleinen Fingern seiner Opfer. Er wurde zum meistgefürchteten und -gejagten Mörder seiner Zeit. Niemand aber konnte seiner habhaft werden.

Eines Tages gelangten die Mönche zu dem Wald von Mithwal, in dem Angkuliman sein Unwesen trieb. Niemand aber wagte es, den Weg hindurch zu folgen. Einzig Buddha ließ sich nicht abhalten, allein in den Wald zu schreiten. Die Mönche waren entsetzt und glaubten, sie würden ihn nie wieder zu Gesicht bekommen. Doch nach nur einem Tag kam Buddha aus dem Wald zurück, an seiner Seite lief ganz friedlich Angkuliman.

»Hört mich bitte an«, bat Angkuliman. »Das, was schwer bewaffnete Soldaten seit Jahren nicht schafften, das gelang dem Buddha mit seiner Liebe in Worten im Nu: Ich möchte Zuflucht in der Sangha nehmen und von nun an ein ehrbares Leben führen.«

Die Aufgabe Angkulimans war eine Sensation, doch seine Aufnahme in die Sangha empörte das Volk. Der König von Magadha sah sich genötigt, mit einem Heer anzurücken und die Herausgabe Angkulimans zu fordern. Buddha lehnte das ab.

»Ehrwürdiger König«, sprach er, »ist es nicht so, dass der, der durch Erkenntnis zur Wahrheit gelangt, die Welt erleuchtet, so wie der volle Mond die Erde in der Nacht mit dem gespiegelten Sonnenlicht erhellt?«

»Das mag schon sein«, antwortete der König.

»Ehrwürdiger König«, fuhr Buddha fort, »und ist es nicht so, dass eine Strafe, die nur Rache ist, zu neuen schlechten Taten führt? Seht, der erhabene Mönch zu meiner Rechten, dem Ihr, ehrwürdiger König, gerade Eure Ehrerbietung bezeugtet, das war einst der Räuber Angkuliman. Warum wollt Ihr ihn jetzt töten?«

Der König, ganz verblüfft, sagte: »Verehrter Meister, mir war es nicht möglich, mit meinen Kriegern diesen Mann zu überwältigen. Ihr aber habt ihn ohne Waffen überwunden. Und das Böse ins Gute gewandelt. Das ist der höchste Sieg!«

Angkuliman durfte bleiben. Doch als er eines frühen Morgens bei einem Almosengang erkannt wurde, steinigte ihn das Volk. Die Mönche brachten den Sterbenden ins Lager zurück.

»Ertrage es, edler Bruder, ertrage es!«, sprach Buddha. »Denn du erleidest die Folgen deiner bösen Taten. Doch du hast Glück, denn du stirbst als Freund unter Freunden.«

Solcherart Geschichten, die schneller die Runde machten, als die Mönche wandern konnten, trugen dazu bei, dass Buddha und die Sangha schon zu Lebzeiten große Berühmtheit erlangten. Immer mehr Menschen drängten zu den Veranstaltungen, um den Buddha reden zu hören. Das erkannten auch die Kaufleute von Shravasti. Sie boten an, für den neuen Orden ein eigenes Kloster im Park Jetavana, südlich der Stadtmauern, zu bauen. Buddha willigte ein. Der Einzug der Mönche in das fertiggestellte Kloster wurde mit einer großen Prozession gefeiert. Die ganze Stadt war auf den Beinen. Buddha selbst hatte den ersten Tag nach dem siebenten Vollmond des Jahres (Tag der ersten Verkündung) für diese Zeremonie gewählt. Am Ende der Regenzeit zogen sie mit ebenso glanzvoller Prozession wieder aus. Diese Feste sowie die Zuflucht der Mönche im Jetavana-Kloster während des Monsuns wurden zu einem jährlichen Ritual.

In den Wintermonaten aber wanderte Buddha, begleitet von seinen Schülern und Mönchen, Jahr für Jahr durch das Königreich Magadha wie auch durch benachbarte Länder. Überall, in den Städten wie auch auf dem Land, strömten die Menschen begeistert zu Buddhas Vorträgen, in denen der rechte Lebensweg und das Mitgefühl mit allen Lebewesen im Mittelpunkt standen.

Nach langer Zeit, kurz bevor sich sein Geburtstag zum 80. Mal jährte, spürte Buddha, dass seine Kraft nachließ und seine Tage gezählt waren. Er vertraute sich Ananda, der ihm nun seit über 40 Jahren Tag und Nacht zur Seite stand, an. Diesen Sommer wollte er noch einmal in Kapilavath verbringen. Mit einer kleinen Gruppe Eingeweihter ging er auf seine letzte große Wanderschaft. Sie kamen nur langsam voran. Als der Monat Mai schon angebrochen war, hatten sie erst Kushinara erreicht. Und der Mond war fast schon voll.

17

Jenseits von Jetavan

Im Nebel der Dschungel. Grüner Regen. Mogli sitzt auf einem Fels und weint. Shir Khan hat Moglis Vaterwolf gerissen. Ich wache auf, reite den Tiger, dann fliege ich mit der Affenhorde durch den Blätterwald. Unsinn, ich muss noch träumen. Doch nun bin ich wohl wach, denn ich höre eine Stimme fragen:

»Geht's dir gut?«

»Ja, mir geht's gut.«

»Nun, es wird Zeit!«

»Schon wieder aufstehen?«

»Deine Pflicht zu tun!«

»Ja, Champ, ist gut, Augenblick noch.«

»Nein, lass uns reden!«

»Reden? Champ, bist du krank?«

»Bin ich Champ?«

»Bist du nicht?«

»Nein.«

»Ach, mein Gott, Krishna! Du!« Ich wälze mich einmal im Schlafsack herum. »Eins muss ich gleich mal loswerden: Ich mag das nicht, von einem Gott im Traum angesprochen zu werden. Da kommt selten etwas Gutes bei rum.«

»Was meinst du? Die alte Geschichte mit Abraham? Also, mit der Sache habe ich nichts zu tun. Das war ich nicht!«

»Nun gut, worum geht es heute?«

»Um deine Pflicht zu kämpfen!«

»Können wir das nicht später bereden?«

»Nein. Zögere nicht! Werden die Begriffe unklar, geht ihr tieferer Sinn verloren. Und Chaos herrscht. Wissen wird zu Unwissen. Aus der Idee wird Form. Aus der Form leere Hülle. Die alte Ordnung muss wiederhergestellt werden. Du musst kämpfen! Und dein Handeln sei frei von Angst eines Nachteils und fern der Absicht eines Gewinns für dich. Laufe weiter, Wanderer! Erfülle deine Pflicht mit Gleichmut! Atme, meditiere und denke an mich!«

»Weiterlaufen geht klar, Krishna! An dich denken auch. Doch ›die alte Ordnung wieder herstellen‹ – hm, sag mal, kann das nicht jemand anderes machen?«

»Nein!«

»Wieso ich?«

»Weil ich es dir sage. Du weißt, was zu tun ist.«

»Weiß ich nicht.«

»Du weißt es. Kämpfe mit deinen Waffen!«

»Ich habe gar keine Waffen!«

»Doch! Hast du! Nutze sie!«

»Na, wenn du meinst. Also gut. Nun lass mich aber noch etwas schlafen. Wenn es denn so weit ist, gib mir deinen Beistand, ja?«

»Ich werde nicht kämpfen, mein Freund!«

»Ach, da schau her. Also soll ich das alleine machen?«

»Nein! Übe dich in Hingabe, und du hast meinen Beistand. Denn immer, wenn du das, was du tust, sei es Pflicht, sei es Wille, mit Liebe vollendest, dann bin ich bei dir. Und die Arbeit wird gut. Dabei spielt es keine Rolle, ob du erfolgreich oder nicht erfolgreich bist. Letztlich ist die ganze Welt nichts anderes als Brahman. Handle sattvig!«

»Bitte was? Was ist *sattvig*? Nicht solche Worte, Krishna! Nicht vor dem Aufstehen, ich schlafe doch noch.«

»Finde es heraus, du kannst es!«

Krishna setzt seine Flöte an und spielt eine kleine Kampfhymne. In das Finale stimmen 100 schrille Wecker mit ein. Es schüttelt mich. Jemand rüttelt mich.

»Und wenn ich es nicht kann?«

»Hä? Also hier liegen bleiben kannst du nicht!«

»Was?«, frage ich benommen.

»Aufstehen!«, sagt Champ.

»Oje, ist es also so weit.«

»Ja, klar. Was sonst?«, fragt Champ. »Sag mal, was war denn los mit dir heute Nacht? Wilde Träume gehabt? Du hast laut im Schlaf gesprochen.«

»Puh, ja.« Ich recke mich. »Was für ein Traum im Traum im Traum! Ein Schachteltraum, ein echter Dschungel! Mogli, Krishna und die ganze Affenbande geisterten drin herum.«

»Hattet ihr Party?«

»Na ja, so ungefähr.«

»Nun mal los, es ist schon Viertel nach zwei!«

»*Schon* ist immer wieder gut.«

Es ist der dritte Tag seit Lumpini. Die knapp 100 Kilometer, die wir in zwei Tagen gelaufen sind, stecken mir nun doch in den Knochen. Ich laufe mit Champ und Bo am Ende der Schlange. Das Tempo hier ist wirklich ein anderes. Besinnlich laufen wir durch die lauschige Nacht. Doch was ist das? Bum-tacke-tacke-tack, bum-tacke-tacke-tack – über das offene Feld tönt leise ein filigran geschlagener Rhythmus. Ein Specht ist das nicht. Es hört sich eher an wie eine Tabla. Wahrscheinlich aber spielen mir meine Sinne wieder einen Streich. Doch durch das nachtnasse Gras weht nun der Wind eine dunkle Harmonie, so mystisch-monoton, als schlage er selbst das Harmonium. Es ist Musik! Ein Mensch singt eine Melodie, und aus weiter Ferne spielt die Sitar dazu.

»Hörst du das auch?«

»Ja!«, sagt Champ.

»Was ist das?«

»Musik!«

»Wo kommt sie her?«

»Was weiß ich.«

»Findest du das nicht komisch? Es ist vier Uhr morgens. Und das hier«, ich zeige auf eine Ruine, eingehüllt in einer Nebelbank, mitten auf dem weiten Feld, »das ist nicht New York.«

»Nö. Es ist Indien! Was soll denn hier noch komisch sein?«

Wir laufen unseren Weg in einem lang gezogenen Halbkreis durch eine bäuerliche Landschaft. Ab und an stehen am Wegesrand dicht belaubte Bäume. Wie ein schlecht zu empfangender Sender in einem alten Autoradio, wabert die Musik mal lauter, mal leiser mit den Nebelbänken zu uns herüber. Vögel staksen durch das Korn. Manche Felder liegen brach, andere scheinen frisch gepflügt. Wir nähern uns einem kleinen Dorf, die Musik wird lauter. In einer Senke auf der linken Seite sehe ich sie dann: Vier Musiker unter einem Baldachin.

Meiner Wahrnehmung nach spielen sie den gleichen Song seit bald einer halben Stunde. Sie scheinen sich in tiefe Trance gewagt zu haben, die Außenwelt nehmen sie nicht wahr. Es sitzt ohnehin niemand bei ihnen, kein Mensch hört ihnen zu. Auch sehe ich keinen Gott, der tanzt, kein Wesen, keinen Geist. Nach Party sieht die Szenerie nicht aus.

»Was machen die da?«

»Musik, das siehst du doch!«, sagt Champ.

»Ja, das höre und das sehe ich. Doch für wen spielen sie mitten in der Nacht?«, frage ich.

»Vielleicht war da eine Hochzeit, und die Musik führt das Paar durch die Liebesnacht.«

»Das ist eine hübsche Idee, Champ.« Ich bleibe stehen und schaue ihn anerkennend an. »Champ, warte doch mal! Wollen wir nicht hinuntergehen und fragen?«

»Dazu haben wir keine Zeit. Außerdem sehen die Jungs da nicht so aus, als würden sie uns wahrnehmen. Am Ende stören wir nur. Und …« Champ bricht den Satz ab, er läuft schon weiter.

»Und *was*? Sag doch mal!«

»Na ja, es kann gut sein, dass das eine Totenfeier ist. So etwas gibt es auch in Thailand: Die Band spielt die Begleitmusik für die Reise der Seele, damit der Tote nicht zu sehr geschockt ist, wenn er merkt, dass er tot ist. Und wenn die Jungs gut drauf sind, dann spielen sie drei Tage und Nächte lang durch, bis sie selbst halb im Jenseits sind. Manch einer ist dabei schon dem Toten gefolgt.«

»Hey Champ! Schätze, mich wird's auch gruseln, wenn ich merke, dass ich tot bin. Wäre nett, wenn du dann ein paar Jungs engagierst, die drei Nächte die alten Lieder für mich spielen.«

»Welche denn?«

»Na, auf jeden Fall den *Tambourine Man*. Sehnsucht, Tod und Krishna, er ist alles in einer Figur.«

»Ja, geht klar«, sagt Champ lakonisch. »Aber nun weiter!«

Noch eine gute Viertelstunde klingt die Musik hinter unseren Schritten aus immer weiterer Ferne, sie verklingt wie ein ultralanges Fade-out. Und irgendwann geht dann die Sonne auf. Die Frühstücksschnitte, wie gehabt, verzehren wir im Gehen. Immer weiter, immer weiter laufen wir den Weg. Er mündet in eine Straße, die tatsächlich *Buddhist Circuit Road* heißt, ein Schild an einer kleinen Brücke tut das kund. Merkwürdig, wir sind im Norden von Uttar Pradesh. Der nächste Pilgerort, Lumpini, liegt 100 Meilen weit entfernt. Welche Runde macht die *Buddhist Circuit Road*? Ich werde es nicht erfahren, denn wir verlassen sie. Nach links biegen wir ab und nehmen diese Brücke aus schwankendem Beton. Unter uns ist weite Wiese. Der Fluss lässt auf sich warten. *Rapti River* steht auf einem verblassten Blech.

»Na, jetzt kann ich *dich* mal etwas fragen«, sagt Champ, der auf der Brücke stehen bleibt. »Was meinst du wohl, warum der Fluss *Rapti* heißt?«

»Keine Ahnung, sag schon!«

»Na, schau mal! Schätze, wegen denen da!« Champ lehnt am Geländer und deutet auf irgendetwas im Morast des Flusses, der zu dieser Jahreszeit weit entfernt zur Uferstraße fließt.

»Ich mag deine Ideen«, sage ich. »Was aber sollen denn Baumstämme im Schlamm mit *Rapti* zu tun haben?«

»Baumstämme?« Champ schaut mich zweifelnd an. »Deine Augen sind wohl ein wenig trüb. Siehst du die nicht?«

»Hm, nee, wen soll ich denn da sehen? Meinst du das Rudel Hunde dahinten?«

»Nein. Und an deren Stelle würde ich aufpassen«, sagt Champ. »Deine Baumstämme, das sind nämlich Krokodile. Schau doch, da bewegt sich eins! Es hat eine dünne Sägeblattschnauze.«

»Sind die hier nicht längst ausgestorben?«

»Quatsch! Eher die Bäume!«

»Mist, ich erkenne die nicht.«

»Na, wenn ich's dir sage«, sagt Champ.

»Ich glaube dir doch, du hast ja Adleraugen.«

»Ja, habe ich. Außerdem hat Pravin erzählt, dass hier alle paar Monate jemand von einem Krokodil gekillt wird.«

»Wirklich? Na, hoffentlich killen die nicht den da!«

Ich zeige auf das andere Flussufer, wo sich gerade ein Junge wäscht. Seine Sachen hat er ordentlich auf einem Stein abgelegt. Verlegen schaut er hoch zu uns. Dann beobachtet er wieder den Fluss. Er wird wissen warum.

Am Ende der Brücke bröckelt der Beton der Straße. Bis zum Horizont erstrecken sich die Felder. Wir laufen über steinigen Schotterpfad. Unsere Route ist ein Labyrinth im Nebel, begrenzt von Äckern und von Rainen. Allzu viele Menschen sind noch nicht auf ihren Feldern. Wenn es denn ihre sind. Da vorne läuft ein Bauer hinter einem Büffelpflug. Frauen sitzen unter einem Baum und dösen. Vögel fliegen am Himmel. Mir gefällt der Tag. Auch dass Champ heute so gesprächig ist. Und am Weg ist auch nichts auszusetzen, wenn er denn bloß nicht so endlos wäre. Oder wir wenigstens Zeit hätten, eine vernünftige Pause einzulegen. Schöne Plätze sehe ich viele. Wir lassen sie ungenutzt zurück.

Es geht auf Mittag zu. So schön der Weg durch die Felder auch war, der Schotter und die Sonne stachen, jeder Schritt kostete viel Schweiß. Das Wasser wird knapp. Doch jetzt sind wir wieder auf Asphalt und unter hohen Bäumen. Am Straßenrand herrscht das gleiche Bild wie gestern: Im Abstand von 200 Metern sitzen

Gruppen von erschöpften Mönchen. Dieselbe Prozedur wie an den anderen Tagen. Champ bleibt stehen und fragt, ob wir helfen dürfen. Die Mönche winken ab. Wir laufen weiter.

»Wie weit ist es denn heute noch?«, frage ich Champ.

»Keine Ahnung!«

»Dann frag doch mal nach!«

»Keine Lust!«

Wenn Champ nicht will, dann will er nicht. Wir trotten weiter. Unsere Truppe befindet sich im Auflösungsprozess. Nach letzter Zählung sind noch 196 Mönche dabei, wenn wir nicht einen unterwegs verloren haben. Nun, Tote gab es bisher nicht. Das ist durchaus schon ein Erfolg! Obwohl, die Art und Weise wie der alte Mönch dort vorne ins Gras sinkt, das sieht ziemlich nach Herzstillstand aus. Champ und Bui rennen los, ich eile hinterher.

»Der Mönch lebt noch«, ruft Bui. »Buddha sei Dank!«

»Steh hier nicht rum, halte einen Wagen an!«, raunzt Champ, das gilt mir, als ich außer Atem bei ihnen bin. Champs Gesicht ist blass wie das des alten Mönches.

Ich stelle mich an den Straßenrand und warte, dass ein Wagen hält. Champ und Bui greifen dem Mönch unter die Arme und schleppen ihn heran. Endlich hält ein Vehikel. Es sieht aus wie ein verknautschter Laubfrosch. Der Fahrer sitzt vorne auf einem Motorradsattel, hinten ist irgendwie eine Sitzbank draufgeschweißt, darüber flattert eine löchrige Plane.

»Los, steig ein!« Champ übernimmt das Kommando. Als ich sitze, hebt er mit Buis Hilfe den Mönch hinein. Der lächelt weit und selig. Dann spricht Champ mit dem Fahrer.

»Hey, bitte!«, sage ich nun sehr bestimmt. »Du willst mich doch nicht alleine mit dem kranken Mann fahren lassen! Wenn was passiert!«

»Is ja gut! Keine Panik!« Champ bespricht die Sache noch mit Bui, dann steigt er zu. Der Motor kreischt, wir fahren los.

»Wie weit müssen wir denn?«, frage ich.

»Mir egal, werden wir ja sehen«, sagt Champ.

Der Mönch sagt nichts.

»Und wenn nicht?«, frage ich.

»Auch egal!« Champ steht offensichtlich unter Stress.

Die Stimmung ist desperat, es lässt sich nicht anders sagen. Da sackt plötzlich der Mönch in unserer Mitte erneut in sich zusammen. Sein Kopf fällt auf meine Schulter. Bevor ich helfend reagieren kann, fängt der hochbetagte Mann, 70 Jahre oder mehr dürfte er schon sein, herzzerreißend an zu weinen. Champ schaut so erschrocken wie auch ich. Unterdessen richtet sich der Mönch von selber wieder auf. Den Tränen der Erschöpfung und Verzweiflung lässt er freien Lauf.

»Entschuldigt, bitte, entschuldigt!« Der Mönch, er spricht, während er meinen Arm fest umklammert hält. »Es tut mir alles so leid. Nun habt Ihr die weite Strecke aus Europa hierher gemacht, um etwas über den Buddhismus zu erfahren, und dann das! Dieser Marsch hat nichts mit dem zu tun, was ich gelernt habe. Bitte, das müsst Ihr mir glauben! Ich habe sieben Jahre in einer Höhle in Satun meditiert, ich bin das harte Leben der Askese gewohnt. Die Reise sollte meine letzte große Pilgerfahrt werden. Doch diese Herzlosigkeit der Führung, so etwas habe ich noch nicht erlebt.«

Wir schweigen betreten. Champ schaut mich mit feuchten Augen an. Auch ich bin zutiefst gerührt, erschüttert, überwältigt. ›Krishna, das war nicht nötig‹, sage ich leise, ›ich habe längst verstanden.‹

»Versteht dein Freund denn, was ich sage?«, fragt der Mönch Champ, es scheint ihm wirklich wichtig zu sein.

»Ja, er versteht jedes Wort«, sagt Champ.

Das ist zwar maßlos übertrieben, doch es wirkt beruhigend auf den Mönch. Ich nicke stumm. Wir schweigen.

»Da! Da stehen unsere Trucks!«, ruft Champ nach zehn Minuten in das Schrillen des johlenden Motors. Er klopft dem Fahrer auf die Schulter.

Der Mann bringt den Motorrad-Frosch mit all seiner Kraft in den Händen, ich glaube, die Füße nutzt er auch, mit lautem Quietschen zum Stehen. Bo und Mon, die wir gerade eben überholten, kommen herbeigeeilt. Der schrille Sound hat sie hochschrecken lassen.

»Los, weiter! Pack mit an!«, sagt Champ, als wir mit dem Mönch in den Armen auf der Straße stehen.

»Lass die Freunde helfen!«, sage ich. Bo steht schon da, den Mönch zu übernehmen. »Ich habe etwas anderes zu tun.«

»Was denn?«, fragt Champ.

»Meine Pflicht«, sage ich.

Während Champ, Bo und Mon den Mönch zu einem Platz im Schatten geleiten, stampfe ich durch das Lager. »Wo ist der Kerl?«, grummle ich auf Deutsch. »Ich hätte nicht übel Lust …«

»Ich sagte: Erfülle deine Pflicht mit Gleichmut! Atme, meditiere und denke an mich!«, erinnert mich Krishna.

»Geht in Ordnung, Krishna. Ich versuche es.« Ich halte inne. Sechs tiefe Atemzüge bewirken Wunder. Konzentriert und ruhig, doch festen Schrittes, gehe ich durch die still speisenden Mönche. Sie sitzen in kleinen Gruppen auf blauen Plastikfolien, ein guter Schutz vor feuchtem Gras wie vor verschmutztem Untergrund. Heute ist der Boden staubig. Manche Mönche lagern auf dem Beton vor der Ruine auf dem kleinen Hügel. Dort ist Schatten, doch der Wind pfeift durch die aufgerissenen Wände. Unsere Trucks stehen keilförmig, um die Wirbel voller Unrat von den Töpfen abzuhalten. Visnar, der Chef der indischen Crew, sitzt auf seinem Plastikstuhl. Er grüßt mich freundlich. Ich nicke. Doch jetzt ist keine Zeit für Small Talk. Visnar schaut erstaunt in mein Gesicht, als könne er es lesen. Ich bin bereit für ein Showdown. Die Kulisse stimmt. Und da sitzt er, im Kreise seiner Getreuen, der Abt! Ich halte auf ihn zu.

»*Khõr thôot khráp*. Entschuldigt bitte!« Ich habe mich vor ihn hingekniet und erhebe die Hände zum Wai.

Mit großen Augen schaut er mich an. Dann dreht er seinen Kopf zu seinen Leuten, als wolle er sagen: ›Schaut, was für eine merkwürdige Erscheinung, die es wagt, mich beim Speisen zu stören.‹ Nun isst er, mich ignorierend, in vorgetäuschter Ruhe weiter. Doch ich spüre seine Anspannung.

»*Khõr thôot khráp*. Entschuldigt bitte!«, wiederhole ich. »Ihr solltet wissen, dass irgendwo da draußen noch 50 erhabene Mönche, weit älter als Ihr, unter Büschen kauern. Sie sind vom langen Marsch erschöpft und haben nichts zu essen. Und viele werden wieder fasten, weil ihnen ihr Gelübde heilig ist. Verzeiht mein unvollkommenes Thai. Doch es muss Euch endlich einer sagen: Stellt die alte Ordnung wieder her! 36 Kilometer am Tag sind genug! Auch haltet die versprochenen Pausen ein! Zum Frühstück wie zum Mittag! *Khõr jút rûeang bâa níi khráp*. Beendet diese verrückte Geschichte!«

Der Abt hört auf zu kauen. Noch einmal schaut er sich um, Beistand gegen diese Ungeheuerlichkeit, ungefragt das Wort an ihn zu richten, zu erlangen. Doch seine Getreuen folgen seiner ersten Idee, einfach, die ganze Sache als nicht wirklich existent anzusehen. Visnar ist aber aufgestanden. Der große Mönch Wimon schaut auch herüber. Allgemein ist es sehr still geworden. Die Spannung ist noch nicht gelöst. Man wartet. Wie wird er reagieren? Er spürt, dass er das muss. Ohne eine Antwort werde ich nicht gehen. Hilflos würgt er den Bissen herunter, räuspert sich und sagt:

»*Khun pen khonfàràng, khun mâi kâu-djai.*« Was so viel heißt wie: ›Du bist ein Ausländer, du verstehst das nicht.‹

»*Châi láeo khráp*. Das ist richtig.« Ich gebe ihm unbedingtes Recht. »*Phõm pen khonfàràng, phõm mâi kâu-djai khráp*. Ich bin ein Ausländer, ich verstehe das nicht. Doch ich komme am Abend wieder. Und morgen, und jeden Tag, bis ich es verstehe!« Ich mache eine Pause. »Oder bis Ihr diesen Unsinn beendet habt, *khráp-phõm*. So ist es!«

Ich entrichte ihm den Wai, stehe auf, drehe mich um und gehe. Um mich herum herrscht Stille. Eine tiefe Ruhe erfüllt mich. Kein Stolz, keine Überheblichkeit. Nun gut, Krishna dürfte mich ruhig loben: Ich habe meine Pflicht getan.

»*Phõm pen khonfàràng, phõm mâi kâu-djai.*« Ich höre meinen Satz als aberwitziges Echo im Wind, als würde sich ein Luftgeist lustig machen wollen. Doch es ist kein Geist, es ist Visnar, der plötzlich neben mir steht. Er bietet mir einen Teller Reis mit Gemüse und seinen Stuhl an. *Phõm pen khonfàràng, phõm mâi kâu-djai,* wiederholt er. Ein *good, very good!* fügt er hinzu, als hätte ich eine tiefgründige Weisheit von mir gegeben. Dann lacht er, geht zu den Töpfen und brät ein Omelett. Der Abt zieht sich zurück zum Mittagsschlaf. So entgeht ihm, dass Visnar in das Omelett Tomatenstückchen schnetzelt und es mir dann als besonderen Leckerbissen reicht. Während ich es mir schmecken lasse, höre ich, dass auch Pravin die Geschichte schon erzählt. *Phõm pen khonfàràng, phõm mâi kâu-djai* ist offensichtlich die Pointe, bei der auch er herzhaft lacht. Bevor ich aufgegessen habe, ist der Kniefall des Farangs vor dem Abt schon zur hübsch ausgeschmückten Legende geworden. Und das *Phõm pen khonfàràng, phõm mâi kâu-djai* macht als Mantra seine Runde.

Auch Champ, Bo, Bui und Mon müssen von der Sache Wind bekommen haben. Als ich zu ihnen stoße, breiten sie mir eine Decke aus.

»Na, leg dich erst einmal hin und schlaf!«, sagt Champ.

Als ich aus der Mittagsruhe erwache, sind die meisten schon unterwegs. Die Freunde haben gewartet. Ohne die Geschichte weiter zu kommentieren, machen wir uns auf den Weg. Die Nachmittagsetappe verlief ruhig, sehr meditativ, ohne besondere Vorkommnisse. Doch der Marsch ging wieder viel zu weit, seit einer Stunde ist es dunkel. Wir sind fern von jeder Stadt. Nur weites Land. Ein Feld in einer tiefen Senke ist heute unser Lager. 51 Kilometer sind wir gelaufen, sagt mein Armband. Wir holen unsere Taschen und das Zelt, sie liegen bei den Lkws. Mit frischem Wind, der aufzieht, weht Rattern, Tuckern und Getrappel von der Straße. Sie liegt leicht erhöht. Als sei dort ein Taxistand, halten ein Wagen, ein Tuk-Tuk und ein Pferdekarren. Im Nachtschatten der rauschenden Bäume steigen erschöpfte Mönche aus. Als unser Zelt längst aufgebaut ist, sehe ich noch immer viele kleine Gruppen Mönche, die stoisch wanderten, die schmale Brücke herunter zur Wiese wanken. So richtig fit bin ich auch nicht; die Wahrheit ist, seit Stunden musste ich mich schleppen, es war reine Quälerei. Nun steh ich da und schwanke.

»Zieh dich um und leg dich hin.« Champ schlägt das vor, während er das Zelt zuzieht. »Ich hole etwas zu essen!«

»Ist gut«, sage ich. »Ich muss aber auch noch mal los.«

»Wo willst du hin in diesem Zustand?«, fragt Champ.

»Ein Versprechen einlösen!«

Ich tappe im Finstern. Meiner Taschenlampe geht es so wie mir: Die Energie ist erschöpft. Es ist dunkel im Lager und beklemmend still. Ich stolpere über Zeltschnüre. Kein Mond, kein Licht und keine Sterne. Die Nacht treibt tiefe Wolken über das Feld. Das Knattern eines Mopeds dröhnt herüber von der Straße. Dann wieder Stille. Der Abt wird längst schon schlafen, mit Sicherheit nicht auf mich warten. Meine Mission ist mir unmöglich zu erfüllen. Ich drehe um. Da steht plötzlich wie aus dem Nichts ein Schatten vor mir. Noch bevor ich mich vom Schreck erhole, zieht mich der Schatten an sich, drückt mich schweigend und entschwindet wieder in die Nacht.

»Wer bist du?«, rufe ich ins Dunkel.

Keine Antwort. Wer ist das da, der mich umarmt? Ich weiß es nicht. Ich stehe neben mir. Die Dinge geschehen. Ich lasse ihnen ihren Lauf. Ich habe genug damit zu tun, den Weg zurück zum Zelt zu finden.

»Hier, iss mal was!« Champ hat Nudelsuppe aufgebrüht.

»Danke! Doch lass gut sein, ich habe keine Kraft für irgendwas. Ich träume schon im Stehen.«

Im Gleitflug stürze ich ins Zelt und lande auf dem Schlafsack. Champ zieht mir die Schuhe aus. Sofort bin ich in einer anderen Welt. Doch in dieser Nacht spricht mich kein Gott mehr an; es ist nur dunkel, still, ein angenehmes Nichts.

Es ist zwei Uhr, mitten in der Nacht. Zeit für uns aufzustehen. Pünktlich um drei setzt der Trupp sich in Bewegung. Ich laufe hinten mit. Den Trick, meine Füße mit dem Tempo sowie Rhythmus des Vordermanns, es ist Mon, zu synchronisieren und dann dem Hirn einen Stand-by-Schlafmodus zu erlauben, beherrsche ich nach all den Tagen gut. So vergehen Stunden. Ach, siehe da! Heute gibt es eine Frühstückspause. Mönche liegen ganz malerisch in der Morgensonne vor riesigen Strohballen auf dem Feld. Am Straßenrand steht ein junger Inder aus der Crew und verteilt die Puffreisschnitte. Als er mir eine reicht, schaut er mich länger an als sonst. Ein Geheimnis liegt in seinem Blick. Ich stutze. Ist er das? Der Schatten gestern Nacht? Und wenn nicht? Mir ist es peinlich, sein Name fällt mir im Moment nicht ein. Soll ich fragen? Da ist schon Champ bei mir.

»Na weiter!«, sagt er. »Andere wollen auch!«

»Das ist schon eine süße Schnitte!«, sage ich versonnen, als wir den Puffreis, gemütlich an einem Strohballen lehnend, futtern. »Ach, sag mal, Champ, du kannst dir doch immer alle Namen merken, wie heißt noch mal der junge Kerl der Crew?«

»Na, ein Kerl ist er ja nicht gerade, aber Ganesh heißt er«, sagt Champ mit lautem Gähnen. Er streckt sich aus. »Pausen tun gut! Pausen sind wichtig! Das weiß doch jeder!« Sein Blick streift kurz die Straße. Dort steht der Abt, er ist bereit zum Abmarsch. »Na ja, fast jeder«, fügt Champ hinzu, dann dreht er sich zum Schlafen.

Nach einer halben Stunde ziehen wir weiter. Alle laufen diszipliniert. So wie es aussieht, haben wir bis zum Mittag keine Verluste. Doch viele Mönche haben es wieder nicht rechtzeitig zum Essen geschafft. 46.427 Schritte bis zum Mittag! Das sind über 32 Kilometer. Doch vor allem: Es sind zu viele!

Ich stakse durch Gestrüpp unter Bäumen. Ein schöner Rastplatz ist das heute, doch für meine Pflicht ein wenig unübersichtlich. Doch nun habe ich ihn gefunden. Der Abt sitzt abseits, hinter einem großen Baum, an seiner Seite: seine Mannschaft. Ich gehe hin und knie mich nieder.

»*Khõr thôot khráp*. Entschuldigt bitte!« Die Hände erhebe ich zum Wai. »Ich möchte heute nicht viel sagen, außer: Beendet diese verrückte Geschichte!« Der Abt sagt nichts. Etwas gelangweilt schaut er mich an. Ich bleibe knien und schweige eine Minute. Der Abt isst weiter. Ich beende meine Andacht mit einem *khráp-phõm*. Dann stehe ich auf, drehe mich um und gehe.

Die Freunde schauen mich an, als ich mich mit meinem Napf voll Reis zu ihnen setze. Doch niemand fragt etwas, ich sage nichts. Dass ich irgendeinen Händel mit dem Abt austrage, das wird wohl registriert, doch nicht weiter kommentiert. So ist das unter Thai: geschehen lassen und abwarten. Doch nun gesellt sich der Mönch Wimon zu uns. Auch er sagt nichts zur Sache. Doch dass er sich setzt und mit uns isst, das ist eine große Geste und eine sehr deutliche Bekundung. Er ist vergnügt.

»Der Abt steht an der Straße«, teilt uns Bui mit, der kurz in den Büschen war. »Er scheint zu warten. Lasst uns auch aufbrechen!«

Dass wir nach der Mittagspause geschlossen zum Gebet antreten, das ist ein derart seltenes Ereignis, dass ich das Gebet kaum kenne (es ist nicht das Thamwatchao). Der letzte Ton verhallt, wir ziehen los. Zusammen als geschlossene Gruppe. Doch nach einer Stunde ist unsere Schlange wieder mehr als einen Kilometer lang. Wenig später ist unsere Fronttruppe schon so weit voraus, dass wir sie auch auf einer langen Geraden nicht mehr sehen. Die Sonne sticht am frühen Nachmittag gewaltig. Sie tut das ihre. Doch auch das gemeinsame Gebet konnte nicht darüber hinwegtäuschen: Eine Einheit sind wir wirklich nicht. Nach 40 Kilometern Marsch, bis jetzt, sind die meisten Mönche aus dem Takt, die Kraft hat ihre Grenzen. Ich laufe mit dem müden Haufen. Ein Ende ist auch heute noch nicht abzusehen. Auf einer weit gezogenen Biegung, die sacht bergauf geht, schleppen wir uns dahin, als ginge es durch ein Gebirge. Da erwartet uns hinter der nächsten Kurve, am Ortseingang der kleinen Stadt mit dem schönen Namen *Kushali Krishi Kendra*, ein merkwürdiges Bild: Die Getreuen des Abtes stehen wie angewurzelt am Wegesrand und schauen in den Straßengraben. Zwei Mönche beugen sich über jemanden im Gras. Es ist der Abt. Er liegt lang ausgestreckt am Boden.

Was nun passiert, das finde ich noch seltsamer: Unsere lange Schlange läuft am Abt im Gras und seiner Truppe vorüber, ohne anzuhalten. Kein Mönch fragt: ›Was ist passiert?‹ Niemand schaut groß hin oder käme gar auf die Idee, seine Hilfe anzubieten. Es ist, als stände dort ein unsichtbarer Polizist, der uns befiehlt: ›Weitergehen! Hier gibt es nichts zu sehen!‹ 200 Meter entfernt biegen wir auf einen Platz und versammeln uns im Schatten einer Häuserfront. Wir können sehen, wie zwei Getreue nun den Abt auf eine Decke legen. Wir warten, und wir schweigen, niemand kommentiert die Lage. Mir ist die Szene unheimlich.

»Ist denn dein Herz vom Makel des Mitleids überwältigt?«, fragt mich die mir bekannte sanfte Stimme.

»Krishna, Krishna! ›Makel des Mitleids‹ – was sind denn das für Worte! Steht so etwas auch in deinem Buch?«

»Ja!«, sagt Krishna ohne Scham. »Lass deinen Geist sich nicht verwirren hinsichtlich deiner Pflicht! Ich sagte dir sehr klar, dass Kämpfen richtig ist. Nun musst du noch die schwierigste Lektion bewältigen: Du musst auch siegen lernen!«

»Wohl wahr! Im Siegen bin ich ungeübt. Ich will kein Opfer und kein Täter sein. Wenn du das Makel nennst, dann hast du recht: Ich habe Mitleid. Auch, und vielleicht gerade, mit denen, die, aus welchem Grund auch immer, mit mir kämpfen müssen.«

»Du empfindest Mitleid, wo Mitleid keinen Platz hat. Weise Männer wissen, dass das Mitleid für die anderen oft nur das Mitleid mit den eigenen Schwächen ist. Darin liegt auch Eitelkeit. Also hüte dich! Auch vor dir selbst.«

Der Abt kommt wieder zu sich. Nun sitzt er aufrecht. Ein Mönch massiert ihm den Nacken. Der Abt steht auf, geht hoch zur Straße und läuft los. Seine Mannschaft folgt. Dann folgen wir. Wortlos ohne Kommentar. Wir ziehen weiter, das ist alles. Nur Champ schaut etwas scheel zu mir. Ich übe mich im Schweigen. Der Marsch zieht sich noch Stunden hin.

Die Sonne ist schon lange fort, als wir auf einer dunklen Wiese die Schatten unserer Trucks wie auch schon aufgeschlagene Zelte sehen. 52 Kilometer waren das Pensum dieses Tags.

Sieben Meilen vor Balrampur schlugen wir das Lager auf. Nun brennen schon die morgendlichen Feuer mitten in der Nacht. Mönche stehen im Rauch nach einer Tasse Kaffee an. Andere kauern vor den Trucks, in der Hoffnung, einen Platz auf der Ladefläche zu ergattern. Ich hatte es gestern Abend wieder nicht geschafft, den Abt zu treffen. In Wahrheit hatte ich es nicht einmal versucht. Es war kein Mitleid, es war Erschöpfung. Müde finden sich nun Mönch für Mönch, es ist gleich drei, oben auf der Straße ein. Wir Karawaat sind auch schon da. Wir warten. Nichts passiert. Ich nutze die Gelegenheit und schieße Fotos. Der Hund von Mahaviro hatte einst ein so trauriges Gesicht, nun tobt er fröhlich um uns herum. Allen anderen ist die Ermattung anzusehen. Doch manch Mönch posiert mit aller Würde im Antlitz im Blitzlicht meiner Kamera. Noch immer ist kein Abt in Sicht. Dass niemand fragt und keiner etwas sagt, das kenne ich nun schon. Auch ich vermeide tunlichst, irgendetwas zu bemerken. Es ist ein ganz normaler Morgen, wir treffen uns zu einem Foto-Shooting in der Nacht. So etwas kann durchaus recht ermüdend sein. Manche Mönche setzen sich auf einen Stein am Wegesrand, andere rauchen. Ich schaue verstohlen auf die Uhr meines Handys, es ist 20 vor vier. Noch einmal vergehen fünf Minuten, da kommt eine Gruppe Mönche forsch den Weg zur Straße hoch. Es sind der Abt und sein Gefolge. Sie gehen zügig an die Spitze der Versammlung, halten inne und beginnen, das Gebet zu chanten:

»*A-ra-hang sam-maa-sam-phut-thoo pha-ka-waa.*«

Alle stimmen mit ein. Es zieht sich eine viertel Stunde hin. Das Ritual bleibt magisch. Den Chor der 200 Mönche in der Dunkelheit werde ich vermissen. Ein Ruck geht durch unseren Trupp. Der Tagesmarsch beginnt aus tiefer Nacht. Es ist vier Uhr. Bis zum Morgen laufen wir geschlossen. Das ferne Flackern Balrampurs, das uns wie ein Fixstern war, erlischt Licht für Licht. Mitten in der Stadt halten wir Rast. Champ kauft Orangen, ich hole etwas Brot als Abwechslung zur Puffreisschnitte. Verteilt auf viele Vorhöfe der Häuser lagern wir. Hinter der kleinen Mauer lugen Kinderköpfe hervor. Ihnen zur Seite stehen Erwachsene. Manche tragen Kinder huckepack. Hundert Augen schauen uns beim Frühstück zu. Zwischen Scheu und Neugier ist ihr Blick. Champ reicht einem Mädchen ein Stück Orange. Weinend läuft es fort. Der Junge neben ihr, wohl der Bruder, nimmt dankend an.

Nun steht ein Mönch vor mir und hält mir einen Vortrag. Ich kenne ihn nicht, auch verstehe ich ihn kaum. Ab und an erhebt er seinen Zeigefinger, die Bedeutung seiner Worte unterstreichend. Ist es eine Belehrung oder Ermahnung? Sein Ton lässt keine Deutung zu. Vielleicht erwies ich mich als in seinen Augen würdig, dass er sein Wissen mit mir teilt.

Champ schaut amüsiert dem kleinen Schauspiel zu. Als ich ihn später frage: »Sag doch mal, was hat der Mönch erzählt?«, zuckt Champ nur mit den Schultern: »Keine Ahnung, er sprach einen schrägen Dialekt.«

Wir verlassen Balrampur noch recht geordnet, doch wenig später zerreißt unsere lange Linie, wie gewohnt, in viele Teile. Wir laufen in kleinen Gruppen. Ich finde mich in Gesellschaft straff marschierender Mönche wieder. Ich kenne ihre Namen nicht, doch die Gesichter sind mir gut vertraut. Sie scheinen sich zu freuen, dass ich mit ihnen gehe. Da kommt aus einer Kurve ein kleiner Trecker angetuckert. Ein alter Bauer sitzt obenauf. Als er uns sieht, springt er mit einem lauten Ruf vom Sattel. Sein Gesicht ist ganz ergriffen, die Hände hat er hoch zum Wai gerissen. So rennt er auf uns zu. Doch anstatt dass er sich nun vor den alten und erhabenen Mönch, der mit uns läuft, hinwirft, geht der Mann zu Boden, er fällt auf seine Knie. Und das vor mir! Ich denke noch, dass er vielleicht gestürzt sei oder mich verwechsle, da tätschelt er meine Füße und verneigt sich mehrere Male. So etwas bin ich nicht gewohnt. Und hier in der Gruppe unserer Mönche ist es mir peinlich. Wäre ich alleine, wäre mir das auch nicht angenehm. Wie komme ich da wieder raus? Hilflos schau ich in die Runde. Für die Mönche ist es ganz alltäglich, jedenfalls in Thailand, und dass das nun hier in Indien mir geschieht, nehmen sie gelassen. Ich will einen Segen sprechen, mir fällt bloß in meinem Schrecken auf die Schnelle keiner ein, da sage ich die eine Zeile, die ich kann:

»*A-ra-hang sam-maa-sam-phut-thoo pha-ka-waa.*«

Die Mönche sind belustigt. Doch bei dem Mann kommt das gut an. Er senkt den Kopf und hebt die Arme zu einem weiteren Wai. Ich klopfe ihm nun auf die Schulter, nicke und deute auf die Mönche, dass er auch ihnen seine Ehre erweist. Der Mann springt auf, verneigt sich wieder, dreht sich um, rennt zu seinem Trecker und fährt ab.

»Krishna, mein Krishna«, murmel ich, »übertreiben wir da nicht ein bisschen?«

»Nun«, flötet Krishna, »komm damit klar!«

»Komm ich ja«, geb ich zur Antwort.

»Das wiederum, das ist gefährlich!« Krishna lacht.

Die Mönche lachen auch. Wir ziehen weiter. Es ist noch nicht elf Uhr, doch wie ein Wunder stehen unsere Trucks auf einer Wiese unter schönen, großen Bäumen. Rahul winkt an der Straße, er zeigt auf einen kleinen Weg hinunter. Das Mittagessen wartet schon.

»Na, hast *du* den Rastplatz heute ausgesucht?« Champ begrüßt mich, als ich längst gemütlich im Schatten eines Baumes ruhe.

Die Etappe hin zum Abend wurde gestern, wie schon die des Morgens und des Vormittags, nicht mehr allzu lang. Immer gerade

Straße, und plötzlich waren wir da, im *Wat Thai Chetavan.* Gesprochen wird das /djèt-tà-wan/, so wie der Jet, das Flugzeug. So heißt auf Thai auch Buddhas Jetavana-Kloster, es liegt gleich hier um die Ecke, südlich von Shravasti (was die Thai nun wieder *Sawatti* aussprechen). Wie auch immer, heute Nachmittag werden wir dorthin pilgern. Hier im Gelände dieses kleinen Tempels ist es ruhig. Die anderen machen eine Runde um irgendeinen edlen Stupa, ich wasche lieber Wäsche, schreibe. Es fühlt sich an wie Urlaub. Und dieses ganze Gestern, das war unbedingt ein Wunder! Ich weiß es nur nicht mehr, das wievielte es war.

Kam der Abt zur Einsicht? War es Zufall? Wer ist das, der die Geschichte lenkt und wendet? Ich schreibe sie bloß auf. Doch muss ich all die Rätsel lösen? Was geschah mit Mogli? Warum nahm er meine Hand? Dann die Umarmung in der Nacht. Und wieso warf sich der alte Bauer vor mir in Verehrung auf die Knie? Ein Mönch ist doch die bessere Wahl. Ich nehme an, der Bauer wird Buddhist sein. Das ist hier etwas sehr Besonderes, und mich sah er als seinen Glaubensbruder an.

Ein Rätsel, immerhin, wenn auch viele Fragen bleiben, konnte ich schon lösen: Die heimliche Umarmung, das war Ganesh. Gestern schien zum ersten Mal seit Tagen noch die Sonne, als wir unser Zeltpack vom Truck holten, um es auf schöner Wiese inmitten des Tempels aufzuschlagen. Da verabschiedeten sich unerwartet die Inder der Crew. Es gäbe zwei Tage Pause, und hier in der Gegend seien sie zu Hause, die Familien hätten sie doch lange nicht gesehen. So stand auch Ganesh vor mir. Verlegen schaute er mich an. In einer schnellen Umarmung flüsterte er: *Ai luv juu.* Schon lief er fort. Ich wusste ohnehin nicht, was ich sagen sollte, dachte: ›Mensch, warum sagst du das erst jetzt?‹ Vielleicht war es ihm vorher nicht bewusst. Vielleicht ist seine Liebe eher kosmisch oder eine reine Schwärmerei. Vielleicht war es auch nur ein nett gemeintes Dankeschön, denn Ganesh (wie auch Rahul) lief oft mit uns die langen Strecken, wenn die erschöpften Mönche allen Platz auf den Trucks in Anspruch nahmen. Wenn die Crew zurückkehrt, wird Ganesh nicht dabei sein, seine Ferien sind um.

Ein weiterer Tag ist vergangen. Wieder sitze ich im Garten. Die anderen gingen früh und schauen sich irgendetwas an. Ich wollte schlafen. Viele Mönche blieben heute ebenfalls im Tempel. Er ist Oase, außerhalb der Zeit. Ich genieße die Ruhe, den Schatten und einen heißen Kaffee. So viel Welt darf sein, sie findet sich vorne am Tresen in Gestalt eines Automaten.

Gestern Nachmittag in Jetavan gab es erhabene Momente. Das erste buddhistische Kloster der Menschheitsgeschichte ist heute eine Ruinenstadt mit schönen Grünanlagen. Ein Boddhi-Baum steht auch im Garten. Jeden Tag wird um ihn herum ein Blumenblüten-Mandala gefertigt, das in der Nacht der Wind verweht. Runde um Runde umkreisten wir den dekorierten Würdenträger mit einem riesenlangen, safrangelben Tuch – ein schöner Brauch, in den alle eingebunden waren und Pali-Verse sangen. Dann saß ich unter einem Baum und betete gemeinsam mit den Mönchen.

Wobei Beten im Buddhismus kein an himmlische Wesen adressiertes Flehen ist, sondern eine nach innen gerichtete Einkehr. Alle zusammen – ja, der Abt war auch dabei –, gemeinsam eine Stunde still zu sitzen stärkt den Gruppengeist. Ihn zu beschwören, heißt eben auch, dem anderen zu vergeben. Nein, kein Mitleid! Doch verzeihen wir dem Abt. Sein Ehrgeiz wird ihm irgendwann das Genick brechen. Wichtig ist, dass das nicht meines oder das der Freunde oder eines liebenswerten Mönches ist. Machtlos waren sie dem Irrsinn ausgeliefert. Die hierarchischen Strukturen der Thai ließen eine Rebellion nicht zu. Krishna sah das richtig, nur ich als Außenstehender konnte korrigierend eingreifen. Nun, hoffen wir, dass das gelungen ist. Wir haben noch ein gutes Stück gemeinsamen Wegs vor uns.

Das nächste große Ziel heißt Saranath (bei Varanasi), Ort der ersten Verkündung. Danach soll sich der Kreis in Bodhgaya wieder schließen. Das sei, so heißt es, etwas mehr als 500 Kilometer Strecke. 15 Tage bleiben uns. Das deckt sich mit dem alten Plan von 36 Tages-Kilometern. Die sind machbar, und sogar ein Ruhetag ist in dieser Rechnung drin. Es sieht gut aus. Doch, ja, ich bin zufrieden. Ich freue mich auf das Mittagessen, unsere Truppe müsste bald zurück sein. Danach ein beschaulicher Nachmittag und beizeiten schlafen gehen! Morgen früh um vier ist Aufbruch.

»Das Grauen! Ich habe das Grauen gesehen!« Es ist Champ, er gibt den Brando, das kann er gut. Jetzt lacht er. Bo ist auch bei ihm, sie haben mich von hinten überrascht.

»Hey Champ, Bo! Wo kommt ihr her? Was ist los? Hat euch die King-Kobra gejagt?«

»Weder King noch Kobra, doch Schlange ist gut! Kennst du die: *Hör auf mich. Glaube mir. Augen zu. Vertraue mir!*« Champ singt. Das passiert nicht oft.

»Hey, hey Champ, du singst? Doch gar nicht schlecht! Klar, kenne ich die Schlange Kaa! Noch so ein *Dschungelbuch*-Viech. Vielleicht ist hier irgendwo ihr Nest.«

»Nu, die Gegend hier war mal ihr Zuhause. Doch Kaa hat sich kein Nest gebaut, sondern einen Tempel, einen gigantischen.«

»Wie jetzt? Wart ihr in einem Schlangentempel?«

»Na, du wirst ja sehen.«

»Was? Wollt ihr da etwa wieder hin?«

»Ja, wir alle!«

»Oh nee! Also ich bestimmt nicht. Mit Schlangen verstehe ich keinen Spaß. Das weißt du doch. Da geht mal schön alleine hin!«

»*Trust in me, just in me. Shut your eyes …*« Jetzt singt Bo die englische Version. Wie einst die Kaa tanzt sein Gesicht gefährlich nahe vor dem meinen. Ich könnt' ihn …

»Lass das, Kaa! Champ! Äh, Bo! Mensch, ihr macht einen ja ganz wuschig.« Beinahe hätte ich ihn geküsst, aber richtig. Doch lachend schiebe ich die Freunde fort. »Sagt mal, habt ihr irgendetwas eingenommen?«

»Quatsch!«, sagt Champ. »Und jetzt im Ernst, wir waren in einem sehr merkwürdigen Tempel. Und ja, der Abt will da wieder hin, er wird nach dem Essen etwas dazu sagen. Doch zu deiner Beruhigung, Schlangen gibt es da nicht. Jedenfalls keine Viecher. Wahrscheinlich gibt es dort nicht einmal Ameisen, so super-sauber und steril, wie das da ist.«

In der Tat: Nach dem Mittagessen verkündet mit geschwellter Brust der Abt, es gäbe eine kleine Planänderung. Denn ihm sei etwas gelungen, was noch nie vor ihm jemals jemandem gelang: Er habe die große Ehre erhalten, und natürlich wir alle, eine Nacht auf dem heiligen Grund des *Mahamongkol Chai Dhamma*-Tempels campieren zu dürfen. »Nach der Mittagsruhe bauen wir hier unsere Zelte ab, das Gepäck auf der Wiese versammeln! Die indische Crew wird es am Abend abholen.« Kein Applaus, kein Widerwort. Punkt. Auch ich bemerke nur trocken:

»Hm, bisher gefielen mir die abtlichen Planänderungen nicht sonderlich.«

»Ich befürchte, diese wirst du auch nicht mögen«, sagt Champ.

Spät am Nachmittag brechen wir auf. Nach etwas mehr als einer Stunde Marsch in Richtung Shravasti – merklich viele Bettelkinder stehen hier am Weg, wie andernorts sonst nur die Bäume einer Allee die Straße säumen – gelangen wir jenseits der Ruinen von Jetavan vor goldbemalte Tempeltore.

»Das ist echtes Gold!«, behauptet Champ.

»Ach Quatsch!«, sage ich.

»Na, schau doch mal, wie die Tore bewacht sind!«

Es ist alles sehr verwirrend. Vom ersten Anblick an. Natürlich bin ich durch Champs Reden vorbelastet. Doch allein die optischen Kontraste machen mich konfus.

Eben noch die Bettelkinder in dem Dreck der Straßen, hier das goldene Tor vor einer Parkavenue, die für englische Militärparaden geeignet erscheint. Über allem aber thront am Ende der Geraden ein gewaltiger Buddha.

»Das ist übrigens der größte sitzende Buddha der Welt«, erklärt Champ.

»Ich bin beeindruckt, ja geradezu erschlagen.«

»Wart's ab! Das ist erst der Anfang.«

Bevor wir überhaupt in die Nähe des Tores gelassen werden, müssen wir drei Kontrollpunkte durchlaufen, die sich im Vorfeld mit Tischen postiert haben. Der erste kontrolliert unsere Identität anhand der Pässe. Beim zweiten müssen wir alle elektronischen Geräte, wie Handys, Kameras, Notebooks und alles, was danach aussieht, abgeben. Sie werden eingeschweißt, mit einem Namensschild versehen und eingezogen. Erst wenn wir das Gelände wieder verlassen, bekämen wir sie zurück. Der Dritte durchwühlt unser Gepäck, ob nicht doch irgendetwas übersehen wurde. Selbst die Flughafenkontrolle in Tel Aviv erscheint dagegen etwas nachlässig.

200 verdächtige Mönche und ihre Begleiter zu kontrollieren, das hat gedauert. Doch nach nur einer Stunde wird uns nun das goldene Tor geöffnet. Sofort eilen seltsame Wesen in Weiß auf uns zu. Ihr Gang ist trippelnd, mit kleinen Hüpfern versetzt, und ihre langen, luftigen Gewänder aus dünner Gaze geben ihnen den Anschein, als wenn sie schwebten. In einem früheren Leben waren das wohl Männer. Mit einem furchtbar freundlichen, eingefrorenen Lächeln geleiten sie uns zu einem Rondell unter Bäumen. Dort stehen, in hübschem Spalier aufgereiht, Hunderte von kleinen Plastikmessbechern. Wir werden eingeladen, uns jeder einen zu nehmen.

»Hey Champ!«, rufe ich. »Hast du das heute Morgen …«

Weiter komme ich nicht. Schon steht einer dieser grinsenden Flattermänner in Weiß neben mir:

»Bruder! Wir alle wollen hier nur sehr leise reden, besser gar nicht! Nehmen Sie ihren Begrüßungstrunk, aber jeder nur einen!«

»Äh, ich …«

»Pscht!«, sagt der Flattermann. Sein Lächeln ist sanft, kalt und unnachgiebig. Irgendwoher kenne ich das. Wie hieß denn bloß dieser Film? Es war ein Horror-Science-Fiction, in welchem die letzten Menschen in einem Psycho-Camp zu *Peace and Happiness* umerzogen werden sollten. Drogen waren auch im Spiel.

»Champ«, flüstere ich jetzt, »Champ, hast du davon heute Morgen getrunken?«

»Ja, wieso?«

»Dann kipp das weg!«

»Jetzt übertreibst du aber, das ist Mangosaft!«

»Vielleicht. Vielleicht auch nicht.«

Champ trinkt. Mein Becherlein fällt leider um.

»Pass mal auf!«, flüstert Champ, als wir die breit angelegte Allee des hyper-sauberen Parks in geordneten Zweier-Reihen laufen. Champ schert aus, er ist heute wirklich irgendwie gut drauf, und tapst nun ein paar Schritte auf dem Rasen. Wie aus dem Nichts huschen zwei Flattermänner heran und weisen ihn im Nu auf den rechten Weg zurück. Natürlich leise, sanft und voller Güte.

»Puh, nun gruselt's mir!« Das sage ich. Doch komme ich aus dem Staunen gar nicht raus. Wir bauen unsere Zelte auf einer endlos weiten, stets gepflegten Wiese auf. Dass wir das dürfen, ist das uns erwiesene Privileg. Am Horizont steht der größte Ubosot, den ich je sah. Und diese Tempelhalle ist aus weißem Marmor. Doch etwas anderes hält meinen Blick im Bann: die Pagode. Die Spitze dieses Chedis, im Eigentlichen ein Stupa, war, seit wir in die Gegend kamen, von überall zu sehen. Aus der Entfernung sieht das gar nicht schlecht aus. Das glänzende Gold der Krone taucht den ganzen Landstrich um Shravasti in etwas Märchenhaftes. Nun sah ich schon vor Jahren den Chedi von Nakhon Pathom in Thailand, er gilt mit seinen 127 Metern als der höchste buddhistische Stupa der Welt. Doch das da, dieses Ding da, ist in seiner Monumentalität von außen gar nicht zu erfassen. Es steht breit und fest in einer tiefen Mulde. Ich schätze es auf mindestens 150 Meter Höhe. Der Sockelbau, umgeben von einer Säulengalerie, ist, wie kann es anders sein, aus weißem Marmor.

»Das ist der größte Chedi der Welt«, beteuert Champ.

»Der steht doch in Thailand«, werfe ich ein.

»Na, dann eben der größte unserer Galaxie.« Champ ist immer noch vergnügt. »Oder vielleicht des ganzen Universums.«

»Was ist hier los? Wer steckt dahinter? Wer bezahlt das?«, frage ich. »Wieso diese Gigantomanie? Gibt es dazu irgendeine Philosophie?«

»*Trust in me, just in me. Shut your eyes* …« Bo steht wieder bei uns und legt den Arm um Champ. Sie lachen.

»Die Schlange Kaa heißt *Bongkot Sitthipol* mit Vornamen«, weiß Champ zu berichten. »Ihre Idee ist der Weltfrieden. Und hier will sie ihn verwirklichen. Weißt du wie?«

»Nein! Woher? Weltfrieden – prima Sache! Wie macht sie das?«

»Siehst du dahinten die Brücke?«

Das Licht wird schwach. Ich mache Schlangenaugen und schaue in die Richtung. »Ich sehe da nur weiße Punkte hüpfen.«

»Die weißen Punkte, die du siehst«, Champ spricht behutsam, als teile er mir ein letztes, großes Geheimnis mit, »das sind die Brückenwächter. Diese Brücke da, das ist die einzige, die es hier gibt, sie ist Tag und Nacht bewacht. Sie führt über einen großen Graben. Und hinter diesem Graben liegen die Frauengemächer.«

»Nun ja! Ein tiefer Graben zwischen Mann und Frau bewacht von weißen Hüpfern …, in der Tat, ein interessanter Ansatz – für den Weltfrieden!« Ein lautes Lachen kann ich mir nicht verkneifen.

Schon schreiten zwei Flattermänner trippelschwebend auf uns zu. Strengen Blicks, doch eisern lächelnd, erklären sie: Während des Aufbaus der vielen Zelte habe man das Schwatzen toleriert, doch nun sei Schlafenszeit, die Sonne ginge gleich unter.

»Sag mal, wo kamen die denn plötzlich her?«, frage ich Champ.

»Sag ich doch: Die stehen hier hinter jedem Baum.«

»Klasse!«, murmel ich, als ich im Schlafsack liege, »wegen lauten Schwatzens ohne Essen ins Bett geschickt zu werden, das ist mir seit meiner Kindheit nicht mehr passiert.«

Champ sagt nichts, er schläft schon selig.

Am nächsten Morgen wache ich als Erster auf. Die anderen sehen irgendwie verkatert aus. Die Sanitäranlagen muss ich loben, man hat an nichts gespart. Auch das Frühstück, ein Buffet im Garten, ist reichlich und sehr gut. Danach wird für uns ein Heiligtum geöffnet: das Museum. Was gibt es zu sehen? Fotos von Frau Bongkot Sitthipol. Und ein bisschen Lebenslauf: Sie war Wella-Verkaufsassistentin in Frankfurt am Main. Danach besaß sie eine Beautyfarm in Thailand. Sie engagierte sich schon immer für den Tierschutz. Dann ein Sprung, nun ja, ein Marsch: Sie lief einst den Weg von Bodhgaya bis nach Saranath barfuß, das sind fast 250 Kilometer. Da kam ihr die Idee. Dann noch ein paar Bilder einer Massen-Meditation hier auf der Riesenwiese. Und jede Menge Zertifikate der Auszeichnungen, die sie gewann.

»Hm, irgendetwas stimmt hier nicht«, bemerke ich. »Woher stammt das viele Geld? Darüber gibt es keine Auskunft. Auch ist mir noch immer nicht klar: Was ist denn nun ihre Idee?«

»Na, das steht doch da!« Champ lacht. »Begründerin der Philosophie, die Herzen für den Weltfrieden zu gewinnen.«

»Klasse! Und wie macht sie das?«

Vielleicht erfahren wir es in der Andacht, zu der wir gerufen werden. Sie findet statt in der großen, weißen Marmorhalle. Auch innen ist sie wuchtig und exorbitant. Selbst wir 200 verlieren uns im Raum zwischen den gigantisch hohen Säulen. Alles wirkt unmenschlich kalt. Unsere Sitzkissen sind in Reih und Glied geordnet, wie mit einem Lineal streng vermessen. Das kenne ich aus Thailand nicht. Dort sitzt man, wie man eben sitzt und meditiert in schönen Tempeln, oder schaut sie sich bloß an, niemand stört sich dran. Nun chanten wir und chanten. Eine Predigt gibt es nicht. Der Boden ist aus Marmor, auch alles andere ist aus weißem Stein. Nur ganz vorne, dort in dieser Nische, thront ein goldener Buddha auf dem Altar. Er ist eine weitere Kopie des Buddha Chinnarat. Das ärgert mich. Denn das ist Missbrauch seiner Schönheit, die sich hier verliert wie auch sein Zauber. Die kalte Strenge dieser seelenlosen

Halle ertrage ich nicht länger. Ich stehe auf und gehe. Champ hat das bemerkt.

»Lass dich nicht erwischen!« Er grinst.

Es geht treppab durch viele Gänge, zur anderen Seite finde ich hinaus. Vor mir ragt der kosmisch-große Chedi, dieses Monstrum von Pagode, in den Himmel wie wohl einst der Turm zu Babel. Noch gute 100 Meter bin ich von ihm entfernt, da flattert lautlos so ein Wesen im Gazeumhang an.

»Was machen Sie hier?«, fragt es mich. Hinter der Fassade falschen Lächelns stieren seine Augen steinern.

»Hallo und ebenso einen schönen guten Tag!« Ich grinse auch. »Ich wollte schon immer einmal, die *stairways to heaven* [wir sprechen englisch], die Treppe in den Himmel, erklimmen. Wie viele Stufen hat sie? 300 oder mehr?«

»Das dürfen Sie nicht!«

»Oh, wie schade. Warum denn nicht?«

»Weil Sie das nicht dürfen! Niemand darf das!«

»Doch! Ich! Ich darf das!«

Das Wesen ringt, es packt mich an, ich merke deutlich, es verliert gleich die Beherrschung. »Nein!«, presst es hervor. »Gehen Sie zurück zur Andacht! Go!«

»Na gut, dann eben nicht.« Ich löse mich aus seinem Griff.

Es gelingt nicht immer. Mit der Krishna-Nummer kam ich bei ihm nicht durch. Ich drehe bei, das Wesen verschwindet in der Galerie. Bestimmt steht hinter jeder Säule eines. Ich begebe mich in Richtung Halle. Hundert Augen spüre ich im Nacken. Doch anstatt in dieses trostlose Gebäude zurückzukehren, biege ich links ab und laufe quer über den Rasen. Schon sehe ich vor mir, noch in der Ferne, zwei Wächterengel mit den Hufen scharren. Unbeirrt peile ich eine Pappelfeige an. Zu meinem Glück liegt dort ein mittelgroßer Stein, ohne kleine Stütze lassen meine Beine den Lotussitz nicht zu. Nun lege ich meine Hände, die mögen das, auf die Knie – Innenfläche nach oben, Zeigefinger und Daumen zum

Kreis geformt –, perfekt! Ich sitze. Keine zehn Meter mehr, und die Wesen haben mich. Doch kurz bevor sie mich erreichen, schließe ich seelenruhig die Augen. Die Flattermänner höre ich hüpfen. Immer um den Baum herum. Doch fühlen sie sich wohl außerstande, jemanden, der unter einer Pappelfeige meditiert, von Baum und Grund zu jagen. In der Halle chanten die Mönche.

»Gut gemacht!« Champ kommt grienend auf mich zu. Er hat mich gerade gelobt! »Ich konnte das durch das Fenster beobachten. Du hast jetzt aber ein Problem, der Abt hat mich angesprochen.«

»Oh, was will er?«

»Wir werden gleich zum Mittag eingeladen.«

»Das ist doch nett!«

»Ja«, Champs Grinsen wird breiter, »du sollst aber die Dankesrede halten!«

»Bitte was?«

»Auf Thai!«

»Oje, ich verstehe. Der arme Mann denkt wohl, Monumentalbauten, Ordnung, Sauberkeit und straffe Disziplin, das muss dem Deutschen doch gefallen, und nun wird er mich endlich als Bruder im Geiste erkennen. Eijei, ist das tragisch!« Ich überlege. »Sag ihm, ich müsse ihn leider wieder enttäuschen, so ein Deutscher sei ich nicht! Nein, warte! Sag ihm lieber, er habe recht, die Wucht des Tempels, diese herrische Ästhetik in Marmor und Gold, habe mich derart überwältigt, dass mir die Worte fehlen.« Ich halte inne. »Na gut, vielleicht besser, du sagst ihm einfach, mein Thai habe seine Grenzen.«

»Das habe ich ihm schon gesagt.«

»Oh, wie nett! Doch gut gemacht, Champ!«

Das Essen zog sich hin. Und der Abt sprach seinen Dank alleine. Danach wurden wir gebeten, uns im Gästebuch zu verewigen. Das tat ich in vier Worten Thai: สะอาด ถูกต้อง ขนาดใหญ่ หนาว – sauber, akkurat, groß und kalt (dies *kalt* kann auch als ›*ich friere*‹ gelesen werden). Es wurde spät. So liefen wir zurück zum Thai-Tempel und schlugen hier noch einmal unsere Zelte auf. Nun sitzen Champ und ich im Café und recherchieren im Internet.

»Hey Champ, hier habe ich was! Die kambodschanische Frauenorganisation distanziert sich von Frau Bongkot Sitthipol, das ausgestellte Zertifikat sei eine Fälschung.«

»Fein!«, sagt Champ. »Und weißt du, was ich herausgefunden habe: Die gute Frau Bongkot hatte ein so großes Herz für Tiere, dass sie in einem Naturschutzpark bei Kanchanaburi einen gigantischen Tiertempel errichten ließ. Allein die Goldpagode dort soll einen Wert von über einer Milliarde Baht, das sind knapp 30 Millionen Euro, haben. Für den widerrechtlichen Bau wurde sie zu drei Jahren Gefängnis verurteilt, ohne dass geklärt werden konnte, wo sie das Geld herhatte. Der Strafe entzog sie sich, indem sie nach Indien ging. Dort kaufte sie bei Shravasti ein fünfmal so großes Grundstück wie das des Buddha-Tempels Jetavan.«

»Das heißt, in dieser Manifestation des Größenwahns jenseits von Jetavan stecken so circa 100 Millionen Euro?«

»Mindestens!«

»Tja, das liebe Geld, wo kommt es her, wo fließt es hin?« Ich klappe mein Notebook zu. »Na ja, vielleicht wurden ihr mal eben die Millionen bei ihrem Barfuß-Marsch in die Schuhe, die sie auf den Fotos trug, gesteckt. Ich habe ja auch schon zehn Baht erhalten, immerhin ein Anfang …«

Bo hat sich zu uns gesellt. Er schaut Champ über die Schulter auf den Monitor des Notebooks. Dann lacht er und singt:

»*Trust in me, just in me. Shut your eyes …*«

Wir haben einen Tag und drei Mönche verloren, sie blieben im Thai-Tempel Jetavan zurück. Für sie war das Wesen des Marschs nicht länger zu ertragen. Obwohl: Der Abt gab sich geschlagen. Seit er uns zu jener frühen Stunde eine Stunde unerwartet warten ließ, brechen wir um vier Uhr morgens auf. Die Pausen werden eingehalten. Der Zeltaufbau geschieht im Sonnenlicht. Alles ist so, wie es sein sollte. Drei Tage liegt Shravasti schon hinter uns. Wir liefen in Frieden, Meditation und Besinnung.

Doch auch Ungewöhnliches geschah: In der Dunkelheit der frühen Morgenstunden lief ein Mönch wie unauffällig eine ganze Weile neben mir. In einem günstigen Moment, in dem keiner uns belauschen konnte, sprach er mich an. Er nannte seinen Namen, gab mir zur Sicherheit noch einen Zettel, mit Adresse, Telefon und E-Mail, dann erzählte er mir seine Geschichte. Seine Hühnerfarm machte ihm viel Arbeit, doch sie hätte nichts als Schulden eingebracht, deshalb sei er Mönch geworden. Ob ich ihm nicht helfen könnte, er würde gerne nach Berlin ins Kloster. Ich würde doch bestimmt den Abt dort kennen. Und ein gutes Wort von mir könnte eine Einladung bewirken. Ich versprach, zu tun, was ich tun könnte. Am nächsten Tag zur gleichen Stunde nahm mich ein anderer Mönch in sein Vertrauen. Er beichtete sehr offen, dass er Drogen nahm und der Gang ins Kloster ihm das Leben rettete. Berlin, davon hätte er schon viel gehört, und es wäre seine große Hoffnung, einmal diese Stadt zu sehen. Heute Morgen kam ein Dritter, wieder in der Dunkelheit, er packte meinen Arm. Er zitterte, als er mir schilderte, wie seine Frau gestorben war. Sie lag nach einem Unfall sechs Monate im Koma, er hatte sie gepflegt, danach war er allein. Also nahm er Zuflucht in der Sangha. Und ein alter Freund von ihm sei Mönch in einem Kloster in Berlin, vielleicht würde ich ihn kennen. Er nannte einen Namen. Ich schüttelte den Kopf. Sein innigster Wunsch wäre es, noch einmal seinen Freund zu sehen. Ich sei doch ein Mann mit Einfluss, mein Wort hätte beim Berliner Abt bestimmt Gewicht, und dann könnten wir uns dort doch wiedersehen.

Das Vertrauen und die Schicksale, wie auch der Blick auf mich, ließen mich nicht unberührt. Doch die Wahrheit ist, in Berlin bin ich nicht oft im Tempel, eher selten. Der Abt dort kennt mich nicht.

Krishna wusste es: Zu siegen, das ist eine schwierige Lektion. Triumphgefühl will sich bei mir nicht einstellen. Mir ist eher etwas mulmig. Die Bittgesuche der Mönche tun das ihre, sie machen mich bescheiden. Nun ja, still lächeln lassen sie mich auch, dass sie nun denken, ich sei sicherlich ein hohes Tier mit ganz wichtigen Kontakten. Wie hätte ich denn sonst den Abt bezwingen können? Allein mit der Tat und der Kraft der Worte?

Die Tage waren eher nachdenklich, versonnen und versunken. Viel geredet haben wir nicht. Die Strecke zeigte sich beschaulich, der Weg war eben und auf geheimnisvolle Weise klar. Nur in der Stadt Gonda bogen wir einmal falsch ab. Der Umweg brummte uns zehn Kilometer auf. So kamen wir auf 104 Kilometer in drei Etappen. Das war machbar. Die Kräfte waren einzuteilen. Ich will nicht lügen, müde und erschöpft waren wir am Tagesende trotzdem. Doch ich lief wie ein Mönch, mit dem Blick nach innen. Tiefe Ruhe kehrte ein.

Nun ist es der dritte Abend seit Jetavan, wir lagern hinter Ballipur, auf einer Wiese nah am Schwemmland der Ghaghara. Sie ist der andere große Fluss, dem wir begegnen. Auch sie ist den Indern heilig. Ich sitze vor dem Zelt auf einem Rucksack, esse Suppe. Doch die Ghaghara kann man schon riechen, mir ist, als höre ich das Murmeln ihres Wassers.

18

Varanasi – An den Ufern des Ganges

Wir kamen aus der Nacht von Norden. Vor uns lag die Ghaghara. Knapp drei Stunden waren wir schon auf den Beinen. Unsere Gruppe lief noch dicht beisammen. Nur der Abt und sein Gefolge waren wieder weit voraus. Als wir die merklich schwankende Brücke, die den Strom kilometerweit überspannt, zur Hälfte überschritten hatten, taten sich links am Horizont die Wasser auf. Mit viel Nebel, als wäre es Theaterzauber, erhob sich aus dem Fluss ein glühend roter Feuerball. Das war die Sonne. Im morgendlichen Ritual sich ewig Liebender weckte sie die am anderen Ufer liegende, noch in grauen Gefilden schlafende Stadt mit ihrem satten Kuss. Augenblicklich war die Silhouette aus Kuppeln, Türmen, alten Häuserfronten in ein blendend-goldenes Licht getaucht. Das war so märchenhaft, dass alle innehielten. Als dann auch noch drei aufgebrachte Elefanten uns entgegentrabten, war die Illusion perfekt: Das ist nicht diese Welt, nicht zu unserer Zeit. Nur die wilden Affenhorden tobten auf der Brückenbrüstung, als wären sie von diesem Zauber unberührt. Doch allen unseren Mönchen ließ die Wucht des Bildes keine andere Wahl, sie schauten aus versunkener Einkehr auf und staunten, staunten.

»Ayodhya! Das ist Ayodhya! Seit 7.000 Jahren eine heilige Stadt! Bis heute eins der ausgewiesenen Sieben Wunder Indiens!« Ich stand neben Champ, raunte ihm mein Wissen zu.

»Und wenn schon! Ich seh ja, was ich sehe!« Champ hatte recht, der Anblick bedurfte keines Kommentars. Seine große Kamera in den Händen haltend, lehnte Champ in voller Konzentration an der Brüstung, den magischen Moment digital zu bannen. Die Affen aber wollten das verhindern. Sie führten sich auf, als sei dieses Bild, Ayodhya in der Morgensonne, ihr Schatz, den niemand anderes schauen sollte. Sie fauchten, keiften, und sie wurden handgreiflich. So stand Champ von allen Seiten attackiert im Abwehrkampf gegen diese Affenbande, als plötzlich die Mönche zu chanten begannen. Das taten sie zuvor nur zu den festgelegten Zeiten oder an als ›heilig‹ deklarierten Orten. Nun wackelte die Brücke. Nicht vom Gesang der Mönche, sondern vom Stampfen der Elefanten, die mit flatternden Ohren an uns vorbeizogen.

»Das ist Indien! Das ist Indien!« Ich hielt mich am Geländer fest und stammelte im Überschwang: »Das zauberhafte, schöne Indien – endlich gefunden! Was für ein Bild! Das wirst du nie wieder los, so schön ist das.«

In diesem Anblick lag Erfüllung. Hier hätte die Reise enden dürfen. Auf gewisse Weise tat sie das. Doch das wusste zu diesem Zeitpunkt weder ich noch irgendjemand anderes in der Gruppe. Am Ende der Brücke oberhalb des Sarayu, wie die Ghaghara auf der Uferseite von Ayodhya seit jeher genannt wird, begann der Markt, seine Stände zu öffnen. Wir verteilten uns, ein jeder kaufte sich Getränke und Gebäck. Am Tag zuvor hatte Rahul mir mit großer Geste die letzte süße Puffreisschnitte überreicht; er habe sie extra für mich zurückgehalten, sagte er. Dass auch ihr Bestand ein endlicher war, das war für mich die eigentliche Überraschung.

Nun saßen wir auf einer Holzbank auf dem Markt, tranken, aßen und schauten auf Ayodhya. Der Zauber dieser Stadt hatte Mönch wie Karawaat erfasst. Von ihren Eingangstoren trennte uns nur noch ein Wassergraben. Doch schien alles in rätselhafter Auflösung begriffen. Die Mönche verloren sich als safranfarbene Einsprengsel im bunten Treiben des Markts. Einige waren zum treppenförmigen Gestade hinuntergelaufen, dort badeten Hunderte von Indern mit Gesang und Blumen in den Fluten. Egal, wie man den Fluss auch nennt, er gehört zu den am meisten verschmutzten Gewässern in Indien. Doch für einen Gläubigen zählen die Verheißung, das Versprechen der Glückseligkeit, nicht die Fakten der Fäkalien.

Jede Blume hat ihren Schatten. Und mit der höher steigenden Sonne welkte Ayodhyas Glanz in wenigen Minuten wie ein schnell verblassendes Bild, das Jahrtausende kein Tageslicht gesehen hatte. Müll und Unrat lagen vom grünen Brackwasser des Grabens bis hoch an die Stadtmauer mit ihrem geheimnisvollen Torbogen.

»Champ!« Ich deutete auf das verblichene Rosa des Stadteingangs. »Weißt du, warum wir durch dieses Tor gehen sollten?«

»Nun sag schon!«, brummte Champ. Er versorgte gerade einige Kratzer, die ihm die Affen beigebracht hatten, mit Jod. Seine Kamera lag neben ihm, sie blieb unbeschädigt.

»Weil diese Stadt Ayodhya in ihrem Kern ein großes Menschheitsrätsel birgt. Ihre Steine sind Geschichte mit all der Wirkkraft der Legenden. Und sie wirken!« Ich hielt inne. Champ hatte laut gezischt und sein Gesicht verzogen, das bewirkte wohl das Jod auf einer Affenwunde. »Sie wirken bis in die Gegenwart hinein. Auch in eure. Darf ich erzählen?«

»Du hast zwei Minuten, bis das Jod getrocknet ist«, sagte Champ.

»Nun, sieh da!« Ich zeigte auf die verwelkte Metropole. »Nach ihr ist eure alte Königsstadt Ayutthaya benannt. Das war kein Zufall. Die einflussreichsten Ratgeber der Könige von Siam jener Zeit, das waren indische Brahmanen, sie kamen aus Ayodhya. Vor 7.000 Jahren ist hier, so will es die Legende, der Gott *Rama* geboren. Und nach ebendiesem Gott, dafür sorgten die brahmanischen Einflüsterer, wurden die frühen Könige Ayutthayas mit dem Krönungstitel ›Rama‹ versehen. Das war nicht nur ein Name, sondern es verfolgte ein Prinzip: Der König wurde gottesgleich. Das wirkte tief in die Geschichte und Gesellschaft Siams. Denn zuvor, im alten *Sukhothai,* definierten sich die Könige als *Dharmaradscha* – der, der sich durch seine Taten als König beweisen muss. Der *Devaradscha,* der Gottkönig, steht diesem Prinzip gegenüber wie die hinduistischen Ideen der Klarheit des Buddhismus. In Ayutthaya wurde alles vermischt. Eure jetzige Dynastie in Bangkok besann sich auf die Ideale Sukhothais. Nur Vajiravudh, der Onkel eures Königs, gab sich zu seiner Krönung den

Titel *Rama VI.* Er wollte, dass auch rückwirkend seine Vorgänger der Chakri-Dynastie ebenso bezeichnet werden. Doch schon sein Nachfolger, sein kleiner Bruder, fand das lächerlich. ›Mit Rama sind wir durch!‹, soll er an seinem Krönungstag gesagt haben, ›Ich will kein Gott sein, König wiegt schon schwer genug‹.«

»Genug! Die Zeit ist um«, sagte Champ. »Hast mich ja überzeugt. Lass uns in die Stadt gehen, ich will ihr Herz sehen.«

»Gut! Da ist aber noch etwas, was du wissen solltest …«

»Später!« Champ unterbrach. »Du siehst doch, hier herrscht ein großes Durcheinander. Wir sollten fragen, ob jemand mitkommt, oder wenigstens Bescheid geben.«

Champ hatte einfach wieder recht. Wir hatten den Überblick verloren, wer sich noch unten am Fluss aufhielt, wer sich hier irgendwo auf dem Markt rumtrieb und wer sich längst schon wieder auf dem Marsch befand. Bo und Bui trafen wir an. Obwohl nun Champ den Freunden die Bedeutung Ayodhyas für die thailändische Geschichte nahebrachte, wollten sie nicht mit hinein in diese Stadt. Das Tor sei ihm zu dunkel, meinte Bo. Und Bui wollte lieber laufen, Geschichte sei nicht sein Ding.

»Und wo ist Mon?«, fragte ich.

Mon sei schon eine Weile fort, hieß es. Mon mochte es, vorne mit den Ersten zu laufen, das wusste ich. Bo und Bui aber würden nun versuchen, alle versprengten Mönche zusammenzutrommeln und zum Weitermarsch zu bewegen. Uns versprachen sie, via App den Ort der Mittagsrast zu senden. So war es abgemacht.

Champ und ich überquerten die Steinbrücke zu den markanten Hafenarkaden. Ich wäre auch allein gegangen; eine zweite Chance, Ayodhya zu sehen, würde sich so schnell nicht bieten. Doch war ich froh, dass Champ dabei war. In der Tat führt hinter dem Tor eine dunkle Gasse hinauf zur Stadt: Prächtige Fassaden, bunt, Architektur vieler Epochen, enge Straßen, wenig Autos, nur ab und an ein Lieferwagen. Die Menschen in Ayodhya sind freundlich distanziert. Frauen schauen weg, alte Männer blicken stumm, Kinder lachen.

Wir liefen unbehelligt durch die Straßen. Fremde sind hier selten. Außer Hindu-Pilger. Viele in Trance, manche in Rage. Tempel reiht sich an den nächsten Tempel, besonders farbenfroh: der für den Affenkönig Hanuman. Hie und da eine lichte Stelle, dort ein Park. Und dann ein Menschauflauf, ein oranges langes Gitter, Geschrei und Militär. Dahinter Haufen voller Ziegelsteine und ein verhüllter kolossaler Bau.

»Was ist denn hier los?«, fragte Champ. »Christo verpackt?«

»Du wolltest das Herz der Stadt sehen. Hier ist es! Erschrick nicht, es ist voll Finsternis. Was Wunder! Hier wurde ein Gott geboren. Kann passieren. Im Zentrum des Universums. Also hier. Mal wieder. Ein Tempel legte die Stelle fest. Tausende von Jahren stand er. Dann kamen die Mogule. Blutgetränkte Säbel. Ihr altbewährtes Programm: Die heiligen Stätten der anderen zerstören, um daraufhin den annektierten Platz als islamisches Heiligtum zu markieren. Im Grunde ein böser Kinder Spiel. Wenn es nicht so nachhaltig tödlich wäre. Ayodhya ließ es keine Ruhe. 500 Jahre Zankapfel: der Bau der Babri-Moschee. Dann im Jahr des Tigers, 1992, ein Massenlauf mit Vorschlaghämmern. 100.000 Inder in Rage und Ekstase. 2.000 Tote. Die Moschee wurde zerlegt. Seit 2014 ist es beschlossene Sache: Dem alten Gott wird sein Tempel wieder errichtet. Wie der hieß, der alte Gott? Na, Rama heißt er! Hare Rama!«

Champ stand da, fasziniert von der Geschichte und den dazugehörigen Gesichtern. Jeden Tag brächten gläubige Hindus Ziegelsteine für Rama hierher, erklärte ein junger Inder. Champ kam schnell ins Gespräch mit den Menschen, und er machte Fotos. Ich diktierte Beobachtungen in mein Handy. Champ und ich als Team, so hatte ich mir das immer vorgestellt. Wir hätten uns in Ayodhya finden und verlieren können. Der Moment war da, eine Spielfilmlänge lang. Doch wir fanden, irgendwie, den Weg aus der Stadt hinaus. Sie bleibt ja heilig. Heilig, heilig. Wir aber kamen an ein Rondell, einen Kreisverkehr unter hoher Brücke. Unser Weg, so viel wussten wir, führte uns Richtung Süden, also auf die Ausfallstraße hinauf.

»Wie spät ist es?«

»Kurz nach zehn.«

»Lass uns einen Bus nehmen, dann holen wir unsern Rückstand in einer halben Stunde auf.« Champs Idee war gut.

Einen indischen Bus zum Halten zu bewegen, das ist einfach: Ein Handzeichen, und er bremst ab, gerad so lange, dass man den Aufsprung schafft. Fährt der Bus in die falsche Richtung, dann schnell ein lautes Stopp! gerufen und: springen. Das ist nicht ganz so einfach. Das übten wir schon zum zweiten Mal. Nun, es war ein Rondell, ein verfluchter Kreisverkehr, und niemand, außer einem Schriftgelehrten, konnte an den Bussen lesen, wohin die Reise ging. Der dritte Bus fuhr Richtung Süden. Doch nach nicht einmal fünf Minuten rief Champ schon wieder Stopp! Auf einer hoch angelegten Autobahntrasse ließ uns der Fahrer springen, immerhin, er bremste vorher etwas ab.

»Bevor du etwas sagst«, sagte Champ, der das Unbehagen in meinem Gesicht las, als ich wieder stand und mir den Staub von den Sachen klopfte, »ja, wir sind richtig, irgendwo muss hier ein Weg abgehen.«

Champ hantierte mit seinem Smartphone, während ich über den schlecht gesicherten Abhang schaute.

»Champ, so wie es aussieht, sind wir ein Stück hinter einer Brücke«, rief ich. »Dort hinten haben wir eine Straße überquert. Eine Abfahrt sehe ich aber nicht.«

Champ und ich ergänzten uns in unseren Fähigkeiten des Fährtenlesens. Er liebte die moderne Technik, ich besann mich auf meinen alten Trapper-Spürsinn. Die möhrenfarbenen Häufchen am Straßenrand, an denen sich noch die Fliegen labten, waren mehr als ein Indiz: Die Mönche waren über die Autobahn gekommen und dann dort entlang des Gestrüpps über den Abhang hinunter zur kleinen Straße gekraxelt. So machten wir es auch.

Unten angekommen, liefen wir weiter ins Ungewisse. Mir war das seltsam angenehm. Als erfüllte sich ein uraltes Traumbild von

Freundschaft: Zwei Wesen aus einer voneinander weit entfernten Welt werden zu Gefährten und laufen gemeinsam in der Fremde einen Weg mit unbekanntem Ziel. Herrlich! Ich durfte es erleben. Mir war der Augenblick bewusst. Das erhöht ihn ungemein. Natürlich wollen wir uns spiegeln, unser Glück im anderen sehen. Schön wäre es zu hören, ja, mir geht es ebenso. Doch Champ gab lieber gern den coolen Westmann, ich blieb der Junge, der Indianer spielt. Auch lag das Erschrecken meiner Seele, als sie einst erfahren musste, dass wir alle einsam sind, schon lange hinter ihr. So liebe ich die Fremde, weil ich ein Fremder bin in dieser Welt. Champ und ich waren seit 25 Jahren Freunde, hatten Liebe, Tod und Teufel überstanden. Allein, wenn dein Traum nicht der Traum des anderen ist, dann wach auf und begrüße die Realität, sie steckt voller Überraschungen. Wer hätte denn gedacht, dass Champ und ich nach all den Jahren, nun im Tal des Staunens, gemeinsam auf einem kleinen Weg irgendwo in Indien wandern würden. Und war es auch nur eine Stunde, in ihr war das Versprechen einer langen Reise eingelöst.

Ohnehin, das Bild der zwei Gefährten, ein Europäer und ein Thai, die jenseits von Ayodhya zu Fuß auf einer Nebenstraße liefen, lud einen jeden Inder, der uns sah, zum Wundern ein. Allzu viele waren das nicht, die Allee war ziemlich menschenleer. Irgendwann fuhr ein Motorradfahrer vorbei. Staunend schaute er sich nach uns um, sodass er ins Schlingern kam. Noch gerade eben konnte er sich halten. Er wendete und fragte uns, wer wir seien, wohin wir wollten und ob er helfen dürfe. Er durfte. Er lud uns beide auf.

Auf dem Gelände einer kleinen Schule fand das Mittagessen statt. Wir waren die Letzten, auch etwas spät, doch es gab noch Reis und Rührei. Alles schien gut. Bis jemand fragte:

»Wo ist Mon?«

Alles Fragen, Rufen, Suchen half nicht. Mon war nicht aufzufinden. Seit dem Frühstück in Ayodhya hatte ihn niemand mehr gesehen. Wenn er wirklich mit den Ersten aufgebrochen war und ihren Schritt nicht halten konnte, beachtete das niemand. Wenn er zurückfiel, war er allein. Das kannte ich. Wahrscheinlich hatte er den Abzweig am Abhang verpasst und war dann immer zügig weiter geradeaus gelaufen. Das könnte eine gute Zeit und viele Kilometer gedauert haben, bis er stutzig geworden sein wird.

»Sag mal, war Mon Pfadfinder?«, fragte ich.

»Lass mich jetzt, ich weiß schon, was zu tun ist!« Champ war nervös und in großer Sorge, er verstand nicht, was ich überlegte. Eine alte Pfadfinderregel sagt: Wenn du verloren gehst, gehe zum Ausgangspunkt zurück! Die zweite Regel lautet: Warte dort, bis man dich findet!

Unter den Mönchen war währenddessen ein aufgeregtes Durcheinander entstanden. Einige liefen den Weg zurück, einige liefen ihn voraus. Andere durchkämmten rund um das Lager die Büsche. Champ hantierte zu meiner Verwunderung mit seinem Smartphone. Ein Handy besaß Mon jedoch nicht, auch kein Geld. Im Grunde hatte er nichts bei sich, außer seiner kleinen Tasche, einer Flasche Wasser und hoffentlich seinem Pass. Champs Aktion war aber gar nicht schlecht. Er hatte dem Motorradfahrer, dem netten Kerl, der uns herfuhr, eine Nachricht gesendet. Das obligatorische Selfie zum Abschied hatte ich noch mitgemacht; als Champ und er gleich Facebook-Freundschaft schlossen, was in Indien gang und gäbe ist, ließ ich sie machen, doch meine Batterie war leer. Und ich muss gestehen, ich hatte seinen Namen nicht verstanden. Nun war er zehn Minuten später wieder da. Geld, das Champ ihm anbot, lehnte er freundlich ab; er sei, da sie ja nun mal Freunde seien, nur gekommen, um zu helfen. Champ fuhr mit ihm los. Meine Ideen zu Mons Verbleib wollte Champ nicht hören, vielleicht kam er von selber drauf.

Die anderen gaben irgendwann die Suche auf. Plötzlich hieß es, sie zögen weiter, man könne eh nichts machen, und Champ würde Mon schon finden. Wenn wir warten wollten, könnten wir das tun. Wir – Bo, Bui und ich – wollten warten. Aus einem Reflex heraus war ich nahe dran, mich zu empören. Doch ich blieb ruhig. Vielleicht hatten sie recht, vielleicht würde alles gut. Und wenn nicht, dann wäre das Schicksal. Darüber zu reden, so das Thai-Credo, hieße, es herauszufordern.

Als die Mönche fort waren, strömten Kinder aus dem einen Klassenzimmer auf den Hof. Eine Lehrerin war auch dabei. Sie suchte das Gespräch. Ich erzählte, dass irgendwo da draußen ein Thai, der noch nie im Ausland war, ohne Handy, ohne Geld und ohne Englischkenntnisse, allein herumirrte. Sie bot an, eine Polizeistation anzurufen, vielleicht sei er schon aufgegriffen worden. Die Idee war gut. Doch brachte sie auch nach mehreren Telefonaten kein Ergebnis.

Der weitere Tag verlief im Dämmerzustand dunkler Sorge. Nach zwei Stunden kam Champ ohne Mon zurück. Der Motorradfahrer musste heim zu seiner Familie. Wir standen ohne Mannschaft, ohne Zelte da. Schweigend liefen wir die Straße weiter, bis irgendwann ein Bus vorbeikam, den wir bis zum Abendlager nahmen. Schweigend bauten wir die Zelte auf, eine Diskussion zur Lage wurde auf den nächsten Tag vertagt. Jeder wusste, alles war nun denkbar, deshalb wurde nichts gesagt.

Dass wir Mon verloren haben sollten, wurmte mich besonders. Mon war der, der während der ersten Wochen des Marsches stets auf mich achtgab, mit mir lief und in seiner ruhigen Art viel dazu beitrug, dass ich mich als Teil des Ganzen, als Freund und nicht als Fremder, wahrnahm. Mit Champ war das etwas anderes. Er fühlte sich verantwortlich für alles, was ich tat. Vieles war ihm peinlich. Seine anfänglichen Grobheiten hatte ich verziehen. Erst seit Lumpini zeigte sich sein Stolz, dass er mein Freund war. Und dass der eine Tag, an dem wir allein gemeinsam eigene Wege gingen und Ayodhya uns ansahen, in dunkler Sorge endete, warf ihn zurück in alte Opposition zu meiner Art zu denken.

»Strukturelle Analyse! Wenn ich das schon höre!« Champ war müde und geschafft. Mit klarem Kopf war der Sache am Abend nicht mehr beizukommen, ich ließ ihn schlafen. Und fiel ja selbst in einen wunderlichen Traum. Mon erschien mir, und er lächelte, er sagte: ›Mach dir keine Sorgen, mir geht es gut, ich schlafe auf einer Polizeistation. Ich warte morgen auf euch an dem Abzweig in Ayodhya, diesem Kreisverkehr.‹

Nun ist das mit den Träumen so eine Sache; ich weiß bis heute nicht, wie sie zu gewichten sind. Doch am nächsten Morgen war ich ruhig, alle Sorge war gewichen. Mit einem leisen Lächeln, doch mit Bestimmtheit erklärte ich der Runde unseres kleinen Krisenstabs, dass ich nun auch einmal etwas sagen möchte. Und ich erzählte meinen Traum.

Thai sind Thai. Dinge geschahen, Dinge geschehen. Wer wollte sich ihrem Lauf widersetzen? Kühles Denken, Analyse, Überlegung? Das waren doch nur zu vernachlässigende Banalitäten. Gerede. Doch ein Traum – war von Gewicht. Es schien zwar etwas seltsam, dass mir, dem weißen Westler, dieser Traum gesandt war; doch als ich erklärte, dass Mon mein Guide war, der immer auf mich achtgab, und da ich seine gute Tat erlaubte, honorierte er das dankbar mit der Traumbotschaft – fand man das logisch. Insbesondere der große Mönch Wimon fand den Gedankenlauf sehr klar. So wurde es beschlossen, der Sache nachzugehen.

Visnar rief einen seiner vielzähligen, überall im Land verstreuten Cousins an. Die Sonne ging auf, die anderen waren schon längst auf ihrem Lauf, als der Cousin mit Auto vorgefahren kam. Die Crew fuhr mit den Trucks zum nächsten Mittagsplatz. Der Mönch Wimon, Bo, Champ und ich stiegen in den Wagen des Cousins. Bui hatte sich bereit erklärt, mit den Mönchen schon vorauszugehen, damit ein Platz für Mon frei bliebe. Schweigend fuhren wir die gut und gerne 30 Kilometer zurück bis nach Ayodhya. Mein Traum, das war kein Trick, vielleicht ein Wunschbild, vielleicht Psi oder Telepathie, vielleicht ein echtes Wunder, vielleicht nur einfach Glück. Jedenfalls, als wir die Abfahrt nahmen und den Kreisverkehr umkurvten, entfuhr es plötzlich Bo, entgegen seinem feinen Wesen, mit einem lauten Aufschrei:

»Da! Schaut da! Da sitzt er! Mon ist wieder da!«

Wie mit einem feinen Nebel umhüllte uns die Welt mit Stille, die Freude war zu groß für Worte. Ich glaube, Tränen flossen. Welch Traum uns zu ihm führte, war nun nichtig. Nur Wimon, der Mönch, schaute einmal zu mir herüber, sein Blick war etwas seltsam.

Mon saß noch kauernd auf den Knien und betete versunken. Er hatte sich ein Schild gemalt, das er auf dem Rücken trug:

ผมเป็นคนไทย

Das ist Thai in Thai-Schrift und heißt: Ich bin ein Thai. Ein aus Verzweiflung geborener, liebenswerter Anruf an das Schicksal, dass hier am Ende der Ausfallstraße Ayodhyas thailändische Touristen ihn finden mögen. Überhaupt verlief die große Freude ganz auf Thai-Art. Mon sagte nur, dass er die Nacht in einer Polizeistation verbracht habe, es ihm ansonsten aber gut ginge. ›Wie, weshalb, warum? Nun komm, erzähl mal!‹, das fragte niemand. Mon war wieder da! Das zählte. Alles andere war egal.

Als Dank erhob Mon seine Hände hoch zum Wai und schaute schweigend in die Runde. Während seine Augen sich mit Wasser füllten, erzählten sie nun doch so manches, was sich nur schwer in Worte fassen lässt, dann brach der Damm. Wir stiegen in den Wagen und fuhren durch den wundersamen Morgen hin zu unserem neuen Rastplatz, der lag schon 60 Kilometer jenseits von Ayodhya nah bei Akbarpur.

Mon war wiedergefunden. Es gab kein Fest, doch viele nette Worte. Die Dramatik dieser Episode, das *Was-wäre-wenn*, das interessierte niemanden. Die Sache war vorbei, der Alltag war zurück, wir zogen weiter. Die Nachmittagsetappe war entspannt, wie auch der Marsch am nächsten frühen Morgen. Mon lief mit uns, er gab den Schrittmacher für mich. Vielleicht, weil er das all die Wochen gerne tat. Vielleicht … In einer kurzen Verschnaufpause wagte ich mich vor und sprach ihn an.

»Ich hatte dich im Traum gesehen«, sagte ich.

Mon nickte und sagte: »*Khráp*!«

Khráp ist manchmal einfach nur ein Ja. Das war's. Wir liefen bis nach Sonnenaufgang, dann gab es Frühstück. Rahul verteilte *Mama*-Suppe, heißes Wasser gab es jedoch nicht, Thai mögen die Instant-Nudeln auch zum Knabbern. Mir bot Rahul einen *Burfi* an, das ist ein indischer Snack aus viel Zucker, grünem Kardamom und Milch. Auch der Lauf am Vormittag verlief sehr friedlich. Vielleicht dachte jeder, das war es nun an großen Abenteuern, jetzt noch eine Woche und zwei Tage durchgehalten, und der Kreis wird sich dann schließen, in Bodhgaya unterm Bodhibaum!

Es war in der Mittagspause, ich hatte gerade nach dem Essen meinen Napf gespült, da kam der Mönch Wimon auf mich zu. Er bat mich, mich mit ihm gemeinsam zu dem Abt auf die Matte zu setzen. Das war außergewöhnlich. Und wie wir nun zu dritt dort hockten und scherzten, das war schon recht spektakulär. Wimon, der Mönch (dass er dick ist, sollte ich ja nicht mehr sagen) hatte grade einen guten Witz gemacht. Er fragte, was ich denn davon hielte, wenn wir die letzten 100 Kilometer bis nach Saranath (unser nächstes Etappenziel) in einem Marsch am Stück laufen würden? Ich lachte und sagte, Klasse, jetzt fühlte ich mich voll verstanden. Das sei der Humor, wie ich ihn mag. Zur Bekräftigung zeigte ich dem Abt den Daumen hoch und schob ein ›Prima! Prima!‹ (ein Wort, das auch auf Thai ›ausgezeichnet‹ heißt) nach.

Ich war bereit, mein Bild von ihm zu korrigieren, denn dass der Abt mit Jux und Schabernack den Ausgleich mit mir suchte, das hätte ich ihm gar nicht zugetraut. Wimon lachte auch. Doch irgendetwas lag in seinem Blick, was mich alarmierte. Auch dass der Abt nicht lachte, sondern nur ruhig nickte, als sei er dankbar, endlich einmal mein Einverständnis zu erfahren, ließ mich stutzen.

»Ähm, Pardon! Bitte, Nein!« Ich stammelte. »Ihr meint, das war kein Scherz?«

»Nein, kein Scherz!« So sprach der Abt. »100 Kilometer in 24 Stunden, das kann jeder laufen, der fest im Glauben steht. Wir sind hier, um zu beweisen, dass der Buddhismus überlegen ist. Wer aber nicht gelernt hat, sich in der rechten Weise zu versenken, der muss nicht mit uns gehen. Der läuft die Strecke eben in zwei Tagen. Wir aber, die in Buddha meditieren, begeben uns morgen auf den langen Marsch bis Saranath, dem Ort der ersten Verkündung. Dort werden wir drei Tage rasten. Auf die, die mir nicht folgen wollen, können wir ruhig warten.«

Ich war sprachlos. Wie er mich ansah, das war verächtlich. Immerhin hatte er seine Idee des schlechten Karmas nicht genannt. Doch selbst sein Angebot der zwei Tage für 100 Kilometer war ein Rückfall in seinen alten Wahn. Ich biss meine Zähne streng zusammen, schaute ihm in seine Augen. Für mich stand es nun außer Frage, der Mann war hoffnungslos verrückt. Bestenfalls eine ganz tragische Gestalt. Er wollte kämpfen. Seine Überlegenheit, nicht die des Buddhismus, wollte er beweisen. Es war das letzte Mal, dass ich ihn sah, doch das wusste weder er noch ich. Ich sah ihn an und zog es vor zu schweigen, ohne Worte stand ich auf. Doch ich vergaß nicht, mich zu verneigen, ich legte Mitleid in meinen Blick.

Die Nachmittagsetappe aber wurde zu etwas sehr Besonderem. Zum ersten Mal während der vielen Wochen unserer Reise liefen wir in einer langen Reihe ohne große Lücken. Der Abt und sein Gefolge gingen zwar voran, doch in einem Tempo, das alle mithalten konnten. Sie wollten wohl ihre Kräfte schonen für den 100-Kilometer-Marsch am nächsten Tag. Heute aber hielten alle einen harmonischen Abstand zu ihrem Vordermann, grade *das* ließ unsere Schlange mächtig wirken. Sie war auch ohne Risse in der Riege mehr als einen halben Kilometer lang. Dieses Bild, das wir heute einmal zeigten, das war für mich der wahre Ausdruck des Buddhismus: Disziplin nach innen und nach außen, Achtsamkeit und Mitgefühl. Und dass wir nach zwölf Kilometern den Marsch noch im Sonnenlicht beendeten, das machte diesen

Lauf zur perfekten Etappe. Doch in der Perfektion liegt Fluch, das wissen Thai. Deshalb ließen ihre alten Meister auf Gemälden immer irgendwo in einer Ecke einen kleinen weißen Fleck, einen bewusst gesetzten Fehler: damit die Geister nicht neidisch würten.

Uns straften die Geister mit Verwirrung. Die Gruppe war gespalten. Schon am Abend gab es große Diskussionen in kleinen Gruppen. Der Mönch Wimon kam zu uns, den Karawaat, und fragte, wie wir es denn halten würden. Für Champ, Bo, Bui und mich war es völlig klar, dass wir diesen Unsinn nicht mitmachen würden. Bui, der Marathonläufer, erzählte, dass der Mammutmarsch, so würde die 100-Kilometer-Distanz genannt, eine Idee europäischer Extremsportler sei. Mon schwankte, er meinte zaghaft, man könne es doch mal versuchen. An die 50 Mönche schüttelten entschieden den Kopf. Niemand könne übers Wasser gehen. Buddha lehrte: Vermeidet das Extreme! Doch wenn der Abt es wolle, dann solle er doch gehen. Neben seinen Getreuen waren vielleicht noch 20 Weitere bereit, dem Abt zu folgen. Der große Rest, also gut die Hälfte, war unentschieden. So wie es aussah, stand es patt. Die ganze Sache war auch eine Frage der Organisation. Ein Truck würde die Strecke bis Saranath vorweg abfahren, um Wasserdepots für die Nacht anzulegen. Deshalb müssten wir am nächsten Tag für die Verpflegung selber sorgen und die Pausen individuell gestalten. Der Truck mit unseren Zelten stände aber auf Abruf bereit. Wir sollten beizeiten senden, wo wir uns befänden.

Der Morgen begann noch einmal in Gemeinschaft. Um kurz vor vier Uhr früh erklang das Thamwatchao:

»*A-ra-hang sam-maa-sam-phut-thoo pha-ka-waa.*«

Dass es das letze Mal sein würde, dass wir zusammen chanteten, das war an diesem Morgen niemanden bewusst. Vielleicht hätte ja der eine oder andere das Gebet noch einmal angestimmt, in der Hoffnung auf Besinnung. Doch das viel gesungene Thamwatchao verhallte in der kühlen Nacht irgendwo vor Shahganji. Dann begann der Marsch. Wir, die wir entschieden waren, den Weg zu gehen, so wie es einst gedacht war, hatten einen ausgelassenen Tag. Wir machten unsere Witze über den Abt und seinen Wahn. Wir tranken Tee in den Tavernen und kauften uns zum Mittag Obst und Brot. Im Laufe des Tages schlossen sich uns immer wieder viele Mönche, die nach Orientierung suchten, an, sodass wir gegen Abend über 100 waren. Die Mehrheit wollte lieber mit uns zelten, als weiter in die Nacht zu laufen. Auch Mon blieb am Ende bei uns. Immerhin, wir erreichten *Dharmapur*! Eine kleine Stadt am *Gomti*-Fluss. Ich fand das so sinnig, dass ich Champ bat, die Sonne stand am Horizont, hier an den Uferwiesen unser Lager aufzuschlagen. Champ schlug ein und griff zu seinem Smartphone. Wenig später kam er lachend zu mir und zeigte mir die Standort-App.

»Schau mal, das wird dich interessieren! Die Karte sagt: noch 66,6 KM bis Saranath. Wenn das nicht mal ein Omen ist!«

Eine halbe Stunde später fuhr einer unserer Trucks auf die ausgesuchte Wiese. Er brachte unsere Zelte, auch hatte er einen Kocher mit Kessel an Bord. So kamen wir doch noch zu einer heißen Suppe. Für den Morgenkaffee sah es ebenfalls gut aus. Uns war aber klar, da waren wir uns einig, auch am nächsten Tag würden wir Saranath noch nicht erreichen. Doch sowieso, was immer wir auch dachten, es kam anders.

Als ich um drei Uhr früh aus dem Zelt herauskroch, wehte ein starker Wind. Ich fröstelte. Mein erster Gedanke war: Jetzt einen heißen Kaffee! Ich rieb mir die Augen, sie waren noch verschlafen, und es war dunkel. Doch es half nichts, dort, wo der Truck den Abend davor noch gestanden hatte, stand er nicht. Auch sonst konnte ich ihn nirgends entdecken. So wie es aussah, war der Truck verschwunden – einfach fort! Champ war wach, natürlich hielt er meine Nachricht für totalen Quatsch, ich sollte noch einmal genau hinschauen.

»Schau selbst!«, empfahl ich.

Unwirsch stapfte Champ durchs Lager, dann nahm er die Sache in die Hand. Das heißt bei ihm: der Griff zum Smartphone. Wenig später kam er zurück und zeigte mir spürbar betroffen die kurze Message von Wimon, dem Mönch.

»Lies selbst, du kannst ja Thai!«

›Manche Dinge passieren, gehen schon, bitte warten, könnt ihr?‹, las ich. »Was soll das heißen?«, fragte ich.

»Na, so wie es da steht, mehr weiß ich auch nicht.«

Irgendetwas war passiert, sie waren mit dem Truck losgefahren, und wir sollten warten, so weit war die Sache klar. Doch was passiert war, das war Rätselraten. Eine gute Nachricht gab es aber doch: Der Kocher stand noch da. Champ und Bui versuchten, das alte Ding anzuwerfen.

Sie wurden gleichzeitig die Informationszentrale für die auflaufenden Mönche, die sich köstlich zu amüsieren schienen. Doch das ist wiederum Thai-Art. Wenn es ernst wird: Erst einmal lachen. Das kann auf Fremde durchaus befremdend wirken. Ich kann mich noch gut erinnern, wie der alte Nachbar von Champ herzhaft lachte, als er mitansehen musste, wie sein Hund überfahren wurde. Erst dachte ich, er sei herzlos, dann nahm ich an, er sei verrückt geworden. Mittlerweile weiß ich: Lachen und Weinen sind Geschwister. Für mich gab es jetzt nichts zu tun, spekulieren machte keinen Sinn. Das Beste, was ich machen konnte, war, mich noch einmal hinzulegen. Champ und Bui rief ich zu:

»Weckt mich, wenn ihr mehr wisst und es einen Kaffee gibt!«

Um sechs Uhr ging die Sonne auf. Ich gab dem Tag seine zweite Chance. An Champs und Buis Kaffeestand herrschte großer Andrang. Hatten sie es also geschafft, der Kocher kochte. Und auch sonst war die Stimmung angeheizt, man besprach nun doch die Lage. Ein jeder hatte mit einem befreundeten Mönch, der durch die Nacht gelaufen war, telefoniert. Die Nachrichten waren verwirrend. Mal hieß es, es habe einen Unfall gegeben. Dann sprach jemand von einem großen Polizei-Einsatz. Ein anderer sagte, nein, das Militär sei ausgerückt. Von Verletzten, Verhaftungen und Beschlagnahme wurde geredet. Von Toten hatte ich nichts gehört.

Gegen halb acht tuckerte der Truck den Weg zur Wiese herab. Visnar und der Mönch Wimon stiegen aus. Und von der Laderampe kletterten einige Mönche, sehr viele waren es nicht. Nun sollte Klarheit in die Sache kommen.

Wimon berichtete. Im Grunde bestätigte er die Gerüchte. Alle stimmten. Ein Truck von uns hatte einen Baum gestreift. Nichts wirklich Schlimmes, doch der Fahrer hatte sich dabei etwas verletzt. Doch dann wäre die Polizei gekommen. Sie hätten sich martialisch aufgeführt, und es gab ein kleines Gerangel mit dem indischen Fahrer. (Das war der Neue, dessen Namen ich noch nicht kannte.) Er hatte keinen Führerschein und wurde deshalb vorläufig festgenommen. Dann reklamierte die Polizei erhebliche Mängel am Fahrzeug, so wie es ihnen missfiel, dass auf der Laderampe Personen befördert wurden. Sie sahen darin einen guten Grund, den Truck zu beschlagnahmen. Währenddessen seien sie auf die vielen durch die Nacht laufenden Mönche aufmerksam geworden. Das erschien ihnen nicht nur unheimlich, sondern auch bedrohlich. So orderten sie militärische Verstärkung an. Wie dann wirklich alles ablief, wüsste er ja auch nicht, doch am Ende war die Liste der Anklagen lang: Fahren ohne Führerschein, nicht zulässiger Personentransport, Benutzung eines verkehrsuntüchtigen Fahrzeugs, Gefährdung des Straßenverkehrs, Verursachung eines Unfalls, Beschädigung öffentlichen Eigentums, Widerstand gegen die Staatsgewalt, nicht angemeldete Sportveranstaltung. Im Prinzip so ziemlich alles, bis auf Vorbereitung eines Angriffskrieges. Die Strafe würde den Orden umgerechnet summa summarum 10.000 Euro kosten. Und eins war klar: Der Mammutmarsch fand so sein Ende.

Das Traurige, was er nun mitzuteilen hätte: Auch für uns sei hier das Aus des Laufs. Busse seien aus Saranath geordert. Bis sie hierherkämen, uns abzuholen, könne es etwas dauern, denn zuerst müssten sie die Mönche des Mammutmarschs von der Straße bringen. Auch er, Wimon, würde mit Visnar noch einmal aufbrechen. Ein Dutzend Mönche waren in der Nacht noch nicht gefunden worden, doch jetzt sei man mit ihnen in Kontakt, sie lägen erschöpft zusammengebrochen jenseits des Straßenrands. Die gute Nachricht aber lautet: Es gab keine Toten!

Als der Mönch Wimon und Visnar mit dem Truck noch einmal losgefahren waren, standen wir da und zogen lange Gesichter. Dass der Mammutmarsch des Abts im Desaster endete, war für niemanden ein Trost. Ich dachte kurz darüber nach, ob ich ihm nicht bei unserem letzten Treffen klar die Meinung hätte sagen müssen. Doch ich wollte ihn nicht belehren oder gar bekämpfen. Er lief selbst in sein Verderben. Dass nicht alle Thai ihm blindlings folgten, das war ein großer Sieg. Und dass der Lauf für uns in Dharmapur nun endete, das ließ mich milde lächeln. Zum Jubeln gab es keinen Grund, wir waren traurig.

Einen halben Tag mussten wir noch warten, bis die Busse kamen. Sie fuhren uns nach Saranath, wo die Thai ihren eigenen Tempel haben. Dort kamen wir spätabends an. Der Abt, so hieß es, habe sich im Trakt für hohe Würdenträger eingeschlossen. Wir schlugen unsere Zelte im Garten auf.

Am nächsten Morgen, das war gestern erst, liefen wir zum Sonnenaufgang in den Wildpark, in welchem vor all der langen Zeit Buddha seine Gefährten wiedertraf, ihnen die frohe Botschaft seines Erwachens zu verkünden. Einige Quellen sagen, das sei ein Ziegenhain gewesen. Wie auch immer, heute ist es ein Gelände mit Ruinen.

Ashoka fand hier vor 2.300 Jahren ein Kloster vor, das für sich in Anspruch nahm, seit den Zeiten Buddhas zu bestehen. Der Kaiser ließ den Ort zur führenden Universitätsstadt des Buddhismus ausbauen. Zeitweise lehrten und lernten hier bis zu 12.000 Mönche. 1.500 Jahre hatte die riesige Tempelanlage Bestand. Bis dann zum Ende des 12. Jahrhunderts türkische Muslime einfielen. Sie veranstalteten das ganze schmutzige Programm: Ein Massaker, ein ungeheures Blutbad, dann schleiften sie die Klosterstadt mit allen ihren Tempeln. 700 Jahre lang lag das Gelände brach. Erst im 19. Jahrhundert begannen englische Gelehrte mit den Ausgrabungen.

Ich saß auf einer Bank im Park und beobachtete die Mönche. Sie liefen chantend um einen etwas merkwürdig gedrungenen Stupa aus blankem Ziegelstein. Bei mir wollte sich ein erhabenes Gefühl nicht einstellen. Ein Ort unmittelbar erfahrbaren Zaubers, wie es unbedingt Bodhgaya ist, schien mir Saranath nicht zu sein. Vielmehr ereilten mich die Schrecken der Geschichte. Vielleicht schaute ich verträumt zu den Novizen auf der Wiese, sie saßen da und lasen, es war ein Bild des Friedens – als es mich plötzlich überkam. So war es wohl auch jenen Morgen, als die Reiterhorden kamen. Ich sah das Schlachten und das Morden, ich sah das viele Blut. Ich hörte die Novizen, die Mönche und die Nonnen schreien. Ich sah die größte Bibliothek der Menschheit ihrer Zeit in Flammen. Und dann sah ich einen Mann, der friedlich kniete, als man ihm den Kopf abschlug.

»Habt Erbarmen!«, schrie ich bebend. »Habt Erbarmen! Das ist unser Abt!«

»Was ist los mit dir? Du zitterst.« Das war Champ, er stand bei mir. »Der Abt ist gar nicht da«, sprach er beruhigend auf mich ein.

»Der Abt ist nicht der Feind! Das musst du allen sagen! Er ist nur fehlgeleitet von seiner alten Angst.« Aus weiter Ferne schaute ich in Champs Gesicht.

»Du hast seit Tagen nicht richtig gegessen.«

»Warum macht das Gute meist nur ein dummes Gesicht und lässt sich abschlachten?«

»Es hat dich wirklich schlimm erwischt, du schwitzt.«

»Ja, weißt du denn nicht, wo wir hier sind?«

»Doch, das weiß ich. Hier hat Buddha seine Ideen formuliert. Die sind doch gut. Bis hin zum Mitgefühl für Tiere! Also, mir gefällt das. Dies ist der Ort der Menschenrechte.« Champ nahm meine Hand, das tat er selten. »Und Jesus war ein Jude, der die Idee der

Milde und des Mitgefühls, die er von Buddhisten lernte – das hast du mir selbst erzählt –, ans Mittelmeer und nach Europa brachte.«

»Ja, der Ort der Menschenrechte, Saranath, Wildpark. Buddhas tiefe Klarheit. Welche Einsicht! Wie vor ihm noch keiner.« Langsam kam ich wieder zu mir. »Doch ich befürchte, der Ort ist spirituell entladen. Denn er ist auch ein Ort eines ungeheuerlichen Verbrechens. Die Türken haben hier alles niedergemacht. Ohne Gnade.«

»Du meinst die Mogule!«

»Nein, die Mogule kamen erst 300 Jahre später. Die waren verglichen mit den Türken – man möchte fast sagen: milde. Von den Massakern der Türken haben wir aber Berichte. Oft sind es gar ihre eigenen Quellen, in denen sie sich rühmen, niemanden am Leben gelassen zu haben. Hier wollen sie 12.000 Mönche an nur einem Tag abgeschlachtet haben. Und was sie mit den Nonnen und Novizen vorher machten, willst du nicht wirklich wissen. Aus den Köpfen bauten sie Pagoden, so hoch wie … nun, Buddhisten hätten sich dafür sehr gut geeignet, höhnten sie. Und dann warfen sie die, in denen noch Leben war, mit den Büchern in die Flammen. Was immer die Schriften über Mohammed sagten, wüssten sie ja selber, und wenn darin nichts über den Propheten stünde – es käme doch aufs Gleiche raus: Ab ins Feuer und verbrannt!« Ich hielt inne und zeigte in den Garten. »Champ, pardon, ich hatte gerade Visionen … nun, es geschah ja hier, genau hier!«

»Nun, manche sagen: Der Mensch sei eine herrschsüchtige und blutrünstige Fehlentwicklung der Natur und durch seine Gier wird er sich eines Tages selbst vernichten.«

»Ich glaube das nicht.«

»Was? Glaubst du nicht?«

»Dass der Mensch zugrunde geht an seiner Gier, danach sieht es leider aus. Doch der Mensch ist nicht von Natur aus schlecht! Er müsste nur endlich beginnen, sie zu erkennen und zu achten, seine Natur. Und dass es seine ist, die Natur. Und er ein Teil von ihr. Buddha hat das gewusst. Die Lust ist nicht die Gier. Die Gier entsteht aus Frust. Denn das Fleisch will tanzen. Mein Freund, Gott Krishna, singt darüber seine Lieder. Oder denk doch nur an deine Heimat, Thailand, altes Siam. Üppige Natur! Luft zum Atmen, genug zu trinken und zu essen, einen Platz zum Schlafen und auch Scheißen – all das hattet ihr. Und kein Gott nahm euch die Lebenslust. Denn nach dem Saranath-Massaker flohen die Buddhisten Richtung Osten – nach ›Hinter-Indien‹! Mensch, hattet ihr ein Glück! So wurdet ihr das Land unbedrängter Lebensfreuden. Das heißt ja nicht, dass alle Leben glücklich liefen. Unfall, Krankheit, Tod und nicht erfülltes Liebesglück – so ist das Leben –, das alles gab es auch. Doch wenn je ein Land auf der Erde dem Traum unserer Hoffnung auf ein anderes Dasein nahe kam, dann war es das alte Siam. Nun, auch Siams geostrategische Lage war sehr hilfreich, euch hat der Wahnsinn erst sehr spät …«

»Nun ist gut! Du bist erschöpft und siehst etwas müde aus. Die Mönche ziehen los zum Essen!«

»Ich wollte doch noch von den Zusammenhängen sexueller Unterdrückung, Triebstau und den Eroberungskriegen …«

»Nun lass uns erst etwas essen, sonst kriegst du wieder Visionen und bist am Ende selbst ›spirituell entladen‹.« Champ grinste.

»Na, mach nur deine Witze! Hast ja recht. Ich habe Hunger.«

Später, in der Klosterküche am Tisch der Karawaat, berichtete Bui, während wir aßen, wie es nun weitergehen sollte. Im Grunde gar nicht. Der Marsch als Lauf fand hier sein Ende. Letztlich schon in Dharmapur. Die Busse, die uns holten, führen morgen nach Bodhgaya. Dort werde man die drei, vier Tage, die noch blieben, bleiben.

»Zu Fuß wäre die Strecke sowieso nicht mehr in der Zeit zu schaffen gewesen«, fügte Bui hinzu, »es sind noch über 250 Kilometer. Auch da hat sich der Abt verschätzt.«

»Wollt ihr mal wissen, wie viele Kilometer wir gelaufen sind? Mein Handy kann das nämlich auch, die Schritte und die Kilometer zählen, und das ohne Armband!« Champ zeigte mit Stolz das Bild der App in die staunende Runde. »1.550 Kilometer!« Nach einer kleinen Pause wandte er den Kopf zu mir: »Nun gut, du 350 Kilometer weniger.«

»Da darfst du aber gerne 50 Kilometer zurechnen, die ich in Kathmandu gelaufen bin.« Ich bestand darauf.

»Na, dann kommst du –«, Champ hantierte mit der Rechen-App. »Augenblick, ich hab es gleich! Ha! – auf die ursprüngliche Zahl der geplanten Kilometer: 1.250!«

»Hätte nie gedacht, dass ich das schaffe.« Ich nickte selbstgefällig.

»Ich auch nicht«, sagte Champ und lachte.

»Dein Zutrauen ehrt mich.« Ich lachte auch.

Im Grunde hatte er recht. Auf mich hatte keiner gesetzt. Und ja! Es war ein Wunder, welche Wandlung mein Körper durch die Wanderung erfuhr. Fit und stark, das war das Thema. Wir saßen da wie Kämpfer nach der Schlacht, die sich stolz die Narben zeigten. Bo machte einen kleinen Scherz, dessen Witz sich nur im Thai erschließt, da Bauch */thong/* und Gold */thóng/* sich reimen. Der Witz war gut, mein Bauch war weg. Zehn Kilo hatte ich verloren, wie es die Kloster-Waage sagte. Ich war entschlackt und wieder wirklich schlank. Und mein Geist erlebte alle Feuer der Katharsis.

Mon saß mit am Tisch in unserer Runde. Doch war er nach seinem Verschwinden und Wiederfinden noch schweigsamer als zuvor geworden. Das Geheimnis jener Nacht war nie mehr Thema.

»Freunde!« Ich setzte groß an. »Nach Bodhgaya komme ich nicht mit. Ich fahre lieber Zug als Bus und muss eh in die andere Richtung. Von Delhi geht mein Flug. Ich habe für die freien Tage drei Nächte in Varanasi, die Stadt soll magisch sein, ein Hostel gebucht. Mein Zelt nimmst du, Champ. Du hattest deine Last mit mir, und manchmal auch noch mein Gepäck getragen.«

»Noch keine Zeit für Abschiedsreden!«, sagte Bo, sein Blick war recht geheimnisvoll. »Der Mönch Wimon hat jetzt das Regiment, und er hat zum guten Ausklang einen Plan. Was, das soll ich noch nicht sagen.«

»Die Mönche wollen ja auch mal was erleben.« Jetzt grinste Champ, der wohl was wusste. »Jedenfalls, Varanasi muss man gesehen haben, das weiß ja jeder. Wir bringen dich dahin, so viel sei verraten.«

Es wurde Abend. Mit drei Bussen fuhren wir los. Der Abt hatte sich nicht mehr gezeigt, er blieb in seinem Trakt. Seine 30 Getreuen leisteten ihm Beistand. Und 30 Wandermüde hatten wir im Lauf der Zeit verloren. Doch 160 Mönche, die Freunde und ich standen plötzlich auf dem Kopfsteinpflaster eines menschenleeren Hafens. Der baufällige Kai war in ein unstetes Licht getaucht. Altersmatte Birnen schwangen an einer Schnur zwischen zwei Pflöcken. Über uns eine wuchtige Brücke, die ihren Schatten warf.

»Alleine würde ich mich nicht hierhertrauen«, raunte ich zu Champ. »Was soll hier sein? Hier ist es finster. Haben wir uns wieder verlaufen?«

»Wart's doch ab! Schau hinaus auf den Fluss! Das ist er!«

Wohl wahr, da war er, der heilige Fluss! Die Mönche schauten still, zwischen Scheu und Andacht, hinaus auf das sich dunkel und träge dahinschiebende Wasser des Ganges, in dem sich der ferne Glanz Varanasis golden spiegelte. Draußen dröhnten die Boote. Ein Tuckern wurde lauter, es kam auf uns zu. Langsam zeigten sich die Umrisse von drei Langbooten. Es knarzte, als sie sich an das Holz des maroden Stegs schmiegten. Die Bootsführer riefen. Champ und Bo schnappten sich jeder eine Tasche von mir. Wir stiegen in die schwankende Barke. Bui, Mon und Mahaviro ohne Hund, der blieb im Kloster, kletterten mit hinein, danach noch 50 Mönche. Als Letzter sprang der Mönch Wimon an Bord. Das Boot war voll. Wir legten ab, hinaus aufs Wasser, hinein in die Nacht, den Lichtern der Stadt entgegen. Hinter uns die anderen Barken, voll besetzt mit Mönchen.

Varanasi ist dicht am Fluss gebaut. Ihre Ufer sind in Stein gefasste Treppen, sie werden Ghats genannt. Schon nach einer viertel Stunde Fahrt mischte sich das Lärmen der Stadt mit dem

Tuckern unserer Boote. Mitten auf dem Ganges glitten wir dahin und schauten hinüber zum Treiben. Menschenmassen drängten nah zum Ufer. Männer, Frauen, Kinder nahmen in der Nacht ein Bad in den Fluten. Sie sangen. Die Fahrt vorbei an den Ghats, der milde Wind über dem Wasser, die Fassaden märchenhafter Gebäude im flackernden Licht Hunderter kleiner Feuer, die Bilder des ekstatischen Lebens, farbenfroh und voller Gerüche, die Musik von den Ufern – es war zu viel, meine Sinne rauschten. Mahaviro hielt meine Hand. Doch, so sollte es sein: In drei Langbooten, voll besetzt mit Mönchen, durch die Nacht über den Ganges gebracht – so sollte man sich Varanasi nähern.

»Hier! Hier!«, rief ich auf der Höhe des Darbhanga Ghats, »hier muss ich euch verlassen.«

Die Barken konnten nicht nah genug ans Ufer, so wurde ein kleines Boot gerufen. Ein alter Fährmann mit seinem Knaben ruderte heran. Noch einmal drückte Mahaviro still meine Hand. Bo stand vor mir und umarmte mich lange, sodass Champ, der die Taschen dem Fährmann und dem Knaben reichte, sagte: »Nun mach mal, du musst los!« Doch dann umarmten auch wir uns innig. Er sagte nichts, ich flüsterte: »Danke, Champ, danke!« Erst spät rief er: »Wo werden wir uns wiedersehen? In Bangkok oder in Berlin?«

Da stand ich schon, die Hände hoch zum Wai erhoben, im kleinen Boot, das sich in den Wellen wiegte, und wankte. Dann sah ich noch Mon, Bui und den Mönch Wimon, die mit den anderen Mönchen kleine Blumenschiffchen mit brennenden Kerzen ins Wasser setzten. Und dann erklang ein Gesang aus den Herzen der Mönche hinaus über das dunkle Wasser des Ganges:

»Sadhu, Misha, Sadhu!«

Und dann noch einmal ganz lang:

»Sadhu! Sadhu, Khun Mishaaa!«

Am Ufer, auf den Stufen des Ghats, hörte ich das sich entfernende Tuckern, in das sich noch immer das Sadhu mit meinem Namen mengte. Das war der Moment, als die Welt um mich versank. Ich ließ den Tränen freien Lauf. Ich glaube, ich heulte hemmungslos. In Varanasi fällt das nicht weiter auf. Ich stand da eine halbe Ewigkeit, bis das letzte Sadhu verhallte und irgendwann der Knabe des Fährmanns an meinem Ärmel zupfte:

»Where you go, Sir?«

»Shivakashi Hostel!«

Er half mir beim Tragen.

Das waren die letzten Tage mit den Mönchen. Nun sitz ich an einem Tisch in einem Café in einer kleinen Gasse in Varanasi. Hier enden Geschichten, hier beginnen neue. Varanasi, das frühere Shivakashi, das die Briten Benares nannten und muslimische Eroberer nach Mohamad benennen wollten (was sie aber nicht durchzusetzen imstande waren), machte gar Mogule demütig: Akbar, der Großmogul, ließ hier einen Shiva- und Vishnu-Tempel errichten. Varanasi – diese Stadt ist größer als jede Religion und älter als jede Geschichte: In den Vedischen Schriften findet sie Erwähnung, und der Legende nach war sie schon von Göttern bewohnt, bevor es überhaupt Menschen gab. Belegt sind über 4.000 Jahre Besiedlung. Das macht sie zur ältesten durchgehend bewohnten Stadt der Menschheit. Den Hindus gilt sie als heilig durch die allseits und immer zu spürende Sphäre des Göttlichen. Doch Varanasi heiligt sich durch den Menschen selbst.

Als wäre hier ein Gen-Pool-Schaulauf der Menschheit, ziehen alle Figuren, alle Wesen, jede Form, die das Menschsein hervorbrachte, durch die kleine Gasse vor meinem Café. Dort ist der Laufsteg, und ich bin die Jury. So sieht es aus. Da mein Tisch, der Gasse zugewandt, im offenen Bogen auf erhöhtem Boden steht. Doch ich bewerte nicht, ein Urteil maße ich mir nicht an. Ich sehe und ich staune: Die Mutter, das Kind, der Mann, der Bauer, der Händler, die Bettlerin, die Marktfrau, der Mönch in Weiß, der Mann in feinem Tuch, die Frau im bunten Sari, der Mann mit Glatze, der Alte in Lumpen, die Perlenbehängte, der Novize, der dicke Mann, die Hagere, die hellhäutige Touristin, der Mann mit Bart, der Traveller, der Fröhliche, eine weiße Kuh, die Leidgeplagte, der Schöne, der Mönch in Safrangelb, der nackte Sadhu, das Schulmädchen, der Lepra-Kranke, der alte Hippie, die Tanzende – der Lauf reißt nicht ab. Ich brauche nur dazusitzen und sehe Hunderte von Gesichtern. Jedes hat seine Geschichte. Neu in Nuancen, ansonsten wiederkehrende Variationen eines alten Themas: der Mensch. Varanasi ist seine Bühne.

Ich mache mich auf den Weg durch die verwinkelten Gassen und dunklen Passagen, die treppab und treppauf wer-weiß-wohin führen. Varanasi ist ein Traumbild der Verspieltheit mit Bauwerken aus allen Epochen, jede hinterließ ihren architektonischen Gruß. Und hier ist Musik in den Straßen. Überall finden sich Läden für Instrumente und kleine Bühnen für allabendliche Spektakel. Ravi Shankar ist hier geboren, einige berühmte Tabla-Spieler, Tänzer, Dichter, Gurus, Politiker und Heilige auch. Doch die Magie dieser Stadt ist nicht über ihre Söhne und Töchter zu fassen, vielmehr lebt sie von dem Strom der Menschen, die von überallher hierherpilgern. Ein frommer Wunsch geht so: ›Wanderer, kommst du nach Varanasi, möge dich ein Beinbruch ereilen – auf dass du die Stadt nie mehr zu verlassen brauchst.‹ Ich gehe Schritt für Schritt hinunter zum Fluss. Wie ein prasselnder Regen drängen Menschen über die lang gezogenen Treppenstufen der Ghats hinein in das Nass. Im Wasser sind sie nichts als ein Tropfen, doch der verheißenen Erlösung so nah. In Verzückung zünden sie die Kerzen auf den mitgebrachten Blumenschiffchen an, tauchen unter, singen, geraten betend in Ekstase. Tausend Bilder voller Zauber ihres Glaubens: Das Bad im Ganges reinige die Seele.

Ich widerstehe, der Ganges soll warten, ich nehme kein Bad. Ich sehe Abfall und Kadaver im Wasser treiben. Mehr noch fürchte ich das Unsichtbare: Gifte und Bakterien, die Allergien, Durchfall und noch Schlimmeres verursachen. Ich lief zu Fuß durch Indien und blieb gesund! Das gilt als Wunder. Doch im Zwiespalt, was die Göttin mehr herausfordert, ein weiteres Wunder oder Vorsicht, tauche ich mein Halstuch in das Wasser. Es trägt die Tränen der Klagemauer und den Staub der Grabplatte Jesu in Jerusalem, Partikel des Blattgolds vom Bodhi-Baum in Bodhgaya, wie jetzt auch die Spuren des Ganges bei Varanasi. Vier Weltreligionen haben sich auf meinem Tuch verewigt, schätze, es ist nun eine spirituell aufgeladene Reliquie. Ich setz mich hin und beobachte den Fluss. Er fließt. Mein Tuch liegt auf einer Stufe des Ghats. Es trocknet.

Ein Sadhu, ein Asket mit nichts am Leib als einem kleinen Fetzen Stoff zwischen den Schenkeln, spricht mich an:

»Du warst ein alter Bergbauer, und ich war dein treuer Hund, habe dich stets bewacht. Magst du mir das nicht entlohnen?«

Seine Fabel war hübsch, ich mache ein Foto und gebe ihm was. Hier in Varanasi spielt jeder verrückt, so verrückt, wie das Leben nun einmal spielt. Steh tagelang auf einem Bein, mach nackt einen Handstand, mal dich völlig weiß an, mache gar nichts, hocke nur ewig da und warte – es wird nichts passieren, doch es ist alles okay. Auch geht das völlig in Ordnung, dass ich mich nun angeregt mit einer schwarzen Ziege unterhalte. Sie hat mich lange Zeit angestarrt und behauptet, sie sei ein deutscher Sänger, der lang schon verstorben ist. Nun, sie hat seine Augen, und sie wird doch nicht lügen, oder? Vielleicht bringt uns beiden gar jemand Tee.

»Hi I'm Rajeev. Where do you come from?« Ein junger Inder setzte sich neben mich. Auf meine Antwort hin schwärmt er:

»Oh, Germany! Football, beer and …«

Es ist ja klar, was nun kommt, denke ich: der mit dem Bärtchen. Doch Rajeev wiederholt den Namen, weil ich so merkwürdig schaute: »Nina Hagen! Sie hat genau hier mit mir gesessen.«

»Oh, wie schön, ja, kenn ich, na, dann schließt sich der Kreis.«

Da fällt mir ein, ich muss unbedingt Krishna, dem Studenten in Delhi, schreiben. Ich mache mir etwas Sorgen. Die letzten Mails hat er nicht beantwortet. Meine Nachricht aus Kathmandu enthielt Reizworte wie ›*Modi + kill + revolution*‹. Ich wollte nicht verstören oder ihm gar schaden. Mein Zug geht in zwei Tagen. Vielleicht wird er am Bahnhof warten. Viel Zeit werden wir nicht haben, doch sechs Stunden können eine schöne Ewigkeit sein.

Auch Finjo werde ich schreiben, dass ich an den Ufern des Ganges sitze und an ihn denke. Gibt es ein größeres Bekunden?

Ich bin kein Mönch, Zuflucht habe ich nicht genommen. Doch ich kann mich nicht beklagen. Ich habe die drei Kostbarkeiten des Buddhismus erfahren: *Buddha*, *Dharma*, *Sangha* – die Begegnung mit der Geschichte Buddhas, die Auseinandersetzung mit seiner Lehre sowie die Gemeinschaft der Mönche.

Ich laufe weiter. Bis ans Ende der Biegung des Flusses. Hier gibt es ein Ghat, auf dem die Feuer seit über 3.000 Jahren nicht ausgingen. Fremden ist es nicht gestattet, sich dort hinzusetzen. Doch mir erklärt der Leichenbestatter gegen eine kleine Spende, was ich frage: »Ja, der Tod ist teuer. Das Sandelholz kostet 5.000 Rupien. Das kann sich nicht jeder leisten.« Ich darf der Verbrennung zuschauen, nur nah an den Holzstapel mit der Leiche solle ich nicht. Das sei das Privileg der Verwandten. »Sehen Sie, der Sohn hat das Holz mit ausgelassener Butter getränkt, und nun brennt es lichterloh. Erschrecken Sie nicht, wenn es knackt! Das ist der beste Moment! Der Schädel bricht in der Hitze des Feuers, durch das dann die Seele den Körper verlässt, bereit zur Wiedergeburt. Doch wer in Varanasi verbrannt wird, und dessen Asche in den Ganges gestreut wird, entgeht dem Kreislauf. Nun ja, zumindest ist er besonders gesegnet. Und die Seele fährt auf den Blumenschiffchen mit Kerzen den Ganges hinunter. Der Tod bedeutet Befreiung. Er ist ein Vertrauter und immer zugegen, auch im alltäglichen Leben. Trotzdem schmerzt er. Sehen sie den rasierten Kopf des Sohnes? Das ist ein Ausdruck seiner Trauer und ein Zeichen, dass er des Toten gedenkt.«

Ein Knabe spielt bei den brennenden Gebeinen. Nun zwängt er sich zwischen den Leichenbestatter und mich auf die Stufen. An einem Ort wie diesem stellen sich Fragen: Wie viele Mythen hat der Tod ins Leben gerufen? Wieso sind wir geboren? Sind wir gewollt und in Liebe? Macht das Sinn? Ist der Tod die Erlösung oder Erfüllung? Gibt es ein Ende des Ichs oder seine Erhöhung? Oder eben Nichts? Auch eine Frage der Fragen: Wie wollen wir sterben? Ist es nicht klüger, wir fragten: Wie wollen wir leben? Menschen mühen sich durch die Mythologie der Religionen, die in ihrer Gier nach Macht das Wissen verschleierten, die Welt verdunkelten und das Jenseits verklärten. Nein, Geschichte ist nicht ›irgendwann gut‹. Mir gefällt der, der mir sagt: Glaube mir bloß nicht, überprüfe meine Worte, nur so findest du selber ans Licht.

Einen Ghat weiter chanten Mönche in Weiß. Hab ich noch Zeit? Oder muss ich schon bald durch die Tür? Verbrannt will ich werden. Varanasi ist eine hübsche Idee. Für das Holz bitte sammeln! Oder soll man mich lieber parsisch bestatten, auf einem Hausdach den Vögeln zum Fraß? Als Dank oder Buße, da ich so einige von ihnen aß. Enten aber haben keine spitzen Schnäbel, doch wenn sie nichts bekämen, wäre das ungerecht. Vielleicht aber werde ich 120 Jahre alt, wie ich es immer wollte –, oje, das hieße, ich müsste den langen, weiten Weg noch einmal gehen. Und das in meinem Alter!

Der Mond ist aufgegangen. Er ist noch nicht voll. Doch strahlt er über dem ruhig dahinfließenden Ganges. Ein Gedicht Heinrich Heines kommt mir nicht aus dem Sinn:

Wo wird einst des Wandermüden letzte Ruhestätte sein?
Unter Palmen in dem Süden? Unter Linden an dem Rhein?
Werd ich wo in einer Wüste eingescharrt von fremder Hand?
Oder ruh ich an der Küste eines Meeres in dem Sand?
Immerhin! Mich wird umgeben Gotteshimmel, dort wie hier.
Und als Totenlampen schweben nachts die Sterne über mir.

»Und Krishna, mein zärtlicher Freund, mein süßer Gott! Was hast du mir zum Thema zu sagen?«

»Nicht viel!«, sagt Krishna. »Und hier schon gar nicht. Varanasi, uraltes Shivakashi, das ist nicht meine Stadt. Sie gehört Shiva. Zerstören, um wieder neu zu gestalten, das ist sein Spiel. Nicht meins. Ich bin das Leben! Nur eins: Wenn es so weit ist, dann denk an mich! Denk an mich im Moment deines Sterbens und rufe meinen

Namen! Wenn du dir das merkst, dann wirst du es merken: Der Tod ist Erlösung. Du wirst, was du warst: ein Stück von mir. Unsterblich bleibt einzig Atman.«

Als Buddha Kushinara erreichte, wusste er, seine Tage sind gezählt. Er war kein Gott, kein Wunderheiler oder Gottessohn, er konnte auch nicht übers Wasser gehen. Er war nur ein Prinz, der die Wahrheit suchte und sie unter einem Bodhi-Baum fand. Zu seinen Gefährten, die in hilfloser Sorge um Sinn und Deutung baten, sprach er:

»Oh Freunde, oh Mönche, auch ich werde sterben, denn ich bin ein Mensch. Doch ich werde nicht tot sein, denn ich überlebe im Wort. Und wenn das Wort verblasst, überdauert der Geist. Und der Geist wird getragen von einer Feder. Neugeboren in unsterblicher Idee. Jeden Tag erleuchten Feuerstürme unseren Kosmos. Also behindert euch nicht selbst durch Verehrung meiner Reliquien. Wenn ihr es aber wollt, so geht auf Pilgerschaft zu den wichtigsten Stationen meines Lebens. Laufen ist eine gute Medizin. Und den Kopf macht es klar. Dann denkt über meine Worte nach!«

Seinem treuen Freund, Ananda, aber, der übermannt in Trauer auf den Knien lag, gab er das erschütternd gültige Trostwort:

»Sorge dich nicht, so ist das Leben: Alles, was wir lieben, müssen wir lassen.«

Dann wurde Buddha hinausgetragen, auf eine Bahre zwischen zwei Bäumen gelegt mit dem Kopf nach Norden, so konnte er den aufgehenden Mond betrachten. Er leuchtete hell und klar, es war die erste Vollmondnacht im Monat Mai. Da sagte Buddha seine allerletzten Worte:

»Alle Erscheinungen sind vergänglich. Kämpfet unermüdlich!«

Mein herzlicher Dank an

Aod, Jan, Kai, Michael, Moni, Mutter, Regina, Suzanna & Wolfgang, Siddhartha und all seine liebenswerten Mönche, My Sweet Lord Krishna und sein Buch, die Bhagavad Gita, die tapferen Kämpfer und hilfreichen Menschen von Bihar

sowie

jedes Wesen, dem ich begegnen durfte

Misha G. Schoeneberg

SIDDHARTHA HIGHWAY

Mit 220 Thai-Mönchen auf dem Buddha-Walk –
1.500 Kilometer zu Fuß durch Indien und Nepal

ISBN 978-3-86265-664-6

Coverfoto: Aod_Chumpon

Alle Fotografien im Buch: Aod_Chumpon & Misha Schoeneberg

DER VERLAG

Schwarzkopf & Schwarzkopf Verlag GmbH
Kastanienallee 32, 10435 Berlin
Telefon: 030 – 44 33 63 00
Fax: 030 – 44 33 63 044

INTERNET | E-MAIL

www.schwarzkopf-schwarzkopf.de
www.facebook.com/schwarzkopfverlag
info@schwarzkopf-schwarzkopf.de

DER AUTOR

www.siddhartha-highway.net